Alexander Weiß
Soziale Elite und Christentum

Millennium-Studien
zu Kultur und Geschichte
des ersten Jahrtausends n. Chr.

Millennium Studies
in the culture and history
of the first millennium C.E.

―――

Herausgegeben von / Edited by
Wolfram Brandes, Alexander Demandt,
Helmut Krasser, Hartmut Leppin,
Peter von Möllendorff, Karla Pollmann

Band 52

Alexander Weiß

Soziale Elite und Christentum

Studien zu ordo-Angehörigen unter den frühen Christen

DE GRUYTER

Gedruckt mit Unterstützung der Alexander von Humboldt-Stiftung.

ISBN 978-3-11-055554-7
e-ISBN (PDF) 978-3-11-039937-0
e-ISBN (EPUB) 978-3-11-039951-6
ISSN 1862-1139

Library of Congress Cataloging-in-Publication Data
A CIP catalog record for this book has been applied for at the Library of Congress.

Bibliografische Information der Deutschen Nationalbibliothek
Die Deutsche Nationalbibliothek verzeichnet diese Publikation in der Deutschen Nationalbibliografie; detaillierte bibliografische Daten sind im Internet über http://dnb.dnb.de abrufbar.

© 2017 Walter de Gruyter GmbH, Berlin/Boston
Dieser Band ist text- und seitenidentisch mit der 2015 erschienenen gebundenen Ausgabe.
Druck und Bindung: Hubert & Co. GmbH & Co. KG, Göttingen
♾ Gedruckt auf säurefreiem Papier
Printed in Germany

www.degruyter.com

Vorwort

Zugrunde liegt diesem Buch meine Habilitationsschrift, welche im Wintersemester 2011/12 von der Fakultät für Geschichte, Kunst- und Orientwissenschaften der Universität Leipzig angenommen wurde. Für die Publikation sind seitdem erschienene einschlägige Arbeiten berücksichtigt worden, insbesondere zu den beiden Hauptfiguren Sergius Paullus und Erastos.

Der angenehmen Pflicht, Dank zu sagen, komme ich gerne nach. Er gilt zunächst Charlotte Schubert, Andreas Mehl und Rainer Riesner, welche in ihren Gutachten zur Habilitationsschrift weiterführende Anregungen und Hinweise gegeben haben. Dass die Arbeit nun einen ehrenvollen Platz in den Millennium-Studien erhält, ist unter den Herausgebern der Reihe an erster Stelle Hartmut Leppin zu verdanken, welcher das Projekt auch darüber hinaus in verschiedenen Phasen gefördert hat. Seitens des Verlags Walter de Gruyter ist namentlich Maria Erge zu nennen, der ich für die stets freundliche Kooperation verpflichtet bin. Die Drucklegung hat Lisa Marie Wichern unterstützt und mit ihrem scharfen Auge noch kleinere Fehler entdeckt, die nun hoffentlich alle bereinigt sind.

Dem mündlichen oder schriftlichen Gedankenaustausch mit zahlreichen Kollegen hat die Arbeit viel zu verdanken. Ich kann nur einige nennen: In Leipzig haben vor allem Charlotte Schubert und Reinhold Scholl dazu beigetragen, mein anfängliches Zögern, eine solch disziplinenübergreifende Arbeit anzugehen, zu überwinden. Am Department of Ancient History der Macquarie University Sydney traf ich dann auf eine ganze Reihe von Altertumswissenschaftlern, welche zum Christentum in vorkonstantinischer und neutestamentlicher Zeit arbeiten. Wenn ich unter ihnen nur Edwin Judge, Rosalinde Kearsley, Sam Lieu, Paul McKechnie und Alanna Nobbs hervorhebe, mögen die vielen weiteren Sydneysider dies nicht als Zurücksetzung auffassen. Seine reiche Kenntnis der christlichen Inschriften hat Ulrich Huttner großzügig mit mir geteilt. Steven Friesen, Paul McKechnie und Christoph Samitz haben mir freundliche Einsicht in seinerzeit noch unpublizierte Manuskripte gewährt.

Verschiedene akademische Einrichtungen haben mir die Gelegenheit gegeben, Teile der Arbeit vorzustellen. Angeregte Diskussionen ergaben sich überall, vor allem aber in Jena, wohin mich Karl-Wilhelm Niebuhr und Timo Stickler eingeladen haben, in Frankfurt auf einer kleinen, aber sehr ergiebigen Tagung, die Stefan Alkier und Michael Rydryck organisiert haben, und im beschaulichen Armidale an der University of New England, wo Greg Horsley großen Anteil an der Entwicklung der Arbeit nahm. Und natürlich in Sydney, wo ich von den zahlreichen Diskutanten vor allem Judith Lieu für ihre kritischen Anmerkungen danken möchte.

Meinen Dank möchte ich auch den Institutionen und Personen aussprechen, welche die Reproduktion der Abbildungen gestattet haben: der American School of Classical Studies at Athens, Abteilung Corinth Excavations; dem Deutschen Archäologischen Institut, Abteilung Rom; dem Metropolitan Museum of Art, New York; schließlich Carl Rasmussen.

Der zweijährige Aufenthalt an der Macquarie University in Sydney, ohne den die Arbeit nicht entstanden wäre, wurde durch ein Feodor Lynen-Forschungsstipendium der Alexander von Humboldt-Stiftung gefördert. Die hierdurch gegebene Möglichkeit, sich jenseits von Lehr- und Verwaltungsaufgaben ganz dem Projekt zu widmen, ist nicht in Gold aufzuwiegen. Die finanzielle Zuwendung war zwar numerisch messbar, aber nicht weniger großzügig: Selbst als die Familie in Australien auf fünf Köpfe anwuchs, musste sie sich nie um das tägliche Brot sorgen. Auch der Abschluss des Projektes wurde durch die Humboldt-Stiftung noch einmal durch einen nicht unbeträchtlichen Druckkostenzuschuss unterstützt. Sam Lieu hat als mein erster Gastgeber in Sydney mit der ihm eigenen Energie dafür gesorgt, dass bürokratische Hürden gar nicht erst auftraten. Dass das Department sogar einen finanziellen Zuschuss zum Stipendium leistete – für geisteswissenschaftliche Institute ist dies aufgrund der beschränkten Mittel bekanntlich nur schwer möglich –, ist dem unermüdlichen Einsatz von Alanna Nobbs zu verdanken.

Die Geschichte des Department of Ancient History an der Macquarie University als eines Zentrums der Erforschung des frühen Christentums ist unlöslich verbunden mit dem Wirken Edwin Judges. Er hat aus der überbordenden Schatztruhe seiner Gelehrsamkeit stets freigebig ausgeteilt, in den ersten und letzten drei Wochen unseres Aufenthalts auch in den Wänden seines Hauses. Linley Point ist meiner Familie ein zweites Zuhause geworden. Akademische Lobhudelei liegt Judge freilich fern. Im Geiste Poppers wird alles kritisch geprüft. Es erschien ihm zunächst nicht so, als könne das Thema des nun vorliegenden Buches irgendwelche Erträge zeitigen; *meliora sunt vulnera diligentis*. Die Rolle als zweiter Gastgeber gegenüber der Humboldt-Stiftung nahm er dann aber gerne ein. Ihm sei das Buch gewidmet.

Leipzig, im März 2015   Alexander Weiß

Inhalt

Vorwort —— V

Einleitung —— 1

1 Die Frage der Oberschichtangehörigen unter den frühen Christen – ein wissenschaftsgeschichtlicher Vogelflug —— 5
1.1 Deissmann und die Folgen —— 7
1.2 Es gab nicht nur Deissmann —— 11
1.3 Edwin Judge und die Folgen —— 15
1.4 Another consensus? – und dessen Folgen —— 20

2 *Ordo*-Angehörige als soziale Elite des römischen Reiches —— 23

3 *Ordo*-Angehörige in der Apostelgeschichte —— 29
3.1 Methodische Prolegomena —— 29
3.1.1 Deutsche Neutestamentler und die Kritik der Apostelgeschichte —— 30
3.1.2 Folgen für sozialhistorische Fragestellungen —— 34
3.1.3 Die andere Sicht der Dinge —— 36
3.1.4 Die hier vertretene Sicht und ein Ausblick auf jüngste Entwicklungen —— 42
3.2 Sergius Paullus (Apg 13,4–14) —— 51
3.2.1 Lokalkolorit in Apg 13,4–14 —— 53
3.2.2 Sergius Paullus und die Inschriften —— 57
3.2.2.1 Die Inschrift aus Soloi —— 57
3.2.2.2 Die Inschrift aus Chytri —— 58
3.2.2.3 Die Inschrift aus Rom —— 62
3.2.3 Die Familie der Sergii Paulli —— 66
3.2.4 Die Bekehrung des Sergius Paullus —— 75
3.2.5 Fazit —— 78
3.3 Dionysios der Areopagite (Apg 17,16–34) —— 80
3.3.1 Die Athen-Episode in der Apostelgeschichte —— 81
3.3.1.1 Lokalkolorit und darüber hinaus —— 83
3.3.1.2 Paulus vor dem Areopag —— 88
3.3.1.3 Die Areopagrede als Radikalkritik an der Religion und Philosophie der Athener —— 90
3.3.1.4 Zwischenfazit —— 95
3.3.2 Die Bekehrung des Dionysios —— 96
3.3.3 Der Areopagite —— 98
3.4 Frauen von politischen Amtsträgern in Thessalonike (Apg 17,4) —— 101
3.5 Theophilos? —— 104

4	***Ordo*-Angehörige in den neutestamentlichen Episteln** —— 106
4.1	Erastos (Röm 16,23) —— 106
4.1.1	Die Erastus-Inschrift —— 108
4.1.2	Theißens Lösung: οἰκονόμος τῆς πόλεως = *quaestor* —— 115
4.1.3	Epigraphische Belege für den οἰκονόμος τῆς πόλεως in der römischen Kaiserzeit —— 121
4.1.4	οἰκονόμος als Übersetzung von *aedilis* —— 139
4.1.5	Warum erwähnt Paulus das Amt des Erastos? —— 141
4.1.6	Erastos – kein Christ? —— 145
4.2	„… nicht viele Mächtige, nicht viele Wohlgeborene …" (1 Kor 1,26) —— 147
4.2.1	Die Trias σοφός, δυνατός, εὐγενής als soziologische Termini —— 148
4.2.2	Sind in 1 Kor 1,26 *ordo*-Angehörige gemeint? —— 150
4.3	Der Mann mit dem goldenen Ring (Jak 2,2) —— 152

5	**Angebliche Christen unter den Angehörigen des *ordo senatorius* im 1. Jh.** —— 155
5.1	Pomponia Graecina —— 155
5.2	Flavius Clemens —— 157
5.3	Flavia Domitilla —— 160
5.4	Acilius Glabrio —— 166

6	**Interludium: Was hinderte *ordo*-Angehörige zum Christentum überzutreten?** —— 168
6.1	Opferpflicht? —— 170
6.2	Amtspflichten der Dekurionen —— 174
6.3	Amtseid —— 179
6.4	Übernahme von (lokalen) Ämtern verboten? —— 181
6.5	Soziale Konventionen als Hindernis —— 184
6.6	Fazit —— 187

7	**Christliche *ordo*-Angehörige im 2., 3. und frühen 4. Jahrhundert** —— 188
7.1	Christen im *ordo senatorius* —— 190
7.2	Christen im *ordo equester* —— 200
7.3	Christen unter den Dekurionen —— 203

8	**Resümee und sozialhistorische Konsequenzen** —— 209

Literaturverzeichnis —— 217

Stellenregister —— 236

Ortsnamen-, Personen- und Sachregister —— 242

Einleitung

Die These, das Christentum sei in seinen Anfängen eine ‚Unterschichtenreligion', war bis weit in das 20. Jahrhundert virulent und noch im Jahre 1982 konnte Thomas Schleich sie einen „historischen Mythos" nennen, „zählebig und schwer auszurotten"[1]. Diese Sichtweise auf das frühe Christentum wird allerdings heute von der großen Mehrheit der Altertumswissenschaftler und Theologen mit Recht nicht mehr vertreten, auch wenn es in jüngster Zeit noch einmal Versuche gegeben hat, das Rad der Zeit zurückzudrehen[2]. Die frühen Christen kamen aus den unterschiedlichsten sozialen Hintergründen, und so rechnet man heute im Allgemeinen auch mit einigen höhergestellten Personen in den frühen christlichen Gemeinden. Strittig bleibt hingegen die Frage nach der genauen sozialen Zusammensetzung der frühchristlichen Gemeinden, eine Frage, auf die wir aufgrund des Mangels an statistisch auswertbarem Material keine präzise Antwort finden können[3]. Desweiteren hat sich die Auffassung etabliert, dass, auch wenn das Christentum keine Unterschichtenreligion gewesen ist, so doch andererseits auch keine Personen unter den ersten Christen zu finden gewesen wären, die der Elite der Gesellschaft ihrer Zeit angehört hätten. Dass das Christentum dann um das Jahr 200 in den höchsten Kreisen der römischen Gesellschaft, namentlich dem Senatorenstand, Fuß gefasst hat, ist seit dem einschlägigen Aufsatz von Werner Eck aus dem Jahre 1971 anerkannt[4]. Für das erste Jahrhundert wird dies hingegen in der Regel ausgeschlossen. Diese Auffassung soll mit dieser Arbeit in Frage gestellt werden.

Die Arbeit nähert sich dem Thema zunächst wissenschaftshistorisch. Mit einem problemgeschichtlichen Aufriss soll gezeigt werden, dass zum einen die weite Verbreitung und die lange währende Vitalität der ‚Unterschichtenthese' auf einer sehr selektiven Wahrnehmung der wissenschaftlichen Literatur beruhte, die sich bei genauerer Betrachtung nie mehrheitlich dieser These angeschlossen hat, und dass zum zweiten der Kronzeuge der ‚Unterschichtenthese', Gustav Adolf Deissmann, diese selbst im Laufe seiner Arbeiten modifiziert hat und bei genauerem Hinsehen möglicherweise überhaupt nie in dieser Schärfe vertreten hat. Weiterhin soll der Herausbildung des sog. *new consensus* nachgegangen werden, der nicht in all seinen Facetten debattiert werden kann, sondern aus dem zwei zentrale Elemente, die von mehreren führenden *new consensus*-Vertretern verfochten werden, einer Kritik unterzogen werden. Dabei handelt es sich um die beiden folgenden Elemente: Zum einen um die Annahme, in der Frühzeit wären keine ‚Angehörigen der sozialen Elite' unter den Christen zu finden gewesen, sondern die sozial hochrangigsten Christen wären von der

---

[1] Schleich 270.
[2] Meggitt *passim*. Das Buch basiert allerdings auf der völlig haltlosen Annahme, 99 Prozent der Bevölkerung des römischen Reiches hätten am Rande des Existenzminimums oder darunter gelebt.
[3] Dazu Schöllgen *passim*.
[4] Eck, Senatorenstand *passim*.

„periphery of the local upper-class" gekommen[5]. Darauf baut die zweite Annahme auf, dass nämlich dieser Personenkreis dadurch gekennzeichnet wäre, dass ihm die soziale Anerkennung der Mehrheitsgesellschaft verweigert worden wäre, ein Mangel, der dann durch die Hinwendung der Betroffenen zu den christlichen Gemeinden kompensiert worden wäre (Kapitel 1).

Ehe die Suche nach ‚Angehörigen der sozialen Elite' unter den frühen Christen aufgenommen wird, muss zunächst geklärt werden, was denn unter der ‚sozialen Elite' der Zeit überhaupt zu verstehen sein soll. Zwar herrscht in dieser Frage keine generelle Einigkeit unter den Sozialhistorikern, doch wird man, wie auch immer man die ‚soziale Elite' in der Kaiserzeit definiert, in jedem Fall die Angehörigen der drei *ordines* hinzuzählen: Die Senatoren sowie ihre Frauen und Kinder als Angehörige des *ordo senatorius*, die Ritter als Angehörige des *ordo equester* und die Dekurionen als Mitglieder des *ordo decurionum* bzw. in den griechisch organisierten Städten ihr Äquivalent, die Bouleuten. Das relativ harte Kriterium der *ordo*-Zugehörigkeit bietet somit ein terminologisch schärferes Arbeitsinstrument als der letztlich diffusere und in seiner Anwendbarkeit für die römische Kaiserzeit auch viel umstrittenere Begriff der ‚Oberschicht' (Kapitel 2).

Die Aufgabe besteht demzufolge darin, nach *ordo*-Angehörigen unter den ersten Christen zu suchen. Vor allem drei Kandidaten aus drei neutestamentlichen Passagen kommen als *ordo*-Angehörige unter den ersten Christen in Frage:

1) Der Prokonsul von Zypern Sergius Paullus, ein Senator, der nach einer Begegnung mit dem Apostel Paulus Christ wurde (Apg. 13,6–12).

2) Unter den Hörern der Areopagrede des Apostels Paulus in Athen (Apg. 17,16–34) befand sich ein gewisser Dionysios, der laut Apg. 17,34 „gläubig wurde". Dionysios wird als Areopagites, also als Mitglied des Rates des Areopags bezeichnet. Der Areopag fungierte, wie auszuführen sein wird, in der Mitte des 1. Jh.s n.Chr. in Athen quasi als Äquivalent eines *ordo decurionum*. Dionysios wäre somit als *ordo*-Angehöriger zu betrachten.

3) Erastos, der οἰκονόμος τῆς πόλεως von Korinth, der in der Grußliste des Römerbriefes des Apostels (Röm. 16,23) genannt wird. Seine Amtsbezeichnung weist wahrscheinlich auf ein höheres städtisches Amt hin. Ist dies richtig, wäre auch er ein Angehöriger des *ordo decurionum*.

Alle drei werden zwar auch in der jüngeren Literatur als Kandidaten für *ordo*-Angehörige unter den ersten Christen gehandelt, in der Regel rückt man jedoch mindestens von den ersten beiden, oft auch von allen dreien letztlich wieder ab[6]. Im Falle der ersten beiden Kandidaten wird die Ablehnung vor allem damit begründet, dass die entscheidenden Textstellen aus der Apostelgeschichte stammen, die hinsichtlich ihrer Zuverlässigkeit für die erzählte Zeit (etwa die 30er bis 60er Jahre des 1. Jh.s) vor allem (aber nicht nur) von deutschsprachigen Neutestamentlern relativ

---

5 Theißen, Structure 73.
6 E.g. Stegemann/Stegemann 253 zu Erastos und ebd. 265f. zu Sergius Paulus und Dionysios.

skeptisch beurteilt wird. Es ist daher unumgänglich, die grundsätzliche Frage nach der historischen Zuverlässigkeit der Apostelgeschichte zu stellen und die Folgen der Bewertung dieses neutestamentlichen Buches für die sozialhistorische Fragestellung der vorliegenden Arbeit aufzuzeigen. Natürlich kann es nicht darum gehen, die historische Zuverlässigkeit der Apostelgeschichte in simplizistischer Manier zu ‚beweisen'. Es ist selbstverständlich auch unmöglich, die Frage der Historizität der Apostelgeschichte für das gesamte Werk zu diskutieren. Sie muss aber in jedem Falle für die beiden oben genannten, für das Thema der Arbeit relevanten Passagen genauer untersucht werden. Wenn gezeigt werden kann, dass die Erzählungen von der Bekehrung des Prokonsuls Sergius Paulus und des Areopagiten Dionysios historisch plausibel sind – und mehr ist für den Historiker nicht zu erreichen –, ergeben sich entsprechende Konsequenzen für die Sozialgeschichte des frühen Christentums. Dies wird Gegenstand des dritten Kapitels sein, in dem außerdem einige weitere Passagen aus der Apostelgeschichte diskutiert werden, die Hinweise auf *ordo*-Angehörige geben könnten (Kapitel 3).

Im Falle des Erastos, der im Brief des Paulus an die Römer genannt wird, besteht das Problem darin, zu entscheiden, welches Amt er eigentlich bekleidete. In der römischen *colonia* Korinth waren lateinische Amtstitel gebräuchlich und die von Paulus wohl als Äquivalent verwendete griechische ‚Übersetzung' οἰκονόμος τῆς πόλεως lässt sich nicht ohne weiteres in das bekannte Spektrum der lateinischen Ämter Korinths ‚rückübersetzen'. In den griechisch geprägten Städten ist dieser Amtstitel zwar geläufig, allerdings treten hier weitere Schwierigkeiten auf, denn das inschriftliche Material zeigt, dass dieses Verwaltungsamt in den griechischen Städten sowohl von Sklaven als auch von hochrangigen Honoratioren besetzt werden konnte. Alle mit der Person des Erastos zusammenhängenden Probleme sollen ausführlich erörtert werden. Vor allem wird, was bisher meist unterlassen wurde, das gesamte epigraphische Material zum Verständnis des Amtes des οἰκονόμος τῆς πόλεως in der Kaiserzeit herangezogen[7]. Daneben werden im vierten Kapitel einige weitere Hinweise auf *ordo*-Angehörige in den neutestamentlichen Episteln diskutiert, vor allem die vielzitierte Stelle 1 Kor 1,26 (Kapitel 4).

Aufgrund der zentralen Bedeutung von Sergius Paullus, Dionysios und Erastos für die Debatte um christliche *ordo*-Angehörige bilden die Studien zu diesen drei Kandidaten in den Kapiteln 3 und 4 das Hauptstück der Arbeit. Sie sollen auch zukünftig als Referenzpunkt für weitere prosopographische Untersuchungen dienen.

Das Kapitel 5 enthält quellenkritische Untersuchungen zu einigen hochrangigen Mitgliedern des *ordo senatorius* vom Ende des 1. Jh.s, die von vielen Forschern ebenfalls als Christen betrachtet werden, allerdings wohl zu Unrecht.

Neben den Unsicherheiten, die sich hinsichtlich der Frage nach *ordo*-Angehörigen unter den frühen Christen aus der Bewertung der Apostelgeschichte bzw. dem Verständnis des Amtes des Erastos ergeben, werden von einigen Sozialhistorikern des

---

[7] Eine Ausnahme bildet Goodrich, Erastus, allerdings mit von dieser Arbeit divergierenden Schlussfolgerungen.

frühen Christentums grundsätzliche Hindernisse ins Feld geführt, die einer Hinwendung von *ordo*-Angehörigen zum Christentum im Wege gestanden hätten. Diese Hindernisse werden vor allem in den Pflichten gesehen, die sich aus der Bekleidung von Ämtern ergeben hätten. Hier ergeben sich in der Tat einige Schwierigkeiten für Christen, die ihren Glauben nicht kompromitieren wollten. Man wird allerdings sehen, dass die historische Lebenswelt der frühen Christen vielschichtiger gewesen ist, als einige prominente und eher dogmatische Äußerungen von Seiten der Kirchenväter es suggerieren. Es wird sich auch heraus stellen, dass es niemals ein Verbot in der Alten Kirche gegeben hat, Magistraturen zu bekleiden (Kapitel 6).

Das Kapitel 7 enthält zwar in quantitativer Hinsicht vor allem eine Prosopographie der christlichen Angehörigen aller drei *ordines* im 2., 3. und frühen 4. Jh. bis zur sog. Konstantinischen Wende. An dieser Stelle werden die einschlägigen Zusammenstellungen von Eck zu den Christen im Senatorenstand und von McKechnie zu den christlichen Dekurionen resümiert und aktualisiert. Für die Christen aus dem *ordo equester* wird eine prosopographische Zusammenstellung hier zum ersten Mal unternommen. Aber die argumentative Stoßrichtung des Kapitels besteht vor allem darin zu zeigen, dass es unter den Bedingungen des 2. und 3. Jh.s, als die rechtliche und soziale Lage der Christen weitaus prekärer war als noch im 1. Jh., eine nicht unbeträchtliche Anzahl von christlichen *ordo*-Angehörigen gegeben hat und demzufolge das Argument, im 1. Jh. könne man aufgrund der Marginalisierung dieser neuen Glaubensbewegung gar nicht mit *ordo*-Angehörigen unter den Christen rechnen, hinfällig ist.

Die Arbeit ist in erster Linie als ein Beitrag zur frühchristlichen Sozialgeschichte zu verstehen. Wenn es gelingt, plausibel zu machen, dass zu den frühen Christen auch *ordo*-Angehörige zählten, dann wäre damit nicht nur gezeigt, dass das Christentum tatsächlich bereits in seinen Anfängen Anhänger aus der ‚sozialen Elite' und damit wohl aus allen sozialen Schichten gewann, sondern gleichzeitig wäre damit auch das derzeit propagierte Modell zur Erklärung der Konversion von sozial höherstehenden Personen zum Christentum in Frage gestellt, denn die *ordo*-Angehörigen litten sicher nicht unter Statusinkonsistenzen und mussten mangelnde Akzeptanz durch die Mehrheitsgesellschaft sicher nicht dadurch kompensieren, dass sie in den christlichen Gemeinden gleichsam ein anderes Feld suchten, in dem sie die begehrte soziale Anerkennung empfingen. Neben dieser sozialhistorischen Zielstellung soll die Arbeit aber auch dazu dienen, die Disziplinengrenzen etwas aufzuweichen und die frühchristlichen, vor allem die neutestamentlichen Texte wieder stärker für die Altertumswissenschaftler zu erschließen. Hier haben sich die deutschsprachigen Althistoriker in den letzten Dekaden vielleicht etwas zu große, in jedem Falle unnötige Zurückhaltung auferlegt. Die Arbeit soll damit auch einen Beitrag zum interdisziplinären Dialog bilden, für den es, einigen Anzeichen nach zu schließen, auf Seiten der neutestamentlichen Exegese jedenfalls eine gewisse Offenheit zu geben scheint.

1 Die Frage der Oberschichtangehörigen unter den frühen Christen – ein wissenschaftsgeschichtlicher Vogelflug

Im Folgenden soll zunächst ein wissenschaftsgeschichtlicher Überblick zur Frage der Oberschichtangehörigen unter den frühen Christen gegeben werden. Dazu muss zuerst der Rahmen abgesteckt werden, innerhalb dessen wir dieser Frage nachgehen wollen, und dies soll zunächst mit Hilfe einer Definition *ex negativo* geschehen: Es geht in dieser Arbeit nicht um die frühesten Anhänger Jesu, nicht um die Gesellschaftsordnung, welche die kanonischen Evangelien des Neuen Testamentes spiegeln, und auch nicht um das palästinische Christentum bis zur Entstehung der christlichen Gemeinde im syrischen Antiochia. Man könnte selbstverständlich auch in den genannten Kontexten nach christlichen Oberschichtangehörigen im weiteren Sinne fragen, und eine Person wie Manaën, der Syntrophos des Tetrarchen Herodes (Apg 13,1), wäre sicherlich ein geeigneter Kandidat. In den folgenden Untersuchungen, und damit sind wir bei einer positiven Wendung, geht es jedoch um das städtische Christentum, das sich im Gefolge der christlichen Mission – nicht nur, aber vor allem – des Paulus im römischen Reich ausbreitet. Das hat zunächst den wissenschaftspragmatischen Grund, dass sich die Forschung selbst hinsichtlich unserer Fragestellung auf das urbane Christentum im Gefolge der paulinischen Mission konzentriert hat. Zum zweiten ist dieses Feld der griechisch-römisch-städtischen Gesellschaft dem Althistoriker eher zugänglich als die palästinische Gesellschaft des 1. Jahrhunderts. Drittens erfolgt in den vorliegenden Studien eine Engführung auf die *ordo*-Angehörigen als die Repräsentanten schlechthin der sozialen Elite im Römischen Reich (dazu Kapitel 2). Diese soziale Kategorie ist als solche auf die eher ländliche palästinische Gesellschaft, wie sie uns beispielsweise in den Evangelien entgegentritt, nur schwerlich applizierbar bzw. dort wo sie anwendbar ist, d. h. wo die Texte gleichsam die Städte berühren, finden wir keine Christen unter den *ordo*-Angehörigen. Dies ändert sich erst mit der Ausbreitung des Christentums in die städtisch geprägte Welt des römischen Imperiums, vor allem in Kleinasien und Griechenland.

Mit diesen ersten Bemerkungen ist gewissermaßen auch ein geographischer Rahmen der vorliegenden Untersuchungen abgesteckt, der, wie könnte es anders sein, nicht zuletzt durch die Quellen bedingt ist. So sind wir zwar im 1. Jh. n. Chr. über die Dynamiken der Ausbreitung des Christentums im kleinasiatisch-griechischen Raum bis hin nach Rom relativ gut informiert. Aber es bleiben letztlich doch große Lücken. Wenn man sich vor Augen führt, dass sich am Pfingstfest nach Jesu Kreuzigung und Auferstehung Personen aus den verschiedensten Teilen des römischen Reiches und darüber hinaus in Jerusalem aufhielten, die möglicherweise anschließend wieder in ihre Heimat zurückkehrten und dort das Evangelium vom gekreuzigten und auferstandenen Christus verkündeten, dürfen wir davon ausgehen, dass das Christentum am Ende des 1. Jh.s weiter verbreitet war als unsere Quellen uns offenbaren. Die

Apostelgeschichte (2,9 – 11) nennt in diesem Zusammenhang Parther, Meder, Elamiter, Araber, Kreter sowie Personen aus Mesopotamien, Judäa, Kappadokien, Pontus, der Provinz Asia, Phrygien, Pamphylien, Ägypten, Kyrene und Immigranten aus Rom. Wie sich das Christentum in diesen Gebieten entwickelt hat, darüber erfahren wir in der direkten Folgezeit außer für die Regionen, die Paulus auf seinen Missionsreisen berührt hat, so gut wie nichts. Als Plinius um 110/12 seinen bekannten Christenbrief (ep. 10,96) schreibt, hat das Christentum bereits seit mehreren Generationen in Pontus und Bithynien Fuß gefasst. Wie es dazu kam, wissen wir nicht. Die Nennung von Personen aus dem Pontus an Pfingsten könnte hier ein möglicher Schlüssel sein. Aber weiter vermögen wir die Lücke zwischen diesen beiden Textstellen nicht zu füllen.

Um die Christen in diesem geographischen Gebiet geht es also: Kleinasien, Griechenland, Rom. Dass das Christentum in diesen Verbreitungsgebieten zunächst ein städtisches Phänomen war und sich erst von den städtischen Zentren aus in den ländlichen Raum ausbreitete, dürfte nach unserem heutigen Erkenntnisstand nicht zu bestreiten sein[1]. Diese Arbeit soll sich also mit der Frage der Oberschichtangehörigen unter den ersten Christen vor dem Hintergrund der städtischen Gesellschaft des römischen Reiches befassen. Der Begriff der Oberschicht soll in diesem Kapitel noch nicht definiert werden. Damit wird gleichsam die wissenschaftsgeschichtliche Entwicklung reproduziert, denn auch in der akademischen Debatte wurde der Terminus über lange Strecken zumeist ohne größere definitorische Anstrengungen verwendet – auch wenn selbstverständlich durchweg mit einem impliziten oder auch expliziten Raster gearbeitet wurde, das die Parameter vorgab, nach denen die Höhe oder Tiefe der sozialen Stellung einer Person zu bemessen wäre. Dieses Bild änderte sich erst und insbesondere im Gefolge des verstärkten Einflusses sozialwissenschaftlicher Methoden seit den 1970er Jahren, und demzufolge werden auch im Verlauf dieses Kapitels definitorische Fragen nicht gänzlich am Rande stehen.

Eine letzte Vorbemerkung sei gestattet, um zu erklären, in welchem weiteren Horizont die vorliegenden Studien zu sehen sind. Hierzu mag vielleicht am ehesten das Bild dreier konzentrischer Kreise dienlich sein. Den inneren, kleinsten Kreis bildet die Suche nach Oberschichtangehörigen unter den frühen Christen, der nächst größere Kreis ist die Frage nach der sozialen Zusammensetzung der frühchristlichen Gemeinden, der größte Kreis innerhalb dessen wir uns schließlich bewegen ist die Sozialgeschichte des frühen Christentums. Der mittlere und der größte Kreis werden – das steckt im Bilde – zwangsläufig immer wieder tangiert. Das Auge sollte allerdings auf den innersten Kreis fokussiert bleiben.

Dass in der Frühzeit überhaupt Personen aus den höheren Schichten der Gesellschaft dem Christentum anhingen, hat am vehementesten und einflussreichsten Adolf Deissmann bestritten. Zumindest wird die These, das Christentum sei eine Be-

---

[1] Judge, Gruppen *passim*; Meeks, Christians Kap. 1; vgl. auch schon Knopf, Zusammensetzung 326 und Deißmann, Licht⁴ 247.

wegung der unteren Schichten, immer wieder auf seinen Namen zurückgeführt. Bei ihm wollen wir daher unseren Überblick einsetzen.

1.1 Deissmann und die Folgen

Wenn man nach einem Verantwortlichen sucht für die These, das Christentum wäre in seinen Anfängen eine Religion der Unterschichten gewesen, so stößt man unweigerlich auf den Namen Gustav Adolf Deissmann. Deissmanns durchaus prononciert vorgetragene These hinsichtlich der sozialen Zusammensetzung des frühen Christentums ist der Referenzpunkt schlechthin, auf den sich eine lange Reihe von Arbeiten bis in die jüngste Vergangenheit hinein bezieht[2]. Man muss dabei allerdings einerseits beachten, in welchem Kontext Deissmann seine These entwickelt hat. Außerdem hat Deissmann selbst einige Einschränkungen hinsichtlich der Tragweite seiner These gemacht, welche selten in ausreichendem Maße berücksichtigt wurden.

Zwei Faktoren sind für das Verständnis der Arbeiten Deissmanns vor allem von Bedeutung[3]. Zum einen hatte er ein für einen Neutestamentler seiner Tage ungewöhnlich hohes Interesse an philologischen Fragestellungen, was sich bereits in seiner 1892 eingereichten Habilitationsschrift über die neutestamentliche Formel ἐν Χριστῷ Ἰησοῦ manifestierte. Zum zweiten begann gerade in dieser Zeit der bis heute nicht versiegende Strom von Papyri aus Ägypten in die Gelehrtenstuben zu fließen, und Deissmann war der erste seiner Zunft, der es unternahm, diese exotischen Früchte zu ernten und ihnen den Saft zum Verständnis des Neuen Testamentes abzupressen[4]. In Deissmanns Tagen dominierte die Ansicht, das neutestamentliche Griechisch sei eine Sondersprache mit eigenen grammatischen Regeln, eine Art sakrale Hochsprache, die vielfach auch als ‚Judengriechisch' bezeichnet wurde, was nicht antisemitisch gemeint war, sondern sich auf die postulierte Fülle von Semitismen in dieser angenommenen Kunstsprache bezog[5]. Mit diesem philologischen Urteil war implizit die Annahme verbunden, jenes ‚Judengriechisch' sei eine Sprache der höheren gesellschaftlichen Kreise gewesen. Deissmann machte diesem langlebigen Mythos ein Ende, indem er durch den Vergleich mit den Papyri zeigen konnte, dass das neutestamentliche Griechisch der hellenistischen Koinè, der Alltagssprache des ersten Jahrhunderts

---

2 *Exemplum gratia*: Judge, Community 526; Malherbe 31–35; Meggitt 77; Schöllgen, Ecclesia 7 m. Anm. 5; Scroggs 164; Stegemann/Stegemann 249; Theißen, Studien 231; vgl. jüngst Longenecker 38.
3 Zum wissenschaftsgeschichtlichen Hintergrund und zur Entwicklung von Deissmanns philologischen Arbeiten s. jetzt die hervorragende Studie von Gerber, dort insbesondere die Kapitel 1 und 2. Zu Deissmann vgl. jetzt auch Bauer 1–8, der allerdings auf Gerbers Arbeit noch nicht zurückgreifen konnte. Zur Einordnung Deissmanns in die allgemeine Entwicklung sozialgeschichtlicher Exegese vgl. Hochschild 103–115, der allerdings die Bedeutung von Deissmanns philologischer Methodik unterschätzt. Ausführlicher demnächst Weiß, Deissmann.
4 Dass hier der ‚historische Zufall' gleich in mehrerlei Hinsicht eine nicht unbedeutende Rolle spielte, lässt sich bei Gerber 24 und Deissmann, Selbstdarstellung 53 (= Gerber 569f.) nachlesen.
5 S. dazu auch Horsley, Fiction.

angehörte. Sein methodischer Ansatz, der Sprache des Neuen Testamentes diejenige der zeitgenössischen Papyri und später auch der Inschriften gegenüberzustellen, war nichts weniger als eine Revolution auf seinem Gebiet. Seine bahnbrechenden Untersuchungen veröffentlichte er in zwei Bänden, „Bibelstudien" (1895) und „Neue Bibelstudien" (1897). Damit gründete er gleichzeitig die neutestamentliche Philologie, die bis dahin ausschließlich von philologischer Seite betrieben wurde, als eigenständige Disziplin.

Wie kam es nun zur Formulierung von Deissmanns soziologischen Thesen? Inspiriert von einer Reise nach Griechenland und Kleinasien im Jahre 1906 – während der sein in der Folge stetig wachsendes Interesse an den Realien einsetzte und durch die er sich die Welt des Neuen Testaments gleichsam als ‚wirkliche Welt' erschloss – und sich darüber hinaus der Tragweite seiner philologischen Studien wohl bewusst, entschloss sich Deissmann, die Ergebnisse seiner Untersuchungen zu popularisieren. Das Resultat ist das Buch, mit dem der Name Deissmanns für immer verbunden bleiben wird: „Licht vom Osten", in erster Auflage 1908, in vierter 1923 publiziert, mit einer Gesamtauflage von insgesamt 8100 Exemplaren[6]. „Licht vom Osten" – um nicht missverstanden zu werden – ist keineswegs ein populärwissenschaftliches Buch. Es richtete sich sowohl an die akademischen Fachkollegen als auch an ein breiteres Publikum. Hier nun münzte er seine Auffassung, „die Apostel [hätten] in der Hauptsache das unliterarische Griechisch des Volkes gesprochen und geschrieben"[7] zu der soziologischen These aus, das Christentum sei in seinen Anfängen eine Bewegung von unten gewesen. „Die soziale Struktur des Urchristentums weist uns durchaus in die untere und in die mittlere Schicht", schreibt Deissmann bereits auf den einleitenden Seiten, um dann im Verlauf des Buches zusammenzufassen: „Daß es im wesentlichen die Menschen der unliterarischen, der unteren und mittleren Schicht waren, ist auf diesen Blättern so häufig von den verschiedensten Erwägungen aus angedeutet worden, dass ich gar nichts dagegen einwenden würde, wenn man diese These als eine Hauptsache in meinem Buche bezeichnen wollte."[8] Vor allem im zweiten Zitat zeigt sich Deissmanns Herleitung einer soziologischen These aus seinen philologischen Analysen. Die Breitenwirkung von Deissmanns These ist sicher darauf zurückzuführen, dass sie sich in einem derart auflagenstarken Buch findet. Deissmann förderte die Verbreitung seiner Überlegungen darüber hinaus, indem er im gleichen Jahr der Erstauflage von „Licht vom Osten" auf dem 19. Evangelisch-Sozialen Kongress in Dessau einen breit diskutierten Vortrag hielt mit dem Titel „Das Urchristentum und die unteren Schichten"[9]. Dass der Name Deissmann gleichsam synonym für die Theorie vom Christentum als Unterschichtenreligion steht und seiner These eine solch nachhaltige Wirkung beschert war, wird vor diesem Hintergrund zweifelsohne verständlich.

---

6 Zur Entstehungsgeschichte von „Licht vom Osten" s. Gerber 48–58.
7 So Deissmann später im Evangelischen Wochenbrief, 19.10.1918, 6; zitiert bei Gerber 31.
8 Deissmann, Licht¹ 4. 209.
9 Publiziert zunächst in den Kongressakten und dann als Separatum in Deissmann, Urchristentum.

Was allerdings übersehen wird, ist die Tatsache, dass Deissmann seine These später nicht unwesentlich modifizierte – und zwar ausgerechnet in der vierten Auflage von „Licht vom Osten", von der allein 5000 Exemplare gedruckt wurden. Die beiden oben gegebenen Zitate aus der ersten Edition finden sich hier entscheidend verändert. So wird in dem zweiten Zitat die soziologische Klassifikation gänzlich gestrichen und es heißt nun nur noch: „Daß es im wesentlichen die Menschen der unliterarischen Schichten waren etc."[10]. Im ersten Zitat wandeln sich „die untere und mittlere Schicht" vom Singular zum Plural: „die unteren und mittleren Schichten". Dem fügt Deissmann eine höchst aufschlussreiche, erläuternde Fußnote hinzu, in der er unter anderem erklärt: „Dass es in vielen Fällen schwierig ist, die Schichtung nachzuweisen, dass oft die Grenzen zwischen ‚Oberschichten' und ‚unteren Schichten' fließend sind, ist mir wohlbekannt. (...) Das Problem der Schichtung beschäftigt mich sehr stark, und ich glaube der Sache zu dienen, wenn ich, um den Schein einer mechanischen Trennung zu meiden, jetzt mehr pluralisch von ‚Oberschichten' und ‚Unterschichten' spreche und ausdrücklich betone, dass in Einzelpersönlichkeiten verschiedene Schichtungstypen sich mischen können."[11] Ohne seine ursprüngliche These nun gänzlich zu widerrufen, schwächt Deissmann sie insgesamt jedoch deutlich ab. Er hatte offensichtlich erkannt, dass seine eindeutigen sozialen Kategorisierungen sich nicht mit der antiken Wirklichkeit decken.

Woran er das erkannt hat, führt er an dieser Stelle leider nicht aus, ebenso wenig äußert er sich zu den Kriterien, denen zufolge seiner Ansicht nach die Ober- und Unterschichten, nun im Plural, zu konstituieren sind. Der Schlüssel zum Verständnis der in der vierten Auflage von „Licht vom Osten" vollzogenen Modifikation ist aber wohl nicht gänzlich verloren. Diese hatte sich nämlich bereits vorher in einem heute weniger beachteten Werk Deissmanns angekündigt, in seinem 1911 erschienenen Paulus-Buch, das auf eine im Jahr zuvor in Uppsala gehaltene Vortragsreihe zurückgeht[12]. An der Figur des Paulus scheint Deissmann die ganze Spannung seiner zentralen These bewusst geworden zu sein, wenn er in demselben Buch an einer Stelle schreibt: „Sicher scheint mir da zu sein, daß Paulus von Tarsus ... aus den handarbeitenden und unliterarischen Schichten gekommen und auch bei ihnen geblieben ist", um dann allerdings wenige Seiten später hinzuzufügen: „Aber ... sein Griechisch [ist] nicht eigentlich vulgär in der Art, die auf vielen gleichzeitigen Papyri zu Worte kommt. Auf Grund der Sprache ist Paulus vielmehr einer gehobenen Schicht zuzuweisen"[13]. Hier offenbart sich Deissmanns eigenes Unbehagen mit der Radikalität seiner These, und seine Schwierigkeiten, die Person des Paulus soziologisch eindeutig zu verorten, bilden sicher den *missing link* zwischen der pointierten Formulierung seiner „Hauptthese" in der ersten Auflage und deren Abschwächung in der vierten Auflage von „Licht vom Osten".

---

10 Deissmann, Licht⁴ 247.
11 Deissmann, Licht⁴ 6.
12 Zu Deissmanns Paulus-Buch s. Gerber 144–152.
13 Deissmann, Paulus 35. 37.

Dass Deissmann sein Hauptkriterium „literarisch" bzw. „unliterarisch" selbst nicht mehr als durchschlagskräftig empfand, zeigt sich insbesondere an seinem zweiten redaktionellen Eingriff, wenn in der jüngeren Auflage von der Charakterisierung des frühen Christentums als „unliterarisch" keine gesellschaftliche Zuordnung mehr abgeleitet wird. Wissenschaftshistorisch bemerkenswert ist Deissmanns Feststellung, „dass in Einzelpersönlichkeiten verschiedene Schichtungstypen sich mischen können", allerdings auch deswegen, weil sie im Grunde schon auf spätere Entwicklungen vorausweist. Hier findet sich *in nucleo*, was Wayne Meeks später mit dem Begriff der Statusinkonsistenz erklären will, dass nämlich ein und derselben Person gemäß verschiedener Schichtungskriterien sehr unterschiedliche Positionen innerhalb der Gesellschaft zugewiesen werden können (s. u. S. 17). Auch mit seiner Erkenntnis, dass, wie auch immer man Ober- und Unterschicht definiert, diese nicht in sich homogen sind, nimmt Deissmann ein Problem vorweg, das Géza Alföldy später auf die gleiche Weise zu lösen versuchte, indem er pluralisch von Ober- und Unterschichten sprach (vgl. u. S. 25 f.).

Während Deissmanns philologische Analysen neue Maßstäbe gesetzt haben und es ihm in der Tat gelungen ist, dass „das von Theologen und Philologen unnötig und gewaltsam isolierte besondere ‚Bibelgriechisch' ... aus dieser Einzelhaft befreit wurde"[14], wird man gegen seine soziologischen Schlussfolgerungen einen entscheidenden Einwand erheben müssen. Die Kritik manifestiert sich nicht nur an dem, was bei Deissmann selbst bereits anklingt, nämlich die Schwierigkeit der Gleichsetzung von ‚unliterarisch' mit einer sozialen Kategorie, sondern bereits einen Schritt vorher. Dass Deissmann die Koinè, die Alltagssprache der Zeit, als Sprache der Unterschicht betrachtete, ist das entscheidende Missverständnis gewesen. Selbstverständlich enthielten die Papyri vorwiegend ‚unliterarische' Dokumente, beispielsweise Privatbriefe. Aber während eine mittelmäßig gebildete Person in der Tat kaum literarische Werke produzieren wird, die höheren Ansprüchen genügen, ist es umgekehrt sehr wohl so, dass eine literarisch gebildete Person ihren Stil und ihre Wortwahl den jeweiligen Umständen entsprechend variieren und anpassen kann, und diese Adaptionsleistung ist in privater Korrespondenz sogar zu erwarten. Die Koinè ist darüber hinaus selbst von Gebildeten als Literatursprache verwendet worden, insbesondere in der Fachliteratur, und schließlich wird selbst für die Erlasse von Kaisern und Statthaltern, die wir durch die Inschriften und Papyri kennen, die Koinè verwendet[15].

All dessen ungeachtet wurde die Deissmann'sche Unterschichten-These, wie bereits angedeutet, zumeist in ihrer ursprünglichen, starken, unabgeschwächten Form rezipiert. Deissmanns Position war derart einflussreich, dass sie rückblickend zuweilen als *communis opinio* seiner Zeit wahrgenommen wurde. Es wurde behauptet, dass Deissmann mit seiner These „die Formulierung eines Konsenses gelang"[16], von

---

14 Deissmann, Selbstdarstellung 53 f. (= Gerber 570).
15 S. dazu Gerber 56 f.; Judge, Terms 369; Bauer 93 f.; umfassend Rydbeck *passim*. Dieses methodische Problem wurde nicht gesehen von Meeks 51 f.
16 Hochschild 103. 111.

dem sich der ‚new consensus' der 1970er Jahre, auf den wir zu sprechen kommen werden, dann abhob[17]. Bei Lichte betrachtet stellt sich die Situation allerdings anders dar. Deissmann formulierte keinen Konsens[18]. Seine Position stellte, wie wir gleich sehen werden, noch nicht einmal eine Mehrheitsmeinung dar.

1.2 Es gab nicht nur Deissmann

Zwei Arbeiten, die sich mit der sozialen Zusammensetzung der frühchristlichen Gemeinden befassten, sind Deissmann zeitlich vorgeordnet. Da ist zunächst die 1882 erschienene Arbeit von Hasenclever zu nennen, die bereits mit ihrem Titel verrät, dass sie dem vorgeblichen Deissmann'schen Konsens keineswegs zuzurechnen ist: „Christliche Proselyten der höheren Stände im 1. Jahrhundert". Zwar geht auch Hasenclever davon aus, dass die ersten Christen im allgemeinen eher den unteren Schichten entstammten. Jedoch sei das Christentum keineswegs auf die niederen Stände beschränkt gewesen, sondern bereits in neutestamentlicher Zeit seien Personen aus höheren sozialen Schichten zum Christentum konvertiert. Die Zugehörigkeit zur Oberschicht macht Hasenclever an rein ökonomischen Kriterien fest. Die sozial Höhergestellten wären die Reichen und Wohlhabenden gewesen. Als solche erkennt Hasenclever innerhalb des neutestamentlichen Personenkreises u. a. den äthiopischen Kämmerer, den Zenturio Cornelius sowie den Prokonsul von Zypern Sergius Paullus[19]. Hasenclever befasst sich in seinem Aufsatz dann aber vor allem mit hochrangigen Personen des späten 1. Jahrhunderts und versucht nachzuweisen, dass sowohl die vieldiskutierten Flavia Domitilla und Flavius Clemens (beide verwandt mit dem Kaiser Domitian) als auch der Konsul Acilius Glabrio als Christen anzusehen sind. Ob ihm dieser Nachweis gelungen ist, soll weiter unten diskutiert werden. Entscheidend ist hier zunächst, dass er für das Eindringen des Christentums in die höchsten Stände der römischen Gesellschaft bereits in neutestamentlicher Zeit und verstärkt am Ende des 1. Jh.s plädiert.

Die zweite Arbeit aus den Tagen vor „Licht vom Osten" ist Rudolf Knopfs „Über die soziale Zusammensetzung der ältesten heidenchristlichen Gemeinden". Wie sehr die sozialgeschichtliche Forschung damals noch in den Kinderschuhen steckte, ersieht man daran, dass Knopf, der über dieses Thema im Jahre 1899 seine Antrittsvorlesung gehalten hatte, von Hasenclevers knapp zwanzig Jahre zuvor erschienenem Aufsatz erst nach seinem Vortrag erfuhr[20]. Dessen ungeachtet finden sich auch in Knopfs Arbeit Elemente, die mit der Deissmann'schen Position gar nicht konform gehen, die aber in der späteren Entwicklung der sozialhistorischen Erforschung des frühen Christentums stärkere Bedeutung gewinnen werden. Wie Hasenclever setzt Knopf die

---

17 Vgl. Meggitt 100.
18 Darauf verwies auch Theißen, Structure 66.
19 Apg 8,26–39; 10; 13,6–12; Hasenclever 56.
20 Knopf 340 Anm. 1.

sozial Höhergestellten mit den Reichen gleich. Reiche und Wohlhabende habe es unter den frühen Christen gegeben. Als individuelles Beispiel nennt er die Purpurhändlerin Lydia[21]. Er sieht aber in den neutestamentlichen Texten noch weitere Anzeichen für Wohlhabende unter den ersten Christen, so die Warnungen vor Habsucht und die Kapazität zur Prozessführung, ferner Hinweise auf den Besitz von Häusern und Sklaven (womit er auf eines von Theißens Kriterien für gehobenen sozialen Status vorausweist), und schließlich würden die Abendmahlsstreitigkeiten in der korinthischen Gemeinde eine gemischte Sozialstruktur innerhalb der Gemeinde nahe legen[22]. Die Analyse sozialer Beziehungen in der christlichen Gemeinde wird dann erst von Judge wieder aufgenommen, Knopfs Annahme einer sozialen Schichtung innerhalb der Gemeinde findet sich bei Theißen wieder, und schließlich nimmt Knopfs Auffassung, die „heidenchristlichen Gemeinden", wie er es nannte, seien ein städtisches Phänomen[23], gewissermaßen Judges Analyse des frühen Christentums innerhalb der Institutionen der Polis-Gesellschaft und Meeks' „Urban Christians" vorweg.

Neben diesen beiden Arbeiten, die schon in ihrer Themenstellung auf sozialgeschichtliche Fragen ausgerichtet sind, ist ein drittes Werk zu nennen, das zwar keine sozialgeschichtliche Arbeit im bisher behandelten Sinne ist, jedoch eine Fülle von sozialhistorischen Fragestellungen aufnahm: Das zuerst 1902 und schließlich in der maßgeblichen 4. Auflage 1924 erschienene Werk „Mission und Ausbreitung des Christentums in den ersten drei Jahrhunderten" von Adolf von Harnack, in dem er auf zehn Seiten Hinweise auf Oberschichtangehörige unter den Christen in vorkonstantinischer Zeit zusammentrug. Zu ihnen rechnet Harnack aus neutestamentlicher Zeit den Prokonsul Sergius Paulus, Dionysios den Areopagiten und Erastos den Stadtkämmerer von Korinth, die alle drei in unserer Arbeit eine zentrale Rolle spielen werden[24]. Auch dies steht in offensichtlichem Widerspruch zur Annahme, das Christentum sei eine Unterschichtenreligion gewesen. In einer kleinen Schrift von 1910 richtete sich Harnack zudem ausdrücklich gegen den „proletarischen Charakter des Urchristentums", so der Titel der Schrift, eine Charakterisierung, von der sich zu distanzieren selbst Deissmann veranlasst sah. Dass auch Deissmann sich von dieser Formulierung absetzte, liegt zweifelsohne darin begründet, dass der Begriff ideologisch besetzt war und Deissmann dem Missverständnis vorbeugen wollte, als Materialist angesehen zu werden – der er sicher nicht war[25].

Diese Abgrenzung war in der Tat umso notwendiger als Friedrich Naumann die Deissmann'schen Thesen explizit in die Nähe der Arbeit Karl Kautskys rückte. Kautsky hatte in seinem 1908 erschienenen und seinerzeit Aufsehen erregenden Werk „Der Ursprung des Christentums" die ersten Christen als „Proletarier" gekennzeichnet. Kautskys Schlüsselstelle ist die vieltraktierte Passage 1 Kor 1,26–31 (dazu unten

---

21 Knopf 327. 329. 332f.
22 Knopf 332–336. Auch dies in gewisser Weise ein Vorgriff auf die späteren Arbeiten Theißens.
23 Knopf 326.
24 Harnack, Mission 559–568, bes. 560.
25 Harnack, Charakter; vgl. Deissmann, Licht⁶ 6 Anm. 1; s. auch Hochschild 111f.

Kap. 4.1). Allerdings grenzt er die Charakterisierung des Christentums als Proletarierbewegung auf die urchristliche Zeit ein. Nachdem sich verstärkt wohlhabende Personen dem Christentum angeschlossen hätten, hätte dies seinen ‚revolutionären Charakter' verloren[26]. Parallelen, dies sei der Vollständigkeit wegen vermerkt, zwischen der ‚Arbeiterbewegung' und dem Urchristentum hatte bereits Friedrich Engels erkennen wollen, der das Urchristentum als „Religion der Sklaven und Freigelassenen, der Armen und Rechtlosen, der von Rom unterjochten oder zersprengten Völker" ansah[27].

Beide, Kautsky und Engels, wollten ihre Arbeiten als historische Untersuchungen – wenn auch auf der Basis des historischen Materialismus – verstanden wissen und suchten Entwicklungslinien von einer Religion der Unterschichten hin zur „konstantinischen Weltreligion"[28] aufzuzeichnen. Bei beiden spielt daher auch die Frage nach der Datierung der neutestamentlichen Schriften eine nicht unwesentliche Rolle. Für Engels ist die Apokalypse des Johannes, die er vor 70 datiert, mit ihrer sperrigen Bildersprache und radikalen eschatologischen Ausrichtung ein authentisches Zeugnis der frühen Christenheit im Gegensatz zu den später entstandenen Schriften[29]. Für Kautsky hingegen sind beispielsweise die Überlieferungen vom „Klassenhass auf die Reichen", wie sie sich im Lukasevangelium finden, für das Urchristentum zutreffend, während der später zu datierende „Revisionist" Matthäus diese getilgt habe[30]. Die Verbindung zwischen Datierungsfragen und sozialgeschichtlichen Schlussfolgerungen wird uns noch im Zusammenhang der Apostelgeschichte beschäftigen.

Man könnte somit Engels und Kautsky als die einzigen Autoren nennen, die in der Frage der Unterschichtenzugehörigkeit der ersten Christen auf Deissmanns Seite standen – wenn man ihre historischen Rekonstruktionen nicht als gänzlich „phantastisch"[31] ansehen müsste und sich Deissmann nicht selbst von ihnen distanziert hätte (s.o.). Somit bleibt von einem ‚Konsens' um Deissmann wenig übrig. Dieser Eindruck wird auch bei einem Blick auf die Folgezeit nicht schwächer. Zwar ebbte das akademische Interesse an der sozialen Zusammensetzung der frühen Christenheit nach Deissmann stark ab[32]. Allerdings finden sich weiterhin einschlägige Bemer-

---

26 Kautsky 338 f. 449 f. 468. 480–493. Zu Kautsky s. Hochschild 83–87; zu der Verbindungslinie, die Naumann von Kautsky zu Deissmann zieht, ebd. 111 f.
27 F. Engels 449; s. dazu Hochschild 79–83.
28 F. Engels 460.
29 F. Engels 455–458.
30 Kautsky 343 f.
31 So Friedrich Naumann in der Diskussion zu Deissmanns Dessauer Vortrag: Deissmann, Urchristentum 36 f.
32 Ausschlaggebend für den starken Rückgang an der Frage der sozialen Zusammensetzung des frühen Christentums in den Jahrzehnten nach Deissmann ist der durch den Deissmann-Schüler Martin Dibelius geförderte Aufstieg der formkritischen Methode in der neutestamentlichen Exegese; vgl. Horrell, Interpretation 5; Theißen, Studien 5. Den gleichfalls zu verzeichnenden allgemeinen Rückgang an sozialhistorischen Fragestellungen in der neutestamentlichen Exegese sehen Horrell, Social Sciences 6 und Theißen, Studien 5–8 durch die Blüte der dialektischen Theologie verursacht.

kungen zur Frage, so in den wenige Jahre nach Deissmanns bahnbrechenden Studien publizierten „Soziallehren der christlichen Kirchen und Gruppen" Ernst Troeltschs, einer weniger sozialhistorischen als in ihrer Ausrichtung vielmehr systematisch-theologischen Arbeit. Einerseits ist der Einfluss Deissmanns ungebrochen, wenn Troeltsch Paulus als „unliterarisch" und die neutestamentlichen Texte als „Volksliteratur" bezeichnet[33]. Andererseits war Troeltsch gegen Deissmann der Ansicht, dass sowohl unter den Anhängern Jesu als auch in den paulinischen Gemeinden einige Mitglieder der oberen Schichten zu finden waren und zwar von Anfang an[34]. Es ist bemerkenswert, dass Troeltschs Äußerungen zur Zusammensetzung des frühen Christentums unter Einschluss der höheren Kreise den Bezugspunkt schlechthin bildet, gegen den sich Luise Schottroff in einer Arbeit zu 1 Kor 1,26–31 richtete. Schottroff sieht hier eine ungebrochene Traditionslinie von Troeltsch zum sogenannten ‚new consensus' (s. u. S. 17f.), während man irgendwelche Spuren, die Deissmann hinterlassen hätte, bei ihr vergeblich sucht. Nicht einmal dessen Name wird genannt[35].

Vor diesem Hintergrund muss noch einmal gefragt werden, wie die Wahrnehmung von Deissmanns Unterschichten-These als Konsensposition zu erklären ist. Es scheint als wäre der ‚Erfolg' von Deissmanns These vor allem durch die große Verbreitung seines Buches „Licht vom Osten" zu erklären, zu der sich eine intensive Rezeption der englischen Übersetzung in der anglophonen Welt gesellt. Darüber hinaus ist zu vermuten, dass Deissmanns These in den folgenden Jahrzehnten vor allem in der akademischen Lehre tradiert wurde[36]. Dies hat wohl dazu geführt, dass der eigentliche Konsens, der zu Deissmanns Zeiten bestand, überdeckt wurde, und der neigte eher zu der Annahme, dass zwar die frühen Christen wohl mehrheitlich aus den unteren Schichten stammten, jedoch bereits von Anfang an Personen höherer Schichten – wie auch immer diese zu definieren wären – zu ihnen gehörten. Die Prominenz von Deissmanns Unterschichten-These dürfte somit eher durch die selektive Wahrnehmung späterer akademischer Generationen begründet sein und durch die Dominanz ‚großer Werke', zu denen „Licht vom Osten" zweifelsohne zu zählen ist. Allerdings sind dabei überraschenderweise Deissmanns eigenhändige Modifikationen und Abmilderungen seiner These übergangen worden. Einen Konsens jedenfalls hatte Deissmann nicht formuliert. Viel eher wird man sagen müssen, dass sich hier eine anfängliche Außenseiterposition durchgesetzt hatte.

---

[33] Troeltsch 29; zum Kontakt zwischen Deissmann und Troeltsch, die beide während Deissmanns Heidelberger Zeit dem dortigen Eranos-Kreis angehörten, s. Gerber 43f. 69–71 und Claussen 139.
[34] Troeltsch 25. 33.
[35] Schottroff *passim*.
[36] Diesen mündlichen Hinweis, der auf seiner eigenen Erfahrung während seines Studiums beruht, verdankt der Verfasser dem Neutestamentler Michael Lattke (Brisbane).

1.3 Edwin Judge und die Folgen

Das akademische Interesse an der sozialen Verortung der frühen Christen nahm nach Deissmann im weiteren Verlauf der ersten Hälfte des 20. Jahrhunderts rasch ab. Zwar stellte F. V. Filson 1939 im Rahmen einer Untersuchung zu den Hausgemeinden fest: „The apostolic church was more nearly a cross section of society than we have sometimes thought"[37]. Doch seine Stimme verhallte noch ungehört, was wohl den Umständen der Zeit zuzuschreiben ist. So gelang es erst dem Althistoriker Edwin Judge, die heimliche Herrschaft von Deissmanns Unterschichten-These zu beenden. Judge analysierte in einem 1960 auf Englisch und 1964 auf Deutsch erschienenen Essay die städtische Gesellschaft der griechischen Polis-Welt als Rahmenbedingung für das aufblühende Christentum („The social pattern of the Christian groups in the first century", deutsch: „Christliche Gruppen in nichtchristlicher Gesellschaft"). Den patronal geführten Haushalt mit seinen gegenseitigen sozialen Verpflichtungen zwischen Patron und Klienten sieht er als die zentrale gesellschaftliche Organisationsform an. Dieses Muster sozialer Beziehungen findet sich nach Judge auch in den paulinischen Gemeinden. Sein Essay gipfelt in der These: „Far from being a socially depressed group ... the Christians were dominated by a socially pretentious section of the population of the big cities."[38] Nach Judge lag genau darin, dass sich Personen mit unterschiedlichem gesellschaftlichen Status nun in der christlichen Gemeinde zusammen fanden, der Grund für die sozialen Spannungen, die sich vor allem, aber keineswegs ausschließlich, in der korinthischen Korrespondenz des Paulus spiegeln. Denn die christliche Gemeinde sollte gerade nicht nach den Regeln der antiken Polis-Gesellschaft funktionieren, sondern in ihr sollte eine neue Gemeinschaft gebildet werden, in der Ansehen und sozialer Status eben nicht mehr entscheidend sein sollten, sondern einer dem anderen nach dem Vorbild Christi dienen sollte. Die frühchristlichen Gemeinden unterscheiden sich von anderen antiken Organisationsformen wesentlich darin, dass ihre Mitglieder von sozial unterschiedlicher Herkunft waren[39]. Die paulinischen Briefe sind nach Judge freilich auch ein Zeugnis dafür, wie schwer sich die Gläubigen mit der Umsetzung der neuen Ordnung taten[40]. Auch wenn sich Judge nicht dazu geäußert hat, welchen prozentualen Anteil seiner Ansicht nach die sozial Höhergestellten an der Gesamtzahl der Mitglieder beispielsweise der christlichen Ge-

---

[37] Filson 111.
[38] Judge, Pattern 43 (= Gruppen 510: „Die Christen also waren ... nicht nur keine sozial unterdrückte Schicht, sondern das in ihnen vorherrschende Element stammte aus der selbstbewußten sozialen Oberschicht der Großstädte"). Dass hierin die Kernthese seines Essays zu sehen ist, bestätigte Judge in ders., Identity 119; vgl. Harrison 17; Theißen, Studien 231. Der wissenschaftshistorische Stellenwert von Judges Essay ist unbestritten, vgl. nur Horrell 6: „landmark"; Thiselton 25: „turning point"; Tidball 99f.: „the one bright light in the period".
[39] S. dazu das Vorwort Judges zur neuen Ausgabe der deutschen Übersetzung seines Essays: Judge, Gruppen 464f.
[40] Judge, Pattern 53 (= Gruppen 521) zur Spannung zwischen den Vorgaben des Apostels Paulus und dem Verhalten in der Gemeinde.

meinde in Korinth hatten, so unterscheidet sich seine Rekonstruktion der sozialen Zusammensetzung der frühen Christenheit und vor allem seine Annahme, das Christentum in seiner städtischen Ausprägung sei eine Bewegung ‚von oben' gewesen[41], doch grundlegend von der Deissmann'schen These vom Christentum als Religion der unteren und mittleren Schichten. Für unsere Untersuchungen ist weiterhin von Bedeutung, dass Judge seine Ergebnisse nicht zuerst durch prosopographische Einzeluntersuchungen oder die Analyse des sozialen Status bekannter Individuen gewonnen hatte, sondern über die Analyse sozialer Beziehungen. Erst in einem zweiten Beitrag stellt Judge 40 Personen zusammen, die er als „patrons" des Apostels Paulus bezeichnet[42]. Weil ein *patronus*, ein Haushaltsvorstand mit von ihm abhängigen Familienmitgliedern und Klienten, *per se* innerhalb eines so verstandenen ‚Familienverbandes' einen höheren gesellschaftlichen Status innehat, benötigt Judge auch keine Liste weiterer Kriterien, welche ein sozial Höhergestellter zu erfüllen hätte. Erst in einem jüngeren Beitrag ist Judge auf die Bedeutung des römischen Bürgerrechtes als möglichen Indikator für einen höheren Sozialstatus eingegangen[43].

Judges kleines Buch hatte bemerkenswerte, teilweise paradoxe Folgen. Ein Erdbeben löste es freilich zunächst nicht aus. Seitens der Fachkollegen aus den Altertumswissenschaften traf es zwar auf nicht geringe Aufmerksamkeit, ablesbar an einer Reihe von durchweg wohlwollenden Besprechungen, jedoch wurde das Thema dann nicht weiter verfolgt. Von Seiten der neutestamentlichen Exegese wurde es aufgrund seines althistorischen Zuganges zu Quellen und Thematik anfänglich weitgehend ignoriert[44]. Dabei blieb es für über eine Dekade. Erst Anfang der 1970er Jahre wurden Judges Thesen hinsichtlich der sozialen Zusammensetzung der frühchristlichen Gemeinden von dem Neutestamentler Gerd Theißen aufgenommen, der sich überhaupt große Verdienste um die nachhaltige Wiederbelebung der sozialhistorischen Erforschung des frühen Christentums erworben hat, die er *nota bene* unter anderem ganz grundsätzlich mit einer engen und notwendigen Verbindung von Altertumswissenschaft und neutestamentlicher Exegese begründet[45]. Von zentraler Bedeutung ist hier Theißens zuerst 1974 erschienener Beitrag über „Die soziale Schichtung in der korinthischen Gemeinde", in dem er die beiden Briefe des Apostels Paulus an die Korinther, die prosopographischen Daten am Ende des in Korinth geschriebenen Briefes des Paulus an die Römer sowie die entsprechenden Passagen zu Korinth aus der Apostelgeschichte untersucht. Nach Theißen schließen sich die Positionen Deissmanns und Judges nicht gegenseitig aus, denn, so seine zentrale These, charakteristisch für die frühchristlichen Gemeinden sei eine innere soziale Schichtung mit einigen „tonangebenden" Angehörigen der Oberschicht und einer demgegenüber größeren

---

41 Judge, Gruppen 465: „the gospel was promoted by well-to-do patrons to their social dependants".
42 Judge, Community 542–545.
43 Judge, Base *passim*.
44 Vgl. dazu Judge, Identity 119.
45 Theißen, Studien 3f. 8.

Zahl von Personen aus den unteren Schichten[46]. Theißen schlussfolgert dies aus 1 Kor 1,26–29 sowie aus Angaben, die in irgendeiner Weise etwas über den Sozialstatus von Einzelpersonen aussagen. Als Hinweise für einen gehobenen Sozialstatus betrachtet er „Aussagen über Ämter, ‚Häuser', Dienstleistungen für die Gemeinde und Reisen"[47]. Auch wenn er sich auf die korinthische Gemeinde konzentriert, hält er diese gemischte Sozialstruktur für ein allgemeingültiges Charakteristikum der städtischen Gemeinden.

Mit seinen ersten Arbeiten stand Theißen zwar noch unter einem erheblichen Rechtfertigungsdruck[48], jedoch erlebte die sozialhistorische Erforschung des frühen Christentums in den 1970er und 1980er Jahren bald einen raschen Aufschwung. Die Zahl entsprechender Arbeiten, die sich als sozialgeschichtlich verstehen, ist heute kaum noch überschaubar[49]. Ich konzentriere mich daher im Folgenden auf diejenigen, die für meine spezielle Thematik wesentlich sind, und hebe zunächst einige Arbeiten von Neutestamentlern heraus. Als weiterer Meilenstein in der Entwicklung ist Wayne Meeks' 1983 publiziertes Buch „The first urban Christians" und darin vor allem das zweite Kapitel „The social level of Pauline Christians" zu nennen. Meeks unternimmt dort eine prosopographische Analyse der frühen Christen, basierend auf den paulinischen Briefen – darin eingeschlossen auch diejenigen, die Meeks als deutero-paulinisch erachtet, mit Ausnahme der Pastoralbriefe (1 & 2 Tim, Tit) – und unter, wenn auch zurückhaltender, Berücksichtigung der Apostelgeschichte. Ausgehend von dem Konzept der Statusinkonsistenz, wonach sozialer Status nicht nach einem einzigen bestimmten Kriterium gemessen werden kann, sondern sich aus mehreren Faktoren zusammensetzt, kommt Meeks zu dem Ergebnis, dass man keinem der paulinischen Christen *einen* bestimmten und klar definierten Platz in der sozialen Hierarchie zuweisen könne. Diejenigen allerdings, die als Individuen hervorgehoben und in den Texten namentlich genannt werden, zeigten, so Meeks, „signs of a high ranking in one or more dimensions of status". Charakteristisch für diesen Personenkreis sei zudem, dass es sich zumeist um soziale Aufsteiger handele. Hinsichtlich der sozialen Zusammensetzung der paulinischen Gemeinden kommt Meeks zu dem Ergebnis, dass diese „generally reflected a fair cross-section of urban society", allerdings – und auf diesen wichtigen Punkt ist gleich noch einzugehen – mit Ausnahme der Spitze der Gesellschaft[50].

Bereits 1977 hatte Abraham Malherbe vor allem angesichts der Studien von Judge und Theißen von einem „new consensus" bezüglich der sozialen Zusammensetzung

---

46 Theißen, Studien 231–271 bes. 231.
47 Theißen, Studien 235.
48 S. den programmatischen Beitrag in Theißen, Studien 3–34; vgl. auch Meeks 3–6.
49 Überblicke bei Elliott, History; Harrison 17–22; Horrell, Interpretation; Horrell, Sciences; Longenecker, Remember 221–230; Scholer XIVf.; Theißen, Studien 3–34; Thiselton 24–28. Vgl. auch Hochschild *passim*, dessen Buch deutlich macht, wie vielfältig der Begriff „sozialgeschichtlich" zu verstehen ist.
50 Meeks 51–73, die Zitate 73.

der frühchristlichen Gemeinden geschrieben[51]. Damit hatte er dem Kind seinen Namen gegeben, auch wenn Theißen kürzlich nicht zu Unrecht insistierte, es habe keinen ‚old consensus' gegeben und der so genannte ‚new consensus' sei keineswegs ein Konsens, sondern vielmehr ein erneuertes sozialhistorisches Interesse mit durchaus unterschiedlichen Resultaten[52]. Wir wollen der Einfachheit halber dennoch an diesem Schlagwort festhalten und meinen damit diejenigen Exegeten, welche vor allem die beiden bereits mehrfach genannten Punkte vertreten: dass die frühen Christen unterschiedlicher sozialer Herkunft waren und dass es unter ihnen einen nicht zu unterschätzenden Anteil an Personen mit höherem gesellschaftlichen Status gab.

Nachdem sich Mitte der 1970er Jahre bereits John Gager gegen den neuen Trend gestemmt und an der vorrangig niedrigen sozialen Herkunft der frühen Christen festgehalten hatte[53], ist die schärfste Attacke gegen den ‚new consensus' jüngst von Justin Meggitt gefahren worden. Nach Meggitt wären die frühchristlichen Gemeinden hinsichtlich der sozialen Herkunft ihrer Mitglieder sehr homogen gewesen und zwar wären sie allesamt aus den armen und ärmsten Bevölkerungskreisen gekommen. Zu diesem Ergebnis kommt Meggitt auf der Grundlage von drei Schritten: Zum ersten sei den antiken Quellen zu entnehmen, dass die übergroße Mehrheit der Bevölkerung als arm einzustufen sei und am Rande oder gar unterhalb des Existenzminimums gelebt habe. Nur ein Prozent der Gesellschaft sei zu den Bessergestellten zu zählen. Alle, die nicht zu dieser kleinen Elite gehörten, „lived brutal and frugal lives, characterised by struggle and impoverishment"[54]. Wenn dies für die Bevölkerung im Allgemeinen gelte, so der zweite Argumentationsschritt, dann auch für die frühchristlichen Gemeinden: „The Pauline Christians *en masse* shared fully the bleak material existence which was the lot of more than 99 % of the inhabitants of the Empire."[55] Dies wird allerdings nicht positiv bewiesen, sondern Meggitt gelangt zu diesem Ergebnis indem er, drittens, allen Hinweisen in den neutestamentlichen Texten, die für einen höheren gesellschaftlichen Status von Christen in Anspruch genommen worden sind, systematisch die Beweiskraft abspricht[56]. Meggitts Schlussfolgerungen wird zwar schon dadurch der Boden entzogen, dass er zum einen durch seine radikale Einteilung der Gesellschaft alleine nach dem Kriterium der ökonomischen Potenz andere Parameter weitgehend ignoriert und es zum zweiten sicherlich unzutreffend ist, dass jeder außerhalb des engen Zirkels der Elite um das nackte wirtschaftliche Überleben gekämpft hätte[57]. Allerdings ist bei

---

51 Malherbe 31.
52 Theißen, Structure 66; vgl. Stegemann/Stegemann 251. Das Etikett ‚new consensus' wird aufgenommen von bspw. Scroggs 170; Meggitt 99–101. – Longenecker, Profiling 39 meint jetzt, der Unterschied zwischen ‚old consensus' und ‚new consensus' sei nur eine Frage der „Nuancen"; s. auch ders., Remember 221–230.
53 Gager 96 ff. 106 ff.
54 Meggitt 41–73, das Zitat 73.
55 Meggitt 99.
56 Meggitt 101–153.
57 S. dazu e.g. Vittinghoff 204 f. Zur Kritik an Meggitt s. Theissen, Social Structure *passim*; ferner Jongkind, *passim*.

aller Kritik seine Vorstellung einer gemessen an der Gesamtbevölkerung äußerst kleinen sozialen Elite nicht von der Hand zu weisen. Sie deckt sich mit der unten zu diskutierenden Annahme, dass die Angehörigen der drei führenden *ordines* kaum mehr als ein Prozent der Reichsbevölkerung ausgemacht haben.

In ihrer umfassend angelegten „Urchristliche(n) Sozialgeschichte" schließlich haben die beiden Neutestamentler E. W. und W. Stegemann die „soziale Zusammensetzung der christusgläubigen Gemeinden" in den Städten des römischen Imperiums behandelt[58]. Sie zeichnen ein differenziertes Bild der römischen Gesellschaft. Zwar erkennen sie dichotome Ordnungsmuster in der antiken Gesellschaft, jedoch reduzieren sie ihr Gesellschaftsmodell nicht auf eine einfache Unterteilung in Oberschicht-Unterschicht, sondern sprechen ähnlich wie der Althistoriker Géza Alföldy (s. u. S. 25 f.) im Plural von Oberschicht- bzw. Unterschichtgruppen[59]. Laut Stegemann/ Stegemann haben sich auch in den frühchristlichen Gemeinden Personen aus unterschiedlichen sozialen Schichten zusammengefunden. Hinsichtlich der in dieser Arbeit behandelten Fragestellung sind nun einige charakteristische Punkte des Stegemann'schen Modells herauszuheben. Zum einen verweisen die Gebrüder Stegemann zurecht darauf, dass divergierende Ergebnisse in der sozialhistorischen Auswertung des Neuen Testamentes durch die unterschiedliche Gewichtung einzelner neutestamentlicher Schriften begründet sind. Sie sehen für die Zeit vor 70 n. Chr. in den paulinischen Briefen die Hauptquelle, für die Zeit nach 70 n. Chr. die Apostelgeschichte. Letztere dürfe nicht als sozialhistorische Quelle für die von ihr erzählte Zeit (ca. 30 – 62) gelten, sondern nur für die ersten Jahrzehnte nach 70, da sie die sozialen Verhältnisse ihrer angenommen Entstehungszeit (um 90 n. Chr.) rückprojiziere. In der Zeit nach 70 verändert sich Stegemann/Stegemann zufolge die soziale Zusammensetzung der frühchristlichen Gemeinden dahingehend, dass der Anteil von Mitgliedern aus den Oberschichtgruppen im Vergleich zu den paulinischen Gemeinden aus der Zeit vor 70 größer wird. Allerdings, und dies ist der zweite charakteristische Punkt, wären weder vor 70 noch in den ersten Jahrzehnten danach Angehörige der führenden *ordines* unter den Christen zu finden gewesen, in der Zeit nach 70 könne man höchstens mit einigen „Sympathisanten" aus diesen Kreisen rechnen. Dies hängt mit hermeneutischen Entscheidungen zusammen. Die Schilderung der Apostelgeschichte, die christliche *ordo*-Angehörige bezeuge, sei fiktiv, selbst für die Zeit nach 70. Dass Erastos, der ‚Stadtkämmerer' von Korinth, zu den *ordo*-Mitgliedern zu zählen sei, halten die Gebrüder Stegemann nicht für gesichert. Auf all das wird zurückzukommen sein.

In den Altertumswissenschaften hat Judges Essay keine vergleichbare Wirkung hervorgerufen. In einem Aufsatz des Jahres 1967 schloss sich Heinz Kreissig, seinerzeit einer der führenden Altertumswissenschaftler östlich des Eisernen Vorhangs, Judges Thesen einer gemischten Sozialstruktur innerhalb der frühchristlichen Gemeinden an[60].

---

58 Stegemann/Stegemann 249 – 271.
59 Stegemann/Stegemann 70 – 74.
60 Kreissig *passim*.

Bemerkenswert ist vor allem Werner Ecks im Jahre 1971 getroffene Einschätzung der Debatte. Eck sieht die Unterschichtenthese, die er als Phänomen des 19. Jahrhunderts erklärt, bereits durch Adolf von Harnacks Werk zur Mission und Ausbreitung des Christentums als „endgültig widerlegt" an. Den Namen Deissmann erachtet Eck für keiner Erwähnung würdig, auf Judges Essay verweist er nicht als Wendemarke der Wissenschaftsgeschichte, sondern betrachtet ihn als jüngere Stellungnahme zu einem längst geklärten Sachverhalt. Nach Eck sei die „Folgerung unausweichlich, daß die Anhänger der christlichen Religion ein fast getreues Spiegelbild der allgemeinen sozialen Schichtung im römischen Reich bieten, und zwar von den Ursprüngen an, wie sie in den neutestamentlichen Schriften dargestellt werden"[61]. Eck traf diese Feststellung wohlgemerkt über eine Dekade bevor Meeks seine These von der sozialen Strukturkongruenz ausformulierte. Eck macht ferner zurecht darauf aufmerksam, dass in der Debatte meist nur eine sehr vage Terminologie, wie „höhere Stände" oder ähnliches, verwendet wurde. Als Abhilfe empfiehlt er allerdings nicht den Rückgriff auf sozialwissenschaftliche Modelle und Begrifflichkeiten, sondern eine präzisere Erfassung der antiken sozialen Gegebenheiten. In seinem Aufsatz untersucht er dementsprechend nicht, inwieweit sich Christen in einer wie auch immer zu definierenden Oberschicht finden, sondern konzentriert sich auf christliche Angehörige des Senatorenstandes, als einer rechtlich und sozial klar erfassbaren Kategorie. Das erste sichere Zeugnis für christliche Angehörige des *ordo senatorius* will er allerdings erst in Tertullians 197 verfassten Apologeticum erkennen (dazu unten S. 190) und nicht in dem in Apg 13 genannten Statthalter von Zypern, Sergius Paullus.

Seither hat die Thematik kaum mehr Interesse von althistorischer Seite auf sich gezogen. Bernhard Grimms Münchener Dissertation von 1975 zur sozialen Stellung der frühen Christen kann man in dieser Hinsicht als Endpunkt auffassen. Grimm befasste sich außerdem vorrangig mit der gesellschaftlichen Stellung Jesu und der Frage der Sklaverei. Zur Frage der Oberschichtenzugehörigkeit der frühen Christen schließt er sich Werner Ecks Studie an, demzufolge erst unter den Severern die ersten Christen in den Reihen der führenden *ordines* zu finden wären[62].

1.4 Another consensus? – und dessen Folgen

Es dürfte nach diesem Vogelflug – und wir haben uns hier nur auf die wichtigsten Werke zur Thematik beschränkt – deutlich geworden sein, dass wir durchaus nicht von einem Konsens hinsichtlich der Frage von Oberschichtangehörigen unter den frühen Christen sprechen können. Das gehört zum Wesen wissenschaftlicher Praxis, und es ist ohnehin fraglich, ob ein wie auch immer gearteter Konsens überhaupt erstrebenswert ist. Der vorangehende Überblick sollte vor allem einer wissenschaftsgeschichtlichen

---

[61] Eck, Senatorenstand 381f. mit Anm. 3.
[62] Grimm *passim*.

Einordnung der vorliegenden Studien dienen, den Blick öffnen für die schon immer anzutreffende Spannweite und Divergenz der in dieser Debatte vertretenen Positionen sowie einige Problemfelder knapp anreißen. Aus diesem Gewebe sollen zwei Fäden herausgezogen werden, an denen in diesen Untersuchungen weitergestrickt werden soll: Zum einen soll der Frage nachgegangen werden, inwieweit *ordo*-Angehörige unter den frühen Christen zu finden sind. Zwar kann man auch in diesem Zusammenhang nicht unbedingt von einem Konsens sprechen, viele äußern sich auch gar nicht präzise zu dieser Thematik, doch ist gerade hier eine Art Trend zu beobachten, der lautet, dass sich unter den Christen im ersten Jahrhundert noch keine Angehörigen der drei führenden *ordines* befanden, eventuell mit Ausnahme des korinthischen Stadtkämmerers Erastos, der jedoch, wenn er überhaupt in Betracht gezogen wird, immer als unsicherer Kandidat gehandelt wird. Dieser Trend gewinnt dadurch an Gewicht, dass er von den prominentesten Vertretern der Debatte getragen wird und in besonders einflussreichen Publikationen zu finden ist, namentlich bei Meeks, Theißen und am pointiertesten bei den Gebrüdern Stegemann[63]. Diese Position wird dann insbesondere bei Meeks und Theißen verbunden mit der These von der Statusinkonsistenz als charakteristisches Merkmal vor allem derjenigen Christen, die in irgendeiner Weise als gesellschaftlich höher stehend angesehen werden können[64].

Mit den *ordo*-Angehörigen wird sich der größte Teil der vorliegenden Arbeit befassen, deswegen müssen sie hier nicht lange erörtert werden. Dass die Einschränkung der Untersuchung auf diesen Personenkreis gerechtfertigt ist, wird im folgenden Kapitel dargelegt, daran anschließend werden relevante Personen und Stellen aus dem Neuen Testament in Augenschein genommen. Am Ende dieses Kapitels sollen daher zusammenfassend die beiden unseres Erachtens wichtigsten Elemente des „anderen Konsenses" noch einmal benannt werden:

1) Unter den frühen Christen wären keine *ordo*-Angehörigen zu finden.

2) Kennzeichnend für die führenden Mitglieder der frühchristlichen Gemeinden wären Statusdissonanzen und eine daraus resultierende Statusinkonsistenz. Damit ist gemeint, dass einer einzelnen Person gemäß einer sozialen Kategorie, e. g. Reichtum, ein relativ hoher Status zugesprochen werden muss, dieselbe Person aber hinsichtlich einer anderen Kategorie, e. g. die persönliche Herkunft als Freigelassener, nur einen relativ niedrigeren sozialen Status beanspruchen kann. Die daraus entstehenden

---

[63] Meeks 72f.; Theißen, Structure 70f.; Stegemann/Stegemann 260. 269. Jüngst noch einmal auf den Punkt gebracht von Theißen, Dialog 117: „Das Urchristentum war nur ‚subdekurional' verbreitet." Die Rezeption dieser Position beispielsweise bei Plümacher, Identitätsverlust 32: „Gewiß gehörten noch auf lange Senatoren und Ritter nicht zu den Christen, und auch Dekurionen haben, jedenfalls was ihre Zahl betrifft, bis weit in das 2. Jahrhundert hinein noch keine große Rolle gespielt." Vgl. darüber hinaus e. g. Barclay 365; Becker, Society 568; Harland, Elites 394; Merz 97; Longenecker 41. 53, der allerdings Anm. 32 hinzufügt: „It would be hasty, however, to exclude their presence altogether from early groups of Jesus followers, at least from the middle of the first century onwards."

[64] S. jetzt Theißen, Dialog 121f. zur Theorie der Statusdissonanzen, wo er diese ergänzt um die „Theorie vom ‚Abwärtstransfer von Oberschichtwerten'". Auf letztere ist in dieser Arbeit nicht einzugehen.

Spannungen führten zu Statusinkonsistenzen und diese seien charakteristisch für die Höherrangigen unter den frühen Christen gewesen.

Dies sind unseres Erachtens die zwei Hauptbausteine des ‚anderen Konsenses' (für den selbstverständlich gleichfalls gilt, dass er so nicht von allen geteilt wird). Die sozialhistorischen Konsequenzen, die sich daraus ergäben, wären die folgenden. Wenn es unter den frühen Christen keine *ordo*-Angehörigen gegeben hat, dann kann man zunächst ganz grundsätzlich sicher nicht davon sprechen, dass alle sozialen Schichten in den frühchristlichen Gemeinden repräsentiert waren. Diese wären somit kein Querschnitt, kein getreues Spiegelbild der Gesellschaft. Die Spitze der Gesellschaft würde in diesem Falle fehlen. Nach Theißen kämen die gesellschaftlich höchststehenden Mitglieder der christlichen Gemeinden von der „periphery of the upper-class"[65]. Deren Impetus sich dem Christentum zuzuwenden – und hier kommt das Konzept der Statusinkonsistenz zum Tragen – sei vorrangig ihre soziale Unzufriedenheit gewesen. In den Gemeinden hätten diese hochrangigen Personen aus der „periphery of the upper-class" hingegen die Akzeptanz erlangt, die ihnen von der säkularen Gesellschaft verweigert worden wäre.

Die beiden Hauptelemente des ‚anderen Konsenses' und die sich daraus ergebenden Konsequenzen sollen mit diesen Untersuchungen in Frage gestellt werden. Wenn es unter den frühen Christen Mitglieder der führenden *ordines* gegeben hat, dann wäre auch das Erklärungsmodell hinfällig, dass die sozial hochrangigsten Christen Personen gewesen wären, die unter Statusinkonsistenzen gelitten und diese durch ihren Anschluss an die christlichen Gemeinden gleichsam geheilt hätten. Diese Theorie wäre für die *ordo*-Mitglieder nicht tragfähig. Sie litten nicht unter Statusinkonsistenzen, für die sie in irgendeiner Weise nach Kompensation trachteten, denn sie besaßen, wie gleich zu erörtern sein wird, das höchste gesellschaftliche Ansehen, gleich nach den Mitgliedern des Kaiserhauses.

---

[65] Theißen, Structure 73.

2 *Ordo*-Angehörige als soziale Elite des römischen Reiches

Die Schwierigkeiten, den Begriff der ‚Oberschicht' im Rahmen der römischen Gesellschaft, insbesondere für die frühe Kaiserzeit zu definieren, dürften in dem wissenschaftsgeschichtlichen Überblick des vorangegangenen Kapitels durchgeklungen sein. Diese Schwierigkeiten haben in den allermeisten Fällen dazu geführt, dass diejenigen, die sich zur sozialen Zusammensetzung der frühchristlichen Gemeinden geäußert haben, vielfach zu Umschreibungen gegriffen haben oder sie haben soziologische Begriffe (wie ‚Klasse', ‚Schicht' etc.) verwendet, ohne sie genauer zu definieren[1]. Trotz des Verzichtes auf genauere soziologische Definitionen liegen den meisten Beiträgen dennoch bestimmte Vorstellungen zugrunde, nach welchen Kriterien die antike Gesellschaft strukturiert und organisiert gewesen sein soll.

So war, wie dargelegt, für Deissmann die Fähigkeit, ‚literarisch' zu schreiben, ein Charakteristikum der „Oberschichten", das den frühen Christen, insbesondere dem Apostel Paulus, seiner Ansicht nach eben fehlte. Auf der Basis des gleichen Kriteriums der Literarität war Malherbe allerdings zu dem Ergebnis gekommen, dass Deissmann „aimed to low" hinsichtlich des sozialen Niveaus der frühen Christen. Vor allem warnte er davor, den sozialen Ort der frühen Christenheit allein auf der Grundlage linguistischer oder literarischer Charakteristika zu bestimmen[2]. Judge hat im Verlaufe seiner Studien verschiedene Parameter zur sozialen Einordnung der frühen Christen erprobt. Nach Judge befanden sich insbesondere unter den korinthischen Christen einige begüterte Personen und „patrons", also Vorstände von Haushalten, die nach antikem Verständnis nicht nur die biologische Familie umfassten[3]. Paulus kennzeichnet er als „Sophisten". Den Terminus benutzt Judge als soziale Klassifikation, ohne moralische Wertung, denn er würde die zeitgenössische Wahrnehmung des Paulus als eines Redners über ethische Themen mit einer gewissen Anhängerschar am ehesten treffen. Überhaupt müsse man die christlichen Gemeinden eher als „scholastic community" und damit als Konkurrenz zu den Philosophenschulen verstehen[4]. In einem seiner jüngsten Beiträge schließlich macht Judge auf die ungewöhnlich hohe Zahl von Personen in der Umgebung des Paulus aufmerksam, die sehr wahrscheinlich das römische Bürgerrecht und die damit verbundenen Privilegien besaßen[5]. All diese Kriterien – Bildung, ökonomische Potenz, Personenrecht etc. – für sich genommen können sicher als Indikatoren für eine bessere soziale Stellung gelten und sie genügen vollkommen, um Deissmanns Unterschichten-These ins Wanken zu bringen. Für sich genommen ist jedes einzelne Kriterium aber immer noch nicht ausreichend, um etwas

---

[1] Dies ist insbesondere von Rohrbaugh *passim* moniert worden.
[2] Malherbe 29–59 bes. 33 und 59.
[3] Judge, Gruppen 511 (= Pattern 43).
[4] Judge, Community *passim*.
[5] Judge, Base *passim*.

Genaueres über den sozialen Status einer einzelnen Person auszusagen, insbesondere hinsichtlich ihrer Zugehörigkeit zu einer ‚Oberschicht' oder ‚sozialen Elite'. Der Philosoph und spätere Märtyrer Justin mag im zweiten Jahrhundert zu den gebildetsten seiner Zeitgenossen gehört und gute Kontakte zu führenden gesellschaftlichen Kreisen unterhalten haben[6]. Und Celsus' bekannte Invektive gegen die Christen ist der beste Beweis dafür, dass fehlende Bildung mit sozial niedriger Herkunft gleichgesetzt wurde[7]. Aber gilt deswegen auch der Umkehrschluss? Gehörte jeder Gebildete wie Justin oder Celsus zur ‚Oberschicht'? Reichtum ist gleichfalls nur eine relative, keine absolute Größe. Wie reich ist „reich"? Eine Person kann über ein größeres Vermögen als viele andere verfügen, aber ihr Vermögen kann dennoch geringer als das zahlreicher weiterer Personen sein[8]. Ebenso erhielt man durch den Besitz des römischen Bürgerrechtes zwar sehr wohl einige Privilegien, aber auch dieses Kriterium allein sagt noch nichts über die genaue gesellschaftliche Stellung der betreffenden Person aus.

Diese Vorbehalte gelten zum Teil ebenfalls für die Liste von Kriterien für einen „gehobenen Sozialstatus", die Theißen bereits vor einigen Jahren zusammengestellt hatte. Dazu zählen nach Theißen „Aussagen über Ämter, ‚Häuser', Dienstleistungen für die Gemeinde und Reisen"[9]. Zu dieser knappen Liste ist zunächst festzustellen, dass sie nicht den Anspruch erhebt, allgemeingültige Kriterien für die römische Gesellschaft zu bieten, sondern sie ist vorrangig auf der Basis der paulinischen Briefe und dort gegebener Indikatoren gewonnen worden. Dies ist natürlich gleichzeitig ihr Defizit. Die beiden letztgenannten Kriterien, „Reisen" und „Dienstleistungen" sind im Grunde ökonomische Parameter, d. h. die betreffenden Personen verfügten über die materiellen Ressourcen für Reisen etc. Zur Problematik ausschließlich ökonomischer Parameter ist bereits oben Stellung genommen worden. Ebenso ist der Hinweis auf ‚Häuser', also einen οἶκος, dem jemand vorstand, an sich noch nicht aussagekräftig. Auch der Gefängniswärter von Philippi stand laut Apg 16,31–33 einem οἶκος vor. Sollen wir ihm deshalb einen „gehobenen Sozialstatus" zuweisen? Unter „Ämter" versteht Theißen nicht nur politische Ämter, sondern auch solche innerhalb der jüdischen Synagogengemeinde. Letzteres ist wohl eher ein Indiz für einen gehobenen Sozialstatus innerhalb der Subkultur der jüdischen Gemeinschaft und nicht notwendig gleichzusetzen mit einem höheren Sozialstatus innerhalb der Gesamtgesellschaft. Theißens Hinweis auf die Ausübung von politischen Ämtern als Indikator für eine höhere gesellschaftliche Stellung ist allerdings zutreffend, wie gleich auszuführen sein wird, wenn allgemeinere Modelle der römischen Gesellschaft, die seitens der Altertumswissenschaftler entworfen wurden, diskutiert werden.

---

[6] Zum Bildungsweg des Iustin s. dial. c. Tryph. 2,3–6; zu seinen Kontakten mit einer unbekannten Christin, die wahrscheinlich von höherem sozialen Rang war: apol. II 2.
[7] Celsus in Orig. c. Cels. 3,44.
[8] Vgl. Barclay 365: „the more we realize we need to know about the (differing) economic levels of Paul's converts, and probe the data in that light, the more brutally we hit the limits of our knowledge".
[9] Theißen, Studien 235.

Von neutestamentlicher Seite haben als einzige die Gebrüder Stegemann ein Modell zum Verständnis der Gesellschaft des ersten Jahrhunderts vorgelegt, das enge Verwandtschaft mit Géza Alföldys Verständnis der kaiserzeitlichen Gesellschaft aufweist. Für die Fragestellung der vorliegenden Arbeit ist ein Blick auf ihre Definition der „Oberschichtgruppen" von Interesse. Hierzu zählen sie neben den Angehörigen des Kaiserhauses die Mitglieder der *ordines*, Reiche ohne politische Ämter sowie die „Gefolgsleute" der *ordo*-Angehörigen, unter denen sie Freie, Freigelassene und Sklaven verstehen, die „für ihre Herren (...) Funktionen übernahmen, bzw. im privaten Bereich hohe Verwaltungsaufgaben besaßen", zuallererst die *familia Caesaris*[10]. Die Gebrüder Stegemann gestehen ein, dass sie vor allem mit der Zuordnung der „Gefolgsleute" in die Oberschichtgruppen an die Grenzen des von ihnen favorisierten Zwei-Schichten-Modells (Unterschichtgruppen/Oberschichtgruppen) gelangen. Ihr Modell ist als solches dennoch nachvollziehbar. Die Schwierigkeit besteht im praktischen Nachweis ihrer zweiten Gruppe, den Reichen ohne politisches Amt. Aus unseren Quellen erfahren wir meist viel zu wenig, um das wirtschaftliche Vermögen einer einzelnen Person wirklich einschätzen und sie anhand dieses Kriteriums sozial verorten zu können. Wir begegnen hier also dem klassischen Problem einer theoretisch-deduktiven Modellbildung (ohne damit sagen zu wollen, dass eine empiriebasierte Modellbildung wie beispielsweise bei Alföldy nicht auch vor schwer lösbaren Problemen steht, s.u.). Stegemann/Stegemann gebührt natürlich dennoch das Verdienst, dass sie sich unter denjenigen, welche sich mit der sozialen Zusammensetzung der frühchristlichen Gemeinden befassen, als erstes um eine genauere definitorische Erfassung der sozialen Elite bemüht haben.

Im Folgenden sollen zunächst die Gesellschaftsmodelle vorgestellt werden, die von altertumswissenschaftlicher Seite entworfen wurden. Die althistorische Forschung hat seit der sozialgeschichtlichen Wende in den 1970er Jahren eine ganze Palette von Modellen der römischen kaiserzeitlichen Gesellschaft bereitgestellt[11]. Zwar hat sich gezeigt, dass keines dieser Modelle ohne innere Inkonsistenzen auskommt[12], was letztlich an den Paradoxien der kaiserzeitlichen Gesellschaft selbst liegt, die einerseits eine relativ klare Schichtung erkennen lässt, andererseits deutliche Statusdissonanzen aufweist. Aber es soll an dieser Stelle ja keine grundsätzliche Auseinandersetzung mit den verschiedenen Ansätzen *in toto* geführt werden, sondern es geht darum, aus den einzelnen Ansätzen Gemeinsamkeiten für eine Arbeitsdefinition herauszufiltern, mit deren Hilfe nach Angehörigen der ‚sozialen Elite' unter den ersten Christen gesucht werden kann.

Der prominenteste Entwurf, der bis heute einen Kristallisationspunkt der stellenweise heftigen Kontroverse darstellt, ist sicher Géza Alföldys kurz vor seinem Tod noch in vierter Auflage erschienene „Römische Sozialgeschichte". Alföldy charakte-

---

10 Stegemann/Stegemann 71f.
11 Alföldy, Sozialgeschichte 118–217; Jacques/Scheid 317–411; Saller *passim*; Vittinghoff, Gesellschaft *passim*.
12 S. dazu vor allem Winterling *passim*.

risiert die Angehörigen der von ihm so genannten ‚Oberschichten' durch vier Merkmale: „Man musste reich sein, höhere Funktionen und dadurch Macht ausüben, über Ansehen in der Gesellschaft verfügen und vor allem – da Reichtum, höhere Funktionen und Ansehen damit fast gleichbedeutend waren – Mitglied eines führenden Ordo, eines korporativ organisierten privilegierten Standes, sein. Nur wer alle diese Voraussetzungen erfüllte, gehörte wirklich in vollem Sinne zu den sozialen Oberschichten, nämlich – vom Kaiserhaus abgesehen – die Mitglieder des *ordo senatorius*, des *ordo equester* und des *ordo decurionum* der einzelnen Städte."[13] Trotz eines völlig anderen Verständnisses der römischen Gesellschaft erkennt auch Vittinghoff, der schärfste Kritiker des Alföldy'schen Modells, die führende gesellschaftliche Stellung der Angehörigen der drei *ordines* an, die er als „politische Klasse" zusammenfasst und als „politische Funktionselite" kennzeichnet[14]. Gleiches gilt für Rilinger, der Vittinghoffs Kritik an Alföldy fortführt, aber dennoch feststellt: „Die gesamte Gesellschaft wurde durch das Prinzip des *ordo* organisiert."[15] Auch Jacques und Scheid betonen in ihrem Modell der kaiserzeitlichen Gesellschaft den sozialen Vorrang der drei *ordines*[16].

Trotz aller Unterschiedlichkeit lässt sich demnach aus den jeweiligen Modellen als Gemeinsamkeit der herausgehobene Status der Angehörigen der drei führenden *ordines* herausschälen, auch wenn zugestanden werden muss, dass damit nicht die gesamte soziale Elite erfasst ist, denn insbesondere die soziale Einordnung der Reichen ohne Amt, der reichen Freigelassenen und der *familia Caesaris* bleibt ein schwer zu lösendes Problem. Dieser herausgehobene Status der *ordo*-Angehörigen wird, wie wir gesehen haben, auch in der gleichsam als Handbuch zur frühchristlichen Sozialgeschichte zu bezeichnenden Arbeit der beiden Neutestamentler E. W. und W. Stegemann anerkannt[17]. Das relativ harte Kriterium der *ordo*-Zugehörigkeit bietet somit ein terminologisch schärferes Arbeitsinstrument als der letztlich diffusere und in seiner Anwendbarkeit für die römische Kaiserzeit auch viel umstrittenere Begriff der ‚Oberschicht'. Wie auch immer man die ‚soziale Elite' in der frühen Kaiserzeit definiert – die *ordo*-Angehörigen sind in jedem Fall als Teil der sozialen Elite und Spitze der Gesellschaft anzusehen. Die Validität dieser Feststellung wird nicht dadurch beeinträchtigt, dass die Mitglieder der *ordines* einen nur sehr geringen Teil der Gesamtbevölkerung ausmachten – Schätzungen nennen meist die Zahl von etwa einem Prozent –, denn es gehört zum Wesen von Eliten, dass sie nicht die Bevölkerungsmehrheit stellen. Es spielt in diesem Zusammenhang auch keine Rolle, dass es sowohl zwischen den einzelnen als auch innerhalb der jeweiligen *ordines* soziale Abstufungen gab[18]. Ein *ordo*-Angehöriger war *per se* gesellschaftlich höher gestellt, unabhängig davon, ob er Senator, Ritter oder Dekurio war, und unabhängig davon, welchen Rang er innerhalb

---

13 Alföldy 138.
14 Vittinghoff, Gesellschaft 235; dazu Winterling 103 f.
15 Rilinger, Humiliores 278; vgl. auch ders., Ordo *passim*.
16 Jaques/Scheid 331–334.
17 Stegemann/Stegemann 71 f. 75 f.
18 Zu letzterem v. a. Rilinger, Ordo *passim*.

des jeweiligen *ordo* einnahm. Dies lässt sich, um nur ein Beispiel zu nennen, sehr schön an dem bekannten Album von Canusium ablesen, das einerseits die sozialhierarchische Feingliederung der *ordo*-Angehörigen zeigt, andererseits aber eben deren Gesamtheit als sozial exponiert herausstellt[19]. Für die Poleis griechischen Rechts im Osten des Imperiums stellt sich zwar die Frage, ob eine griechische βουλή tatsächlich mit einem *ordo decurionum* zu vergleichen ist. Dies ist jüngst verneint worden, weil ein *ordo* sich durch seine juristische Abgeschlossenheit auszeichne, die so für die Räte der griechischen Städte nicht gegeben sei. Dennoch gilt auch für die Bouleuten, die Ratsherren der griechischen Poleis, dass sie sich von der übrigen Stadtbevölkerung abhoben und die sozio-politische Elite auf lokaler Ebene konstituierten, unabhängig davon, ob sie nun rechtlich ebenso scharf vom Demos unterschieden wurden wie der *ordo decurionum* von der *plebs* bzw. vom *populus* in den römisch organisierten Städten im Westen und Osten des Imperiums[20]. Im Zusammenhang dieser Arbeit wäre diese Unterscheidung auch erst für die christlichen Bouleuten des dritten Jahrhunderts relevant. Letztlich ist für die hier verfolgte Fragestellung gleichfalls nicht von Bedeutung, dass einige Angehörige des *ordo senatorius* oder des *ordo equester* kein Amt ausübten oder so weit verarmt waren, dass sie den Mindestzensus für die jeweiligen *ordines* unterschritten. Für keinen der im Verlaufe dieser Arbeit zu behandelnden Einzelfälle aus dem ersten Jahrhundert ist ein solcher Mangel nachweisbar. Unter den christlichen Angehörigen des *ordo senatorius* im 3. Jh. finden sich dann zwar einige Frauen, die in der Tat kein Amt ausgeübt haben, aber eben auch eine genügend große Anzahl von männlichen Angehörigen des *ordo senatorius* und das wird für das in Kapitel 7 zu entfaltende Argument maßgeblich sein.

Die Aufgabenstellung ist somit, nach *ordo*-Angehörigen unter den ersten Christen zu suchen. Vor allem drei Kandidaten kommen als *ordo*-Angehörige unter den ersten Christen in Frage:

1) Der Prokonsul von Zypern Sergius Paul(l)us, ein Senator, der möglicherweise nach einer Begegnung mit dem Apostel Paulus Christ wurde (Apg 13,6–12).

2) Unter den Hörern der Areopagrede des Paulus (Apg 17,18–34) befand sich ein gewisser Dionysios, der laut Apg 17,34 „gläubig wurde". Dionysios wird als Areopagites, also als Mitglied des Rates des Areopags bezeichnet und wäre aufgrund dessen, dass, wie auszuführen sein wird, im nachsullanischen Athen der Areopag gleichsam die Funktion eines *ordo* übernahm, als Angehöriger des *ordo decurionum* zu betrachten.

---

[19] CIL IX 338 und zuletzt M. Chelotti et al. (Hgg.), Le epigrafi romane di Canosa I (Bari 1985) Nr. 35 m. Abb. S. 46.

[20] Heller *passim* hat jetzt darauf hingewiesen, dass die scharfe juristische Trennung von *ordo decurionum* und *plebs* für die griechischen βουλαί jedenfalls nicht flächendeckend gilt, auch wenn in einigen bithynischen Städten nach den Maßnahmen des Pompeius 63 v. Chr. eine βουλή eines neuen Typs eingeführt wurde, die sich am römischen Senat orientiert. Jedoch bestreitet auch Heller nicht die herausragende soziale Stellung der Bouleuten, e.g. Heller 355.

3) Erastos, der *oikonomos tês poleos* von Korinth, der in der Grußliste des Römerbriefes (16,23) genannt wird. Seine Amtsbezeichnung weist wahrscheinlich auf ein höheres städtisches Amt hin. Ist dies richtig, wäre er ein Angehöriger des *ordo decurionum* der römischen *colonia Iulia Laus Corinthiensis*.

Alle drei gelten auch bei Stegemann/Stegemann als Kandidaten für *ordo*-Angehörige unter den ersten Christen. Alle drei werden als solche dann aber letztendlich verworfen[21]. Die Ablehnung der ersten beiden Kandidaten gründet sich auf eine weit verbreitete, vor allem in der deutschsprachigen Forschung zu findende Skepsis hinsichtlich der Historizität der Apostelgeschichte. Aus methodischen Gründen befasst sich diese Arbeit daher mit den relevanten Textstellen aus der Apostelgeschichte in einem eigenen Kapitel, in dem einleitend auch die hermeneutischen Probleme behandelt werden. Neben den genannten Hauptstellen werden weitere Individuen und Passagen diskutiert, die möglicherweise auf *ordo*-Angehörige unter den ersten Christen hinweisen. Erastos, dessen Ablehnung mit der Uneindeutigkeit seiner Amtsbezeichnung begründet wird, wird dann in einem eigenen Kapitel behandelt zusammen mit weiteren Passagen aus den neutestamentlichen Episteln, die eventuell auf *ordo*-Angehörige hinweisen, darunter die vieltraktierte Stelle 1 Kor 1,26.

---

21 Stegemann/Stegemann 253 zu Erastos und ebd. 265f. zu Sergius Paulus und Dionysios.

3 *Ordo*-Angehörige in der Apostelgeschichte

3.1 Methodische Prolegomena

Man begibt sich, wenn man nach der Historizität der Apostelgeschichte fragt, in dorniges Gelände. Es gibt in dieser Debatte zwei gegensätzliche Positionen, die schwer miteinander zu vereinbaren sind. Die eine Seite steht der Frage mit einer mehr oder minder großen Skepsis gegenüber, die andere Seite betrachtet die Apostelgeschichte als eine im allgemeinen zuverlässige historische Quelle. Es ist ein bemerkenswertes Phänomen, dass sich hinter beiden Positionen gleichsam auch zwei unterschiedliche Wissenschaftstraditionen und -kulturen verbergen. Die skeptische Position wird zumeist von deutschsprachigen Neutestamentlern vertreten, während anglophone, oftmals britische Wissenschaftler vielfach weniger Vorbehalte gegenüber der historischen Zuverlässigkeit der Apostelgeschichte haben. Dies ist selbstverständlich eine schematische Sicht, für die man eine Reihe von Ausnahmen anführen könnte, ja müsste. Nichtsdestotrotz ist die unterschiedliche ‚nationale' oder vielleicht besser ‚kulturelle' Herkunft der Vertreter dieser beiden entgegengesetzten Positionen auffällig[1]. Es ist weiterhin auffällig, dass sich in Deutschland nur wenige Althistoriker in die Debatte eingeschaltet haben – der einzige deutschsprachige Althistoriker, der sich wirklich umfassend mit der Apostelgeschichte auseinandergesetzt hat, war Eduard Meyer[2] –, während sich in der englischsprachigen Wissenschaftslandschaft zahlreiche Forscher mit altertumswissenschaftlicher Ausbildung mit der Apostelgeschichte befasst haben. Für beide Wissenschaftskulturen konnte man im Verlauf des 20. Jahrhunderts stellenweise den Eindruck gewinnen, es handele sich um zwei parallele Geraden, von denen es ungewiss ist, ob sie sich wirklich irgendwann im Unendlichen treffen. Weil infolgedessen hierzulande der Austausch zwischen Altertumswissenschaftlern und Neutestamentlern beinahe gänzlich zum Erliegen kam, sah sich Cilliers Breytenbach 1996 dazu veranlasst, von einer „überfällige[n] Wende in der deutschen

---

[1] Auf diese Gegenüberstellung ist hingewiesen worden von Breytenbach 5–10; Frey 6. 15; Gasque, History *passim* bes. 105 f.; Hemer, Acts 3–14; Marguerat, Historisch 44; Pilhofer, Antiochien 113–115; Porter, Paul 187–189; Schröter, Actaforschung I 184. VI 331. – Conzelmann, History 66 widersprach zwar 1976 in einer scharfen Besprechung von Gasque, History dem „Vorurteil (...), in Deutschland nehme man die angelsächsische Forschung nicht zur Kenntnis", mit dem exemplarischen Hinweis auf das seiner Ansicht nach viel genutzte Werk von Foakes-Jackson/Lake, Beginnings. Und in der Tat hat Conzelmman in seinem Acta-Kommentar auch die Arbeiten von Ramsay und Bruce benutzt. An dem Sachverhalt, dass sich hier zwei Positionen fast diametral gegenüberstanden, ändert das freilich nichts.

[2] Meyer *passim*; Mommsen, Rechtsverhältnisse 437 f. vermerkte allerdings schon die „arge Hyperkritik" der Acta-Exegeten des 19. Jh.s; daneben wäre der kritische Überblick von Botermann, Judenedikt 30–34 zu nennen, vgl. dies., Heidenapostel; ferner behandelt Molthagen, Konflikte *passim* einige Passagen aus der Apostelgeschichte, übernimmt jedoch weitgehend die kritische Position vieler deutschsprachiger Neutestamentler, welche eine Verwertbarkeit der Apostelgeschichte für die erzählte Zeit ausschließen.

Actaforschung"[3] zu sprechen. Die Frontstellungen sind, vor allem auch was die Schärfe der Auseinandersetzung betrifft, glücklicherweise seither in der Tat etwas aufgebrochen. Allerdings wird man auch zugeben müssen, dass eine Annäherung der diametralen Sichtweisen auf den Quellenwert der Apostelgeschichte weiterhin schwierig bleibt. Einige Arbeiten der jüngsten Vergangenheit haben versucht, eine mittlere Position einzunehmen. Ob die von ihnen eingeschlagenen Pfade gangbar sind, wird sich zeigen. Bislang scheinen sich die Wege aufgrund eines unterschiedlichen Verständnisses von Historizität noch nicht zu treffen.

Es kann nun nicht die Aufgabe sein, die Frage der Historizität der Apostelgeschichte *in toto* aufzurollen, was aufgrund der Vielzahl an Einzelfragen, zu denen Stellung zu nehmen wäre, in diesem Rahmen auch gar nicht zu leisten ist. Die beiden Positionen hinsichtlich des Geschichtswertes der Apostelgeschichte sollen kurz anhand einiger repräsentativer Vertreter dargestellt werden. Die Auswahl ist selbstverständlich bis zu einem gewissen Grad subjektiv, allerdings ist dies angesichts der kaum überschaubaren Fülle der Literatur gar nicht anders zu bewerkstelligen. Die Neutestamentler werden hier kaum Neues lesen, für den Altertumswissenschaftler dürfte der Überblick jedoch nützlich sein. Auf einige Vertreter des Mittelweges wird ebenfalls kurz eingegangen. Abschließend wird eine Entscheidung für eine Seite getroffen werden müssen, freilich ohne damit alle hermeneutischen Fragen klären zu können.

3.1.1 Deutsche Neutestamentler und die Kritik der Apostelgeschichte

Die kritische Haltung deutscher Neutestamentler gegenüber der Apostelgeschichte muss man sicherlich bis auf die Tübinger Schule um Ferdinand Christian Baur zurückverfolgen, auch wenn einige Ansätze sicher noch älter sind[4]. Baurs zentrale These lautet, dass die Texte des Neuen Testamentes keine einheitliche Theologie bieten, sondern Zeugnisse widersprüchlicher und konfligierender Theologien darstellen[5]. Insbesondere sieht er Differenzen zwischen einem an das jüdische Gesetz gebundenen petrinischen Christentum und einem gesetzesfreien paulinischen Christentum. Für die Apostelgeschichte hat dies die Konsequenz, dass sie nach Baur von einem Pauliner geschrieben wurde, der die Differenzen, die nach dem Galaterbrief zwischen den beiden Aposteln Paulus und Petrus bestanden, überdecken und eine Annäherung der beiden Parteien herbeiführen wollte[6]. Weil die Apostelgeschichte also mit einer klaren theologischen Tendenz und Absicht geschrieben wurde, sei sie nicht „objektiv"[7]. Das Selbstzeugnis des Paulus in seinen Briefen, das als solches einen höheren Anspruch auf Authentizität erheben dürfe, sei mit dem Paulusbild der Apostelgeschichte nicht

---

3 Breytenbach 10.
4 Zu de Wette als Vorläufer Baurs vgl. Gasque, History 24–26.
5 Diese These wird ausgebreitet in Baur, Christuspartei.
6 Vgl. Baur, Ursprung 142. 147.
7 Baur, Paulus 5.

zur Deckung zu bringen. Diese sei somit als historisches Zeugnis wertlos für die Zeit, über die sie berichten will, das sind etwa die frühen 30er bis zum Beginn der 60er Jahre des ersten Jahrhunderts. Das Abfassungsdatum der Apostelgeschichte rückt Baur konsequent weit hinauf, „tief in das zweite Jahrhundert"[8].

Man sieht bei Baur im Grunde sämtliche Streitpunkte aufgeworfen, die seither aus der Debatte nicht mehr wegzudenken sind: Die Apostelgeschichte sei kein historiographisches Werk, sondern in erster Linie eine ‚Tendenzschrift', die eine ‚theologische' Zielsetzung verfolge; der ‚Paulus der Briefe' sei mit der Darstellung des Paulus in der Apostelgeschichte unvereinbar; die daraus resultierende Spätdatierung der Apostelgeschichte, die in der extremen Variante der Tübinger Schule und des nachfolgenden 19. Jahrhunderts heute freilich kaum noch vertreten wird[9]; schließlich die Frage nach dem Verfasser der Apostelgeschichte, der nach Baur selbstverständlich kein Augenzeuge der Ereignisse mehr sein konnte. An diesen Punkten hat, von Ausnahmen abgesehen, die Majorität der deutschsprachigen Exegeten des Neuen Testamentes bis in die Gegenwart hinein festgehalten, und man wird – zugegeben überspitzt und stark vereinfacht – behaupten dürfen, dass es in der wissenschaftlichen Diskussion während dieser gesamten Phase vielfach nur noch um die Vertiefung von Detailfragen oder um Modifikationen von Baurs Thesen ging. Eine wichtige Modifikation hinsichtlich der Frage der Zielsetzung der Apostelgeschichte war beispielsweise Franz Overbecks These, der Autor habe eine apologetische Absicht verfolgt und wollte das Christentum gegenüber dem römischen Imperium als politisch unverdächtig darstellen[10]. Baurs Position wurde jedoch von der überwiegenden Mehrheit der deutschsprachigen Neutestamentler nicht mehr in Frage gestellt. Eine im allgemeinen negative Sicht auf den historischen Wert der Apostelgeschichte war die Folge[11].

Dies lässt sich auch für die beiden Neutestamentler feststellen, deren Arbeiten zur Apostelgeschichte die deutschsprachige Exegese im 20. Jh. wohl am nachhaltigsten geprägt haben: Martin Dibelius, einer der Pioniere der formgeschichtlichen Methode, der die sogenannte stilkritische Analyse der Apostelgeschichte einführte, und Ernst Haenchen, der Dibelius' Methode fortführte und sie mit seinem erstmals 1956 erschienenen, monumentalen Kommentar zur Apostelgeschichte gleichsam für beinahe ein halbes Jahrhundert in Stein goss. Mit den Arbeiten von Dibelius und Haenchen werden sich die folgenden Kapitel noch im Detail auseinandersetzen müssen. An dieser Stelle sollen sie nur auf ihre Aussagen zum Geschichtswert der Apostelgeschichte befragt werden.

---

8 Baur, Paulus 12.
9 Pervo, Acts argumentiert jetzt wieder für ein sehr spätes Abfassungsdatum, ca. 110–120.
10 Overbeck XXXIIf.; dieser Gesichtspunkt findet sich ebenfalls bis heute, vgl. Backhaus, Lukas 31.
11 Noch jüngst im Jahre 2010 gesteht Frey 5 zu, Baur sei „zum Vorreiter einer radikalen Lukaskritik [geworden], die weit über seine Schüler hinaus die Forschung, zumindest im deutschen protestantischen Kontext, bestimmte und sich bis heute in einer Grundskepsis gegenüber den lukanischen Angaben (…) fortsetzt".

Dibelius hält zwar mit Harnack gegen den Konsens seiner Zeit an dem Paulusbegleiter Lukas als Verfasser fest[12], sieht jedoch in der Apostelgeschichte in erster Linie ‚Literatur', genauer gesagt eine Sammlung kleinerer literarischer Einheiten oder Literaturstücke, die der Verfasser oder eher Redaktor der Apostelgeschichte zusammengestellt und vielfach ausgeschmückt habe. „Was Tradition, was Komposition sei"[13], könne nicht pauschal gesagt werden, sondern müsse an den einzelnen Abschnitten jeweils gesondert untersucht werden. Man könnte zwar zunächst annehmen, dies sei ein methodisch folgerichtiger Schritt, nach dessen Klärung Dibelius dann die Frage der Geschichtlichkeit angehen will. Aber es bleibt letztlich doch nur bei einigen eingestreuten Bemerkungen, wie der, dass einige Stücke „tatsachenbelastet" wären[14], die noch dazu *vor* der eigentlichen literarkritischen Analyse fallen. So steht über Dibelius' Arbeit letztlich das Programm: „was an Geschichtlichem zugrunde liegt, (…) soll auch nicht Gegenstand dieser Untersuchung sein"[15]. Wenn also Breytenbach kürzlich Dibelius' Standpunkt zur Frage der Historizität mit dem Argument zu verteidigen suchte, für diesen sei ‚Komposition' ein „historisch neutraler Begriff" gewesen[16], so erwecken Dibelius' Arbeiten bei genauerem Hinsehen doch erhebliche Zweifel an der Berechtigung dieser Einschätzung. Die Historizitätsfrage wird ganz und gar in den Hintergrund gedrängt, wie sich nicht nur an der oben zitierten programmatischen Bemerkung, sondern ebenso an einigen weiteren einschlägigen Äußerungen aus seinem Werk zeigen lässt, aus denen die grundsätzliche Überzeugung von der Ahistorizität der Apostelgeschichte spricht. Lassen wir Dibelius selbst zu Wort kommen: Man müsse bedenken, „wie wenig die Gedanken dieser ältesten Christen auf die Bewahrung des Geschichtsverlaufs eingestellt waren", die „Geschichten" der Apostelgeschichte wären „innerlich den Problemen der Geschichtswissenschaft so weltenfern", der Autor der Apostelgeschichte hätte „eine literar-theologische, keine geschichtliche Aufgabe" zu erfüllen gehabt und man solle daher „die geschichtliche Frage ganz im Dunkeln lassen"[17]. Lukas sei „nicht Historiker, sondern Prediger"[18]. Schließlich: „Nur wenn man erst einmal absieht von dem, was wir als Fragen an diese Erzählungen heranbringen, lernt man lauschen auf das, was die Erzähler zu sagen haben."[19] Das klingt ein wenig mystisch. Angesichts all dessen lässt sich doch kaum bestreiten, dass Dibelius in der Apostelgeschichte kein Geschichtswerk erkannte und er sich deswegen nicht für ihren Geschichtswert interessierte. Man wird die Frage stellen dürfen, ob sich hier möglicherweise sogar ein *a priori*-Urteil niederschlägt. Die Fragestellungen und Instrumente des Historikers wären jedenfalls dem Wesen der

---

[12] Dibelius 118f. u.ö.; zu Harnack s.u. S. 38f.
[13] Dibelius 17.
[14] Dibelius 17.
[15] Dibelius 18.
[16] Breytenbach 10–12.
[17] Dibelius 15. 28. 98. 142.
[18] Dibelius 157.
[19] Dibelius 28.

Apostelgeschichte – so wie Dibelius sie versteht – völlig unangemessen. Dibelius billigt Lukas zwar den Titel eines „Historikers" zu, weil er versucht hätte, „das in der Gemeinde Überlieferte und das von ihm selbst noch in Erfahrung Gebrachte in einem bedeutungsvollen Zusammenhang zu verknüpfen", aber letztlich benutzt er „die literarischen Mittel des Historikers" nur, damit er „seiner anderen Pflicht genügen konnte, ein Prediger des Christusglaubens zu sein"[20]. Wie sich all dies mit der bemerkenswerterweise auch von Dibelius vertretenen Annahme vereinbaren lässt, die Apostelgeschichte sei von dem Paulusbegleiter namens Lukas verfasst[21], bleibt unklar.

Dibelius hat nie einen Kommentar zur Apostelgeschichte geschrieben. Es blieb Ernst Haenchen überlassen, Dibelius' Methoden fortzuführen und dann systematisch in einem Kommentar anzuwenden. Für Haenchen grundlegend ist die aus den Arbeiten Dibelius' gewonnene „Erkenntnis, daß die Apostelgeschichte in einem viel höheren Grade als Komposition gewürdigt werden muß, als dies bisher geschehen ist". Nur so werde „die Theologie der Apostelgeschichte wirklich sichtbar", auf welcher „der eigentliche Schwerpunkt" des Kommentars liege[22]. Als Historiker sei Lukas „fragwürdig", seine Paulusdarstellung „ungeschichtlich"; die Apostelgeschichte klassifiziert Haenchen als „Erbauungsbuch", ihren Verfasser als „Erbauungsschriftsteller"[23]. Als „Schriftsteller" geht Lukas mit den Traditionen, die ihm vorlagen, relativ frei um. Aber: „Gerade in der Freiheit der Wiedergabe vollzieht sich der Gehorsam des Schriftstellers", der ein Ereignis nicht „mit der Genauigkeit eines Polizeiberichtes beschreiben" müsse[24]. Haenchen zieht aus alldem, anders als Dibelius, die notwendige Schlussfolgerung, dass der Verfasser der Apostelgeschichte kein Mitarbeiter des Paulus gewesen sein könne, sondern ein „Mann der späteren Generation" gewesen sein müsse[25]. Die konsequente Fortführung und gleichsam der Höhepunkt des historischen Skeptizismus findet sich in Hans Conzelmanns Kommentar zur Apostelgeschichte, der bis auf ganz wenige Ausnahmen die gesamte Erzählung der Apostelgeschichte allein auf theologische und literarische Motive hin untersucht. Die Frage der historischen Glaubwürdigkeit der Apostelgeschichte wird nicht einmal in Ansätzen erörtert[26]. Dass danach über drei Dekaden kaum noch deutschsprachige Arbeiten zur

---

20 Dibelius 110. 119.
21 Dibelius 119.
22 Dies aus dem Vorwort zur ersten Auflage von Haenchens Kommentar zur Apostelgeschichte (= 10. Auflage des Bandes in der Reihe Kritisch-exegetischer Kommentar zum Neuen Testament) p. 5*.
23 Haenchen, Apostelgeschichte 114.
24 Haenchen, Apostelgeschichte 120; ein ähnliches Bild bei Dibelius, Apostelgeschichte 119: ein antiker Historiker wolle gar nicht „das Leben mit photographischer Treue wiedergeben".
25 Haenchen, Apostelgeschichte 124.
26 Conzelmann, Apostelgeschichte 7f. setzt die kanonische Apostelgeschichte in die Nähe der romanhaften apokryphen Actaliteratur und behandelt sie konsequent als „Literatur". Unter den derzeit führenden Acta-Forschern vertritt v. a. Pervo, Profit *passim* diese Interpretationslinie (etwas moderater jetzt ders., Acts 14–18). Dem hält Frey, Fragen 16 entgegen, diese Einordnung der Apostelgeschichte rühre „fast mehr von der Skepsis gegenüber ihrer historischen Referenz als von der tatsächlichen Ähnlichkeit in Stoff und Darstellung mit anderen antiken Romanen".

Apostelgeschichte entstanden, die sich mit historischen Fragen beschäftigten, verwundert nicht[27]. Erst seit den 1990er Jahren deutet sich hier ein Umschwung an, über den gleich zu handeln sein wird.

3.1.2 Folgen für sozialhistorische Fragestellungen

Es ist nun keineswegs so, dass diese skeptische Haltung gegenüber der historischen Zuverlässigkeit der Apostelgeschichte *ausschließlich* von deutschsprachigen Neutestamentlern vertreten worden wäre. Sie ist insgesamt sehr weit verbreitet und die Folgen für die in dieser Arbeit verfolgten sozialhistorischen Fragestellungen sollen kurz an führenden Vertretern der sozialhistorischen Forschung verdeutlicht werden.

Kurz gefasst besteht das Problem darin, dass man aufgrund der präsumtiven Fragwürdigkeit der Apostelgeschichte auf die in ihr enthaltenen sozialhistorischen Angaben nicht zugreifen will oder, wenn man sie doch verwerten will, sie dann als Zeugnisse für die in das späte 1. Jh. gelegte Zeit der Abfassung der Apg auffasst, keineswegs jedoch als Zeugnisse für das zweite Viertel und die Mitte des 1. Jh.s. Diejenigen Sozialhistoriker, die in ihren Arbeiten die Daten aus der Apostelgeschichte mit einbeziehen, wie bspw. Edwin Judge, sehen sich einer breiten Phalanx kritischer Stimmen gegenüber. Scroggs hatte seine Bedenken gegen dieses Vorgehen noch als offene Anfrage formuliert[28], Given warf Judge eine „unkritische" Benutzung der Apostelgeschichte vor[29], Horrell schließlich lehnte Judges „Empirismus" ab[30].

Aufschlussreich für die Verbindung zwischen Hermeneutik und Sozialgeschichte ist Gerd Theißens methodologischer Beitrag, den er der Sammlung seiner einflussreichen Studien aus den 1970er Jahren vorangestellt hatte. Dort begründete er ausführlich die Berechtigung sozialhistorischer Fragestellungen für die Erforschung des Neuen Testamentes, vor allem in Gegenüberstellung zur seinerzeit übermächtigen formgeschichtlichen Methode. Die sozialgeschichtliche Methode wäre einerseits eine Fortführung der Formgeschichte. Sie enthalte allerdings nicht deren „radikale historische Skepsis", wodurch sie eine „eher ‚konservative' Färbung erhalte"[31]. Es muss allerdings bemerkt werden, dass er sich in diesem Zusammenhang nur auf die Evangelien und die paulinischen Briefe bezieht. Die Apostelgeschichte findet zunächst keine Erwähnung. Seine Position zur Apostelgeschichte skizziert Theißen erst im weiteren Verlauf seines Beitrages, und zwar folgendermaßen: Zum einen hält er an der für den Neutestamentler geläufigen, für den Althistoriker allerdings etwas fragwür-

---

27 Vgl. Gräßer 18 f.
28 Scroggs 178 f. Dazu Judge, Identity 125 f.
29 Given 10.
30 Horrell, Sciences 16.
31 Theißen, Studien 13; vgl. auch Theißens autobiographische Bemerkung in Becker, Wissenschaft 181: „Sozialgeschichtliche Arbeit hatte meine Skepsis gegenüber der geschichtlichen Auswertbarkeit der Quellen reduziert".

digen Unterscheidung zwischen den Paulusbriefen als (höherwertigen) Primärquellen und der Apostelgeschichte als (minderwertiger) Sekundärquelle fest. Andererseits könne man seines Erachtens die Apostelgeschichte auch nicht völlig aus der Diskussion ausschließen. Theißen folgt der vorherrschenden Spätdatierung des Textes und versteht Lukas als Zeugen für die Sozialgeschichte des späten 1. Jh.s, der Zeit, in der er schreibe. Das Bild, das Lukas zeichnet, dass also hochrangige Personen zu den christlichen Gruppen gehörten, müsse für die Adressaten, in erster Linie den Widmungsträger Theophilos, am Ende des 1. Jh.s plausibel erscheinen. Man könne dieses Bild aber nicht einfach ein oder zwei Generationen zurückprojizieren, weil es möglich sei, dass das Christentum in der Zeit zwischen Paulus und Lukas sich entscheidend veränderte. Nur kurz sei an dieser Stelle eingefügt, dass der Beweis für diese Veränderung vorrangig auf der Spätdatierung der Apostelgeschichte ruhen würde. Man könne, so Theißen, aber auch nicht ausschließen, dass Lukas doch ein zutreffendes Bild aus der Gründungszeit der Gemeinden zeichnet, wenn nicht im Detail, dann doch im allgemeinen, denn einige Traditionen enthielten zuverlässige Lokalkenntnis und sind wohl informiert. Wir könnten also die Möglichkeit nicht außer Acht lassen, dass das Christentum bereits zu Paulus' Zeit in die lokale Oberschicht eingedrungen sei, besonders hinsichtlich der weiblichen Mitglieder[32]. In summa: Die Daten aus der Apostelgeschichte sind nicht sicher. Eventuell gehörten einzelne Angehörige der lokalen Elite den frühen Gemeinden an. Dass sich in der Frühzeit bereits Mitglieder der Spitze der Gesellschaft wie der Senator Sergius Paullus dem Christentum zugewandt hätten, wird implizit ausgeschlossen.

Meeks ist gegenüber Theißen einen Schritt weiter gegangen (oder eher zurück?). Er hat in seinem zentralen Kapitel zum „social level of Pauline Christians" die Apostelgeschichte nicht herangezogen und wollte seine prosopographischen Daten ausschließlich aus den Paulus-Briefen gewinnen[33].

In der „Urchristliche(n) Sozialgeschichte" der Gebrüder Stegemann sind deutlich die Spuren der formgeschichtlichen Methode zu erkennen, wenn sie beispielsweise die Erzählung über den Prokonsul Sergius Paulus als „legendarische Szene" charakterisieren. Mit dieser Einschätzung hängen sie gänzlich von Haenchens Acta-Kommentar ab. Dass sie es als hinreichend erachteten, ausschließlich auf diesen Kommentar zu verweisen, obwohl seit der ersten Auflage von Haenchens Werk mittlerweile beinahe 40 Jahre vergangen waren, unterstreicht noch einmal die dominierende und höchst einflussreiche Stellung dieses Kommentars in der deutschen Wissenschaftslandschaft. Ebenso schlägt die seit Baur verfochtene Opposition zwischen Paulusbriefen und Apostelgeschichte bei den Gebrüdern Stegemann durch. Das Bild, das die Apostelgeschichte von der sozialen Zusammensetzung der christlichen Gemeinden in der 40er und 50er Jahren zeichne, insbesondere die Hinwendung von Angehörigen höherer Schichten zum Christentum, stimme nicht „mit den aus den Paulusbriefen erkenn-

---

32 Theißen, Structure 68.
33 Meeks 55.

baren Sozialstrukturen" aus der Zeit vor 70 überein, weswegen die Apostelgeschichte für die Frühzeit „nicht berücksichtigt" wird. Stegemann und Stegemann gehen allerdings noch einen Schritt weiter. Selbst für das Ende des 1. Jh.s sei es fraglich, ob *ordo*-Angehörige unter den Christen gewesen wären. Aus diesen Kreisen wäre höchstens mit heimlichen Sympathisanten zu rechnen[34].

Die Korrelation zwischen Hermeneutik und den Ergebnissen sozialhistorischer Forschung dürfte deutlich geworden sein. Daraus leitet sich letztlich auch die Notwendigkeit der vielleicht etwas ungewöhnlich ausführlichen Auseinandersetzung mit dem Problem der Historizität der Apostelgeschichte ab, die in dieser Arbeit unternommen wird.

3.1.3 Die andere Sicht der Dinge

Die skeptische Position der deutschsprachigen Neutestamentler hinsichtlich der Historizität der Apostelgeschichte war niemals die allein maßgebliche Sicht der Dinge innerhalb der akademischen Welt. Es hat immer auch eine positivere Einschätzung gegeben, bemerkenswerterweise, wie erwähnt, vor allem unter britischen Gelehrten, die – ein weiteres auffälliges Charakteristikum – meistens eine altertumswissenschaftliche Ausbildung genossen hatten, ehe sie sich neutestamentlichen Studien zuwandten. Diese lasen die neutestamentlichen Texte somit als Teil der antiken Literatur. Historische Kritik am Neuen Testament übten sie auf der Basis eines Studiums der griechisch-römischen Literatur und Geschichte sowie der Inschriften, Papyri und archäologischen Zeugnisse.

Welchen Einfluss gerade die Kenntnis der letztgenannten Quellengattungen haben konnte, lässt sich am Beispiel von Sir William Mitchell Ramsay, Professor der Lateinischen Philologie in Aberdeen und führender britischer Epigraphiker seiner Zeit, verdeutlichen. Ramsay hatte unter dem Einfluss der Tübinger Schule zunächst deren skeptische Position gegenüber der Apostelgeschichte übernommen. Durch Reisen nach Kleinasien wurde er allerdings vertraut mit den materiellen Hinterlassenschaften und den zahlreichen Inschriften dieser Region. Das Ergebnis war eine vollständige Revision seines Standpunktes[35]. In den Jahren 1895–1915 verfasste Ramsay eine ganze Serie von Monographien, die sich mit dem kleinasiatischen Umfeld des Apostels Paulus und der Apostelgeschichte befasste und schließlich in sein Buch mit dem sprechenden Titel „The Bearing of Recent Discovery on the Trustworthiness of the New Testament" mündete[36]. Man muss keineswegs mit Ramsay, der in seinen späten Jahren

---

34 Stegemann/Stegemann 265.
35 Dazu Ramsay, Bearing 39–52.
36 St Paul the traveller (1895); Cities and bishoprics of Phrygia, 2 Bde. (1895–97); A historical commentary on St Paul's Epistle to the Galatians (1899); Pauline and other studies (1906); The cities of St Paul (1907); Luke the physician (1908); The Bearing of Recent Discovery on the Trustworthiness of the New Testament (1915).

den Mantel des Apologeten über den des Gelehrten zog, in allem übereinstimmen[37]. Und in zahlreichen Punkten ist sein Werk heute überholt[38]. Dass aber der Autor der Apostelgeschichte eine erstaunlich präzise Kenntnis von geographischen und lokalen Details hatte, hat zu seiner Zeit niemand so kenntnisreich dargelegt wie Ramsay.

Schon vor Ramsay hatte J. B. Lightfoot die Historizität der Apostelgeschichte gegen die Baur-Schule verteidigt, wiederum vorwiegend aufgrund historischer Kenntnisse. So hebt Lightfoot beispielsweise die terminologische Genauigkeit der Apostelgeschichte hervor, was die unterschiedlichen Titel der Statthalter der römischen Provinzen betrifft[39]. In einem Artikel für den ersten Band des Journal of Theological Studies führte R. B. Rackham dann die geradezu klassische Verteidigung der Frühdatierung der Apostelgeschichte aus. Die Apostelgeschichte endet mit einer Schilderung des Paulus, der gleichsam im offenen Vollzug zwei Jahre in Rom wirken kann, ohne dass die Ergebnisse von Paulus' Appellation an den Kaiser erwähnt werden. Dass ferner weder der Tod des Paulus, noch des Petrus, der Hauptfigur des ersten Teils der Apostelgeschichte, berichtet wird, sei, so Rackham, nur dadurch erklärlich, dass der Verfasser der Apostelgeschichte keinerlei Informationen darüber zu bieten hatte. Für den Leser sei daher die Schlussfolgerung unausweichlich, dass die Apostelgeschichte vor diesen beiden einschneidenden Ereignissen fertig gestellt wurde, die für die zeitgenössischen Christen und alle späteren Generationen von größtem Interesse waren. Rackham datierte den Tod der beiden Apostel in das Jahr 64[40].

Mit den Arbeiten von Lightfoot, Rackham und Ramsay war im Grunde die Position der britischen Forschung im 20. Jahrhundert hinsichtlich der Historizität der Apostelgeschichte vorgezeichnet: Der Verfasser der Apostelgeschichte war der Paulusbegleiter Lukas, der sein Werk vor dem Tode des Paulus geschrieben hat und über im allgemeinen gute und durch externe Quellen vielfach überprüfbare geographische und lokale Detailkenntnisse verfügte, für die er zum Teil selbst als Augenzeuge zu gelten habe. Diese Linie wird fortgezeichnet in dem monumentalen Gemeinschaftswerk „The Beginnings of Christianity", herausgegeben von Foakes-Jackson[41], dem in drei Auflagen und mehreren Nachdrucken erschienenen Kommentar zum griechischen Text der Apostelgeschichte von F. F. Bruce[42] sowie in dem Buch „The Book of Acts in the setting of Hellenistic history" seines Schülers Colin Hemer[43], der wie Bruce über eine altertumswissenschaftliche Ausbildung zum Studium des Neuen Testamentes fand. Gerade das letztgenannte Werk ist insofern wegweisend als es insbesondere mit Hilfe

---

37 S. dazu Gasque, Ramsay 56–59; Breytenbach 8 m. Anm. 25.
38 Vgl. e.g. Weiß, Sergius Paullus 190.
39 Lightfoot, Acts 292. Zu Lightfoots Position zur Apostelgeschichte s. auch Treloar 327. Treloar 11. 25 Anm. 25 erwähnt ein unveröffentlichtes Vorlesungsmanuskripts Lightfoots über Apg 1–8.
40 Rackham, Plea *passim*; die Argumente zusammengefasst in ders., Commentary L-LV.
41 Foakes-Jackson, erschienen 1920–1931.
42 Bruce, Acts; der Kommentar erschien 1951 in erster, 1952 in zweiter, 1990 in dritter Auflage und dazwischen in acht Nachdrucken der zweiten Auflage.
43 Hemer, Acts, erschienen 1990.

des epigraphischen Materials auf über 130 Seiten Indizien für institutionelle und lokale Spezialkenntnisse des Lukas zusammenträgt, die letztlich kaum anders zu erklären sind, als dass es sich hierbei um historisches Wissen des Autors handelt.

Die vieldiskutierten Einwände, die gegen die Historizität der Apostelgeschichte vor allem von deutscher Seite erhoben wurden, spielten auf dieser Basis für die anglophone Wissenschaftslandschaft nur eine untergeordnete Rolle. Während man in der deutschsprachigen Exegese dazu neigte, aufgrund einiger problematischer Stellen der Apostelgeschichte die historische Glaubwürdigkeit weitestgehend abzusprechen, maß man im englischsprachigen Bereich der Apostelgeschichte aufgrund überprüfbarer Einzelheiten im allgemeinen eine hohe Vertrauenswürdigkeit als historische Quelle zu, ohne dass man die Schwierigkeiten einiger Passagen negierte. Dort war und ist man allerdings eher bereit, beispielsweise das Paulusbild der Apostelgeschichte als willkommene Ergänzung zum Paulusbild der Briefe aufzufassen und nicht als in einem grundsätzlichen und unüberbrückbaren Widerspruch stehend[44].

Wie erwähnt sind diese vielfach aus britischer Feder stammenden Arbeiten über weite Strecken des 20. Jh.s in Deutschland kaum rezipiert worden. In Haenchens Überblick zur Actaforschung werden sie gänzlich übergangen. Er stellt allein fest, dass die Baur-Schule in England keine Anhänger fand, was er dem Einfluss des „großen Gelehrten" J. B. Lightfoot zuschreibt, den er allerdings auch nicht aus erster Hand zitiert[45].

Dass die Apostelgeschichte der harten Prüfung durch Ramsay standhielt und sich im wesentlichen als zuverlässige Quelle erwies, davon ließ sich niemand Geringeres als Adolf von Harnack bewegen, seinen Standpunkt hinsichtlich der Datierung der Apostelgeschichte im Laufe dreier Arbeiten aus den Jahren 1906–1911 zu modifizieren. In „Lukas der Arzt" (1906) vertritt Harnack noch eine relativ späte Datierung der Apostelgeschichte in die Jahre 78–93[46]. Im zweiten Buch, „Die Apostelgeschichte" (1908), legt er gute Gründe sowohl für die Spät- als auch die Frühdatierung dar, allerdings ohne sich auf einer der beiden Seiten festzulegen[47]. In „Neue Untersuchungen

---

44 S. bspw. die instruktive Studie von Hillard/Nobbs/Winter, welche das Verhältnis zwischen Apostelgeschichte und Paulus-Briefen mit anderen Fällen aus der antiken Literatur vergleichen, bei denen wir über eine bestimmte Person sowohl Selbstzeugnisse als auch historiographische oder biographische Berichte von Zeitgenossen besitzen. Schröter, Actaforschung II 295 hält diese „Analogiephänomene" zwar für „durchaus von Interesse", aber darüber hinaus trügen sie nichts zur Klärung des Verhältnisses zwischen dem lukanischen Paulus und dem Paulus der Briefe bei. Hier hat der Neutestamentler, scheint es, doch einen zu stark eingeengten Horizont. – Zusammenfassend zum Verhältnis zwischen Acta-Paulus und Briefe-Paulus Porter, Paul 187–206. Eine ähnlich scharfe Skepsis wie in der deutschsprachigen Forschung ist allerdings auch bei einigen amerikanischen Vertretern zu verzeichnen, s. z.B. Knox *passim*.
45 Haenchen 36 m. Anm. 11. – Zu Lightfoots Kritik an der Baur-Schule vgl. auch Hengel, Lightfoot *passim*.
46 Harnack, Lukas 18, vgl. auch schon vorher ders., Altchristliche Literatur I 248.
47 Harnack, Apostelgeschichte 217–221. Harnack sieht allerdings schon hier die Argumente für die Frühdatierung als die schwergewichtigeren an, s. auch Harnack, Untersuchungen 64.

zur Apostelgeschichte" (1911) schließlich votiert er nach einer umfassend angelegten Untersuchung für ein Abfassungsdatum der Apostelgeschichte vor der Zerstörung Jerusalems und vor dem Tode des Paulus, ja noch genauer vor dem Ausgang des Prozesses gegen Paulus, der am Ende der Apostelgeschichte auf eine Entscheidung wartet[48]. Das ergibt etwa das Jahr 62. Harnack durchlief diese Entwicklung zwar in Auseinandersetzung mit den Arbeiten der britischen Schule[49]. Von deren Arbeiten ließ er sich allerdings nicht völlig überzeugen und sah weiterhin zahlreiche „Inkorrektheiten und Unstimmigkeiten" in Lukas' Werk[50]. In allen drei Arbeiten wird allerdings am Paulusbegleiter Lukas als Verfasser der Schrift festgehalten. Dies begründet Harnack vor allem damit, dass die so genannten ‚Wir-Berichte' in Apg 16, 20f. und 27f. in Stil und Wortschatz mit dem Rest der Apostelgeschichte übereinstimmen[51]. In beiden Punkten, Frühdatierung der Abfassung und ein Paulusbegleiter als Verfasser der Apostelgeschichte, hat Harnack in den folgenden Generationen kaum einen Nachfolger unter deutschen Neutestamentlern gefunden.

Nur als Einschub ist daher das heute fast vergessene, 1921 erschienene Werk von Alfred Wikenhauser zum Geschichtswert der Apostelgeschichte zu nennen[52]. Wikenhauser sieht die Historizität im großen und ganzen bestätigt, zum einen aufgrund von „inneren Kriterien", denn die Apostelgeschichte gehöre nach antiken Maßstäben zur Gattung der Historiographie. Es gibt nach Wikenhauser außerdem zahlreiche Übereinstimmungen zwischen der Apostelgeschichte und den paulinischen Briefen, auch wenn hier nicht alle Probleme gelöst werden können, beispielsweise die Frage, wie die Frühgeschichte des Paulus in Gal 2 und Apg 15 miteinander in Beziehung zu setzen sein soll. Die Überprüfung der „äußeren Kriterien" zeige allerdings weitgehend die Zuverlässigkeit der Apostelgeschichte, wenn sie über einzelne Personen, Ereignisse, geographische Details und politische Institutionen berichtet.

Eine ebenfalls heute weitgehend verhallte Stimme ist diejenige von Eduard Meyer, der einen der ganz wenigen, im Falle von Meyer aber durchaus schwergewichtigen Beiträge der deutschsprachigen Altertumskunde zu unserer Frage lieferte. Meyer, der wahrscheinlich letzte Universalhistoriker der antiken Welt, hat den zweiten Band seines Werkes „Ursprung und Anfänge des Christentums" zum überwiegenden Teil der Apostelgeschichte gewidmet[53]. Meyer, der zu scharfen Urteilen neigte, sah von einer Auseinandersetzung mit den „Irrgängen und Schwankungen" der neutestamentlichen

---

[48] Harnack, Untersuchungen 63–95 bes. 69. 81.
[49] Dass diese Entwicklung nicht unbeeinflusst von den Arbeiten Ramsays erfolgte (daneben ist vor allem Hobarth zu nennen), lässt sich bei Harnack, Apostelgeschichte 224f. nachlesen. Hemer, Acts 6 schreibt den Wandel in Harnacks Position gänzlich der Auseinandersetzung mit der britischen Forschung zu; diese Zuschreibung erfolgt sicher nicht zu Recht, s. Harnacks eigene Referenzen in Lukas 4f. und Apostelgeschichte 224f.
[50] Harnack, Apostelgeschichte 159–198; zur Kritik daran s. Hemer, Acts 7 Anm. 32.
[51] So auch Dibelius 12.
[52] Wikenhauser, Geschichtswert *passim*.
[53] Meyer, Ursprung, erschienen 1923 in 3 Auflagen in einem Jahr.

Kritik seit Baur völlig ab und mahnte eine Rückkehr zur Arbeit am „Wortlaut" des Textes an. Die Bedeutung der Stilkritik hielt er für überschätzt. Ähnlich wie die zwei Jahre zuvor erschienene Arbeit von Wikenhauser will Meyer die Glaubwürdigkeit der Apostelgeschichte nach inneren und äußeren Kriterien ermitteln. Ähnlich wie Wikenhauser kommt auch Meyer zu dem Ergebnis, dass die Apostelgeschichte als weitgehend zuverlässiges, wenn auch nicht unfehlbares Geschichtswerk zu gelten habe. Meyer folgt Harnack darin, dass die Wir-Stücke eine literarische Einheit mit den übrigen Teilen der Apostelgeschichte bilden und infolgedessen der Verfasser der Paulusbegleiter Lukas sei. Meyer geht allerdings in deren Beurteilung noch viel weiter und erklärt quer zu dem damaligen wie heute noch anhaltenden Trend, die Wir-Berichte zu möglichst kleinen Stücken zu zerschneiden, den gesamten Abschnitt von Apg 20,5 bis 28,31 als einheitlichen ‚Wir-Bericht' – eine These, die nirgendwo in der Literatur seither aufgenommen, geschweige denn widerlegt wurde[54].

Eduard Meyers Band zur Apostelgeschichte war, wie gesagt, nur ein Teil seines dreibändigen Werkes über die Anfänge des Christentums (welches wiederum seinen Platz in Meyers Universalgeschichte des Altertums hat). In diesen Zusammenhang sind die Reaktionen auf Meyers Ausführungen einzuordnen. Diese waren freilich symptomatisch. In den Besprechungen von neutestamentlicher Seite erhielt Meyer durchweg negative Bescheide. Er böte nichts Neues, die Auseinandersetzung mit den Ergebnissen neutestamentlicher Forschung sei nicht hinreichend, methodisch bedeute seine Arbeit einen Rückschritt. Auch das rüde Etikett „unwissenschaftlich" fehlte nicht[55]. Dass Meyers Werk angesichts dieses Echos von Theologen kaum herangezogen wird, wird niemanden überraschen[56]. Die Reaktion der althistorischen Fachkollegen hingegen bestand in – Stillschweigen. Auch dies symptomatisch und eine Auswirkung der strengen Grenzziehungen zwischen den Fachdisziplinen, die damals herrschten wie vielfach auch heute noch, trotz des ubiquitären Aufrufs zur Interdisziplinarität[57].

---

54 Meyer 19: es sei „völlig evident, daß der ganze Abschnitt 20,5 bis 28,31 ein einheitlicher ‚Wir-Bericht' ist, in dem ein Augenzeuge erzählt". Nicht einmal bei Thornton oder Jervell, der eine faire Auseinandersetzung mit der anglo-amerikanischen Schule führt und Meyers Werk im Gegensatz zu Thornton immerhin kennt, findet sich ein Hinweis auf diese weitreichende These Meyers.
55 So K. L. Schmidt, einer der Vorreiter der Formgeschichte, in: Die Christliche Welt 35, 1921, 120. Zum dritten Band s. insbesondere die Rezension von A. Jülicher in: Theologische Literaturzeitung 49, 1924, 337–345. Aus dieser Phalanx scherte allein H. Lietzmann aus, seines Zeichens Kirchenhistoriker, nicht Neutestamentler: Historische Zeitschrift 127, 1923, 98–104. Ein Überblick zu den Reaktionen bei Plümacher, Meyer 345 f.
56 Vgl. Reiser 70 f. m. Anm. 101.
57 Damals wie heute fasst kaum ein deutschsprachiger Althistoriker die Anfänge des Christentums als Gegenstand der Alten Geschichte auf, und wenn doch, so schlägt sich dies jedenfalls nicht in Publikationen nieder. Vgl. dagegen die Arbeiten von Judge. Jörg Rüpke hat die Disziplinengrenzen jetzt m. E. zurecht als wachsendes Hindernis für einen Fortschritt in der Erforschung der Anfänge des Christentums bezeichnet: Journal of Roman Studies 99, 2009, 192 f.

Trotz des Phänomens, dass im anglophonen Bereich mehrere Exegeten der Apostelgeschichte auf eine altertumswissenschaftliche Ausbildung zurückgreifen konnten, gilt auch hier, dass nur wenige professionelle Altertumswissenschaftler sich mit der Apostelgeschichte beschäftigten. Eine Ausnahme stellt A. N. Sherwin-White dar, dessen Sarum Lectures aus den Jahren 1960/1961 „Roman Society and Roman Law in the New Testament" zum Gegenstand hatten. Sherwin-White hatte es nicht darauf angelegt, die Historizität der Apostelgeschichte auf den Prüfstand zu stellen. Im Zuge seiner Untersuchungen stellte er allerdings fest, dass die rechtlichen Zustände, die in der Apostelgeschichte widergespiegelt werden, für den Zeithorizont, der in Acta geschildert wird, gültig sind und nicht aus einer späteren Zeit stammen. Dies führt ihn zu der Feststellung, es erscheine „absurd" die Historizität der Apostelgeschichte grundsätzlich in Frage zu stellen und dies gelte auch für Detailfragen[58]. Er hat dabei selbstverständlich Dinge, die den Altertumswissenschaftler interessieren, im Blick und nicht die Frage möglicher Widersprüche zwischen Acta und den Paulusbriefen.

Seit den 1970er Jahren hat sich in Deutschland vor allem eine Stimme gegen die „Hyperkritik" an der Apostelgeschichte in der Nachfolge von Baur, Overbeck, Haenchen und Conzelmann erhoben und das ist diejenige von Martin Hengel. Hengel trat energisch der verbreiteten Haltung entgegen, der Verfasser der Apostelgeschichte sei ein ‚Schriftsteller' (Conzelmann, Haenchen), der vieles frei erfunden habe, und setzte Lukas, in dem er einen Reisebegleiter des Paulus sieht, wieder auf seinen angestammten Platz als antiker Historiograph, mit all seinen Stärken und Schwächen[59]. Als wichtige Arbeit aus dem Schülerkreis Hengels ist Thorntons umfangreiche Studie zu den ‚Wir-Erzählungen' zu nennen, der zu dem Ergebnis kommt, dass diese wohl von dem Paulusbegleiter und Verfasser der Apostelgeschichte namens Lukas stammen[60]. Ebenfalls aus der ‚neuen' Tübinger Schule stammt Rainer Riesner, der die historische Zuverlässigkeit der Apostelgeschichte jüngst verteidigte[61].

Auch wenn die Perspektiven auf die Apostelgeschichte differenzierter geworden sind, wird man insgesamt feststellen müssen, dass die letztgenannte Position in Deutschland weiterhin nur von einer kleinen Minderheit vertreten wird. Die Epoche der extremen Skepsis gegenüber der Apostelgeschichte in der deutschsprachigen Forschung ist allerdings wohl überwunden[62], wie man letztlich auch daran erkennen mag, dass Haenchens Kommentar in der Reihe „Kritisch-exegetischer Kommentar über

---

58 Sherwin-White, Society 189.
59 Vor allem in Hengel, Geschichtsschreibung *passim*; das Etikett „Hyperkritik" ebd. 47 sowie ebd. 2 Anm. 1 das Urteil über die „radikale historische Skepsis" der neutestamentlichen Exegeten seiner Zeit, „die im Grunde einen Rückzug aus einer ernstzunehmenden historischen Forschung überhaupt andeutet"; vgl. daneben auch seine jüngeren Äußerungen in e.g. Hengel, Jude Paulus 212 („Der typisch deutsche radikale Kritizismus (...) hat sich überlebt") oder Hengel/Schwemer, Paulus 10.
60 Thornton *passim*.
61 Riesner, Zuverlässigkeit *passim*.
62 Diese Einschätzung teilt auch Schröter IV 58. VI 331. Schon Gräßer 18f. hatte 2001 eine größere Gesprächsbereitschaft in der Acta-Forschung festgestellt.

das Neue Testament" nun durch den von Jacob Jervell ersetzt wurde, der mit seinem Vorgänger kaum noch etwas gemein hat. Jervell ist bereit, hinter den Berichten der Apostelgeschichte historische Ereignisse zu erkennen – wenngleich er gelegentlich eine Auswahl trifft, deren Kriterien nicht immer klar sind –, und identifiziert schließlich den Verfasser der Apostelgeschichte mit dem zeitweiligen Paulusbegleiter Lukas, auf dessen eigene Notizen über wohl in erster Linie mündliche Überlieferungen die Schilderungen in der Apostelgeschichte zurückzuführen sind, die er nicht selbst miterlebt hat[63].

3.1.4 Die hier vertretene Sicht und ein Ausblick auf jüngste Entwicklungen

Wo ordnen sich die folgenden Studien zu einigen Acta-Abschnitten ein? Der Verfasser bekennt sich zu dem Satz, dass sich die Historizität oder historische Zuverlässigkeit der Apostelgeschichte in den meisten Fällen nicht beweisen lässt. Das liegt letztlich an der Natur historischen Arbeitens, in dem es selten möglich ist, mathematisch exakte Beweise zu führen, sowie an der Natur unseres Quellenbestandes, der insgesamt lückenhaft ist und zumeist nur als „geformte" Überlieferung[64] auf uns gekommen ist. Dies spricht also von vornherein gegen jedes simplizistische oder gar szientistische Beweisdenken in den historischen Wissenschaften. Wir bewegen uns somit innerhalb eines Spektrums von Plausibilitäten und Probabilitäten. Dies gilt für jeden, der mit der Apostelgeschichte als historischem Material arbeitet und dies dürfte auch von jedem anerkannt werden, gleichgültig, ob Altertumswissenschaftler oder Theologe von Profession, und unabhängig davon, welche der in dem bisherigen Überblick skizzierten Richtungen er für überzeugender hält.

Für die führenden Vertreter der britischen Forschung hatte sich die vorrangig von der deutschen Forschung diskutierte Frage nach den Quellen der Apostelgeschichte mit dem Verweis auf einen Paulusbegleiter als Verfasser zumeist erledigt[65] – zumindest für den zweiten Teil, Kapitel 13–28, aus dem alle Passagen stammen, die im folgenden diskutiert werden. Aber auch wenn die Apostelgeschichte von einem Paulusbegleiter verfasst wurde und auch wenn die in der anglophonen Forschung oftmals vertretene Frühdatierung der Acta vor den Tod des Paulus für die plausibelste erachtet wird, so ist damit in der Tat nicht gleichzeitig die historische Zuverlässigkeit der Apostelgeschichte bewiesen. An der Beantwortung der Verfasser- und Datierungsfrage hängt sicher nicht die gesamte historische Beurteilung der Apostelgeschichte[66]. Eine persönliche und zeitliche Nähe des Acta-Verfassers zu dem, was er in seinem Werk schildert, sagt

---

63 Jervell 64–67.
64 Der Begriff der „geformten" Überlieferung schon bei Droysen 427.
65 Vgl. aber auch Harnack, Apostelgeschichte 131–133 mit dem Hinweis auf die Personen, die Lukas getroffen und über die Ereignisse, für die er keine eigene Augenzeugenschaft aufwies, befragt haben konnte.
66 *Contra* Thornton 4, *pace* Schröter, Actaforschung IV 30, und Frey 8.

zunächst nichts aus über die Richtigkeit dessen, was er schreibt. Auch das Argument, je früher der Autor geschrieben habe, desto mehr hätte er sich einer möglichen Überprüfbarkeit durch die zeitgenössischen Leser stellen müssen, ist nicht *per se* durchschlagskräftig. Allerdings wird man umgekehrt eben auch feststellen müssen, dass ein zeitlich und persönlich dem Geschilderten nahe stehender Verfasser durchaus das Urteil auf sich ziehen muss, er sei ein schlechter Historiker oder habe seine Darstellung gar verfälscht, wenn er in großem Stile historischer Ungenauigkeiten oder mehr noch Unrichtigkeiten überführt werden kann. Insofern ist die Spätdatierung des Verfassers durch diejenigen Exegeten, welche die historischen Informationen der Apostelgeschichte eher kritisch sehen, konsequent und folgerichtig, denn so enthebt man den Acta-Verfasser des Vorwurfes, er habe Fakten verdreht, und kann ihm möglicherweise zugute halten, er habe es aufgrund des mehr oder weniger großen zeitlichen Abstandes nicht besser gewusst oder wissen können, seine Quellen wären unzuverlässig gewesen oder die historische Erinnerung wäre bis in seine Zeit hinein blasser geworden.

Unabhängig von der Verfasser- und Datierungsfrage gilt, wie erwähnt, auch, dass man es hinsichtlich der Apostelgeschichte mit – nach Droysen – „geformter Überlieferung" zu tun hat, und auch die jüngeren Arbeiten zum Geschichtsbild der Apostelgeschichte haben Recht, wenn sie hier ein Beispiel für – nach Gehrke – „intentionale Geschichtsschreibung" sehen[67]. Historiographie ist immer auch sinnstiftend und keine bloße Aufhäufung von Fakten, was sie ja von der reinen Annalistik unterscheidet. Aber diese Feststellung ist alles andere als ein Qualitätsurteil über die sachliche Zuverlässigkeit der Apostelgeschichte, denn dies gilt für jedwede Historiographie. Historiographie als „Polizeibericht"[68] gibt es nicht. Das ist eine geradezu absurde Vorstellung.

Dass es den altertumswissenschaftlich Geschulten schwer fällt, die von großer Zurückhaltung geprägte Sicht auf den Geschichtswert der Apostelgeschichte zu teilen, hat vor allem einen Grund: Die bemerkenswerten Detailkenntnisse der Apostelgeschichte in geographischen und institutionellen Fragen, auf die bereits mehrfach hingewiesen wurde und die beispielsweise Ramsay veranlasst hatten, seine Einschätzung der Apostelgeschichte gleichsam um 180 Grad zu drehen. Die gründlichste Zusammenstellung dieser Detailkenntnisse aus neuerer Zeit stammt von Colin Hemer. Hemer unterscheidet zwischen Detailkenntnissen, die möglicherweise kurantes Wissen waren, und „specific local knowledge", das man sich wohl nur erwerben konnte, wenn man die entsprechenden Regionen und Städte kannte oder auf gut informierte Quellen zurückgreifen konnte. Der weitaus größte Teil des von Hemer zusammengetragenen Materials lässt sich dieser zweiten Kategorie des „specific local knowledge" zuordnen. So weiß Lukas beispielsweise, dass in Lystra lykaonisch gesprochen wurde

---

[67] Gehrke *passim* zum Konzept der „intentionalen Geschichte"; vgl. Backhaus, Spielräume 20 f. und ders., Lukas *passim*.
[68] Haenchen 591.

(14,11), dass Philippi den Status einer römischen *colonia* hat und im „ersten" der vier Bezirke der Provinz Macedonia liegt (16,12)[69]. Ebenso ist ihm bekannt, dass die führenden Magistrate in Thessalonike Politarchen (17,6)[70] und die Ratsmitglieder in Athen Areopagiten genannt wurden (17,34)[71], während der Titel des höchsten Magistraten in Ephesos Grammateus lautete (19,35)[72]. Die terminologische Präzision ist allein schon in der Bandbreite der genannten Beispiele beachtlich. Man möge sich als Kontrast vergegenwärtigen, dass der Anfang des 2. Jh.s schreibende römische Historiker Tacitus den *praefectus Iudaeae* Pontius Pilatus fälschlich mit dem Titel eines *procurator* belegt – und das ist nur eines von vielen Beispielen ungenauer oder nicht exakter Terminologie, die sich aus der antiken Historiographie anführen ließen[73].

Nun ist im Rahmen der Actaforschung in den letzten Jahren die erfreuliche Tendenz festzustellen, dass auch die deutschsprachige Exegese besagte „specific local knowledge", die sich in der Apostelgeschichte findet, verstärkt zur Kenntnis nimmt. Dies ist zweifelsohne auch darauf zurückführen, dass die Nutzung und Auswertung von epigraphischen Quellen wieder breiteren Raum einnimmt[74]. Für dieses Phänomen, dass sich zahlreiche geographische, prosopographische, verwaltungsgeschichtliche und politische Detailkenntnisse des Verfassers der Apostelgeschichte anhand vor allem, aber nicht nur, des inschriftlichen Materials überprüfen und verifizieren lassen, hat sich der Begriff des Lokalkolorits eingebürgert[75]. Dass sich der zweite Teil der Apostelgeschichte, der ab Kapitel 13 von den Reisen des Paulus im östlichen Mittelmeerraum berichtet, insgesamt durch ein höheres Maß an Lokalkolorit auszeichnet, darf als unbestritten gelten. Im Hinblick beispielsweise auf die für diese

---

[69] Hemer, Acts 113; vgl. Pilhofer, Philippi I 159–164, s. auch ebd. 195–199 zu den Titeln der Magistrate in Philippi.
[70] Hemer, Acts 115; vgl. Horsley, Politarchs *passim*; vom Brocke 259–265.
[71] Hemer, Acts 119.
[72] Hemer, Acts 122; vgl. Sherwin-White, Society 86f. und Schulte, Grammateis *passim*; zum Grammateus in 19,35 jetzt Schinkel *passim* mit der unhaltbaren These hier sei ein Funktionsträger des Berufsverbandes der Silberschmiede gemeint.
[73] Tac. ann. 15,44,3; der Titel *praefectus Iudaeae* belegt durch eine im Jahre 1961 publizierte Inschrift, jetzt I. Caesarea Maritima 43 und CIIP 1277; dazu zuletzt Alföldy, Pilatus. Ein weiteres Beispiel bei Tacitus wäre ann. 1,74,1, wo der *proconsul Ponti et Bithyniae* Granius Marcellus „*praetor Bithyniae*" genannt wird. Eine eingehende Untersuchung zu Josephus jetzt bei Eck, Benennung.
[74] Meilensteine in dieser Entwicklung sind ohne Zweifel die Arbeiten von Breytenbach und Pilhofer, Philippi.
[75] Auch wenn sich der Begriff „Lokalkolorit" schon früher findet, so scheint er doch vor allem durch Theißens Arbeit „Lokalkolorit und Zeitgeschichte" an Popularität gewonnen zu haben. Theißen, dessen Arbeit sich allerdings mit den Evangelien befasst, hat ebd. 11 Lokalkolorit als „die inhaltliche Prägung von Texten durch Orte" definiert, im Unterschied zu „Lokaltradition", worunter er die Orte an denen eine Überlieferung tradiert wurde, versteht. Vgl. weiterhin Breytenbach 30f. – Der früheste Beleg für das englische Äquivalent „local colour" im Zusammenhang mit der Apostelgeschichte scheint Hogarth, Archaeology (1899) 348 zu sein. Dort wird er ausdrücklich mit der Bedeutung der Inschriften für das Verständnis der Apg in Verbindung gebracht – fast 100 Jahre bevor die gleiche Erkenntnis in Deutschland Fuß zu fassen beginnt. Vgl. danach Erhardt, Acts 60; Bruce, Historical record 2577.

Arbeit relevante Athen-Episode (Apg 17,16–34) ist dies nie ernsthaft in Frage gestellt worden[76], weil wir über diese Stadt auch aus literarischen Quellen gut informiert sind. Dank der fortschreitenden Erschließung des epigraphischen Materials und der nun partiell revitalisierten Verbindung zwischen Altertumswissenschaft und neutestamentlicher Exegese wurde in jüngerer Zeit auch das relativ starke Lokalkolorit hinsichtlich der ersten Missionsreise (Apg 13–14)[77] herausgestellt sowie für die Passagen, die in Philippi (Apg 16)[78] und Ephesos (Apg 19)[79] spielen. Auch die große Detailkenntnis des heiß umstrittenen Seefahrtsbericht in Apg 27 f. wurde kürzlich durch die glückliche Bergung lange verschütteten Wissens wiederentdeckt[80]. Mitunter nimmt die Betonung des ‚Lokalen' allerdings kuriose Züge an. Nach Pilhofer seien die Detailkenntnisse im Philippi-Abschnitt so hoch wie sonst nirgends in der Apostelgeschichte, was ihn zu der These veranlasste, der Verfasser der Apg sei ein Bewohner der Stadt Philippi gewesen[81]. Weil aber der Acta-Verfasser sich in Ephesos mindestens ebenso gut auskannte, hat Witetschek jüngst vorgeschlagen, dass die Apostelgeschichte dort entstanden sei[82]. Wenn wir nicht in dieser atomistischen Perspektive auf die Apostelgeschichte verharren und auch noch Athen oder Jerusalem als möglichen Abfassungsort vorschlagen wollen, bietet sich als Erklärung der schon erwähnte Sachverhalt an, dass der Actaverfasser über graduell variierende, aber insgesamt gute Ortskenntnis aus erster oder zweiter Hand verfügt und die Apostelgeschichte daher allgemein ab Kapitel 13 ein höheres Lokalkolorit aufweist.

Wie dieses hohe Maß an Lokalkolorit nun in Hinblick auf die Historizität der Apostelgeschichte zu werten ist, darüber gehen die Meinungen allerdings auseinander. F. F. Bruce zögerte nicht mit der Feststellung: „The varying local colour of city life in the eastern Mediterranean is reflected in a manner that rings true to historical reality."[83] Bertil Gärtner hält beispielsweise das Lokalkolorit von Apg 17 für derart detailreich, dass die Erzählung „based on fact" sein müsse[84]. Beide führen das Lokalkolorit der Apostelgeschichte auf die Augen- bzw. Ohrenzeugenschaft des Verfassers zurück. Conzelmann hingegen wies die Schlussfolgerung, das hohe Lokalkolorit sei ein Indiz für die

---

76 S. Conzelmann 104; Dibelius 60. 73; Haenchen 499. 507; Nock, Gnomon 25, 1953, 506.
77 Breytenbach 84 erkennt in Apg 13 „erstaunlich viel Lokalkolorit" (vgl. dazu Breytenbach Teil B Kap. IV).
78 Dazu Pilhofer, Philippi I 153–205.
79 Zu Ephesos s. die Arbeiten von Lampe, Inschriften und Horsley, Ephesus; s. aber schon Foakes-Jackson III 236; vgl. auch Weiß, Silberschmiede.
80 Reiser, Caesarea *passim* hat manche Irrtümer der Exegese des 19. und 20. Jh.s behoben; dazu greift er auf zahlreiche altertumswissenschaftliche Arbeiten zurück, unter anderem auf Meyer, die bekannte Arbeit von Smith (J. Smith, The voyage and shipwreck of St Paul [London 1848]), eine philologische Untersuchung aus dem 18. Jh. sowie auf die Arbeiten von Hemer, die allesamt in der deutschsprachigen Forschung weitgehend unberücksichtigt blieben; vgl. jetzt auch Reiser, Bericht *passim*.
81 Pilhofer, Philippi I 157
82 Witetschek, Enthüllungen 243–262; vgl. auch Schwindt 87.
83 Bruce, Historical record 2577.
84 Gärtner 45.

historische Zuverlässigkeit der Apostelgeschichte, auf das Schärfste mit der Behauptung zurück, auf diese Weise ließe sich „schließlich auch die Geschichtlichkeit der Erzählungen von Karl May beweisen"[85]. Man wird füglich fragen dürfen, ob Conzelmann den Unterschied zwischen einem Abenteuerroman und antiker Historiographie verstanden hatte. Die Erläuterung der „Karl-May-Regel" in Conzelmann und Lindemanns vielbenutztem „Arbeitsbuch zum Neuen Testament" wirft ebenfalls die unterschiedlichen Kategorien mit leichter Hand zusammen: „Karl May beschrieb mit großer Eindringlichkeit Orte und Landschaften im Mittleren Osten und in Amerika, die er niemals gesehen hatte"[86]. Bei Karl May handelt es sich in der Tat um eindringliche Phantasie, die noch dazu vom Orientalismus des 19. Jh.s und Imaginationen des ‚Edlen Wilden' geprägt ist. Die Lokalkenntnis der Apostelgeschichte ist hingegen durch externes Material bestätigt worden[87]. Warum diese von jeglichem historischen Urteilsvermögen ungetrübte ‚Regel' auch in der jüngsten 14. Auflage des „Arbeitsbuches" zu finden ist, noch dazu ohne jeglichen Hinweis auf kritische Stimmen[88], bleibt unerfindlich. Wer die ‚Karl-May-Regel' zu einem mathematischen Axiom erheben will, muss sich die Frage nach dem zugrunde liegenden Wissenschaftsverständnis gefallen lassen.

Freilich ist die berechtigte Debatte um den Stellenwert des Lokalkolorits damit nicht abgeschlossen. Viele halten dies nun eher für ein erzählerisches, ein künstlerisches Gestaltungselement. Nach Marguerat sei die „lokale Farbigkeit" keine Garantie für die historische Zuverlässigkeit des Autors oder gar dafür, dass er ein Augenzeuge des Erzählten gewesen sei. Mit einer solchen Interpretation liefe man in die „Falle des Positivismus". Lukas' gute Ortskenntnis beruhe darauf, dass er „ein großer Reisender" war, der seiner Erzählung durch das Lokalkolorit einen „Realitätseffekt" (nach Roland Barthes) verleiht[89]. Ähnlich spricht Bormann in seiner Studie zu Philippi von der „Kunst des Lukas, Details der lokalen Verhältnisse in seine Erzählungen einzufügen, ohne Augenzeuge gewesen zu sein oder ohne eigene Ortskenntnis zu besitzen"[90]. Ebenso ist Koch der Ansicht, das Lokalkolorit sei „kein untrügliches Gütesiegel für

---

85 Conzelmann, History 58.
86 Conzelmann/Lindemann 52.
87 Dies muss man auch gegen Backhaus, Lukas 60 einwenden, wenn er schreibt: „Lokalkolorit etwa gehört zum Œuvre und verrät nicht ohne weiteres Ortskenntnis oder Lokaltradition: Wenn man schon nicht beim Ort oder beim Geschehen war, so kann man wenigstens den Eindruck erwecken, man sei es gewesen." Noch einmal: Die Genauigkeit des Lokalkolorits der Apostelgeschichte ist in hohem Maße verifizierbar, und beides, die Genauigkeit und die Breite des Lokalkolorits zu erklären, lässt sich nicht ganz so einfach damit erklären, der Autor wolle den „Eindruck" von Ortskenntnis erwecken.
88 Zur Kritik an der ‚Karl-May-Regel' vgl. u. a. Schnabel, Mission 26 f.
89 Marguerat, Historisch 46; doch spricht sich Marguerat, Lukas 27 nun dagegen aus, das Lokalkolorit zwangsläufig als ‚Realitätseffekt' im Sinne Roland Barthes' zu interpretieren. Eine mögliche Reisetätigkeit des Lukas zum Zwecke der Einholung von Erkundigungen hatten früher schon angenommen: Haenchen 118; Plümacher, Wirklichkeitserfahrung 90 – 92.
90 Bormann 5 mit Verweis auf Athen und Ephesos; vgl. ebd. 84: Lukas „bemüht sich um ein besonderes Maß an Lokalkolorit". Vgl. auch schon Conzelmann, Apostelgeschichte 8: der Autor „versieht Szenen mit Lokalkolorit".

authentische Berichterstattung" und ließe sich „auch schriftstellerisch herstellen"[91]. Radikale Stimmen wie Koester halten beispielsweise hochgradig von Ortskenntnis zeugende Passagen wie Apg 19 trotz des Lokalkolorits für historisch wertlos[92].

Man wird gegen die Annahme, das Lokalkolorit sei allein ein Kunstmittel, einwenden müssen, dass die Qualität der Lokalkenntnis in diesem Falle erheblich unterschätzt wird. So macht es sich beispielsweise Schröter wohl zu leicht, wenn er behauptet, hier handele es sich um „zum allgemeinen Wissen der Zeit gehörende Kenntnisse, die prinzipiell jedem antiken Autor zugänglich waren"[93]. Hemer hatte ja in seinem Buch auf über 50 Seiten gezeigt, dass es sich hier gerade nicht um kurantes Wissen handelt. Demzufolge hat er beinahe alle Detailkenntnisse der Apostelgeschichte in die Kategorie des „specific local knowledge" einsortiert und eben nicht in die Rubrik des „common knowledge"[94]. Es wäre vielleicht doch wünschenswert gewesen, sich, ehe man die Qualität der Lokalkenntnis als Kriterium zur Bewertung der Apostelgeschichte herunter spielt, doch einmal konkreter mit Hemer auseinander zu setzen und dessen Beurteilung nicht einfach zu ignorieren. Dass das Ausmaß – und nicht nur die Qualität – der Lokalkenntnisse des Lukas sehr wohl ein Indikator für den Geschichtswert der Apostelgeschichte ist, ergibt sich auch durch einen Vergleich mit den apokryphen Apostelakten, die seit der Mitte des 2. Jh.s entstanden sind. In den Johannesakten beispielsweise findet sich so gut wie kein Lokalkolorit, weder für Ephesos, einem der Hauptorte der Handlung, noch für die anderen Städte, die Johannes der Erzählung nach durchreiste[95].

Einen etwas merkwürdigen Beigeschmack erhält die Deutung des Lokalkolorits bei Marguerat, der in Anerkennung der „dokumentarischen Genauigkeit"[96] der Apostelgeschichte einen weitgereisten Verfasser annimmt, welcher seine Reisen aber nicht als Augenzeuge und Paulusbegleiter unternommen habe. Neben einigen richtigen Beispielen für die ‚dokumentarische Genauigkeit' des Lukas führt Marguerat wiederholt ein kurioses Beispiel an: Die *praetores* von Philippi hätten in der Apostelgeschichte zurecht die Bezeichnung στρατηγοί erhalten[97]. Dass es in Philippi nie-

---

91 Koch, Christentum 319.
92 Koester *passim*.
93 Schröter, Kontext 35; vgl. e.g. auch Bormann 5 Anm. 16.
94 Hemer, Acts 107–158.
95 Lalleman 93. Vgl. auch Marguerat, Lukas 27. 335. 348–53. Anders zwar Engelmann 297–300, aber auch wenn Engelmann zeigen kann, dass die Acta Iohannis doch einige ephesinische Lokalspezifika enthalten, so ist das Ausmaß der Lokalkenntnis angesichts des breiten Raumes, den Ephesos als Handlungsort in der Erzählung einnimmt, letztlich recht spärlich. Bovon, Apostelakten unternimmt einen lohnenswerten Vergleich zwischen der kanonischen Apostelgeschichte und den apokryphen Apostelakten, spart aber die Frage der jeweiligen Lokalkenntnisse und deren Genauigkeit völlig aus. – Ein ausführlicher Vergleich zwischen der kanonischen Apostelgeschichte und den apokryphen Apostelakten ergibt, dass erstere den letzteren hinsichtlich der lokalen Kenntnisse weit überlegen ist, s. Weiß, Lokalkolorit *passim*.
96 Marguerat, Historisch 46, vgl. ders., Lukas 26f.
97 Marguerat, Historian 27; ders., Historisch 46.

mals *praetores* gab, entgeht ihm dabei allerdings. Wenn Marguerat ferner denjenigen, die aus der ‚dokumentarischen Genauigkeit' der Apostelgeschichte ihren historischen Wert ableiten wollen, vorwirft, sie liefen in die ‚Falle des Positivismus', so wird man ihm entgegenhalten dürfen, dass er möglicherweise in die ‚Falle des Skeptizismus' tappt. Auch Marguerat hat, wie letztlich alle Exegeten, die nicht von der partiellen Augenzeugenschaft des Actaverfassers überzeugt sind, große Schwierigkeiten, die Wir-Berichte zu erklären.

Während Marguerat und andere die lokalen Farben eher als literarisches Stilmittel denn als Authentizitätsmerkmal interpretieren, hat Jens Schröter das Konzept, die historische Zuverlässigkeit der Apostelgeschichte anhand extern verifizierbarer Details zu überprüfen, kürzlich aufgrund geschichtstheoretischer Überlegungen ganz grundsätzlich in Frage stellen wollen. Diejenigen, welche die „Tatsächlichkeit" beispielsweise der Areopagrede des Paulus in Apg 17 zu erweisen suchen, „reduzieren Historizität auf Faktizität", so Schröter[98]. Colin Hemers Buch zur Apostelgeschichte, dessen Gelehrsamkeit Schröter anerkennt und dessen sorgsame Unterscheidung in verschiedene Grade historischen Wissens ja keineswegs dem Aberglauben simplizistischer Beweisführung erliegt, trifft dennoch Schröters Verdikt in voller Härte, er würde „historisches Wissen" und „Historizität der berichteten Ereignisse nicht genügend unterscheiden"[99].

Man wird fragen müssen, was denn ‚Historizität' sein soll, wenn es sich vom ‚historischen Wissen' unterscheidet. Wie es scheint beruhen die Verständigungsschwierigkeiten zwischen e. g. Hemer und Schröter auf unterschiedlichen Konzepten von ‚Historizität', einer unterschiedlichen Gewichtung des historischen Detailwissens und unterschiedlichen Fragestellungen. Während Schröter ein eher abstraktes Konzept von Historizität vertritt, bei dem Historizität mit durch den Historiker produzierter Sinnstiftung und Erinnerung gleichgesetzt wird[100], geht es Hemer bei der Frage der Historizität der Apostelgeschichte um ihre historische Zuverlässigkeit anzusehen. Für Schröter scheint es außerdem ein Primat der historischen Deutung von Ereignissen vor diesen Ereignissen selbst zu geben, und wenn er an anderer Stelle schreibt, es wäre „zunächst nach der Aussageintention des Lukas zu fragen gewesen, bevor die erzählten Ereignisse auf der historischen Ebene interpretiert werden"[101], so scheint er die Methodenschritte in Droysens Historik, an die er unter anderem anknüpfen will[102], nicht ernst genug zu nehmen. Droysens methodischer Dreischritt lautet: Heuristik, Kritik,

---

[98] Schröter, Konstruktion 52.
[99] Schröter, Actaforschung III 406.
[100] Vgl. e. g. Schröter, Konstruktion 52; diese Gleichsetzung ist m. E. unzutreffend und scheint ‚Historizität' mit dem Ergebnis der interpretierenden Arbeit des Historikers gleichzusetzen. In ähnlicher Weise versteht nun auch Backhaus, Lukas *passim* die Funktion der Apostelgeschichte in erster Linie als sinnstiftend und identitätsbildend, also im Anschluss an Gehrke *passim* als „intentionale Geschichte".
[101] Schröter, Actaforschung II 300 in seiner Kritik an Brian Rapskes Buch „The Book of Acts and Paul in Roman custody".
[102] Vgl. Schröter, Historiographie 26–28.

Interpretation[103]. Geschichte ist auch und gerade nach Droysen immer interpretierte Geschichte, und die Interpretation, darüber muss man nicht streiten, ist das, was Geschichte vom reinen Faktensammeln unterscheidet. Die Arbeit des Historikers wird also in der Tat im letzten Schritt, der Interpretation, vollendet[104]. Aber die „Kunst des Historikers" besteht eben nicht allein in der Interpretation seines Materials und deswegen darf man diese Seite historischen Arbeitens eben auch nicht überbetonen[105]. Man muss auch ernst machen mit der von Schröter keineswegs negierten, unauflöslichen Kopplung des Historikers an die Ereignisse, die es erst einmal im Sinne Droysens heuristisch zu heben gilt. Um diese heuristische Hebung des historischen Materials und dessen Kritik, beides eben auch zentrale Aufgaben des Historikers, geht es Hemer. Der Vorwurf, damit sei Historizität auf Faktizität reduziert, ist somit unberechtigt.

Hemers Kritik des historischen Materials kommt freilich zu anderen Ergebnissen als Schröter. Während Hemer dazu neigt, aufgrund zahlreicher extern überprüfbarer Details der Apostelgeschichte eine „general reliability" zu attestieren[106], erachtet Schröter den Versuch, die „Tatsächlichkeit" des Berichteten zeigen zu wollen, für ein insgesamt schwieriges Unterfangen. Man müsste sich aber, um zu einem solchen Urteil zu gelangen, doch erst einmal der Mühe von Droysens ersten beiden Arbeitsschritten unterziehen. Ist dieses Urteil somit letztlich nicht vielleicht auch ein Nachhall der „Grundskepsis"[107] der deutschsprachigen Exegese gegenüber der Apostelgeschichte seit Baur? So bleibt zu konstatieren, dass zwar die Zeit der Grabenkämpfe glücklicherweise beendet ist und die Parole „Haut den Lukas!"[108] sich überlebt hat, aber nichtsdestotrotz – wie in einer wissenschaftlichen Debatte auch nicht anders zu erwarten – unterschiedliche und – bleiben wir dabei – gegensätzliche Tendenzen im Streit um die Historizität im Sinne von historischer Zuverlässigkeit der Apostelgeschichte zu verzeichnen sind.

Charles Talbert hat jüngst einen sehr ausgewogenen Beitrag zur Frage der Historizität der Apostelgeschichte mit der Feststellung abgeschlossen, die Überzeugungskraft der einzelnen Argumente pro und contra hänge von dem Maß der Beweislast ab, das man ihnen aufbürde[109]. Der Verfasser der vorliegenden Arbeit neigt der Auffassung zu, die nachweislich gute Detailkenntnis der Apostelgeschichte eher als Argument für als gegen ihre historische Zuverlässigkeit anzusehen. Daraus folgt nun aber keineswegs, dass wir uns die Analyse der einzelnen Acta-Passagen, die für

---

103 Droysen, Historik §§ 20–42.
104 *Pace* Schröter, Kontext 31.
105 Schröters Vorwurf gegen Riesner, dieser würde „ein[en] Aspekt – nämlich die Nähe des Verfassers zu den von ihm berichteten Begebenheiten – für die Beurteilung als Geschichtswerk einseitig in den Vordergrund" rücken, fällt umgekehrt auf ihn zurück, wenn er ebenso einseitig das Gewicht auf die Interpretation des Materials durch den antiken Historiker legt; Schröter, Kontext 29, vgl. ebd. 31.
106 Hemer, Acts 412.
107 Frey 5.
108 Dies als Motto der Actaforschung bei Gräßer, Apostelgeschichte 16; Hengel/Schwemer 24.
109 Talbert 217.

diese Arbeit relevant sind, ersparen könnten. Daraus folgt im Gegenteil die Verpflichtung, die einzelnen Abschnitte auf ihre historische Plausibilität hin zu prüfen[110]. Dies ist – und daher der Charakter der ‚Studien' – ein weiterer Beitrag, der mit dieser Arbeit geleistet werden soll.

Kenner der Materie werden rasch einwenden wollen, dass damit grundsätzliche Probleme ausgeblendet werden wie beispielsweise vor allem die viel traktierte Diskrepanz zwischen dem Acta-Paulus und dem Paulus der Briefe. Seit Baur wird ja behauptet, die beiden schlössen sich gegenseitig aus, nur einer von beiden könne der ‚wahre' Paulus sein, und da man allgemein die Briefe des Paulus als authentische Selbstzeugnisse höher einschätzt, wird folgerichtig dem Acta-Paulus der Abschied gegeben. Vielhauers Aufsatz zum ‚Paulinismus' des Lukas aus dem Jahre 1950 ist gleichsam das Manifest dieser Interpretationsrichtung innerhalb der deutschsprachigen Exegese[111]. Einige Punkte, die in dieser Debatte eine Rolle spielen, müssen in den folgenden Kapiteln kurz aufgenommen werden, so beispielsweise das Argument, die Apostelgeschichte stelle Paulus als Wundertäter dar (e.g. Apg 13,11), während dies in seinen eigenen Briefen keine Rolle spiele, und die angenommene Unvereinbarkeit der ‚natürlichen Theologie' der Areopagrede des Paulus (Apg 17,22–31) mit der radikalen Theologie in Kapitel 1 von Paulus' Römerbrief. „Doch wer zählt die Vorwürfe alle, die wider das Buch erhoben worden sind?", hatte Harnack schon 1908 gefragt[112]. Über 100 Jahre später ist es natürlich erst recht unmöglich, die Debatte in der gesamten Breite abzuhandeln, und so sei daher zu den vielen anderen Punkten, hinsichtlich derer die Darstellung der Apostelgeschichte als unvereinbar mit den Paulusbriefen gesehen wird (e.g. Paulus' Stellung zum Gesetz, seine Christologie und seine Eschatologie), an dieser Stelle nur so viel gesagt, dass sich in den letzten Jahren das Blatt zu wenden scheint und man nun doch moderatere Urteile hört in Bezug auf die Unterschiede zwischen den beiden Pauli als noch zur Hochzeit des historischen Skeptizismus in der Mitte des vergangenen Jahrhunderts[113]. Selbst die viel traktierten chronologischen Divergenzen zwischen den autobiographischen Passagen des Paulus in Gal 1–2 und der Darstellung der Apostelgeschichte halten nicht alle, die sich mit dem Problem befasst haben, für unlösbar[114].

---

[110] Damit wird auch der von Dibelius 17 aufgestellten Forderung Genüge getan, die Apostelgeschichte passagenweise auf ihre historische Belastbarkeit zu überprüfen – eine Forderung, die Dibelius selbst nie eingelöst hat. Eine ähnliche Forderung bei Backhaus, Lukas 63, dessen ebd. getroffene Aussage, man fände in der Diskussion oftmals affirmative „Apriori-Auskünfte" ohne „präzise Textbeobachtung" ebenfalls mit den vorliegenden Studien begegnet werden soll.

[111] Vielhauer *passim*; vgl. Haenchen 121–123.

[112] Auch der anschließende Ausruf Harnacks verdient angeführt zu werden: „Und wenn es doch nur greifbare Vorwürfe wären!" Harnack, Apostelgeschichte 19f.

[113] So auch Schröter IV 58f. Für eine kritische Auseinandersetzung mit der These von der Diastase zwischen den beiden Pauli s. u.a. Jervell 81–84; Bruce, Acts 46–59; Porter, Paul 187–206; ders., Paulinism *passim*; Talbert 212–215. Vgl. davor schon Harnack, Apostelgeschichte 180f.

[114] Dazu ausführlich Hemer, Acts 244–276; vgl. Talbert 204–206.

3.2 Sergius Paullus (Apg 13,4 – 14)

Der erste *ordo*-Angehörige, der sich auf der ersten Missionsreise des Apostels Paulus nach der Erzählung der Apostelgeschichte dem Christentum zuwendet, ist gleich ein Mitglied des *ordo senatorius*.

Paulus und Barnabas, die, zusammen mit Johannes Markus als Helfer, von der Gemeinde in Antiochia am Orontes auf ihre Missionsreise ausgesandt wurden, wählten als erste Station Zypern. Nach der Ankunft in Salamis, der Hafenstadt am östlichen Ende Zyperns, wo sie das Evangelium in den jüdischen Synagogen predigten, durchzogen sie die Insel bis nach Paphos. Dort trafen sie auf den Statthalter Sergius Paullus, nach der Apostelgeschichte der erste Konvertit senatorischen Ranges, der am Ende seiner Begegnung mit Paulus und Barnabas – „erschüttert über die Lehre des Herrn" – gläubig wurde. Von Paphos aus setzten Paulus und Barnabas nach Perge in Pamphylien über. In der Küstenregion hielten sie sich allerdings nicht lange auf, sondern zogen ohne Umschweife weiter nach Antiochia Pisidiae und von dort nach Ikonion, Lystra und Derbe in Lykaonien. Auf dem Rückweg, auf dem sie die gleiche Route nahmen, holten sie in Perge das nach, was sie auf dem Hinweg unterlassen hatten: Sie verkündeten „das Wort", ehe sie nach Attaleia weiterreisten und von dort per Schiff nach Antiochia zurückkehrten. Soweit eine knappe Zusammenfassung des Rahmens der sogenannten ersten Missionsreise nach Apg 13 – 14. Die Passage, die eingehender untersucht werden muss, ist die Schilderung der Zypernmission in Apg 13,4 – 12 und die anschließende Weiterreise nach Antiochia in Pisidien sowie, allerdings kürzer, darüber hinausgehend auch der weitere Verlauf der Reise nach Lykaonien. Gerd Lüdemann hat die Schilderung der Zypernmission wie sie uns vorliegt für ein Werk des Lukas gehalten. Allerdings will er sich nicht entscheiden, ob Lukas nun eine Geschichte, die ihm vorlag, zertrümmert oder einige Traditionen zusammengeführt hat[115], was doch, wenn es sich denn bei der Passage um ein redaktionelles Konstrukt handelt, von entscheidender Bedeutung wäre. Immerhin vermutet auch Lüdemann da und dort noch historische Spuren in der Erzählung[116], auch wenn diese kaum über marginale prosopographische Daten hinausgingen, anders als Conzelmann, der in der ersten Missionsreise insgesamt eine „Modellreise" sah, die eine „Schöpfung" des Verfassers gewesen sei[117]. Allerdings wird man die Zypernmission kaum als redaktionelles Konstrukt bewerten können, weil, wie deutlich werden wird, mit großer Wahrscheinlichkeit ein enger Zusammenhang zwischen der Begegnung mit Sergius Paullus in Paphos und dem weiteren Verlauf der Missionsreise nach Antiochia Pisidiae und möglicherweise darüber hinaus besteht. Diese Verbindungslinie ist

---

115 Lüdemann 156.
116 Lüdemann 157 f. Haenchen 423 sah immerhin „das historische Faktum" der Reise als gesichert an, die er allerdings zeitlich nach dem Apostelkonzil ansetzt.
117 Conzelmann, Apostelgeschichte 80.

schwerlich auf die literarische Gestaltung des Autors zurückzuführen[118]. Ehe wir uns mit der Person des Sergius Paullus befassen, soll der Abschnitt über die Zypernmission auf darin enthaltenes Lokalkolorit sowie spezielle Detailkenntnisse untersucht werden. Der entsprechende Abschnitt lautet wie folgt:

13,4 Αὐτοὶ μὲν οὖν ἐκπεμφθέντες ὑπὸ τοῦ ἁγίου πνεύματος κατῆλθον εἰς Σελεύκειαν, ἐκεῖθέν τε ἀπέπλευσαν εἰς Κύπρον, 5 καὶ γενόμενοι ἐν Σαλαμῖνι κατήγγελλον τὸν λόγον τοῦ θεοῦ ἐν ταῖς συναγωγαῖς τῶν Ἰουδαίων· εἶχον δὲ καὶ Ἰωάννην ὑπηρέτην.
6 διελθόντες δὲ ὅλην τὴν νῆσον ἄχρι Πάφου εὗρον ἄνδρα τινὰ μάγον ψευδοπροφήτην Ἰουδαῖον ᾧ ὄνομα Βαριησοῦ, 7 ὃς ἦν σὺν τῷ ἀνθυπάτῳ Σεργίῳ Παύλῳ, ἀνδρὶ συνετῷ. οὗτος προσκαλεσάμενος Βαρναβᾶν καὶ Σαῦλον ἐπεζήτησεν ἀκοῦσαι τὸν λόγον τοῦ θεοῦ·
8 ἀνθίστατο δὲ αὐτοῖς Ἐλύμας ὁ μάγος, οὕτως γὰρ μεθερμηνεύεται τὸ ὄνομα αὐτοῦ, ζητῶν διαστρέψαι τὸν ἀνθύπατον ἀπὸ τῆς πίστεως. 9 Σαῦλος δέ, ὁ καὶ Παῦλος, πλησθεὶς πνεύματος ἁγίου ἀτενίσας εἰς αὐτὸν 10 εἶπεν, Ὦ πλήρης παντὸς δόλου καὶ πάσης ῥᾳδιουργίας, υἱὲ διαβόλου, ἐχθρὲ πάσης δικαιοσύνης, οὐ παύσῃ διαστρέφων τὰς ὁδοὺς [τοῦ] κυρίου τὰς εὐθείας; 11 καὶ νῦν ἰδοὺ χεὶρ κυρίου ἐπὶ σέ, καὶ ἔσῃ τυφλὸς μὴ βλέπων τὸν ἥλιον ἄχρι καιροῦ. παραχρῆμά τε ἔπεσεν ἐπ' αὐτὸν ἀχλὺς καὶ σκότος, καὶ περιάγων ἐζήτει χειραγωγούς. 12 τότε ἰδὼν ὁ ἀνθύπατος τὸ γεγονὸς ἐπίστευσεν ἐκπλησσόμενος ἐπὶ τῇ διδαχῇ τοῦ κυρίου.

13 Ἀναχθέντες δὲ ἀπὸ τῆς Πάφου οἱ περὶ Παῦλον ἦλθον εἰς Πέργην τῆς Παμφυλίας· Ἰωάννης δὲ ἀποχωρήσας ἀπ' αὐτῶν ὑπέστρεψεν εἰς Ἱεροσόλυμα. 14 αὐτοὶ δὲ διελθόντες ἀπὸ τῆς Πέργης παρεγένοντο εἰς Ἀντιόχειαν τὴν Πισιδίαν.

13,4 Nachdem sie nun durch den Heiligen Geist ausgeschickt waren, kamen sie nach Seleukia und von dort zu Schiff nach Zypern. 5 Und als sie nach Salamis kamen, verkündigten sie das Wort Gottes in den Synagogen der Juden. Sie hatten aber auch Johannes als Gehilfen bei sich.
6 Als sie aber die ganze Insel bis Paphos durchzogen hatten, trafen sie auf einen Zauberer und Lügenpropheten, einen Juden, namens Bar-Jesus, 7 der bei dem Statthalter Sergius Paulus war, einem verständigen Mann. Dieser rief Barnabas und Saulus zu sich und begehrte, das Wort Gottes zu hören.
8 Da widerstand ihnen Elymas, der Zauberer – denn so wird sein Name übersetzt –, und versuchte, den Statthalter vom Glauben abzuhalten. 9 Saulus aber, der auch Paulus genannt wird, voll des Heiligen Geistes, sah ihn durchdringend an 10 und sprach: „Der du bist voll aller List und aller Bosheit, Du Sohn des Teufels, Feind aller Gerechtigkeit, hörst Du nicht auf, krumm zu machen die geraden Wege des Herrn? 11 Und nun siehe, die Hand des Herrn ist auf dir, und du sollst blind sein und die Sonne eine Zeitlang nicht sehen!" Auf der Stelle fiel Dunkelheit und Finsternis auf ihn, und hin und her gehend suchte er jemanden, der ihn an der Hand führte. 12 Als der Statthalter sah, was geschehen war, glaubte er, erschüttert über die Lehre vom Herrn.

13 Paulus aber und die um ihn waren fuhren von Paphos ab und kamen nach Perge in Pamphylien. Johannes aber trennte sich von ihnen und kehrte nach Jerusalem zurück. 14 Sie aber zogen von Perge weiter und gelangten nach Antiochia in Pisidien.

(Nach der Lutherübersetzung 1984, mit kleineren Veränderungen.)

---

[118] Breytenbach 44. Auch Jervell 349 hält die Zypernmission für „sicher historisch". – Dockx 215, der die gesamte erste Missionsreise für eine literarische Schöpfung des Lukas hält, will den Verlauf der Reise von Paphos nach Lykaonien einfach damit erklären, dass der Verfasser Paulus und Barnabas irgendwie von Zypern nach Iconium und Lystra bekommen musste. Warum er dazu einen mehrere hunderte Kilometer langen Umweg über das pisidische Antiochien erfinden musste, wird freilich nicht recht ersichtlich.

3.2.1 Lokalkolorit in Apg 13,4–14

Der Abschnitt Apg 13,4–14 enthält eine Reihe von Angaben, die auf spezifisches Wissen um lokale Gegebenheiten hinweisen. Diese Hinweise sind selbstverständlich von unterschiedlich starker Aussagekraft. In der Summe ergeben sie allerdings ein Bild, das zweifellos dazu berechtigt, von einem relativ hohen Lokalkolorit in dieser Passage der Apostelgeschichte zu sprechen.

1) *Reiseweg von Antiochia am Orontes nach Salamis*. Als Ausgangspunkt der Seereise von Antiochia am Orontes nach Zypern wird korrekt die etwa 25 km von Antiochia entfernt gelegene Hafenstadt Seleukia genannt und als Ankunftshafen auf Zypern ebenso richtig Salamis (13,4–5). Der südlich von Seleukia gelegene Mons Casius ist als Landmarke von Zypern aus zu sehen[119].

2) *Juden auf Zypern*. In Salamis predigten Paulus und Barnabas laut 13,5 in mehreren jüdischen Synagogen, was einen relativ hohen jüdischen Bevölkerungsanteil voraussetzt. Diese hohe jüdische Präsenz auf Zypern wird von mehreren Seiten bestätigt.

Laut Philo waren die Inseln Euboia, Kreta und Zypern voller jüdischer Kolonien[120]. Josephus berichtet vom Wohlstand der zyprischen Juden zur Zeit der letzten Ptolemäerin, Kleopatra VII.[121]. Auch das erste Makkabäerbuch geht um 140 v. Chr. von einer großen Zahl Juden auf Zypern aus, so dass wir in jedem Fall seit dem 2. Jh. v. Chr., wahrscheinlich auch schon seit dem 3. Jh. v. Chr. von einer Präsenz von Juden auf Zypern ausgehen können[122].

Die Apostelgeschichte selbst erwähnt Juden auf Zypern (Apg 11,19) sowie darüber hinaus enge Verbindungen zwischen zyprischen Judenchristen und Antiochia am Orontes. Aus Zypern und aus Kyrene stammende Juden waren durch ihre Predigt an die hellenische Bevölkerung Antiochias hauptsächlich verantwortlich für die Entstehung der dortigen gemischten, griechisch-jüdischen Gemeinde (Apg 11,20). Barnabas selbst, eine der Säulen der antiochenischen Gemeinde, stammte von Zypern (Apg 4,36). Aufgrund dieser engen Verbindungen zwischen Zypern und Antiochia am Orontes[123] ist es vielleicht nicht verwunderlich, dass Paulus und Barnabas diese Insel als erste Station wählten.

Am Ende der Regierungszeit Trajans kam es im Jahre 116/117 zu einer jüdischen Revolte, in die nicht nur die Juden Ägyptens und Kyrenes, sondern auch diejenigen auf

---

[119] Hemer, Acts 109 zählt die korrekte Nennung der beiden Hafenstädte zum „specific local knowledge".
[120] Philo leg. ad Gai. 282.
[121] Ios. ant. 13,284, vgl. 13,287.
[122] 1 Makk 15; zu den Juden auf Zypern vgl. van der Horst, Cyprus. In der Sammlung Inscriptiones Judaicae Orientis III p. 223–226 Cyp6–8 werden einige Inschriften als jüdische Zeugnisse aus dem 4. Jh. v. Chr. interpretiert, nach van der Horst, Inscriptiones 78 handelt es sich dabei allerdings um phönizische Inschriften, die jahwistische Namen enthalten.
[123] Vgl. Barrett, Acts 610; Breytenbach 85; Roloff 197; Schnabel 1034.

Zypern involviert waren. Laut Eusebios konzentrierten sich die heftigen Ausschreitungen auf die Stadt Salamis. Dies darf man als Bestätigung der Notiz in Apg 13,5 auffassen, wonach mehrere jüdische Synagogen in Salamis existierten[124]. Nachdem der Aufstand unterdrückt war, wurde den Juden der Zugang zur Insel bei Todesstrafe untersagt[125]. Wenn die Apostelgeschichte also von einer relativ hohen jüdischen Präsenz auf Zypern etwa in der Mitte des 1. Jh.s n.Chr. ausgeht, so liegt sie damit zweifelsohne richtig[126].

3) *Von Salamis nach Paphos.* Zum Weg, den Paulus und Barnabas von Salamis nach Paphos nahmen, macht die Apg leider keine genaueren Angaben. Dass sie zwischen den beiden Städten nirgends gepredigt hätten, wie Haenchen angenommen hat, ist nicht zwingend der Fall[127]. Eine Straße zwischen Salamis und Paphos, die Paulus und Barnabas genutzt haben könnten, existierte jedenfalls seit augusteischer Zeit. Sollten sie die Strecke zu Fuß zurückgelegt haben, dürften sie etwas über eine Woche dafür benötigt haben[128]. Überprüfen lässt sich das anhand der Apostelgeschichte nicht.

4) *Der Titel des Statthalters.* Der Statthalter von Zypern führt in 13,7 richtig den Titel ἀνθύπατος. Zypern war seit 22 v.Chr. eine Provinz des römischen Volkes (nicht „Senatsprovinz"[129]), die einem durch Los bestimmten, zumeist ein Jahr amtierenden Statthalter prätorischen Ranges mit dem Titel eines *proconsul* unterstand[130]. Die geläufige griechische Übersetzung dieses lateinischen Titels lautet ἀνθύπατος. Die Zuverlässigkeit des Lukas hinsichtlich der unterschiedlichen Titel römischer Amtsträger ist seit langem bemerkt worden. Gallio, *proconsul* von Achaia, wird in 18,12 ebenfalls korrekt ἀνθύπατος genannt, während Lukas den Statthalter der kaiserlichen Provinz Syrien, Quirinius, an anderer Stelle richtigerweise als ἡγεμών (Lk 2,2) bezeichnet. Dass hier durchaus eine potentielle Fehlerquelle vorlag, ist bereits angemerkt worden. Die apokryphen Apostelgeschichten des zweiten Jahrhunderts, bei denen es sich im Gegensatz zur kanonischen Apostelgeschichte in der Tat eher um historische Romane handelt, legen auf terminologische Genauigkeit hinsichtlich der Titulatur eines Statthalters keinerlei Wert. In den Acta Pauli et Theclae wird der Statthalter der kai-

---

124 Vgl. dazu van der Horst, Cyprus 30 sowie ders., Inscriptiones 78.
125 Die Hauptquellen zum jüdischen Aufstand unter Trajan sind: Cass. Dio 68,32; Euseb. chron. II 164 (ed. Schoene); Oros. 7,12,8, der diese Notiz wohl aus Hieronymos' lateinischer Chronik hat; vgl. dazu Schürer I 529–532; van der Horst, Cyprus 31; und jetzt vor allem Pucci Ben Zeev *passim* und zu den Ereignissen auf Zypern ebd. 185. 264.
126 So auch Taylor, Actes 135.
127 Haenchen 381, anders Ramsay, Traveller 72f., Schnabel 1034f. und Taylor, Actes 134 mit Anm. 4, der allerdings die „jüdischen Synagogen" aus Apg 13,4, die doch wohl in Salamis zu verorten sind, über Zypern verteilt.
128 So Gill, Cyprus *passim*.
129 Die sowohl in der althistorischen als auch der neutestamentlichen Literatur immer noch zu findenden Bezeichnungen „Senatsprovinz", „senatorische Provinz", „senatorial province" etc. sind unzutreffend und sollten nicht weiter verwendet werden; dazu Millar, „Senatorial" Provinces.
130 Mitford, Cyprus 1299.

serlichen Provinz Galatia einmal ἡγεμών genannt, kurz danach spricht ihn Paulus allerdings mit ἀνθύπατε an[131].

5) *Paphos, Sitz des Prokonsuls oder Konventhauptort.* Dass die Apostelgeschichte eine Begegnung des Paulus und Barnabas mit dem römischen Statthalter der Provinz Cyprus ausgerechnet in Paphos erwähnt, ist ein durchaus bemerkenswerter Sachverhalt, der kaum durch die literarische Phantasie des Verfassers zu erklären ist. Hätte der Autor die Begegnung mit dem Prokonsul erfunden, hätte er sie höchstwahrscheinlich nach Salamis verlegt, der viel bekannteren und zweifelsohne bedeutendsten Stadt der Insel[132]. Für das Zusammentreffen mit dem Statthalter in Paphos bieten sich zwei Erklärungsmöglichkeiten an. Entweder war Paphos tatsächlich der Sitz des Statthalters und eben nicht Salamis. Oder aber Paphos war Hauptort eines der wahrscheinlich vier *conventus*, Distrikte, in welche die Provinz unterteilt war, und diese Konventhauptorte besuchten die Statthalter auf ihren regelmäßigen Rundreisen durch die Provinz. Beide Erklärungen sind möglich, denn ob in Paphos der Statthalter residierte, ist nicht ganz so sicher wie oftmals behauptet[133]. In beiden Fällen beruht die Erzählung jedenfalls auf guter Lokalkenntnis. Denn wenn Paphos tatsächlich der Statthaltersitz war, dann muss man fragen, wie weit dies außerhalb Zyperns bekannt war. Wenn aber Paphos gar nicht der Residenzort des Prokonsuls war, sondern ‚nur' einer der Konventshauptorte, dann ist das Zusammentreffen des Paulus und Barnabas mit dem Sergius Paullus ausgerechnet während eines der kurzfristigen Besuche des Statthalters in einem der Konventshauptorte kaum anders als auf einer historischen Begebenheit beruhend zu erklären. Dies lässt sich kaum erfinden, es sei denn man nimmt an, Lukas war ein Hasardeur, der auf gut Glück den Aufenthaltsort des zyprischen Statthalters nach Paphos verlegt.

6) *Elymas Bar-Jesus.* Der jüdische Zauberer und, wie Lukas ihn bezeichnet, Lügenprophet Elymas Bar-Jesus[134] als Teil der Entourage des Statthalters passt in mehrerlei Hinsicht sehr gut in die historische und lokale Szenerie[135].

---

131 Acta Pauli et Theclae 16–17.
132 Mitford, Cyprus 1322.
133 Die ausführliche Diskussion der beiden Möglichkeiten bei Haensch 263–267; viele Acta-Kommentatoren, e. g. Barrett, Acts 610, erklären die Szene zu schnell mit dem Verweis, in Paphos sei der Sitz des Statthalters.
134 Taylor, Actes 135 f. nimmt an, es handele sich bei dem in 13,6 genannten Bar-Jesus und dem in 13,8 genannten Elymas um zwei verschiedene Personen. Das trifft kaum das Richtige. Der Name ist wohl zusammenzuziehen zu Elymas Bar-Jesus. Dass Elymas nicht die Übersetzung von Bar-Jesus sein kann, sondern Lukas den Namen Elymas mit ὁ μάγος erklärt, ergibt sich aus der Wortstellung; dazu Bruce, Acts 256 f.; Haenchen 383 f. Anm. 1; Hemer, Acts 227 f.; Lüdemann 155; Pesch II 24. Missverstanden e. g. von Barrett, Acts 615; Dunn 176. – Der Codex Bezae nennt den Magier Etoimas; ob dies der richtige Name ist, wofür sich jüngst Rius-Camps/Read-Heimerdinger 109 wieder eingesetzt haben, tut hier nichts zur Sache; vgl. auch unten Anm. 24.
135 S. dazu allgemein Klauck 61–65; Nock, Magus 182–187; Ramsay, Traveller 77–81.

Dass es auf Zypern Juden gab, wurde bereits erwähnt. Dass Juden Magie praktizieren konnten – wie auch immer man dies definiert – ist gleichfalls gut bezeugt[136]. Der ältere Plinius erwähnt desweiteren, es habe eine Sekte jüdischer Magier gegeben, deren jüngster Zweig sich auf Zypern festgesetzt habe[137].

Sergius Paullus war zudem nicht der einzige prominente Römer, in dessen Gefolge sich eine Art Hofmagier jüdischer Herkunft fand. Felix, Statthalter von Iudaea, hatte einen ebenfalls zyprischen Juden namens Atomos in seiner Umgebung, der vorgab, ein Magier zu sein, und mit dessen Hilfe er laut Josephus seine dritte Ehefrau Drusilla gewann[138]. Juvenal zeichnet in seiner sechsten Satire das Bild einer vornehmen Römerin, die sich an eine jüdische Traumdeuterin wendet[139]. Man wird auch auf die zumeist aus dem Orient stammenden Hofastrologen der römischen Kaiser verweisen dürfen, wie Thrasyllos im Gefolge des Tiberius oder Ptolemaios, der seine Dienste zunächst Otho und dann Galba anbot[140]. Ob Elymas' Status im Gefolge des Sergius Paullus quasi-institutionalisiert war, als *amicus* und *comes*, wie Ramsay annahm, lässt sich in diesem Fall nicht erweisen[141]. Angesichts dessen, dass Josephus den Atomos einen φίλος des Felix nennt, ist diese Möglichkeit aber durchaus in Betracht zu ziehen. Mit Ramsay kann man gleichfalls vermuten, dass Elymas die Magie als professionelles Gewerbe betrieb[142].

Lukas' Schilderung der Zypernmission enthält somit lokales Detailwissen und ist historisch stimmig. Das Lokalkolorit in anderen Partien der Apostelgeschichte ist zweifelsohne kräftiger, doch muss man sich deswegen nicht zwangsläufig Dibelius' Auffassung anschließen, der Abschnitt sei nicht farbig genug, um auf lokale Traditionen, für die sich Dibelius vorrangig interessiert, zurückzugehen[143]. Dies wird sich umso mehr zeigen, wenn wir uns nun der Hauptperson unseres Interesses zuwenden, dem Statthalter Sergius Paullus und seiner Familie.

---

136 Bohak *passim*; Nock, Magus 182f. – Peterson 380 behauptet: „The words *Jewish* and *sorcerer* do not really belong together, because of scriptural condemnation of those involved with magic and the occult." Der Historiker freilich hat keine Bedenken, die Übertretung normativer religiöser Vorgaben als historische Realität anzuerkennen. Vgl. dazu Bohak 8–69.
137 Plin. nat. hist. 30,11; dazu Boismard/Lamouille 232f.; Nock, Magus 187.
138 Ios. ant. 20,142. Zu Apg 13,8 lautet der Text der Majuskelhandschrift D Ετοιμας, was vor allem Theodor Zahn veranlasst hat, ihn mit dem bei Josephus genannten Atomos zu identifizieren (Zahn, Apostelgeschichte 412–420). Das ist möglich, aber mehr auch nicht; s. dazu Haenchen 383f. Anm. 1; Riesner, Period 137; Wikenhauser 397.
139 Iuv. sat. 6,542–547.
140 Suet. Tib. 14,4. 62,3; Tac. hist. 1,22; Iuv. sat. 6,553–559.
141 Ramsay, Traveller 79. In jedem Fall war Elymas nicht am Hof des Prokonsuls „angestellt", wie Jervell, Apostelgeschichte 346 schreibt.
142 Ramsay, Discovery 132.
143 Dibelius 64.

3.2.2 Sergius Paullus und die Inschriften

Die Familie der Sergii Paulli ist zwar hinreichend bezeugt (s. u. 3.2.3), jedoch ist die Frage, mit welchem der inschriftlich erwähnten Sergii Paulli der zyprische Statthalter zu identifizieren ist, bislang nicht mit letzter Sicherheit zu beantworten. Drei Inschriften sind in diesem Zusammenhang zu diskutieren.

3.2.2.1 Die Inschrift aus Soloi

Die erste Inschrift, die in der Diskussion um die Identifikation des Sergius Paullus zu nennen ist, stammt aus Soloi an der Nordküste Zyperns. Sie nennt am Schluss in den Zeilen 9–10 einen Prokonsul Paulus: ἐπὶ Παύλου | [ἀνθυ]πάτου[144]. Die Inschrift enthält außerdem ein Zahlzeichen. Ursprünglich hat man die Zahl als 13 gelesen, wahrscheinlich ist allerdings das Zahlzeichen 10 zu lesen. Möglicherweise handelt es sich hier um eine Jahresdatierung im Sinne eines ‚10. Jahres' nach einer bestimmten Jahreszählung. Um welche Art der Jahreszählung es sich handeln könnte, ob hier also auf ein Kaiserjahr oder die Provinzialära Bezug genommen wurde, ist völlig unklar. Für Lightfoot und Hogarth lieferte die Inschrift einen Beleg für den Statthalter aus der Apostelgeschichte. Das hatte aber schon zu ihrer Zeit die Schwierigkeit, dass, wie auch immer man das Zahlzeichen interpretiert, unlösbare Konflikte zwischen dem präsumtiven Datum der Inschrift und der Amtszeit des Sergius Paullus auf Zypern entstehen[145]. Letztere ist nach der inhärenten Chronologie der Apostelgeschichte irgendwann zwischen die Jahre 45–48 zu datieren[146]. Man kommt dieser Zeit am nächsten, wenn man das Zahlzeichen als 10. Regierungsjahr des Kaisers Claudius, i. e. das Jahr 50, interpretiert. Im Jahre 50 ist der Apostel Paulus allerdings bereits in Korinth[147].

Einen weiteren Anhaltspunkt zur Datierung der Inschrift liefert vielleicht das im Text genannte Amt der Dekaprotoi, der „Zehn Ersten" einer Stadt, welche für die Eintreibung der jährlich zu leistenden Steuerabgaben einer Stadt verantwortlich waren und mit ihrem Vermögen dafür hafteten. Dieses Amt ist erst in der Kaiserzeit in den Städten des griechischen Ostens eingeführt worden. Mitford, der nach einer Revision des Textes in Z. 6 δεκαπρωτε[ύ]σ[ας] gelesen hatte, datierte die Inschrift in das Jahr 126, weil seiner Ansicht nach das Amt der Dekaprotoi erst unter Hadrian (117–138) ein-

---

[144] Zum Text der Inschrift zuletzt Mitford, Inscriptions 201–206 Nr. 1. Davor IGRR III 930, deren Text allerdings die ältere Lesung bei Hogarth p. 114 vorzuziehen war (vgl. dazu Lake, Proconsulship 456 Anm. 1).
[145] Dies wurde bereits ausführlich dargelegt von Lake, Proconsulship 456 f. Gegen die Identifizierung dieses Paullus mit dem Statthalter von Apg 13 votierten davor bereits Mommsen und Dessau; vgl. Groag 1717.
[146] Riesner, Period 322 datiert den Aufenthalt des Paulus auf Zypern und in Galatien in die Jahre 45–47, während Mitford, Cyprus 1301 die Statthalterschaft zwischen 46–48 datiert.
[147] Riesner, Period 138. 210. 364.

gerichtet wurde und wir mit der Inschrift im 10. Jahr seiner Regierung wären[148]. Christoph Samitz zeigt jetzt in einer neuen Studie, dass Dekaprotoi schon etwas früher bezeugt sind, allerdings mit einer auffälligen geographischen Verteilung[149]. Am häufigsten tritt dieses Amt in den Städten Lykiens auf und ist dort vielleicht schon in der Mitte des 1. Jh.s, wahrscheinlich jedoch erst gegen Ende des 1. Jh.s n. Chr. eingeführt worden. Außerhalb Lykiens ist das Amt wohl frühestens am Ende des ersten, wahrscheinlich eher zu Beginn des zweiten Jahrhunderts eingerichtet worden. Die frühesten inschriftlichen Belege stammen jedenfalls in den meisten Regionen außerhalb Lykiens aus der Mitte des 2. Jh.s n. Chr., nur in Syrien ist das Amt schon um 66/67 n. Chr. bezeugt. Wenn die Inschrift aus Soloi mit dem Prokonsul Sergius Paullus in Verbindung zu bringen wäre, so wäre sie gleichzeitig der früheste inschriftliche Beleg für das Amt der Dekaprotoi. Dies erscheint nun doch äußerst unwahrscheinlich und so ist insgesamt festzustellen, dass mit der Inschrift aus Soloi viel zu viele Unsicherheiten verbunden sind, als dass sie für die Debatte um Sergius Paullus, den Prokonsul von Zypern, in irgendeiner Weise förderlich sein könnte. Alle Indizien zur Datierung der Inschrift stehen dem Versuch, den hier genannten Paullus mit dem Sergius Paullus der Apostelgeschichte zu identifizieren, eher im Wege. Samitz datiert die Inschrift aus Soloi, wenn auch unter Vorbehalten, sogar erst in die severische Zeit[150], also das späte zweite, frühe dritte Jahrhundert. Abschließend wird man auch darauf hinweisen dürfen, dass es letztlich ja auch völlig unklar ist, ob der in der Inschrift genannte Statthalter Paulus überhaupt aus der *gens Sergia* stammt.

3.2.2.2 Die Inschrift aus Chytri
Die zweite zu behandelnde Inschrift wurde ebenfalls auf Zypern gefunden und zwar in dem im Norden der Insel gelegenen Chytri. Der Stein befindet sich heute im Metropolitan Museum of Art in New York.
Der fragmentarische Text enthält kultische Regelungen. Von einem Hain ist die Rede, von Silber und Trinkgefäßen, welche einer Göttin geweiht werden, ferner werden Opfer erwähnt. Für uns von Interesse sind die letzten beiden erhaltenen Zeilen 9–10, die, ohne Ergänzungen, wie folgt zu lesen sind[151]:

   - - -]ίου Καίσαρος Σεβαστοῦ
     - - -] Κοίντου Σερ[-

---

[148] Mitford, Inscriptions 201–206; ders., Cyprus 1302f. mit Anm. 62. Mitfords Datierung der Inschrift in das frühe 2. Jh. wird übernommen von Boffo 244; Nobbs, Cyprus 283; Riesner, Period 138; Thomasson, Laterculi I 300 Nr. 40 und van Elderen 153.
[149] Samitz *passim*. Dadurch werden die Bemerkungen von Mitford, Inscriptions 205f. mit Anm. 20 (vgl. Campbell 2 mit Anm. 3) zur Datierung obsolet.
[150] Samitz 56 Nr. 130.
[151] Wir folgen hier der jüngsten Lesung von Campbell 6 (vgl. AE 2005,1552), der die Buchstabenspuren zu Anfang und Ende der erhaltenen Zeilen bis ins kleinste Detail diskutiert.

Inschrift aus Chytri, Zypern. The Metropolitan Museum of Art, The Cesnola Collection, Purchased by subscription, 1874–76 (74.51.2425). Photo © The Metropolitan Museum of Art

Man hat diese Zeilen zunächst folgendermaßen ergänzt[152]:

Κλαυδ]ίου Καίσαρος Σεβαστοῦ
- - -   Κ]οίντου Σερ[γ-
[ίου Παύλου ἀνθυπάτου]

Auf der Grundlage dieser Ergänzungen erhielt man somit einen Beleg für einen Statthalter auf Zypern namens Quintus Sergius Paullus zur Zeit des Kaisers Claudius (41–54). Dies würde vorzüglich zum chronologischen Rahmen der Apostelgeschichte passen. In der älteren Literatur ging man daher oftmals von einer Identität des Q. Sergius Paullus mit dem Statthalter aus Apg 13 aus[153]. Das Problem, in welches Jahr genau die Statthalterschaft des Sergius Paullus zu datieren ist, konnte mit dieser Inschrift allerdings nicht gelöst werden. Ihr Wert beschränkte sich somit darauf, die Angaben der Apostelgeschichte über einen Statthalter Sergius Paullus auf Zypern zu bestätigen. Für die Ergänzung des Namens des Kaisers Claudius in Z. 9 wurde allerdings nirgendwo eine Begründung angegeben. Sie wurde vermutlich auf der Basis der Apostelgeschichte vorgenommen[154], so dass hier letztlich ein Zirkelschluss zugrunde liegt.

---

152 IGRR III 935; Korrekturen in Myers 319 Nr. 1903 und 548 Nr. 1903; danach SEG 20, 302. Das Gamma am Schluss der 10. Zeile ist nach Campbell 6 nicht mehr zu lesen.
153 Gabba 71–73; Halfmann, Senatoren 101f. ad Nr. 4; ders., Tituli 645, allerdings korrigiert ebd. 649. In Erwägung gezogen wird die Identifizierung auch von Bruce, Acts³ 297 und van Elderen 155f.
154 Dies vermutet auch Taylor, Paul 1193.

Die Datierung der Inschrift in die Regentschaft des Kaisers Claudius ist nun in jüngerer Zeit ins Wanken geraten. Zunächst hatte Mitford nach einer Autopsie des Steines in Z. 9 Γ]αίου gelesen und die Inschrift demzufolge in die Zeit des Kaisers Gaius, besser bekannt als Caligula, datiert (37–41). Weil diese Datierung mit dem chronologischen Rahmen der Apostelgeschichte kollidiert, ging Mitford nicht mehr von einer Identität des Q. Sergius mit dem Sergius Paullus der Apostelgeschichte aus. Das Cognomen des Q. Sergius ließ er folgerichtig offen. In den von Mitford erstellten Fasten der Provinz Zypern erschien dann nur ein Q. Sergius in der Regierungszeit des Caligula[155]. Aufgrund der Schwierigkeiten, die Datierung der Inschrift mit der Chronologie der Apostelgeschichte zu verknüpfen, hatten sich nach Mitfords Revision mehrere Forscher gegen die Identifizierung des Q. Sergius mit dem Sergius Paullus aus Apg 13 ausgesprochen[156]. Einige nahmen an, er sei ein Bruder des Statthalters aus der Apostelgeschichte[157], andere hingegen hielten an der Identifizierung des Q. Sergius mit dem Statthalter aus Apg 13 fest[158].

Mitford hatte seine Neulesung der Inschrift leider nur knapp begründet[159]. Dies kann man glücklicherweise von Campbells kürzlich durchgeführter Revision des Textes nicht behaupten. Campbells Revision basiert auf einer Autopsie des Steines und dem Abklatsch, den Mitford hatte anfertigen lassen. Desweiteren hat er, von Hause aus Neutestamentler, den Rat von profilierten Epigraphikern eingeholt[160]. Nach einer extensiven Diskussion aller möglichen Lesarten, hält Campbell es für die wahrscheinlichste Variante, dass es sich bei dem in der Inschrift genannten Kaiser um Tiberius handelt[161]. In Z. 9 müsste dann – was Campbell nirgends schreibt, aber impliziert – Τιβ]ε[ρ]ίου ergänzt werden. Der Text wäre demzufolge in die Jahre 14–37 zu datieren. Campbell hält, nach etwas knapperer Diskussion, an der herkömmlichen Lesart der Z. 10–11 fest und nimmt an, dass hier ein Statthalter namens Q. Sergius Paullus genannt wird[162]. Diesen Q. Sergius Paullus identifiziert er mit dem Statthalter aus Apg 13. Die Chronologie der Apostelgeschichte stellt er demzufolge konsequent in Frage. Diese sei, so Campbell, durch die Inschrift aus Chytri nicht nur ins Wanken geraten, sondern kurz davor zusammenzubrechen: „The traditional Acts-based schema now begins to experience quite severe chronological pressures, in several directions, and arguably it even begins to collapse."[163] Vor Campbell wollten mit dieser Inschrift bereits Christol und Drew-Bear, welche allerdings der Datierung Mitfords in die Zeit Caligulas folgten,

---

[155] Mitford, Cyprus 1300 mit Anm. 54 (= SEG 30, 1605).
[156] So Boffo 243; Breytenbach 41; Devreker 110; Mitchell, Anatolia II 7; Nobbs, Cyprus 284; PIR² S 531; vorsichtiger Riesner, Period 139.
[157] So Breytenbach 39; vgl. Riesner, Period 416; Metzner 410 und PIR² S 531.
[158] So Halfmann, Senatoren 101f. und zuletzt noch einmal ders., Kleinasien 299 sowie ders., Ursprünge 180.
[159] Zu den möglichen Gründen für Mitfords lakonische Kürze s. Campbell 7 mit Anm. 16.
[160] Campbell 29; vgl. ebd. 14f. Anm. 32. 33. 36.
[161] Campbell 9–15.
[162] Campbell 17.
[163] Campbell 24.

die Chronologie der Apostelgeschichte in Frage stellen[164]. Ob diese Schlussfolgerung berechtigt ist, wird man füglich bezweifeln dürfen und zwar aus den folgenden Gründen.

Zunächst wird man dank des exzellenten Detailphotos, das Campbell beigibt[165], nicht um die Feststellung umhinkommen, dass die Buchstabenreste am Beginn der Z. 9 doch sehr dürftig sind, m. E. zu dürftig, um wirklich sicher entscheiden zu können, ob der Kaisername nun zu Τιβ]ε[ρ]ίου, Γ]αίου oder vielleicht doch Κλαυδ]ίου zu ergänzen ist. Hier wünscht man sich doch größere Sicherheit, die allerdings wohl nicht zu gewinnen ist. Aber selbst wenn Campbells minutiöse Rekonstruktion der Z. 9 richtig ist – was gar nicht grundsätzlich bestritten werden soll –, dann haben wir noch keine Sicherheit in der viel entscheidenderen Frage erhalten, ob in Z. 10–11 tatsächlich ein Statthalter namens Sergius Paullus erwähnt wird. Zwar lautet das Gentilnomen der betreffenden Person zweifelsohne Sergius. Aber es gibt überhaupt keinen zwingenden Grund, in Z. 11 das Cognomen Paullus zu ergänzen. In Campbells Argumentation beißt sich der Hund geradezu in den Schwanz. Campbell begründet die Ergänzung des Cognomens Paullus in Z. 11 ausschließlich damit, dass in der Apostelgeschichte ein Statthalter namens Sergius Paullus genannt wird[166]. Derselben Inschrift, die er an der entscheidenden Stelle aufgrund der Angaben aus Apg 13 vervollständigt hat, bürdet er aber dann im nächsten Schritt die gesamte Beweislast für die Unzuverlässigkeit der Apostelgeschichte in chronologischer Hinsicht auf[167]. Diese Beweisführung, die sich in ähnlicher Weise bei Christol/Drew-Bear findet[168], steht doch auf ziemlich tönernen Füßen. Überzeugend ist sie jedenfalls nicht. Gerade aus der Familiengeschichte der Sergii Paulli ließe sich ein einschlägiges Beispiel anführen, das zu größerer Vorsicht bei derartigen Namensergänzungen gemahnt. Lange Jahre firmierte eine [Serg]ia Paulla im Stemma der Familie. Eine neue Inschrift hat die Dame freilich als Calpurnia Paulla erwiesen, womit alle auf ihrem Namen errichteten, stellenweise sehr weitreichenden Hypothesen hinfällig wurden[169]. Redlicher ist es daher, das Cognomen Paullus im Falle der Inschrift aus Chytri zumindest mit einem Fragezeichen zu versehen[170]. Wenn darüber hinaus die Datierung der Inschrift aus Chytri in die Zeit des Tiberius (oder Caligulas) zutrifft, dürfte es sogar ratsamer sein, das Cognomen des Q. Sergius gänzlich offen zu lassen[171] und der Inschrift in der Diskussion um die Identität

---

164 Christol/Drew-Bear 187 f.; vgl. auch Taylor, Paul 1194.
165 Campbell 8 Abb. 2.
166 Campbell 17.
167 Campbell 22–24.
168 Christol/Drew-Bear 187 f.
169 Vgl. Weiß, Sergius Paullus 190; s. auch unten S. 69.
170 So Boffo 243; PIR² S 531.
171 So Mitford, Cyprus 1300 ad Nr. 18.

des Statthalters aus Apg 13 nicht den hohen Stellenwert einzuräumen, der ihr manchmal zugemessen wird[172].

3.2.2.3 Die Inschrift aus Rom

Die dritte Inschrift, die stadtrömische Inschrift CIL VI 31545[173], ist m.E. die vielversprechendste für die Frage der Identifizierung des Sergius Paullus. Es handelt sich um einen *cippus*, einen Grenzstein, der von der Tätigkeit einer Kommission von Kuratoren für die Tiberregulierung zur Zeit des Kaisers Claudius zeugt. Die Kommission stand unter dem Vorsitz des Konsulars Paullus Fabius Persicus, einer der vier ihm untergeordneten *curatores* war ein gewisser L(ucius) Sergius Paullus.

Paullus Fabius Pers[icus]	cos. 34, procos. Asiae 43/44
C(aius) Eggius Marull[us]	
L(ucius) Sergius Paullus	
C(aius) Obell[i]us Ru[fus]	
L(ucius) Scriboniu[s Libo]	
curator[es riparum]	
et alv[ei Tiberis]	
ex auctorita[te]	
Ti(berii) Claudi Caes[ar]is	41–54
Aug(usti) Germanic[i]	
principis s[en(atus)] vel s[ui?]	
ripam cippis pos[itis]	
terminaverunt a tr[ig]ar[io]	
ad pontem Agrippa[e]	

Auch wenn wir die Identität des Tiberkurators L. Sergius Paullus mit dem Statthalter von Zypern aus Apg 13 nicht letztgültig beweisen können, so sprechen doch eine Reihe von Überlegungen für diese Möglichkeit und es gibt kein einziges durchschlagendes Argument gegen die Identifizierung[174].

Zunächst ist festzustellen, dass es sich bei dem Tiberkurator zweifelsfrei um ein Mitglied der Familie der Sergii Paulli handelt, während dies für den Q. Sergius aus Chytri zwar möglich, jedoch keineswegs gesichert ist, ebenso wenig wie für den Paullus aus Soloi. Ein zweites, wenn auch schwächeres onomastisches Argument spricht zugunsten des Tiberkurators: Das Pränomen Lucius ist für die Familie der Sergii

---

172 So Hemer 109 Anm. 17. 166 Anm. 15; Mitchell, Anatolia II 7, der sogar bestreitet, dass Q. Sergius in der Inschrift überhaupt als *Statthalter* auf Zypern genannt wird.
173 Mit den Addenda CIL VI p. 3796 und p. 4362 (G. Alföldy/A. Kolb).
174 Die Identifizierung des Sergius Paullus aus der Apostelgeschichte mit L. Sergius Paullus wird vertreten von Bruce, Acts² 256; Devreker 109 f.; Groag 1715; Halfmann, Tituli 649; Lake, Proconsulship 458; Levick 112; Mitchell II 7; Mommsen, Paulus 433 Anm. 3; Nobbs, Cyprus 286 f.; Ramsay, Discovery 152; Riesner, Period 140; Schnabel 1038 f.; K. Wachtel ad PIR² S 527; Wikenhauser 338. Vgl. auch Thomasson, Laterculi addenda 123 ad 32:010. Zurückhaltender ist Hemer, Acts 166 mit Anm. 15.

CIL VI 31545. Photo ©DAI Rom 70.764.

Paulli über mehrere Generationen sicher belegt[175], das Pränomen Quintus jedoch abgesehen von dem unsicheren Zeugnis aus Chytri kein einziges Mal.

Zum zweiten fügt sich die Datierung der stadtrömischen Inschrift in die Zeit des Kaisers Claudius (41–54) viel besser in den chronologischen Rahmen, den die Apostelgeschichte vorgibt und demzufolge die Statthalterschaft des Sergius Paullus etwa zwischen 45–48 anzusetzen ist. Die Datierung der Inschrift lässt sich möglicherweise noch etwas enger eingrenzen, wenn wir die Karriere des Kommissionsvorsitzenden Paullus Fabius Persicus etwas genauer betrachten. Es ist bereits mehrfach darauf hingewiesen worden, dass die Inschrift eher in die erste Hälfte der Regierungszeit des Claudius gehört (41–47), weil das Amt des Censors, das Claudius im Jahre

---

175 PIR² S 527–530.

47 annahm, in ihr keine Erwähnung findet[176]. Weiterhin spricht ein Indiz aus der Biographie des Fabius Persicus dafür, die Inschrift in die frühen Jahre des Claudius zu setzen. Fabius Persicus, der im Jahre 16 als Nachfolger seines Vaters unter die Arvalbrüder aufgenommen wurde, ist in den *acta fratrum Arvalium* seit dem Jahre 45 nicht mehr zu finden. Es ist also möglich, dass er bald nach diesem Jahr verstorben ist[177], und dies wäre ein weiteres Argument für eine Datierung der Inschrift in die frühen Jahre des Claudius. Vielleicht lässt sich das Datum der Inschrift aber noch weiter präzisieren, und dies ist in der bisherigen Diskussion nicht berücksichtigt worden.

Paullus Fabius Persicus ist in seiner Karriere bis zum Prokonsulat der Provinz Asia gelangt. Sein Amtsjahr fällt sehr wahrscheinlich in die Jahre 43/44[178]. Das Prokonsulat über die Provinz Asia war eines der prestigeträchtigsten senatorischen Ämter, denn Asia war neben der Provinz Africa die einzige Provinz des römischen Volkes, die von einem Statthalter konsularen Ranges verwaltet wurde. Das Prokonsulat über die Asia war aber nicht nur einer der Höhepunkte einer senatorischen Karriere, sondern in den meisten Fällen auch deren krönender Abschluss. Angesichts dessen ist es sehr wahrscheinlich, dass Fabius Persicus den Vorsitz über das Kollegium der Tiberkuratoren, der in der Prestigehierarchie zweifelsohne niedriger einzustufen ist, *vor* dem Prokonsulat über die Asia wahrgenommen hat[179]. Zwischen dem Prokonsulat des Persicus in Asia 43/44 und dem Beginn der Herrschaft des Claudius im Jahre 41 bleiben als Zeitraum für die Tätigkeit der *curatores riparum et alvei Tiberis* unter dem Vorsitz des Paullus Fabius Persicus somit nur noch die Jahre 41/42. In diese Zeit wäre dann die Inschrift CIL VI 31545 zu setzen.

Welche Konsequenzen hat dies nun für L. Sergius Paullus? Zunächst erhalten wir die Jahre 41/42 als wahrscheinlichen Zeitraum für seine Mitgliedschaft im Kollegium der Tiberkuratoren. Es ist weiterhin sehr wahrscheinlich, dass L. Sergius Paullus zu diesem Zeitpunkt prätorischen Ranges war, denn die Kommission setzte sich sicher nicht aus fünf ehemaligen Konsuln zusammen, sondern unterstand mit Fabius Per-

---

[176] Groag 1717; Nobbs, Cyprus 286. Zur Annahme des Titels Censor durch Claudius seit dem Jahre 47 s. Kienast 90f.; Mommsen, Paulus 433 Anm. 3 datiert die Inschrift in das Jahr der Zensur des Claudius, i.e. 47/48; Riesner, Period 139 hält die Nichterwähnung der Zensur für möglicherweise nur zufällig, unterschätzt dabei aber wohl die Präzision von Inschriftenformularen bezüglich der Kaisertitulatur.
[177] Scheid, Frères Arvales 244 setzt den Tod des Fabius Persicus zwischen 45–54 an. Vogel-Weidemann 336, nimmt an, dass Paullus Fabius Persicus im Jahre 48 bei der Rede des Claudius zugunsten der Gallier noch im Senat anwesend war, auf der Basis von CIL XIII 1668 = ILS 212 Z. 24.
[178] Zur Datierung des Prokonsulates des Paullus Fabius Persicus s. Vogel-Weidemann 334f.; zu seiner Tätigkeit als Statthalter s. jetzt Weiß, Silberschmiede 74–78.
[179] Für die Jahre zwischen 69 und 138 hat Eck, Beförderungskriterien 207 gezeigt, dass das Amt des *curator alvei Tiberis et riparum et cloacarum urbis*, das in dieser Zeit nicht mehr kollegial sondern nur noch von einer Person bekleidet wurde, von „jungen Konsularen" ausgeübt wurde, „denen die *cura* offensichtlich immer als erstes Amt nach dem Konsulat anvertraut wurde". Angesichts des Prestiges des *proconsulatus Asiae* dürfte es wahrscheinlich sein, dass man auch in claudischer Zeit dieses Prokonsulat nach der Tiberkuratur bekleidete.

sicus einem Konsular, während die übrigen vier Kuratoren eine Rangstufe niedriger waren, also ehemalige Prätoren[180].

Die Ämterhierarchie innerhalb einer senatorischen Karriere öffnet nun auch hier weitere Türen für mögliche Rekonstruktionen. Eine senatorische Karriere bestand ja nicht nur aus den ‚ordentlichen' Ämtern (Quästur, Ädilität, Prätur, Konsulat), sondern nach der Prätur bekleidete ein Senator in der Regel eine Reihe von weiteren ‚prätorischen' Ämtern, ehe er dann zum Konsul gewählt werden konnte. Solche ‚prätorischen Ämter' waren beispielsweise eine der untergeordneten Tiberkuraturen oder eine Provinz-Statthalterschaft. Für diese prätorischen Ämter, die zwischen einer Prätur und einem möglichen Konsulat bekleidet wurden, gilt – ähnlich wie für die konsularischen Ämter –, dass sie hierarchisch gestuft sind. Eine Provinz-Statthalterschaft zählte zu den aufgrund ihres Prestiges höherrangigen und damit eher später bekleideten prätorischen Positionen[181]. Zypern war, wie bereits erwähnt, eine Provinz deren Statthalter prätorischen Ranges waren. Für L. Sergius Paullus bedeutet dies, ähnlich wie für Persicus, dass er das Amt des Tiberkurators kaum nach einer Provinzstatthalterschaft ausgeübt hat, sondern erst als Abschluss der Ämter seiner prätorischen Rangstufe eine Provinz geleitet hat. Mit anderen Worten: Wenn also L. Sergius Paullus, der Tiberkurator, in seiner Laufbahn eine prätorische Provinzstatthalterschaft bekleidet hat, dann hat er diese Statthalterschaft höchst wahrscheinlich erst *nach* seiner Tätigkeit im Kollegium der Tiberkuratoren angetreten. Wenn die oben erschlossene Datierung der Tiberkuratur des L. Sergius Paullus in die Jahre 41/42 richtig ist, hat er also gemäß den Konventionen einer senatorischen Laufbahn eine Provinzstatthalterschaft sehr wahrscheinlich erst nach 41/42 übernommen, und hierzu würde eine Statthalterschaft über die prätorische Provinz Cyprus irgendwann zwischen den Jahren 45 – 48 sehr gut passen.

Damit ist nun nicht endgültig bewiesen, dass der Tiberkurator L. Sergius Paullus der Prokonsul aus Apg 13 ist. Aber die Identität der beiden ist eine überaus plausible Möglichkeit. Sie dürfte einen weitaus höheren Grad an Wahrscheinlichkeit beanspruchen als die Identifizierung mit dem Quintus Sergius in der Inschrift aus Chytri oder dem Paullus in der Inschrift aus Soloi, bei denen es jeweils erhebliche onomastische und vor allem chronologische Schwierigkeiten gibt. Mehrere Stimmen haben gegen die potentielle Identifizierung des L. Sergius Paullus mit dem zyprischen Statthalter eingewendet, es gäbe keinen Hinweis auf eine Verbindung des Tiberkurators L. Sergius Paullus mit Zypern[182]. Dieser Einwand ist insofern berechtigt, als man die Identität der beiden, wie gesagt, nicht endgültig beweisen kann. Aber ein expliziter epigraphischer oder sonstiger Beleg für eine Verbindung des Tiberkurators L. Sergius

---

180 Dazu LeGall 137 f.; Eck, Verwaltung 283. Zwar muss man berücksichtigen, dass in derartigen *collegia* auch *tribuni plebis* bezeugt sind (Eck a.a.O.), doch dies nur als äußerst seltene Ausnahme.
181 Zur senatorischen Laufbahn zwischen Prätur und Konsulat in der Periode 69 – 138 n.Chr. s. Eck, Beförderungskriterien 181–206. Dass eine Statthalterschaft zu den höherrangigen prätorischen Ämtern zählte, dürfte allerdings wohl auch schon früher gelten.
182 Boffo 244; Taylor, Paul 1193; van Elderen 154.

Paullus mit Zypern ist keineswegs eine *conditio sine qua non*. Auch ohne einen solchen Beleg, der zweifelsohne wünschenswert ist, ist es eine sehr plausible Möglichkeit, dass L. Sergius Paullus später als Statthalter nach Zypern gegangen ist und dort auf Paulus und Barnabas traf. Wissenschaftliche Theorien sollen dazu dienen, die im Vergleich zu den Alternativen plausibelste Lösung anzubieten. Dieses Kriterium wird von der hier vorgeschlagenen Rekonstruktion vollauf erfüllt.

3.2.3 Die Familie der Sergii Paulli

Auch wenn wir das Rätsel um die Identität des Sergius Paullus aus Apg 13 nicht endgültig lösen können, so besteht doch kein Zweifel daran, dass es sich bei dem zyprischen Statthalter um eine historische Persönlichkeit und ein Mitglied der senatorischen Familie der Sergii Paulli handelt, deren Geschichte wir in Ansätzen über mehrere Generationen bis weit in das 2. Jh. n.Chr. hinein verfolgen können. Um den sozialen Hintergrund des Prokonsuls von Zypern etwas weiter auszuleuchten, wollen wir einen genaueren Blick auf diese Familie werfen.

Die Sergii Paulli waren *coloni* der von Augustus im Jahre 25 v.Chr. gegründeten römischen Kolonie Antiochia Pisidiae. Sie gehörten mit größter Wahrscheinlichkeit zur ersten Generation der italischstämmigen Siedler. Halfmann nimmt an, dass sie „schon zur Zeit der Koloniegründung als höhere Offiziere Ritterrang besessen hatten" oder sogar ein Sergius als *deductor* der Kolonie fungierte und die Einschreibung der Kolonisten in die Tribus Sergia auf die *gens Sergia* zurückzuführen sei[183]. In jedem Fall müssen die Sergii Paulli von Beginn an eine führende Rolle in Antiochia eingenommen haben, denn ansonsten wäre ihr rascher Aufstieg nicht zu erklären[184]. Denn auch wenn die gerade diskutierten prosopographischen Detailfragen um den Statthalter von Zypern nicht vollständig befriedigend zu lösen sind, so besteht doch über den hohen Rang seiner Familie keinerlei Zweifel. Die Sergii Paulli sind die erste italische Familie aus ganz Kleinasien, für die wir nachweisen können, dass sie in den römischen Senat Einzug hielt. Der erste Sergius Paullus, wohl der Tiberkurator Lucius Sergius Paullus, muss schon unter Tiberius (reg. 14–37) in den Senat gelangt sein, da er bis zu seinem prätorischen Amt ja bereits mehrere Stufen des *cursus honorum* hatte durchlaufen müssen[185]. Dies allein zeigt zur Genüge, dass wir es hier mit einer der prominentesten

---

[183] Halfmann, Tituli 606 und ders., Ursprünge 171. – Zur italischen Herkunft der Kolonisten von Antiochia Levick 60–67. Dagegen plädiert Bru *passim* jetzt dafür, dass die in Antiochia als *coloni* angesiedelten Veteranen in Spanien in der Baetica rekrutiert wurden und die *tribus Sergia* auf die ursprüngliche Herkunft der Siedler aus der Stadt Italica zurückzuführen sei. Dies hält J.-Y. Strasser ad AE 2009,1470 zurecht für eine „hypothèse indémontrable".

[184] Groag 1714 f. war der Ansicht, die Sergii Paulli wären keine „Immigranten", sondern stammten aus dem griechischen Osten. Dies ist sicher nicht der Fall, s. schon Ramsay, Galatia 203 f.; vgl. Halfmann, Senatoren 101, K. Wachtel ad PIR² S 527.

[185] Dazu zuletzt Halfmann, Kleinasien 299.

Familien des griechischen Ostens zu tun haben. Diese Prominenz reicht weit über das zweite Viertel des 1. Jh.s. hinaus, denn die Sergii Paulli saßen mit Sicherheit über mehrere, mindestens vier, womöglich fünf Generationen hinweg im Senat, gehörten nachweislich zu den konsularischen Familien und stellten im 2. Jh. sogar einen Stadtpräfekten. Die Inschriften der Sergii Paulli sind nicht alle mit letzter Sicherheit prosopographisch und chronologisch zu ordnen, aber eine Geschichte der Familie lässt sich wenigstens in Konturen nachzeichnen.

In welchem Jahr ein Sergius Paullus zum ersten Mal das Konsulat erreichte, ist nicht zu klären. Sicher ist aber, dass die Sergii Paulli Konsuln stellten, möglicherweise schon im Verlauf des 1. Jahrhunderts. Eine zentrale Rolle kommt in dieser Frage der stadtrömischen Inschrift CIL VI 253 zu, eine Weihinschrift, die in ihren letzten beiden Zeilen nach dem üblichen römischen System ein Datum angibt: Den 23. September unter den Konsuln [L. Nonius(?)] Torquatus Asprenas und L. Sergius Paullus. Das Tagesdatum in der zweiten Jahreshälfte zeigt, dass es sich hier um zwei Suffektkonsuln handelt und nicht um die etwas angeseheneren *consules ordinarii*, die zu Beginn des Jahres amtierten. Über die Frage, in welchem Jahr diese beiden Suffektkonsuln amtierten, gehen die Ansichten weit auseinander. Einige sprechen sich dafür aus, die Inschrift in die Zeit der Flavier zu setzen, und haben die Jahre 72 oder 78 als Datum für die beiden Suffektkonsuln vorgeschlagen[186]. Wenn diese Datierung richtig ist und wenn es sich bei dem Suffektkonsul L. Sergius Paullus um den Statthalter von Zypern selbst handelt, wäre er im hohen Alter noch zum Konsulat gelangt[187]. Dies hätte natürlich erhebliche Konsequenzen, denn dann wäre dieser Sergius Paullus nicht nur der erste christliche Senator, sondern auch der erste christliche Konsul. Angesichts des großen Abstandes zwischen der Bekleidung der prätorischen Ämter in den 40er Jahren und dem möglichen Konsulat in den 70er Jahren, erscheint allerdings die Annahme wahrscheinlicher, dass es sich um den Sohn des Statthalters von Zypern handelt[188]. Auch dies setzt freilich voraus, dass die Datierung der Inschrift CIL VI 253 in flavische Zeit richtig ist. Es ist freilich nicht ausgeschlossen, dass wir das Konsulat des dort genannten L. Sergius Paullus erst viel später ansetzen müssen. Ein L. Sergius Paullus war im Jahre 168 n.Chr. *consul II ordinarius* (PIR² S 530). Sein erstes Konsulat muss demzufolge mehrere Jahre früher angesetzt werden. Géza Alföldy hatte daher vorge-

---

186 K. Wachtel ad PIR² S 528. Ronald Syme hat wiederholt die Datierung des Konsuls L. Sergius Paullus aus der Inschrift CIL VI 253 in die frühen Regierungsjahre Vespasians oder präziser in das Jahr 70 vorgeschlagen, allerdings ohne nähere Begründung: Syme, Roman Papers III 1328 Anm. 95 und V 473 Anm. 189. 551 Anm. 26. 677 Anm. 34. – Die Konsularfasten für die Zeit der Flavier sind zuletzt von Gallivan *passim* zusammengestellt worden. Die Datierung des in der Inschrift CIL VI 253 genannten Konsulnpaars Torquatus Asprenas und L. Sergius Paullus in die flavische Zeit hängt davon ab, ob der Kollege des Sergius Paullus mit L. Nonius Calpurnius Asprenas identifiziert werden kann, Statthalter von Galatia, Lycia, Pamphylia und Pisidia 68–69 und *proconsul Africae* im Jahre 82. Diese Identifizierung ist möglich, aber nicht zwingend. Gallivan ordnet L. Sergius Paullus unter die unsicheren Konsuln in flavischer Zeit ein, s. Gallivan 192. 200. 220.
187 So Groag 1717f.
188 So Devreker 112–119 gefolgt von K. Wachtel ad PIR² S 528.

schlagen, das in der Inschrift CIL VI 253 bezeugte Konsulnpaar Torquatus Asprenas und L. Sergius Paullus in das Jahr 151 n.Chr. zu legen[189]. Das erste Konsulat des L. Sergius Paullus, *consul II* im Jahre 168, muss aber, wie neuere Funde nun zeigen, in die späten Regierungsjahre Hadrians (reg. 117–138) gefallen sein[190] (dazu unten S. 71), so dass möglicherweise auch die hier diskutierte stadtrömische Inschrift CIL VI 253 in späthadrianische Zeit fällt[191]. Wenn sich somit zwar das Konsulat eines L. Sergius Paullus für das 1. Jh. n.Chr. nicht erweisen lässt, so ist es doch angesichts der Prominenz der Familie sehr wahrscheinlich, dass die Sergii Paulli noch im 1. Jh. das Konsulat erreicht haben. Dafür spricht unter anderem, dass ein weibliches Mitglied der Familie, Sergia Paullina, die gleich zu behandeln sein wird, Gattin eines Suffektkonsuls des Jahres 112 gewesen ist. Man wird annehmen dürfen, dass hier eine standesgemäße Hochzeit vollzogen wurde, dass also beide Ehepartner Abkömmlinge konsularischer Familien waren.

Damit zu zwei Inschriften der Sergii Paulli, die aus Antiochia Pisidiae selbst stammen. Diese beiden Inschriften lassen keinen Zweifel daran übrig, dass Antiochia in Pisidien die *patria* der Familie war. Die erste Inschrift nennt einen L. Sergius Paullus, Sohn eines Lucius (PIR² S 529). Die unvollständige Inschrift führt nur die untersten Stufen seiner senatorischen Laufbahn an, bis zur Quästur, über die er zum Zeitpunkt der Errichtung der Inschrift aber wohl bereits hinaus gelangt war[192]. Bei ihm handelt es sich wohl entweder um den Sohn[193] oder den Enkel[194] des Tiberkurators, eventuell sogar um dessen Urenkel[195].

Hierzu gesellt sich nun eine kürzlich von Christol/Drew-Bear publizierte Inschrift, in welcher die Schwiegermutter eines Sergius Paullus geehrt wird[196]. Für die Ehrung verantwortlich zeichnete ein L. Sergius dessen Cognomen leider nicht erhalten ist, so dass wir nicht entscheiden können, ob es sich um ein Mitglied oder einen Freigelas-

---

189 Alföldy, Konsulat 161, dem Halfmann, Senatoren 163 ad Nr. 77 (mit Fragezeichen) und Christol/Drew-Bear 184 mit Anm. 45 folgen.
190 Vgl. die Diskussion um den in einem neuen Militärdiplom erwähnten Paullus bei Eck/Pangerl, Konsulndaten 252f. (= AE 2005, 1718), desweiteren Beutler 274f. und schließlich Eck/Pangerl, Konstitution 258 mit der Rekonstruktion der Karriere des Sergius Paullus in der Zeit nach seinem ersten Konsulat.
191 Bereits Henzen ad CIL VI 253 hatte eine Datierung der Inschrift in hadrianische Zeit vorgeschlagen.
192 Ramsay, Discovery 151 = AE 2002, 1457: L(ucio) Sergio L(uci) f(ilio) Paullo | filio IIIIvir(o) v(iarum) c(urandarum) tri[b(uno)] | mil(itum) leg(ionis) VI Ferr(atae) quaest(ori) | - - -. Ramsay, Discovery 152 nahm an, dieser L. Sergius Paullus werde hier als Statthalter der Galatia geehrt. Dies ist zurecht abgelehnt worden.
193 Halfmann, Senatoren 105 ad Nr. 9; ders., Urprünge 180 Nr. 3; Ramsay, Discovery 152.
194 Devreker 119; K. Wachtel zieht ad PIR² S 529 zwar beide Möglichkeiten in Betracht, entscheidet sich dann aber in seinem Stammbaum der Sergii Paulli ebd. p. 214 dafür, in ihm den Enkel des Tiberkurators zu sehen.
195 Christol/Drew-Bear 184 lassen es offen, ob dieser L. Sergius Paullus der 2., 3. oder gar 4. Generation nach dem Tiberkurator angehört.
196 AE 2002, 1458: [- -]+O+[- - -] | socrui Paulli Ser[gi- - -] | *vac.* L(ucius) Serg[ius - -. Ausführliche Diskussion der Inschrift bei Christol/Drew-Bear 184–186.

senen der senatorischen Familie handelt. Dass die anonyme Dame vorrangig aufgrund ihres Verwandtschaftsverhältnisses zu den Sergii Paulli geehrt wird, unterstreicht in jedem Fall das Renommee der Familie in Antiochia. In welche Generation ihr Schwiegersohn Sergius Paullus einzuordnen ist, lässt sich nicht entscheiden. Man wird vermuten dürfen, dass einer der Sergii Paulli gemeint ist, die das Konsulat erreicht haben. Dass es sich um den Statthalter von Zypern aus Apg 13 handelt, ist nicht grundsätzlich auszuschließen.

Inschrift für die Schwiegermutter eines Sergius Paullus in Antiochia Pisidiae.
Photo © www.HolyLandPhotos.org, Carl Rasmussen.

Es soll hier nur am Rande erwähnt werden, dass eine gewisse [Serg]ia Paulla, die über lange Jahre eine zentrale Rolle bei der Rekonstruktion der Familiengeschichte gespielt hat und als mögliche Tochter des Prokonsuls von Zypern angesehen wurde, mittlerweile aus dem Stammbaum der Familie zu streichen ist: Wie eine neue Inschrift aus Kaunos jetzt erweist, lautet der tatsächliche Name der Dame Calpurnia Paulla[197]. Zwei

---

197 Ramsay, Discovery 153–162 (vgl. ders., Galatia 202–206 und Levick 112) hatte um diese [Serg]ia Paulla (nach IGRR III 300, die revidierte Inschrift jetzt AE 2002, 1456 = SEG 52, 1368) eine weitreichende Theorie über die Familienbeziehungen der Sergii Paulli gestrickt. Die neue Inschrift, welche seine Überlegungen nun endgültig widerlegt, ist I. Kaunos 126; vgl. dazu schon vor der Publikation der neuen Inschrift Christol/Drew-Bear 178–181. – Darüber hinaus nennen eine Inschrift (CIL XIV 174) sowie ein Bleirohr (AE 2001, 628a) aus Ostia eine Sergia Paula. Allerdings lässt sich nicht erweisen, ob es sich hier

weitere unsichere Hinweise auf Mitglieder der Familie sollen hier nur *en passant* genannt werden, nämlich der im Inhaltsverzeichnis zum 18. Buch von Plinius' Naturgeschichte genannte Sergius Paulus[198], der, selbst wenn er zur senatorischen Familie gehört, zur Rekonstruktion ihrer Geschichte nicht viel beiträgt, sowie der bei Martial genannte Paulus[199]. Stattdessen wenden wir uns zwei weiteren prominenten Mitgliedern der Familie zu, die sicher zu identifizieren sind und sich zeitlich genauer eingruppieren lassen.

Dies ist zum einen eine Sergia Paullina[200], die mit Cn. Pinarius Cornelius Severus verheiratet war, einem Mitglied einer hochangesehenen senatorischen Familie, der im Jahre 112 Suffektkonsul war[201]. Sie ist entweder eine Enkelin[202] oder eine Urenkelin[203] des Tiberkurators. Ein Grabstein, den sie für einen Apparitoren ihres Gemahls, den *decurialis viator* Cn. Cornelius Severinus, auf den Besitzungen der Sergii Paulli in Galatien errichten ließ (s. u. Anm. 103), ist eines der wichtigen Zeugnisse für die bleibenden Verbindungen der Familie in diese Region, die uns gleich noch beschäftigen werden. Über den standesgemäßen Haushalt, den sie in Rom unterhielt, sind wir aufgrund zahlreicher Grabinschriften ihrer Dienerschaft wohl unterrichtet. Das *collegium quod est in domo Sergiae Paullinae*, zu dem sich ihre Bediensteten zusammengeschlossen hatten, wollte man als christliche Hauskirche und Hinweis auf den Fortbestand eines christlichen Bekenntnisses beziehungsweise eines Krypto-Christentums innerhalb der Familie der Sergii Paulli interpretieren[204]. Diese Interpretation, so attraktiv sie anmutet, strapaziert allerdings wohl das epigraphische Material über Gebühr[205].

Genauere chronologische Anhaltspunkte besitzen wir schließlich für einen L. Sergius Paullus, der im Jahre 168 zum zweiten Mal das Konsulat bekleidete, diesmal als

---

um ein Mitglied der senatorischen Familie handelt. Der Bleirohrstempel (in PIR² S 541 nicht erwähnt) spricht eher für eine sozial höher stehende Person, da diese Inschriften meist den Inhaber des *ius aquae ducendae* nennen.

198 Die große Mehrheit der Handschriften hat an dieser Stelle *Sergius Paulus*, nur wenige lesen *Plautus*. Es könnte sich also hier um ein Mitglied der senatorischen Familie handeln. Weil Plin. nat. 18,68 Informationen über Zypern enthält, hat Zahn, Lebensgeschichte 191f. den zyprischen Statthalter als Verfasser der Quelle des Plinius sehen wollen. Im Inhaltsverzeichnis des zweiten Buches der *naturalis historia* liest die Mehrheit der Handschriften *Sergius Plato*. Zahn a.a.O. hat, wie andere vor ihm, für diesen sicher falschen Namen die Konjektur *Sergius Paulus* verfochten. Allerdings lässt sich hier auch die Emendation Plautus vertreten. Vgl. zum Problem die Zusammenfassungen bei Riesner, Period 141f. und Wachtel ad PIR² S 532.
199 Mart. 8,33; 10,10; dazu Jones, Paullus; Wachtel ad PIR² S 529 hält den Paulus bei Martial für fiktiv.
200 PIR² S 542 mit den Belegen.
201 PIR² C 1341; vgl. Christol/Drew-Bear 182.
202 Halfmann, Senatoren 105; ders., Ursprünge 181.
203 Christol/Drew-Bear 184; K. Wachtel, PIR² VII 2 p. 214: Stemma der Sergii Paulli.
204 Die These geht zurück auf Sordi/Cavigiolo *passim*, verteidigt in Sordi, Sergia Paulina *passim*; vgl. auch dies., Ambiente 14. Weiterhin Ramelli 50 f.; vgl. auch Gray-Fow 166.
205 Bonfioli/Panciera, Collegium *passim* und dies., Nota *passim*.

*consul ordinarius*²⁰⁶. Er amtierte darüber hinaus etwa zwischen den Jahren 167/68 und 179 als *praefectus urbi*²⁰⁷. Über seine frühere Karriere hatte man bis vor kurzem keine klaren Anhaltspunkte, für sein erstes Konsulat wurde lange, ohne sichere Grundlage, das Jahr 151 angenommen²⁰⁸. Die Publikation einiger Militärdiplome hat diese Annahme nun korrigiert und der Laufbahn dieses vielleicht bedeutendsten Vertreters der Sergii Paulli klarere Konturen verliehen. Seine Statthalterschaft über die Provinz Pannonia superior ist nun für die Jahre 139 bis mindestens 142 gesichert²⁰⁹. Sehr bald im Anschluss daran, eventuell bereits im Jahre 143, übernahm er die Statthalterschaft der bedeutenden Provinz Syria, die durch eine Konstitution vom 19. März 144 bezeugt ist²¹⁰. Sein erstes Konsulat muss somit in späthadrianische Zeit fallen (reg. 117–138)²¹¹, möglicherweise ist dieses in der oben diskutierten Inschrift CIL VI 253 bezeugt²¹². Ob er identisch ist mit dem etwa 166/167 amtierenden *proconsul Asiae*, welcher in Eusebs Kirchengeschichte Servilius Paulus genannt wird – in Rufins lateinischer Übersetzung dann korrigiert zu Sergius Paulus –, lässt sich nicht entscheiden, wahrscheinlich handelt es sich um zwei verschiedene Personen²¹³. Sollten die beiden identisch sein, wäre dies ein Argument gegen die These eines lange anhaltenden Krypto-Christentums der Sergii Paulli, denn unter diesem Statthalter ist es nach Euseb in der Provinz Asia zu Martyrien gekommen²¹⁴. Dass er ein enger Freund des berühmten, dem Christentum kritisch gegenüberstehenden Arztes Galen war, der ihn lobend als führenden Mann in philosophischen Angelegenheiten bezeichnete²¹⁵, spricht ebenfalls gegen die Annahme, der Stadtpräfekt L. Sergius Paullus sei ein Anhänger der christlichen Lehre gewesen. Möglicherweise hat er seine philosophischen Neigungen auch vor einer breiteren Öffentlichkeit über die Kreise Galens hinaus gezeigt. Werner Eck identifiziert ihn jetzt mit dem syrischen Statthalter, der den Peregrinus Proteus aus seiner Gefangenschaft entlassen hatte und von Lukian als Liebhaber der Philosophie charak-

---

206 PIR² S 530 mit den Belegen.
207 Wojciech 301–303.
208 Alföldy, Konsulat 150 f.
209 Der Erweis erfolgt durch das von Beutler *passim* publizierte neue Militärdiplom; zur Datierung der Statthalterschaft Beutler 274 f. mit den Belegen in Anm. 16–18, sowie Eck/Pangerl, Konstitution 258 mit Anm. 9.
210 Eck/Pangerl, Konstitution *passim*.
211 Dazu Eck/Pangerl, Konsulndaten 252 f. mit Beutler 274; vgl. Halfmann, Ursprünge 181. Zusammenfassend zur Karriere dieses Sergius Paullus und zur Datierung seines ersten Konsulats Eck/Pangerl, Konstitution 258 und Eck, Sergius Paullus 222 f.; vgl. auch Eck, Fasti 84. 86. 89 f.
212 So auch Eck/Pangerl, Konstitution 258 Anm. 10.
213 Eus. h. e. 4,26,3. Zum Problem Huttner 278. Gegen eine Identität der beiden spricht sich Eck, Sergius Paullus 222 Anm. 9 aus.
214 Ramelli 51, welche an der These vom Krypto-Christentum der Sergii Paulli festhält, lehnt die Identität des Christenverfolgers Servilius Paulus, *proconsul Asiae* 166/67, mit dem L. Sergius Paullus, *consul II* 168, aus prinzipiellen Gründen ab, allerdings kann es nicht die Aufgabe des Historikers sein, die Weste der Sergii Paulli weiß zu waschen.
215 Galen II p. 218 ed. Kühn: ἀνδρὸς τὰ πάντα πρωτεύοντος ἔργοις τε καὶ λόγοις τοῖς ἐν φιλοσοφίᾳ; vgl. Galen XIV p. 611 f. ed. Kühn.

terisiert wird[216]. In jedem Fall bezeugt aber die Namensgleichheit dieses letzten uns bekannten L. Sergius Paullus mit seinem Vorfahren aus tiberisch-claudischer Zeit, dass sich hier in der Tat eine hochangesehene Familie in gerader Linie über einen Zeitraum von weit über 100 Jahren, das sind vier oder vielleicht sogar fünf Generationen, im römischen Senat halten konnte. Mit der senatorischen Familie der Sergii Paulli verbunden ist wahrscheinlich auch ein Sergius Paulinianus, der unter Alexander Severus (222–235 n. Chr.) eine ritterliche Karriere absolvierte und als Prokurator der Provinz Galatia in Ancyra ein Ehrenmonument erhielt[217].

Über die lange Familiengeschichte hinaus erfahren wir dank einiger weiterer Inschriften ebenfalls etwas über die Besitzungen der Sergii Paulli in Galatien[218]. In der Nähe von Sinanlı ist ein Gutsverwalter der Familie namens Sergius Carpus bezeugt, der seiner Ehefrau Sergia Tryphera zusammen mit deren Mutter Sergia Bella einen Grabstein setzte[219]. Den Namen nach zu urteilen handelt es sich wohl bei allen um Freigelassene der senatorischen Familie. In der Nähe von Hüçük Beskavak errichtete ein Lucius Sergius Corinthus, offenbar ebenfalls ein Freigelassener der Sergii Paulli, im Jahre 89 dem Men einen Tempel[220]. Der Grabstein, den Sergia Paullina in Yağcıoğlu einem Apparitoren ihres Gemahls errichten ließ[221], wurde bereits erwähnt. Zwei weitere Sergiani sowie ein Sergius aus derselben Region stehen zweifelsohne ebenfalls mit den Besitzungen der Familie in Verbindung[222]. Alle diese Inschriften deuten daraufhin, dass die Sergii Paulli ausgedehnte Ländereien in Galatien, etwa 200 km nordöstlich von Antiochia besaßen, die sie möglicherweise bereits in julisch-claudischer Zeit erwarben[223]. Dies ist ebenfalls aufschlussreich für ihren sozialen Status und gleichzeitig eine Bestätigung dafür, dass sie zur Führungsschicht der römischen Kolonie Antiochia gehörten. Die engen Verbindungen zwischen den Sergii Paulli und ihrer *patria* blieben offenbar auch bestehen, als sich der Schwerpunkt der senatorischen Familie nach Rom verlagert hatte[224].

Wenigstens in weiterer Verbindung mit der senatorischen Familie der Sergii Paulli steht ein Sklave namens Gemellus, der auf der Insel Samos bestattet wurde. Der Name

---

216 Lucian. Peregr. 14 mit Eck, Sergius Paullus *passim*.
217 Mitchell/French, Ancyra Nr. 59.
218 Dazu Mitchell, Galatia 1073; Ramsay, Galatia 202f.
219 MAMA VII 321: [Σ]εργία Τρυφέρα | [γ]υναικὶ Σεργίου | Κάρπου ἐπιτρόπου | Παύλλου Σέργιος | Κάρπος μητρὶ | συνπαθεῖ καὶ | Σεργία Βελλα ἐ|κυρᾷ χρηστῇ.
220 MAMA VII 486: Λούκιος Σέργι[ος] | Κόρινθος Μην[ὶ] | πυκηνῷ εὐχὴν τό[ν] | τε ναὸν ἐκ τῶν ἰδίων | ἐποίησεν ἔτους | ριδ.
221 RECAM II 355; MAMA VII 319; AE 1928, 99: me]moriae | C]n. Corn(eli) [S]e[ver]ini | decurialis viatoris | Sergia L(uci) [f(ilia)] Paullina | Corneli Severi.
222 MAMA VII 330. 331.
223 So Mitchell, Galatia 1074.
224 Zu den Beziehungen senatorischer Familien zu ihrer Heimatstadt s. Eck, Präsenz *passim* bes. 318: „Der Übergang munizipaler Familien in den Reichssenatorenstand hat keineswegs überall und sofort eine allgemeine Herauslösung aus der bisherigen Umwelt mit sich gebracht"; vgl. dazu auch Krieckhaus *passim* und bes. 150–165 zu den Caristanii und dem pisidischen Antiochia.

seines Besitzers ist auf der Grabinschrift nicht sicher zu lesen. Nach einer älteren Edition lautete dessen Name L. Sergius Paullus, somit wäre, wenn die Inschrift tatsächlich in das 1. Jh. n.Chr. gehören sollte, Gemellus möglicherweise ein Sklave des Prokonsuls von Zypern aus Acta 13[225]. Die jüngste Edition liest allerdings L. Sergius Paulinus, aber selbst in diesem Falle besteht mit großer Wahrscheinlichkeit eine Verbindung zu den senatorischen Sergii Paulli, denn Paulinus wäre wohl ein Freigelassener oder ein Nachkomme eines Freigelassenen dieser Familie[226].

Die oben skizzierten Verbindungen zwischen den Sergii Paulli, dem pisidischen Antiochia und den Ländereien der Familie im anatolischen Hinterland sind für die Frage des historischen Stellenwertes der Apostelgeschichte auch deswegen von Bedeutung, weil sie eine plausible Erklärung für den Gang der Erzählung in Apg 13,13f. bieten und den Weg, den Paulus und Barnabas von Zypern aus einschlugen. Nach 13,13 schiffen sie sich von Zypern aus nach Perge in Pamphylien ein. Dort hielten sie sich aber offenbar nicht länger auf. Sie ließen, ganz anders als bei ihrer Ankunft in der zyprischen Hafenstadt Salamis (13,5), die Gelegenheit ungenutzt verstreichen, in einer der jüdischen Synagogen in Perge oder dem dicht besiedelten Küstenstreifen das Evangelium zu predigen, und zogen ohne Umschweife mehrere hundert Kilometer landeinwärts nach Antiochia in Pisidien[227]. Lukas hat hier keineswegs irgendetwas übergangen, denn für den Rückweg der ersten Missionsreise berichtet er sehr wohl von der Verkündigung des Paulus und des Barnabas in Perge (Apg 14,25), die hier offensichtlich etwas nachholten, was sie auf dem Hinweg unterlassen hatten. Wie ist dieser Reiseweg von Paphos auf Zypern direkt nach Antiochia Pisidiae zu erklären? Die Antwort hängt mit größter Wahrscheinlichkeit mit der Person des Sergius Paullus zusammen und den Verbindungen des Statthalters von Zypern zu dieser Stadt, der Heimatstadt seiner Familie[228]. Der Weg der ersten Missionsreise von Zypern nach Antiochia Pisidiae ist dann ein ad hoc-Itinerar, keine von langer Hand geplante Reiseroute[229]. Die Unterstützung des Prokonsuls, der sie wohl in irgendeiner Weise mit

---

225 Die ältere Edition AE 1964,158c. – Eck, Sklaven 19 vermutet aufgrund der älteren Lesung, Gemellus sei Sklave des in Apg 13 bezeugten Sergius Paullus gewesen.
226 IG XII 6, 711. Dort die Datierung in das 1. Jh. n.Chr.
227 Pilhofer, Antiochien 118 verlangt eine genauere Schilderung der Strecke Perge-Antiochia, übersieht dabei aber, dass es erstens dem Verfasser der Apg nicht notwendig überall um präzise Reisedaten geht und dass zum zweiten, wenn die Erzählung auf historischen Gegebenheiten basiert, das Entscheidende an dieser Stelle in der Tat die von Sergius Paullus vermittelte nächste Station Antiochia selbst ist, während der Weg dorthin ohne weitere Bedeutung war.
228 Vgl. Horsley, Inscriptions 140; Mitchell, Galatia 1074 Anm. 134; ders., Anatolia II 6f. Pervo, Acts 320 mit Anm. 11 konzediert zwar, die Reiseroute Perge-Antiochia-Iconium sei ungewöhnlich, lehnt die Verbindung der Reiseroute mit der Familie der Sergii Paulli dann aber mit dem Argument ab, in Antiochia Pisidiae werde kein Besuch bei Oberschichtangehörigen, sondern das Auftreten in der Synagoge erzählt. Gegen diesen Einwand bietet sich die einfache Erklärung an, dass Lukas entweder mehr wusste als er erzählte oder ihm die Verbindung selbst nicht klar war, diese aber den historischen Hintergrund bildet.
229 Horsley, Inscriptions 140. Wenn die Weiterreise nach Antiochia Pisidiae auf die Begegnung mit Sergius Paullus auf Zypern zurückgeht, dann werden auch die Überlegungen von Alexander, Itinerary

relevanten Informationen ausgestattet hatte, öffnete Paulus und Barnabas möglicherweise die Türen in Antiochia, zumindest diejenigen zum Hause der Sergii Paulli. Ob sie der Statthalter darüber hinaus mit einem Empfehlungsschreiben ausstattete, das ihnen auch den Zugang zu weiteren befreundeten oder einflussreichen Familien der Stadt erleichtern sollte[230], ist eine attraktive, wenn auch nicht belegbare Hypothese. Sollten Paulus und Barnabas mit einem solchen Schreiben ausgestattet gewesen sein, so hat dies jedenfalls den Widerstand einiger Angehöriger der städtischen Elite gegen die christlichen Missionare (14,50) nicht verhindern können. Man kann darüber hinaus vielleicht sogar annehmen, dass die Begegnung mit Sergius Paullus nicht nur die Reiseroute der beiden Missionare nach Antiochia bestimmte, sondern auch für deren weiteren Weg über Antiochia hinaus nach Osten verantwortlich ist. Die Güter der Sergii Paulli lagen zwar eher Richtung Nordosten, also nicht exakt auf dem Weg, den Paulus und Barnabas anschließend in Richtung Lykaonien nahmen, aber möglicherweise entschieden die geographischen Kenntnisse, die sie über die Region östlich Antiochias erhalten hatten über ihren weiteren Weg.

In jedem Fall wird diese Verbindungslinie zwischen den Sergii Paulli und Antiochia, die in das Kapitel 13 der Apg eingewoben ist, kaum auf die literarische Gestaltungskraft des Verfassers zurückzuführen sein[231]. Dieses Detail darf man mit Hemer als „undesigned coincidence"[232] bezeichnen. Es ist ein Detail, das, ohne explizit genannt zu werden, den Gang der Erzählung bestimmt und der Szenerie einen hohen Grad an Authentizität verleiht – aber nur wenn man über die Herkunft der Sergii Paulli Bescheid weiß. Dass hier gleichsam mehr in der Geschichte steckt als der Verfasser erwähnt, spricht dagegen, dass er hier etwas erfindet. Wenn er an dieser Stelle Zusammenhänge bloß konstruiert, hätte er sich die Gelegenheit nicht entgehen lassen dürfen, diese auch herauszustellen. Durch lukanische Redaktion ist es nicht erklärbar, dass Paulus und Barnabas von Paphos aus ausgerechnet in die Stadt weiterziehen, aus der die Familie des zyprischen Statthalters stammte. Lukas war sich dieser verborgenen Verbindungslinie möglicherweise nicht einmal selbst bewusst, deren „implicit dynamic gives point to the scene in a Pauline rather than a Lukan context", wie Hemer einmal in einem anderen Zusammenhang formulierte[233]. Dies bestärkt neben den

---

162 f. hinfällig, welche die These von Dibelius 12–17 (vgl. auch Gräßer 182 f.) wieder aufnimmt, der Abschnitt Apg 13,4–21,18 gehe auf ein Itinerar als Quelle zurück.

230 Horsley, NewDocs 4, 138; ders., Inscriptions 140. Ein solches Empfehlungsschreiben bspw. in P. Ryl. 625 aus dem Archiv des Theophanes und dann vor allem die Empfehlungsbriefe des Sotas, des Bischofs von Oxyrhynchos in der zweiten Hälfte des 3. Jh.s: PSI 3, 208; 9, 1041; P. Oxy. 36, 2785.

231 So auch Breytenbach 44. Dagegen jetzt Pervo, Acts 320 Anm. 11, der allerdings zu Unrecht behauptet, die Arbeit von Christol/Drew-Bear (dazu Weiß, Sergius Paullus *passim*) habe alle Überlegungen hinsichtlich eines Zusammenhangs der Reiseroute von Paulus und Barnabas und der Herkunft der Sergii Paulli aus Antiochia in Pisidien endgültig begraben.

232 Zum Begriff Hemer, Acts 104.

233 Hemer, Areopagus 243.

bereits diskutierten Anzeichen von Lokalkolorit (s. o. Kap. 3.2.1) die Annahme, dass die Erzählung in Apg 13,4–14 auf historischen Ereignissen gründet[234].

Dass Sergius Paullus, der Prokonsul von Zypern, sich dem Christentum zugewandt hat, hat anscheinend den sozialen Status und Rang der Sergii Paulli nicht beschädigt, die über mehrere Generationen als senatorische Familie nachweisbar sind, wahrscheinlich mehrere Konsuln gestellt haben, darunter in der zweiten Hälfte des zweiten Jahrhunderts einen *consul iterum ordinarius*, und deren weibliche Nachfahren in andere führende senatorische Familien einheiraten konnten. Aber hat der Prokonsul von Zypern sich überhaupt zum Christentum bekehrt?

3.2.4 Die Bekehrung des Sergius Paullus

Für einige neuzeitliche Gelehrte ist das Problem einer Bekehrung des Sergius Paullus nicht weiter diskussionswürdig. Sie wird als schlichtes Faktum konstatiert[235]. Für andere ist die Frage aus dem gegenteiligen Grund keiner Debatte wert, nämlich weil sie die Begegnung des Paulus mit dem Prokonsul überhaupt als unhistorisch betrachten[236]. Auffällig ist freilich, dass auch unter denjenigen, welche die Zypernmission für – mehr oder weniger – historisch plausibel halten, die überwiegende Mehrheit Zweifel an der Hinwendung des Prokonsuls zum Christentum anmeldet, darunter auch jemand wie Ramsay, der den Verfasser der Apostelgeschichte als erstrangigen antiken Historiker erachtet. Ihre Argumente gilt es zu prüfen, wobei wir grundsätzliche Einwände gegen die Möglichkeit einer Hinwendung von *ordo*-Angehörigen, insbesondere Senatoren, zum Christentum zu einem solch frühen Zeitpunkt an dieser Stelle übergehen (dazu unten Kap. 6–7).

Im wesentlichen dreht sich die Debatte um das Verständnis des ‚Glaubens' des Prokonsuls (ἐπίστευσεν, 13,12). So wird von Ramsay beispielsweise infrage gestellt, dass der ‚Glaube' des Prokonsuls ein echter, ein christlicher Glaube sei und bereits seine Konversion zum Christentum impliziere. Ramsay hält die Passage selbst in diesem Zusammenhang ganz und gar nicht für unzuverlässig, sondern die Erzählung sei im Gegenteil nuanciert. Für Lukas sei der ‚Glaube' des Prokonsuls der erste Schritt

---

[234] Breytenbach ist in seiner Bewertung etwas vorsichtiger. Er erkennt in Apg 13 zwar „erstaunlich viel Lokalkolorit" (p. 84), für die These von der Verbindung zwischen dem zyprischen Statthalter Sergius Paullus und Antiochia, die Breytenbach gar nicht bestreitet, müsse man allerdings die historische Verwertbarkeit von Apg 13,7 voraussetzen (p. 43). Wird man aber nicht doch eher umgekehrt argumentieren dürfen, dass also das hohe Lokalkolorit ebenso für die historische Probabilität der Erzählung spricht wie die Tatsache, dass hier Details nicht explizit werden, die für die Szenerie durchaus relevant sind?
[235] E. g. Clarke, Origins 856 Anm. 25; Harnack, Mission 560; Ramelli 50; Sordi/Cavigiolo 370 (vgl. Sordi, Ambiente 114 und dies., Paolo 143). Barrett, Acts 618 f. diskutiert zwar ausführlich die Syntax von Apg 13,12, hat aber keinen Zweifel daran, dass der Prokonsul gläubig wurde.
[236] E. g. Loisy 518. Conzelmann, Apostelgeschichte 82 erachtet es nicht für nötig zu Apg 13,12 überhaupt irgendetwas zu notieren.

im Prozess der Bekehrung, die allerdings erst durch eine echte ‚Hinwendung zum Herrn' zum Abschluss komme[237]. Eine andere Traditionslinie hinsichtlich der Interpretation des ἐπίστευσεν in 13,12 lässt sich erneut auf Haenchens einflussreichen Acta-Kommentar zurückführen. Nach Haenchen könne πιστεύω neben der Bedeutung „Christ werden" auch „das Vertrauen auf den Wundertäter bezeichnen"[238], also in diesem Fall auf Paulus. Dieses Argument wird von Eck übernommen, der den Ausdruck πιστεύω gar als „vieldeutig" bezeichnet und Sergius Paullus deshalb nicht unter die sicheren Angehörigen des Senatorenstandes in vorkonstantinischer Zeit einreiht[239]. Von Eck übernimmt die Interpretation „Vertrauen auf den Wundertäter" dann Devreker[240], auf den wiederum sich schließlich Wachtel beruft[241]. Dabei wird freilich übersehen, dass selbst Haenchen der Ansicht war, dass Lukas hier die andere von ihm genannte Bedeutung, „Christ werden", im Sinn hatte und dies von seinen Lesern auch so verstanden werden musste[242]. Dass die von Lukas beabsichtigte Lesart die ist, dass der Statthalter sich zum christlichen Glauben bekehrt, ergibt sich auch durch die an ἐπίστευσεν angeschlossene Partizipialkonstruktion: ἐκπλησσόμενος ἐπὶ τῇ διδαχῇ τοῦ κυρίου – der Statthalter war „erschüttert von der Lehre vom Herrn"[243]. Die ‚Erschütterung' resultiert ganz offensichtlich aus dem Inhalt der christlichen Lehre, über die Sergius Paullus von Paulus und Barnabas unterrichtet wurde. Diese Lehre wird durch die Wundertat des Paulus ‚nur' noch bestätigt. In erster Linie, so muss der Abschnitt verstanden werden, reagierte also der Prokonsul auf den Gehalt der christlichen Lehre[244], und das kann in Verbindung mit ἐπίστευσεν letztlich kaum etwas anderes heißen als dass er Christ wurde. Überhaupt verfängt der Hinweis auf die vorgebliche Mehrdeutigkeit von πιστεύω nicht. Wenn in 13,8 als Schlüsselelement der Szene herausgestellt wird, dass Elymas versucht hätte, den Prokonsul von der πίστις abzuhalten, dann kann ἐπίστευσεν in 13,12 nur bedeuten, dass er nun diese πίστις besitzt. Wenn man die Erzählung insgesamt für plausibel erachtet, dann besteht im Rahmen der Möglichkeiten des Historikers eine gewisse Berechtigung zu der Annahme, dass

---

237 Ramsay, Discovery 165. Allerdings will Ramsay a.a.O. 170 f. seine zurückhaltende Interpretation der Bekehrung des Sergius Paullus letztlich doch nur als Hypothese verstanden wissen. Vgl. Witherington, Acts 403: „the proconsul ‚began to believe'".
238 Haenchen 385.
239 Eck, Senatorenstand 391 mit Verweis auf Haenchen in Anm. 55; aus zwei unterschiedlichen Interpretationsmöglichkeiten (nach Haenchen) nun auf ‚Vieldeutigkeit' (so Eck) zu schließen, ist vielleicht etwas zuviel des Guten.
240 Devreker 109: „confiance dans le thaumaturge", mit dem Verweis auf Eck ebd. in Anm. 5.
241 Wachtel ad PIR² S 527.
242 Haenchen 385, der allerdings dennoch bei der Auffassung blieb, Sergius Paullus sei nicht wirklich Christ geworden, weil seine Taufe nicht berichtet wird; zu diesem Argument gleich.
243 Darauf verweisen weder Haenchen noch Eck noch Devreker; vgl. aber richtig Bruce, Acts 299 sowie Schnabel 1041; s. auch Roloff 199. Damit ist auch Ramsays Argument (Discovery 165 f.) hinfällig, dass Lukas noch ein zweites Verbum hinzufügt, wenn es sich bei der betreffenden Person um einen „Christian in the fullest sense" handele. Seine Übersetzung von ἐκπλησσόμενος mit „astonishment" ist letztlich auch viel zu schwach. S. auch Lüdemann 156: „außer sich geraten über die Lehre vom Herrn".
244 In diesem Sinne auch Fitzmyer 504.

Sergius Paullus, der Statthalter von Zypern, wahrscheinlich identisch mit dem Tiberkurator L. Sergius Paullus, infolge der Begegnung mit Paullus und Barnabas, durch die er von der christlichen Lehre Kenntnis erlangte, zum ‚Glauben' kam und das heißt letztlich: Christ wurde. Wenn diese Schlussfolgerung richtig ist, dann ist Sergius Paullus der erste Senator, der sich zum Christentum bekehrte.

Alle anderen Argumente, die gegen die Bekehrung des Sergius Paullus ins Feld geführt werden, sind leicht zu entkräften. Immer wieder findet man den Einwand, eine Taufe des Prokonsuls werde nirgends erwähnt[245]. Unabhängig von der Frage, ob eine Taufe wirklich konstitutiv für das ‚Christ sein' ist, ist der Einwand an dieser Stelle völlig abwegig. Nähme man ihn ernst, dann müsste man folglich auch behaupten, dass sich auf der gesamten ersten Missionsreise überhaupt niemand zum Christentum bekehrt hat, denn in dem gesamten Abschnitt Apg 13–15 liest man nirgends etwas über eine Taufe[246]. Auch Hengels Annahme, Sergius Paullus habe sich „aufgrund seiner politischen Position und seines senatorischen Standes (...) nicht taufen lassen können"[247], ist nicht stichhaltig. Warum hätten ihn Position und Stand von der Taufe abhalten sollen, wenn sie ihn nicht daran hinderten, sich zum Christentum zu bekehren, was doch der viel entscheidendere Schritt ist? Nach Haenchen hätte die Bekehrung des Sergius Paullus „mindestens zur Gründung einer Hausgemeinde" führen müssen[248]. Hierzu gilt zunächst einmal das gleiche, was bereits zur Taufe gesagt wurde. Auf der gesamten ersten Missionsreise ist von keiner Hausgemeinde die Rede. Dann stellt sich aber auch die Frage, warum die Bekehrung des Sergius Paullus zwingend zur Gründung einer Hausgemeinde hätte führen müssen. Dafür gibt Haenchen keinerlei Begründung. Mit dieser Forderung übersieht er zudem, dass dem Prokonsul in Paphos kein Privathaus zur Verfügung stand, sondern nur ein Amtssitz, in dem er sich für höchstens ein Jahr aufhielt. Breytenbach möchte Haenchens Argument dadurch entkräften, dass auf dem Gut der Sergii Paulli in Sinanlı christliche Grabsteine aus dem 3. und 4. Jh. gefunden wurden, die möglicherweise auf eine durch Sergius Paullus in seinem Privathaushalt gegründete Hausgemeinde zurückzuführen seien[249], doch wird man zugeben müssen, dass selbst wenn die Grabsteine wirklich christlich sind, dieses Argument *ex post* ebensowenig stichhaltig ist wie der Versuch, die Bekehrung des Sergius Paullus auf der Basis des als Hauskirche gemutmaßten *collegium Sergiae Paullinae* sowie des angeblichen, sich über mehrere Generationen erstreckenden Krypto-Christentums der Sergii Paulli zu erweisen. Lake/Cadburys Vermutung, der

---

245 So schon Ramsay, Discovery 166; Zahn, Apostelgeschichte 421; Lake/Cadbury, Beginnings IV 147; außerdem Dibelius 21 Anm. 1 und dann Haenchen 388 wiederum gefolgt von Eck, Senatorenstand 391 und Devreker 109; vgl. auch Meeks 62; Witherington, Acts 403.
246 Barrett, Acts 619.
247 Hengel/Schwemer 115.
248 Haenchen 388. Vgl. schon Nock, Magus 187 (der hier aus einem Brief Burkitts zitiert): „No church is said to have been founded at Paphos"; weiterhin Dibelius 68. Ähnlich Dunn 177 („his household is not mentioned"), der dies allerdings nicht als Argument gegen die Bekehrung des Sergius Paullus anführt.
249 Breytenbach 43f. mit Verweis auf MAMA VII 360. 361.

Statthalter habe sich gegenüber den Missionaren bloß höflich erweisen wollen, hat allerdings bereits Haenchen zurecht als „naives Kuriosum" bezeichnet[250]. Nach Taylor sei es immerhin denkbar, dass Sergius Paullus „in strict privacy" Christ wurde, seine Bekehrung aber kein „public event" gewesen war[251]. Für diese Vermutung dürften freilich anachronistische Vorstellungen vom ‚Glauben als Privatsache' verantwortlich sein.

Ein fundamentales Argument gegen die Glaubwürdigkeit der ganzen Geschichte soll nicht übergangen werden. Eingebettet in die Erzählung von der Bekehrung des Sergius Paullus, vielleicht sogar der eigentliche Hauptpunkt in der Erzählung aus der Sicht des Verfassers der Apostelgeschichte, ist die Blendung des Elymas Bar-Jesus durch Paulus. Ramsay konnte hierzu zuversichtlich schreiben: „That a stroke like this, though marvellous, is physically possible, I cannot doubt."[252] Bei den meisten heutigen Lesern regt sich allerdings zweifelsohne instinktiv der Skeptizismus. Der antike Leser freilich – und dessen Maßstäbe sollten wir hier im Blick behalten, um nicht vorschnell Zensur zu betreiben – hatte wohl weit weniger Bedenken gegen das Auftreten übernatürlicher Ereignisse, denen er in der historiographischen Literatur mit einer gewissen Regelmäßigkeit begegnete[253]. Er hat sicher keine Erzählung in ihrer Gesamtheit als unglaubwürdig abgelehnt, nur weil übernatürliche Phänomene darin geschildert werden. Selbst für die Schilderung eines Strafwunders lässt sich in der antiken Historiographie eine Parallele bei Poseidonios finden[254]. Wir können es dabei bewenden lassen, zumal das Blendungswunder selbst ja auch nicht im Mittelpunkt unseres Interesses steht und die Häufigkeit des Wunderartigen in der Apostelgeschichte insgesamt nicht dem Diktum Strabons widerspricht, dass die Geschichtsschreibung das Wunderbare in geringem Maße enthalten dürfe[255].

3.2.5 Fazit

Die Erzählung in Apg 13,4–12 von der Hinwendung des Sergius Paullus, des Statthalters von Zypern, zum Christentum ist historisch plausibel. Der Statthalter ist am ehesten mit dem Tiberkurator L. Sergius Paullus zu identifizieren. Zum sozialen

---

250 Lake/Cadbury, Beginnings IV 147: „may have mistaken courtesy for conversion"; dazu Haenchen 385; vgl. Fitzmyer 504: „To say it expresses ‚courtesy' and not ‚conversion' is awry".
251 Taylor, Paul 1194.
252 Ramsay, Discovery 132.
253 Vgl. dazu Hemer, Acts 428–443; Judge, Signs *passim*. Dass Lukas aufgrund des Einschlusses von Wundererzählungen zumindest nicht der Rang eines Historikers streitig zu machen ist, dazu Plümacher, TEPATEIA *passim* bes. 57. 73 sowie ebd. 73 Anm. 200 zur Funktion der Wundererzählungen als glaubensstärkend. Vgl. auch Strelan, Acts 18–26.
254 Poseidon. F 142 Theiler (= Diod. 34/35,9).
255 Strabon 11,5,3. Dass Paulus in der Apostelgeschichte in übertriebener Manier als Wundertäter stilisiert würde, lässt sich jedenfalls kaum behaupten; vgl. dazu Porter, Paul 193f. oder schon Harnack, Apostelgeschichte 18. 203.

Hintergrund des Sergius Paullus lässt sich trotz mancher Unklarheiten doch so viel mit Sicherheit sagen, dass die Sergii Paulli zu den angesehensten und bekanntesten Familien in Antiochia zählten und höchst wahrscheinlich auch darüber hinaus einen hohen Bekanntheitsgrad genossen. Die Sergii Paulli waren, um es zu wiederholen, nicht nur die erste Familie aus dem pisidischen Antiochia, sondern, soweit wir wissen, auch die erste italischstämmige Familie aus dem griechischen Osten, die in den Senat einzog. Damit waren sie gleichzeitig eine der ersten senatorischen Familien aus dem gesamten griechischen Reichsteil. Auch wenn ein guter Teil des Hausstandes der Sergii Paulli mit dem Einzug in den Senat nach Rom transferiert wurde, so blieb die Verbindungslinie zur Herkunftsregion und zu Antiochia, der Heimatstadt, doch bestehen. Dies erweisen die dort aufgestellten Ehrenmonumente sowie die Inschriften auf den ausgedehnten Ländereien der Familie, die vom Ende des 1. und Beginn des 2. Jh.s stammen. Wenn Lukas die Geschichte von der Bekehrung eines Mitgliedes dieser überaus prominenten Familie aufgrund seines „Faibles" für höherrangige Personen erfunden haben sollte[256], dann wird man sagen müssen, dass er seine Figur kaum treffender hätte wählen können. Angesichts der außerordentlichen Prominenz dieser Familie stößt die Annahme, die Geschichte sei erfunden oder falsch dargestellt, jedoch auf erhebliche Schwierigkeiten. Wenn aber Lukas mit der Bekehrung des Sergius Paullus Tatsächliches berichtet, und dies scheint eher der Fall zu sein, dann sehen wir hier keine Person, die in irgendeiner Weise unter mangelnder sozialer Anerkennung gelitten hat, sondern jemanden, der aus einer bereits lokal bedeutenden Familie stammte und dem der politische Aufstieg in den engen Kreis der Senatoren und damit der Aufstieg in die Spitze der Gesellschaft gelungen ist.

Abschließend sollen einige Überlegungen vorgetragen werden, wie sich der Weg des Sergius Paullus, wenn wir ihn für den ersten christlichen Senator halten, weiter gestaltet haben könnte[257]. Dass er sich nach seinem Amtsjahr auf Zypern ins private *otium* zurückgezogen hat, erscheint eher unwahrscheinlich, denn dies wäre doch eher hinderlich für den Aufstieg der nachfolgenden Generationen seiner Familie gewesen. Es ist also nicht ausgeschlossen, dass er nach seiner Rückkehr von Zypern auch als Christ weiterhin an den Sitzungen des Senats teilgenommen hat. Ramsay verweist zurecht darauf, dass ein christlicher Senator zu diesem frühen Zeitpunkt – wir bewegen uns hier in den 40er und 50er Jahren – für wenig Aufregung in der römischen Welt gesorgt haben wird, weil sich noch kaum jemand für den neuen Glauben interessierte[258]. Das zeigt sich auch an dem ziemlich gleichgültigen Verhalten, das im Jahre 51 Gallio, der Prokonsul von Achaia, gegenüber den korinthischen Christen an den Tag legte (Apg 18,12–17), obwohl er den Sergius Paullus doch aus dem Senat gekannt haben musste. Ob Sergius Paullus noch ein weiteres prätorisches Amt übernommen hat, ist nicht zu ermitteln. Dass er identisch ist mit einem in flavischer Zeit anzuset-

---

256 Meeks 61f.; dieses ‚Faible' nehmen auch an: Pervo, Acts 442; Plümacher, Lukas 23.
257 Im Mittelalter machte man ihn zum ersten Bischof von Narbonne, dazu Gray-Fow 167–172.
258 Ramsay, Discovery 168f.

zenden Konsul L. Sergius Paullus, ist wohl eher auszuschließen. In der Grußliste des etwa im Jahre 58 geschriebenen Briefes des Apostels Paulus an die Christen in Rom (Röm 16,3–16) wird er nicht erwähnt. Dies muss man nicht unbedingt dahingehend interpretieren, dass der Glaube des Sergius Paullus doch nur eine ephemere Erscheinung war, von der er sich später wieder distanziert hat. Es mag schlichtweg sein, dass Sergius Paullus zu diesem Zeitpunkt bereits verstorben war.

3.3 Dionysios der Areopagite (Apg 17,16–34)

Die zweite Person, die als möglicher *ordo*-Angehöriger unter den ersten Christen zu betrachten ist, ist ein gewisser Dionysios, ein Mitglied des athenischen Rates des Areopags. Seine Hinwendung zum Christentum erwähnt Lukas im Rahmen der Erzählung vom Aufenthalt des Apostels Paulus in Athen, Apg 17,16–34, einer der umstrittensten Passagen seines Werkes. Paulus war auf der sogenannten zweiten Missionsreise von Beroia aus weiter nach Athen gezogen und wartete dort auf seine Mitarbeiter Silas und Timotheus, die noch in Beroia weilten. Er bleibt in Athen freilich nicht untätig, sondern verkündet zunächst in der Synagoge und dann öffentlich auf der Agora den neuen Glauben. Dies erregt größere Aufmerksamkeit unter den disputierfreudigen Athenern, die Paulus vor den Areopag bringen, weil er, wie es heißt, „fremde Götter" verkündige. Vor diesem Gremium trägt er die viel diskutierte Rede vor, deren Zusammenfassung den Hauptteil der Erzählung ausmacht (Apg 17,22–31). Diese Rede, die seitens der Formgeschichte völlig zu Unrecht als „Missionspredigt"[259] oder „Heidenpredigt"[260] charakterisiert wurde, stößt auf weitgehende Ablehnung. Paulus wird von einigen Hörern, wie bei seinen Auftritten auf der Agora, mit Spott überzogen, andere reagieren „mit höflichem Aufschub weiterer Unterrichtung *ad Kalendas Graecas*", wie Haenchen es trefflich formuliert hat[261]. Gänzlich erfolglos war Paulus in Athen allerdings nicht: „Einige Männer aber schlossen sich ihm an und glaubten, unter ihnen auch Dionysios der Areopagite" (Apg 17,34).

Die Athen-Episode ist in zahlreichen Studien behandelt worden, die Areopagrede allein war Gegenstand zweier Monographien[262], und bereits F. F. Bruce konnte dazu schreiben[263]: „Probably no ten verses of the Acts of the Apostles have formed the text for such an abundance of commentary as has gathered round Paul's *Areopagitica*." Der

---

259 Porter, Paul 131; vgl. Schneider I 97.
260 Dibelius 29. Richtig der Hinweis bei Lüdemann 198, dass es sich nicht um eine Predigt, sondern um eine Rede handelt, vgl. auch Jervell 452.
261 Haenchen 506.
262 Gärtner *passim*; die Abhandlung von Dibelius, „Paulus auf dem Areopag" in Dibelius Apostelgeschichte 29–70, ist ursprünglich als Sitzungsbericht der Heidelberger Akademie der Wissenschaften. Philosophisch-historische Klasse 1938/39, 2 (Heidelberg 1939) erschienen. Vgl. auch die zweiseitige Literaturzusammenstellung bei Jervell 441 f.
263 Bruce, Commentary 353.

Frage nach der historischen Glaubwürdigkeit der Erzählung vom Aufenthalt des Paulus in Athen, insbesondere hinsichtlich der Rede des Paulus vor dem Areopag, begegnen viele Forscher mit großer Skepsis und die Einwände, welche gegen die Historizität der Szene vorgetragen werden, sind mannigfach. Dass sich alles so zugetragen haben soll, wie Lukas es berichtet, mag jedenfalls unter den deutschsprachigen Exegeten kaum jemand in Rechnung stellen. An diesem Kapitel zeigt sich auch der Hiat zwischen Althistorikern und zahlreichen Exegeten der neutestamentlichen Fachrichtung vielleicht am deutlichsten.

Mit Blick auf die Fragestellung dieser Arbeit beschränkt sich die Untersuchung der Athen-Episode auf zwei Komplexe. Zum einen soll auch hier nach lokalem Wissen gesucht werden, welches als Indiz dafür gelten kann, dass die Erzählung in der historischen Wirklichkeit verwurzelt ist. Zum zweiten muss die Frage behandelt werden, ob die Areopagrede als paulinisch gelten kann. Zahlreiche Wissenschaftler sehen hier einen unauflösbaren Widerspruch oder doch zumindest Spannungen zwischen dem Inhalt der Rede und Paulus' *ipsissima verba* in seinen Briefen. Sollte die Rede nicht paulinisch sein, wäre dies in der Tat ein gewichtiges Argument gegen die Authentizität der Erzählung. Einige wollen auch die Kohärenz der ganzen Erzählung in Frage stellen und verweisen auf einen Widerspruch zwischen Paulus' heftiger Aversion gegen den athenischen Götterkult, die er bei der Besichtigung der Stadt zeigt, und dem vorgeblich moderaten Ton, den er gegenüber den Athenern in der Rede angeschlagen hätte. Auch für dieses Problem wird man nach plausibleren Lösungsvorschlägen suchen wollen als denjenigen von Dibelius, der hierin einen literarischen Kunstgriff sehen wollte, nach dem Muster *delectat variatio*[264].

Die ausführliche Behandlung der Athen-Episode erfolgt aber nicht nur aufgrund der hermeneutischen Fragestellungen. Die Analyse wird gleichzeitig ein Licht auf die Begleitumstände und die Bedingungen für die Bekehrung des Dionysios werfen.

3.3.1 Die Athen-Episode in der Apostelgeschichte

Im folgenden wird der Text von Apg 17,16–34 leicht bearbeitet nach der Lutherübersetzung gegeben:

16 Ἐν δὲ ταῖς Ἀθήναις ἐκδεχομένου αὐτοὺς τοῦ Παύλου παρωξύνετο τὸ πνεῦμα αὐτοῦ ἐν αὐτῷ θεωροῦντος κατείδωλον οὖσαν τὴν πόλιν. 17 διελέγετο μὲν οὖν ἐν τῇ συναγωγῇ τοῖς Ἰουδαίοις καὶ τοῖς σεβομένοις καὶ ἐν τῇ ἀγορᾷ κατὰ πᾶσαν ἡμέραν πρὸς τοὺς παρατυγχάνοντας. 18 τινὲς δὲ καὶ τῶν Ἐπικουρείων καὶ Στοϊκῶν φιλοσόφων

16 Als Paulus in Athen auf sie wartete, ergrimmte sein Geist in ihm, als er die Stadt voller Götterbilder sah. 17 Und er redete in der Synagoge zu den Juden und den Gottesfürchtigen sowie täglich auf der Agora zu denen, die sich einfanden. 18 Einige der epikureischen und stoischen Philosophen stritten aber mit ihm, und einige sagten:

---

[264] Dibelius 60–62. Zur literarischen Einheit der Szene s. allerdings schon Conzelmann ad loc. und jetzt Pervo, Acts 426.

συνέβαλλον αὐτῷ, καί τινες ἔλεγον· τί ἂν θέλοι ὁ σπερμολόγος οὗτος λέγειν; οἱ δέ· ξένων δαιμονίων δοκεῖ καταγγελεὺς εἶναι, ὅτι τὸν Ἰησοῦν καὶ τὴν ἀνάστασιν εὐηγγελίζετο. 19 ἐπιλαβόμενοί τε αὐτοῦ ἐπὶ τὸν Ἄρειον πάγον ἤγαγον λέγοντες· δυνάμεθα γνῶναι τίς ἡ καινὴ αὕτη ἡ ὑπὸ σοῦ λαλουμένη διδαχή; 20 ξενίζοντα γάρ τινα εἰσφέρεις εἰς τὰς ἀκοὰς ἡμῶν· βουλόμεθα οὖν γνῶναι τίνα θέλει ταῦτα εἶναι. 21 Ἀθηναῖοι δὲ πάντες καὶ οἱ ἐπιδημοῦντες ξένοι εἰς οὐδὲν ἕτερον ηὐκαίρουν ἢ λέγειν τι ἢ ἀκούειν τι καινότερον.

22 Σταθεὶς δὲ [ὁ] Παῦλος ἐν μέσῳ τοῦ Ἀρείου Πάγου ἔφη· ἄνδρες Ἀθηναῖοι, κατὰ πάντα ὡς δεισιδαιμονεστέρους ὑμᾶς θεωρῶ. 23 διερχόμενος γὰρ καὶ ἀναθεωρῶν τὰ σεβάσματα ὑμῶν εὗρον καὶ βωμὸν ἐν ᾧ ἐπεγέγραπτο· ἀγνώστῳ θεῷ. ὃ οὖν ἀγνοοῦντες εὐσεβεῖτε, τοῦτο ἐγὼ καταγγέλλω ὑμῖν. 24 ὁ θεὸς ὁ ποιήσας τὸν κόσμον καὶ πάντα τὰ ἐν αὐτῷ, οὗτος οὐρανοῦ καὶ γῆς ὑπάρχων κύριος οὐκ ἐν χειροποιήτοις ναοῖς κατοικεῖ 25 οὐδὲ ὑπὸ χειρῶν ἀνθρωπίνων θεραπεύεται προσδεόμενός τινος, αὐτὸς διδοὺς πᾶσι ζωὴν καὶ πνοὴν καὶ τὰ πάντα· 26 ἐποίησέν τε ἐξ ἑνὸς πᾶν ἔθνος ἀνθρώπων κατοικεῖν ἐπὶ παντὸς προσώπου τῆς γῆς, ὁρίσας προστεταγμένους καιροὺς καὶ τὰς ὁροθεσίας τῆς κατοικίας αὐτῶν 27 ζητεῖν τὸν θεόν, εἰ ἄρα γε ψηλαφήσειαν αὐτὸν καὶ εὕροιεν, καί γε οὐ μακρὰν ἀπὸ ἑνὸς ἑκάστου ἡμῶν καὶ εὕροιεν, καί γε οὐ μακρὰν ἀπὸ ἑνὸς ἑκάστου ἡμῶν ὑπάρχοντα. 28 ἐν αὐτῷ γὰρ ζῶμεν καὶ κινούμεθα καὶ ἐσμέν, ὡς καί τινες τῶν καθ' ὑμᾶς ποιητῶν εἰρήκασιν· τοῦ γὰρ καὶ γένος ἐσμέν. 29 γένος οὖν ὑπάρχοντες τοῦ θεοῦ οὐκ ὀφείλομεν νομίζειν χρυσῷ ἢ ἀργύρῳ ἢ λίθῳ, χαράγματι τέχνης καὶ ἐνθυμήσεως ἀνθρώπου, τὸ θεῖον εἶναι ὅμοιον. 30 τοὺς μὲν οὖν χρόνους τῆς ἀγνοίας ὑπεριδὼν ὁ θεός, τὰ νῦν παραγγέλλει τοῖς ἀνθρώποις πάντας πανταχοῦ μετανοεῖν, 31 καθότι ἔστησεν ἡμέραν ἐν ᾗ μέλλει κρίνειν τὴν οἰκουμένην ἐν δικαιοσύνῃ, ἐν ἀνδρὶ ᾧ ὥρισεν, πίστιν παρασχὼν πᾶσιν ἀναστήσας αὐτὸν ἐκ νεκρῶν.

32 Ἀκούσαντες δὲ ἀνάστασιν νεκρῶν οἱ μὲν ἐχλεύαζον, οἱ δὲ εἶπαν· ἀκουσόμεθά σου περὶ τούτου καὶ πάλιν. 33 οὕτως ὁ Παῦλος ἐξῆλθεν ἐκ

„Was will dieser Schwätzer sagen?" Andere aber: „Er scheint ein Herold fremder Götter zu sein", denn er hatte ihnen das Evangelium von Jesus und der Auferstehung verkündigt. 19 Sie nahmen ihn aber, führten ihn vor den Areopag und sprachen: „Können wir erfahren, was das für eine neue Lehre ist, von der du sprichst? 20 Du bringst nämlich etwas Fremdes vor unsere Ohren; nun begehren wir zu wissen, was das ist." 21 Alle Athener nämlich, auch die Fremden, die bei ihnen wohnen, haben nichts anderes im Sinn als etwas Neues zu sagen oder zu hören.

22 Paulus aber stand inmitten des Areopags und sprach: „Ihr Männer von Athen, nach allem, was ich sehe, seid ihr sehr religiös. 23 Ich bin nämlich umhergegangen und habe mir die Objekte eurer Verehrung angesehen und fand einen Altar auf dem geschrieben stand: Dem unerkannten Gott. Was ihr als Unwissende verehrt, das verkündige ich euch. 24 Der Gott, der die Welt gemacht und alles, was in ihr ist, welcher der Herr des Himmels und der Erde ist, wohnt nicht in Tempeln, die mit Händen gemacht sind. 25 Auch lässt er sich nicht von Menschenhänden dienen wie einer, der etwas nötig hätte, denn er selbst gibt jedermann Leben und Atem und alles weitere. 26 Er hat aus einem das ganze Menschengeschlecht gemacht, damit es auf der ganzen Erde wohne, und er hat festgesetzt, über welchen Zeitraum sie leben und in welchen Grenzen sie wohnen sollen, 27 damit sie Gott suchen sollen, ob sie ihn wohl fühlen und finden könnten; und fürwahr, er ist nicht ferne von einem jeden von uns. 28 Denn ihn im leben wir, bewegen wir uns und sind wir, wie auch einige Dichter bei euch gesagt haben: ‚Wir sind auch seines Geschlechts.' 29 Da wir nun das Geschlecht Gottes sind, sollen wir nicht meinen, das Göttliche sei gleich den goldenen, silbernen und steinernen Bildern, nach Kunst oder Sinn des Menschen gemacht. 30 Über die Zeiten der Erkenntnislosigkeit hat Gott hinweggesehen, jetzt aber fordert er alle Menschen überall auf umzukehren. 31 Denn er hat einen Tag festgesetzt, an dem er den ganzen Erdkreis mit Gerechtigkeit richten will durch einen Mann, den er dazu bestimmt hat, und er hat jedermann den Glauben angeboten, indem er ihn von Toten auferstehen ließ."

32 Als sie aber von der Auferstehung der Toten hörten, spotteten die einen, die anderen aber sagten: „Wir wollen dich ein andermal über diese

μέσου αὐτῶν. 34 τινὲς δὲ ἄνδρες κολληθέντες αὐτῷ ἐπίστευσαν, ἐν οἷς καὶ Διονύσιος ὁ Ἀρεοπαγίτης καὶ γυνὴ ὀνόματι Δάμαρις καὶ ἕτεροι σὺν αὐτοῖς.

Dinge weiter hören." 33 So entfernte sich Paulus aus ihrer Mitte. 34 Einige Männer aber schlossen sich ihm an und glaubten, unter ihnen auch Dionysios der Areopagite und eine Frau namens Damaris und andere mit ihnen.

3.3.1.1 Lokalkolorit und darüber hinaus

Dass vor allem die Rahmenerzählung mehrere athenische Lokalspezifika aufweist, wird von niemandem ernsthaft bestritten. Erklärt wird dies zumeist damit, dass Lukas „alle Motive sammelt, die man als für Athen charakteristisch kannte", die er aber eher aus der Literatur denn aus persönlicher Anschauung gewonnen habe[265]. Selbst ein in der Frage der Historizität eher konservativer Kommentator wie Barrett meint, die Passage enthalte wenig, das man als Wissen aus erster Hand betrachten könne[266]. Vielleicht gibt es aber doch einen entscheidenden Anhaltspunkt für ein Wissen aus erster Hand, nämlich das implizite Wissen über den rechtshistorischen Hintergrund des Auftritts des Paulus vor dem Areopag (dazu u. S. 88–90). Selbst zu den unstrittigen Punkten, die im folgenden kurz abzuhandeln sind, lässt sich einiges ergänzen, wodurch die Verwurzelung der Erzählung in Athen noch etwas deutlicher hervortritt.

1) κατείδωλον (17,16), „voller Bilder", ist wohl ein, wenn auch regelgemäß gebildetes, *hapax* des Lukas[267]. Dass diese Charakterisierung allgemein für Athen zutrifft, muss nicht erörtert werden[268]. Wycherly bezieht das Wort konkreter auf die Omnipräsenz der Hermenpfeiler in Athen[269].

2) Jüdische Präsenz in Athen lässt sich mindestens seit dem ersten Jahrhundert v. Chr. nachweisen[270].

3) Die ἀγορά (17,17) war nicht irgendein Marktplatz in Athen, sondern *die* Agora, das politische Zentrum der Stadt, an dem sich das öffentliche Leben abspielte[271].

4) Dass in Athen Epikureer und Stoiker in großer Zahl anwesend sind (17,18), bedarf keiner Erläuterung.

5) Eduard Meyer hat wohl endgültig gezeigt, dass die Verwendung des Wortes σπερμολόγος (17,18) in diesem Zusammenhang spezifisch attisch ist. Ramsay hatte es

---

[265] Haenchen 499. 507f.; Nock, Gnomon 1953, 506, der allerdings offen bekennt, dass sein Urteil auf völlig subjektiver „impression" beruhe.
[266] Barrett 824.
[267] Bruce, Acts³ 376.
[268] Gill, Achaia 444f., um wenigstens einen Literaturhinweis *exemplum gratia* zu geben.
[269] Wycherly *passim*; vgl. Hemer, Areopagus 241.
[270] Die Zeugnisse zusammengestellt bei Safrai/Stern I 158f.
[271] Wie Haenchen 496 Anm. 8 (gefolgt von Clayton Croy 22 Anm. 4 und Roloff, Apostelgeschichte 257) auf den Gedanken kommt, hier sei der Kerameikos gemeint, erschließt sich nicht.

gar als „characteristically Athenian slang" bezeichnet, und schon Blass meinte, der Verfasser habe das Wort „von den Lippen der Athener eingefangen"[272].

6) Die ξένα δαιμόνια werden von mehreren Kommentatoren als Anklang an die Anklage gegen Sokrates verstanden[273]. Sokrates führte zwar seine dialektischen Dispute ebenfalls auf öffentlichen Plätzen und, wie Paulus, auf der Agora[274], er ist aber nicht wegen der Einführung von fremden, sondern von καινὰ δαιμόνια[275], also neuartiger, dem athenischen Pantheon entgegenstehender Götter angeklagt worden. Für die Einführung fremder, also externer, auswärtiger Götter gab es hingegen ein geregeltes Verfahren. Es bedurfte dazu der Sanktion des Areopags. Vor diesem sehr konkreten Hintergrund ist somit die Aussage der Athener zu verstehen, Paulus verkünde „fremde Götter". Dies wird gleich näher auszuführen sein (s. u. S. 88–90).

7) Wenn die Athener Paulus ἐπὶ τὸν Ἄρειον πάγον führen (17,19), dann ist hier in erster Linie die Körperschaft gemeint, die für das Verfahren zur Einführung neuer Götter zuständig war, und erst in zweiter Linie der Hügel westlich der Akropolis, der ursprüngliche Tagungsort, nach welchem der Rat benannt war. Dies wird auch daran deutlich, dass Paulus laut 17,22 ἐν μέσῳ τοῦ Ἀρείου Πάγου steht und nach 17,33 ἐκ μέσου αὐτῶν herausgeht, also aus der Mitte der Anwesenden[276]. Die vollständige Bezeichnung des Rates lautet in den inschriftlichen Dokumenten entweder ἡ ἐξ Ἀρείου πάγου βουλή oder ἡ βουλὴ ἡ ἐξ Ἀρείου πάγου[277]. Der Areopag war seit Sulla die wichtigste politische Körperschaft in Athen[278].

8) Die athenische Lust an allem Neuen (17,21) war weithin bekannt und findet sich bereits in der Literatur in klassischer Zeit[279]. Zu Stil und Sprache des Satzes v. 21 hat Norden das Urteil gesprochen, dies sei „das Gebildetste", was im Neuen Testament

---

272 Meyer 91 Anm. 1; Ramsay, Traveller 242; Blass 189 f.; Spicq, Lexicon 268 f.; vgl. auch Hemer, Acts 117 Anm. 39 mit weiterem Material sowie Norden 333. Anders jetzt wieder Taylor, Actes 295 f., der allerdings keinen der genannten Autoren zur Kenntnis genommen hat.
273 Bruce, Acts³ 377; Haenchen 497; vgl. Plümacher, Lukas 19. Pervo, Acts 425 meint gar, die Athen-Erzählung mit dem Auftreten des Paulus vor dem Areopag erzeuge u. a. „fear of the possible outcome, as the fate of Socrates pervades the atmosphere". Um dem folgen zu können, bedarf es allerdings eines gerüttelt Maß imaginativer Kraft.
274 Xen. mem. 1,1,10, weiter Barrett 828 f.
275 Xen. mem. 1,1,1. Der Unterschied, der auch durch die Hinweise von Norden 53 nicht behoben wird, wird nicht beachtet von Pervo, Acts 427 mit Anm. 27 und Barrett, Acts 830.
276 Lake/Cadbury 212; Ramsay, Traveller 245; Stonehouse 9; Witherington, Acts 515. Anders Graindor 121 f.; Haenchen 498. Die Frage des exakten Ortes der Handlung, Agora oder Areshügel, ist hier zweitrangig. Hemer, Areopagus 239–242 plädiert, wahrscheinlich zutreffend, für die Stoa Basileios. Es ist aber nicht völlig auszuschließen, dass die Szene auf dem Areshügel spielt. Dies wäre an dieser Stelle dennoch die nachgeordnete Bedeutung.
277 E. g. IG II² 2103. 3270 sowie über 300 weitere Beispiele in den athenischen Inschriften. Schon Bruce, Acts ad loc. verwies zurecht darauf, dass es sich in 17,19 um eine Verkürzung handelt. Vgl. Clayton Croy 24 f.
278 Geagan, Constitution 32.
279 Thuk. 3,38,5; Demosth. 4,10 oder Phil. 1,43; später auch bei Chariton 1,116.

stehe, in dem nichts „Attischeres" zu finden sei[280]. Die Stelle kann, *pace* Norden, durchaus auf ein literarisches Vorbild zurückgehen, allerdings muss der Autor deswegen nicht gleich ein Redaktor genannt werden[281]. Hier könnte ebenso gut ein gebildeter Verfasser gekonnt einen Attizismus eingefügt haben.

9) Die Bezeichnung, die Lukas für Dionysios als Mitglied des Areopags verwendet, Ἀρεοπαγίτης (17,34), ist dieselbe, die sich auf zahlreichen athenischen Inschriften seit klassischer Zeit bis in das 3. Jh. n.Chr. für die Ratsmitglieder findet[282].

Wie sind diese lokalen Farben nun zu bewerten? Handelt es sich um eine Sammlung von leicht zugänglichen Motiven, die Lukas aus der Literatur zusammengetragen hat, wie Nock und Haenchen meinen (s.o. Anm. 265)? Dies lässt sich nicht gänzlich ausschließen, und einiges wie die athenische *curiositas*, die Fülle von Heiligtümern und die Existenz der Philosophenschulen wird man ohne weiteres als kurantes Wissen bezeichnen können. Aber beweisen lässt es sich nicht, dass die Darstellung allein das Resultat der Belesenheit des Lukas ist. Man kann mit gleicher Berechtigung behaupten, dass die charakteristisch athenischen Elemente der Szene daher rühren, dass hier eine authentische Schilderung tatsächlicher Ereignisse vorliegt[283]. Das Lokalkolorit muss also auch in Athen nicht zwangsläufig als Anstrich aus der lukanischen Redaktion verstanden werden, und dass beispielsweise Lukas über die noch ausführlich zu behandelnde Zuständigkeit des Areopags für das Verfahren zur Einführung neuer Götter aus der Literatur erfahren haben soll oder es sich hier gar um Allgemeinwissen handelt, darf füglich bezweifelt werden.

Daneben hat aber Colin Hemer in einem weitgehend unbeachteten Aufsatz darauf aufmerksam gemacht, dass die gesamte Athen-Episode unterschwellig eine Reihe von inneren Berührungspunkten aufweist, die aber durch den Autor überhaupt nicht herausgestrichen werden, ja die, so Hemer, dem Verfasser möglicherweise nicht einmal selbst bewusst waren. Wichtig ist hier also nicht das, was Lukas erwähnt, sondern was er nicht erwähnt. Hemer kann insbesondere an zwei Stellen zeigen, dass der Verfasser das in den Einzelheiten liegende Potential nicht ausschöpft[284].

In der Rede des Paulus vor dem Areopag finden sich zwei Zitate aus der griechischen Literatur. Das erste, am Anfang von 17,28 („in ihm leben, bewegen wir uns und sind wir") stammt aus einer Passage, die vollständiger in Syrisch überliefert ist und deren zweite Zeile der Hexameter ist, der in Tit 1,12 zitiert wird („Die Kreter sind immer Lügner, böse Tiere und faule Bäuche")[285]. Die in Tit 1,12 zitierte Zeile wird von

---

[280] Norden 333.
[281] Norden 335.
[282] E.g. IG II² 1492,127.135 (Ende 4. Jh. v.Chr.); 3817 (3. Jh. n.Chr.). Die vorherrschende Schreibweise in römischer Zeit war Ἀρεοπαγείτης, e.g. IG II² 2339 u.ö.
[283] So schon Meyer 89: „Das ist nicht literarische Mache mit Benutzung eines fremden Vorbildes".
[284] Zum Folgenden Hemer, Areopagus 245–247.
[285] Die Passage in Syrisch im Acta-Kommentar des Isho'dad, ed. M. D. Gibson, Horae Semiticae X (Cambridge 1913) p. 39 (syr.), 28 (eng.). Eine englische Übersetzung auch bei Lake, Poets 249. Tit 1,12 = Epimenides frg. 1 Diels; dazu Rendel Harris, Cretans und ders., Note.

Clemens Alexandrinus dem halblegendären Epimenides von Kreta zugeschrieben[286], somit darf man annehmen, dass auch der Vers, der in Apg 17,28 zitiert wird, unter dem Namen des Epimenides kursierte. Ob dieses Stück nun aus einem dem Epimenides zugeschriebenen Hymnus auf Minos und Rhadamanthys oder der Theogonia stammt[287], ist hier ebensowenig von Belang wie die Frage, ob Epimenides tatsächlich der Urheber der Verse ist. Entscheidend ist, dass sie unter seinem Namen im Umlauf waren[288] und dass dieser Epimenides für die Einführung einer bestimmten athenischen religiösen Tradition verantwortlich gemacht wird. Diogenes Laertios erzählt die Legende, dass die Athener während einer Plage den Epimenides konsultierten[289]. Epimenides, so erzählt Diogenes, reinigte die Stadt auf folgende Weise. Er nahm schwarze und weiße Schafe und brachte sie auf den Areopag. Von dort ließ er sie laufen und beauftragte diejenigen, die ihnen folgten, die Stelle zu markieren, an denen die Schafe sich niederließen, und die Schafe anschließend der örtlichen Gottheit als Opfer zu bringen. Diese Legende dient dann als aitiologische Erklärung für die βωμοὶ ἀνώνυμοι, die für Athen so charakteristisch sind. Diese anonymen Altäre, also Altäre, die den Namen der Gottheit, der sie geweiht sind, nicht nennen, sind sehr wahrscheinlich die Altäre für einen ἄγνωστος θεός, von denen Paulus laut Apg 17,23 einen gesehen hatte[290].

Von dem Zitat in Apg 17,28a lassen sich demnach eine Reihe von Verbindungslinien ziehen, nämlich einmal ganz allgemein zu der halblegendären Gestalt des Epimenides, die eine wichtige Rolle in der athenischen Geschichte und Religionsgeschichte spielt, und von dort weiter zu dem Altar für den unerkannten Gott und vor allem auch – was von Hemer nicht erwähnt wird – zum Areopag, dem altehrwürdigen Gremium, vor dem Paulus seine Rede hält. Es gibt keinen Hinweis darauf, dass Lukas diese enge Verbindung der Motive klar war[291]. In jedem Fall werden die Linien im Text selbst nicht gezogen, und dies dürfte ein gewichtiges Indiz gegen die Annahme sein, diese Elemente wären auf lukanische Komposition zurückzuführen[292].

---

286 Clem. Alex. strom. 1,14,59,2.
287 Die Alternativen schon bei Diog. Laert. 1,111 f.
288 Dass dies zur Zeit des Paulus nicht der Fall gewesen sein soll, hat auch Pohlenz 101–104 nicht erwiesen.
289 Diog. Laert. 1,110–112; dazu Bruce, Acts³ 380 f. 384 f. und Lake, Poets *passim*.
290 Es sind immer wieder Einwände dagegen erhoben worden, dass der Altar des ἄγνωστος θεός, den Paulus sah, einer der bei Diogenes Laertios genannten βωμοὶ ἀνώνυμοι gewesen sein soll, meistens mit der Begründung, dass Diogenes Altäre ohne Widmungsinschrift meint, e.g. Haenchen 500 f. Anm. 6; Norden 57 Anm. 1. Es ist aber durchaus nicht klar, dass bei Diogenes anepigraphe Altäre gemeint sind, die überhaupt in der Antike eine äußerst seltene Erscheinung darstellen. Zur Diskussion s. Bruce, Acts³ 380 f.; Hemer, Acts 117 f. mit Anm. 41; Jervell 445 f.; Stonehouse 10–15; s. auch schon Deissmann, Paulus 177 f. Ein anderer Einwand lautet, dass es zwar Altäre für ἄγνωστοι θεοί gegeben haben könnte, wie sie Paus. 1,1,4 für Athen erwähnt, daraus aber kein Altar für einen einzelnen ἄγνωστος θεός zu erschließen sei; dagegen van der Horst, Altar bes. 1443. 1451 f. 1453.
291 So Hemer, Areopagus 246.
292 Wittkowsky 111 f. 114, der den Beitrag von Hemer nicht kennt, meint nun, Lukas habe mit seiner Darstellung von Paulus' Aufenthalt in Athen auf die Epimenides-Geschichte verweisen wollen. Als

Es gibt ein weiteres Beispiel eines unausgesprochenen Berührungspunktes zwischen Paulus' Rede vor dem Areopag und dem Ort der Handlung. Paulus hatte auf der Agora den Athenern Jesus und seine ἀνάστασις, seine Auferstehung, verkündigt (17,18) [293]. Dies führte zu seinem Auftritt vor dem Areopag und es ist nach dieser Vorgeschichte, aber natürlich auch ganz allgemein aus christlicher Perspektive nicht verwunderlich, dass die Auferstehung den Schlusspunkt seiner Rede bildet – an dem sich die Zuhörer dann auch am deutlichsten stoßen (17,31 f.), und zwar zum einen, weil insbesondere im philosophischen System der Stoiker und mehr noch der Epikureer kein Platz für das Konzept einer leiblichen Auferstehung war, zum anderen, weil der auferstandene Jesus als Richter der Oikoumene verkündigt wird (17,31).

Nun hat aber auch in der Geschichte des Areopags der Begriff der ἀνάστασις eine schwerwiegende Bedeutung. In der finalen Auflösung von Aischylos' Trilogie Oresteia erscheint der Muttermörder Orestes vor genau diesem Gremium, dem Areopag, in einem klassischen Mordverfahren. Dieses Verfahren gegen Orest diente wiederum als aitiologische Ursprungslegende für die alte Funktion des Areopags als Gericht. Auf dem Höhepunkt des letzten Stückes, den Eumeniden, macht Apollo, der Gott der Weisheit, eine Aussage, die jedem Zuhörer der Areopagrede geläufig gewesen sein dürfte:

> ἀνδρὸς δ' ἐπειδὰν αἷμ' ἀνασπάσηι κόνις
> ἅπαξ θανόντος, οὔτις ἔστ' ἀνάστασις.
>
> Doch wenn des Mannes Blut der Staub getrunken hat -
> Einmal gestorben, und es kommt kein Auferstehn[294].

Es ist dies die einzige in der Literatur erhaltene vorchristliche, nicht-jüdische Parallele für die Verwendung des Wortes ἀνάστασις im Sinne von „Auferstehung", eine Bedeutung, die sich überhaupt nur ganz selten in der paganen Literatur findet[295].

Vor dem Areopag von der ἀνάστασις zu sprechen, noch dazu auf dem Höhepunkt der Rede, ist also dem Kontext überaus angemessen. Allerdings macht Lukas den starken Kontrast, der in der Gegenüberstellung des christlichen Verständnisses der Auferstehung mit dem klassischen athenischen religiösen Gedankengut steckt, durchaus nicht deutlich, und Hemer bezweifelt wohl zurecht, dass Lukas die Kraft dieser Gegenüberstellung überhaupt bewusst war[296]. Die Zuspitzung der Areopagrede auf den entscheidenden Punkt in der Auseinandersetzung des Paulus mit seinen

---

Parallelen sieht er u. a., dass Paulus wie Epimenides nach Athen komme, sich auf den Areopag stelle und Athen wieder verlasse. Wittkowsky hat offenbar einen sehr weiten Begriff von dem, was eine literarische Parallele sein soll. Auch die anderen von ihm aufgeführten Punkte sind keine literarischen Parallelen.

293 Seine Zuhörer fassten dies wohl als die Verkündigung zweier Götter, Jesus und Anastasis, auf; vgl. Bruce, Acts³ 377; Haenchen 497; anders McKay 411.
294 Aesch. Eum. 647–648; Übs. Droysen/Nestle.
295 Weitere Parallelen wären Lukian. salt. 45 und Ael. Aristid. 32,25.
296 Hemer, Areopagus 247.

Zuhörern dürfte absichtlich und wohl kalkuliert gewesen sein – aber nur wenn man mit den lokalen Besonderheiten, in diesem Fall der Geschichte des Areopags intim vertraut ist. Davon ist in der Darstellung des Lukas keine Spur zu erkennen.

Lukas hat sich also mehrfach die Gelegenheit entgehen lassen, Bezüge herzustellen und Motive zu verbinden. Epimenides und der Altar für den unerkannten Gott werden nicht verknüpft, ebenso wenig wie die Auferstehung und der Areopag. Von einem Redaktor, der hier Motive verbindet, würde man erwarten, dass er die Bezüge deutlicher macht. Man hat hier allerdings im Gegenteil den Eindruck, dass die Verbindungen zur athenischen Lokalhistorie in der Rede, so wie sie uns von Lukas präsentiert wird, eher verdeckt werden. Man mag dies damit erklären, dass Lukas' Geschick als Redaktor ihn an dieser Stelle verlassen hat. Naheliegender ist freilich die Annahme, dass dem Sprecher der Rede die Bezüge vor Ort sehr wohl bewusst waren, diese aber in der lukanischen Zusammenfassung verloren gegangen sind. Die bemerkenswerten Lokalbezüge, die sich in der Rede ergeben, gehen somit eher auf das Wissen des Sprechers der Areopagrede zurück als auf dasjenige des Acta-Verfassers. Dies ist ein gewichtiges Indiz für die Historizität der Rede und der gesamten Erzählung vom Aufenthalt des Paulus in Athen.

Ein weiteres Lokalspezifikum wird durch den Acta-Verfasser überhaupt nicht herausgearbeitet. Es gibt einen historischen Grund, warum Paulus von den Athenern vor den Areopag geführt wurde, und dieser liegt in den Kompetenzen des Rates.

3.3.1.2 Paulus vor dem Areopag

Nachdem Paulus, wahrscheinlich mehrere Tage lang, auf der Agora öffentlich über Jesus und die Auferstehung gelehrt hatte, stellten seine Zuhörer fest, dass er ein ξένων δαιμονίων καταγγελεύς zu sein schien, ein Herold neuer Gottheiten (17,18). Sie führten ihn daraufhin vor den Rat des Areopag, vor dem er dann eine längere Rede hält (17,19 f. und 22). Sucht man bei Lukas nach einer Erklärung dafür, warum Paulus denn nun ausgerechnet vor diesem Gremium auftreten und sprechen soll, so muss man auf Lukas' Anmerkungen in dem Einschub V. 21 verweisen. Lukas' Erläuterungen beziehen sich aber durchaus nicht auf die Körperschaft des Areopag und dessen Funktionen, sondern auf die sprichwörtliche Neugier der Athener. Sie hatten Lust an allem Neuen und deshalb wollten sie noch mehr von Paulus hören, so Lukas. Was man bei ihm vergeblich sucht, ist der gleichsam verfassungsgeschichtliche Hinweis auf die Kompetenzen des Areopag. Den Satz: „Sie führten ihn vor den Areopag, weil dieser als erste Instanz für die Einführung fremder Götter zuständig war", liest man bei Lukas nicht. Dies ist aber sozusagen der verfassungsrechtliche Grund für Paulus' Auftritt vor dem Areopag.

Historiker, die sich mit den Zuständigkeiten des Areopags oder der Einführung neuer Götter in Athen befasst haben, haben schon seit langem auf diesen rechtshistorischen Hintergrund von Apg 17,17–22 hingewiesen, zumeist *en passant*, bereits

3.3 Dionysios der Areopagite (Apg 17,16 – 34)

Graindor aber auch etwas ausführlicher[297]. Aber erst Bruce Winter ist diesem Zusammenhang weiter nachgegangen und hat das Auftreten des Paulus auf der Agora und vor dem Areopag konsequent vor diesem Hintergrund gedeutet[298]. Bedauerlicherweise ist sein wichtiger Beitrag in den beiden gewichtigen neueren Acta-Kommentaren von Jervell und Pervo, welche die Frage der Historizität der Areopag-Rede ja negativ bescheiden, nicht zur Kenntnis genommen worden. Folgen wir Winter, dann stand Paulus vor dem Areopag zwar nicht unter Anklage vor einem Gericht[299], aber es handelte sich doch um ein in Ansätzen formalisiertes Verfahren.

Im ersten Jahrhundert war offenbar der Areopag zusammen mit dem Rat der 600 und der Volksversammlung für das Verfahren zur Einführung neuer Götter zuständig. Winter rekonstruiert das Verfahren folgendermaßen: Der Herold neuer Götter musste seinen Fall wohl dem Areopag als federführendes Gremium vortragen. Um die neuen Gottheiten in das athenische Pantheon aufzunehmen, musste möglicherweise die Frage beantwortet werden, ob es eine Epiphanie gegeben habe. Wurde die offizielle Anerkennung gewährt, musste gleichfalls entschieden werden, welche Ehren angemessen waren, wo Statuen, ein Altar und eventuell ein Tempel zu errichten waren, schließlich wann der jährliche Festtag zu feiern war. Wenn diese Rekonstruktion richtig ist, kann man möglicherweise sogar mit Winter die Rede des Paulus wenigstens partienweise als Antwort auf einen solchen Fragenkatalog interpretieren. Damit soll nicht gesagt sein, Paulus hätte seine Rede auf diesen Aspekt beschränkt und diese wäre ausschließlich vor der Folie eines Prüfungsverfahrens zu verstehen. Es soll auch nicht behauptet werden, Paulus wäre bestrebt gewesen, die Erwartungshaltung seiner Zuhörer zu erfüllen. Es ergeben sich aber eine Reihe von Kongruenzen zwischen dem anzunehmenden Fragenkatalog und dem Inhalt der Rede.

Vor dem Hintergrund eines Prüfungsverfahrens zur Einführung neuer Götter dürfte sich bei den Zuhörern relativ frühzeitig eine gewisse Unsicherheit eingestellt haben, ob es sich hier tatsächlich um eine neue Gottheit handele, wenn Paulus ihnen darlegt (v. 23), den Gott, den er verkünde, würden die Athener bereits verehren (εὐσεβεῖτε), wenn sie auch ohne Erkenntnis blieben (ἀγνοοῦντες). Die Frage nach einem Tempel wird in v. 24 beantwortet: Dieser Gott wohnt nicht in von Menschenhänden gemachten Tempeln. Dieser Gott benötigt laut Paulus überhaupt nichts von menschlicher Hand (v. 25), er bedarf also auch keiner Feste und Opfer. Eine Theophanie ist offenbar auch nicht notwendig, denn diese Gottheit ist den Menschen nahe

---

[297] Garland 19; Geagan, Constitution 50; Graindor 67. 123 f. – Barnes, Trial 413 und Taylor, Actes 299 meinen, es sei unnötig anzunehmen, dass dem Areopag eine spezielle Zuständigkeit für die Einführung neuer Götter oblag, weil der Rat insgesamt das öffentliche und damit auch das religiöse Leben Athens überwachte. Das ist einerseits richtig, aber es scheint doch für diesen Fall ein zumindest in Grundzügen formalisiertes Verfahren gegeben zu haben; dazu im Folgenden. Völlig verfehlt ist die Behauptung von Haenchen 498, der Areopag habe „keine Lehrfragen behandelt".
[298] Zum folgenden Winter, Gods *passim*.
[299] So vor allem Barnes, Trial. Stegemann, Sokrates 101 bewertet die Szene als „Philosophenbefragung", verkennt damit jedoch ebenfalls den gleich zu erörternden historischen Kontext.

(vv. 27. 28). Die Frage der Statuenaufstellung, so sie sich noch gestellt hat, wird in v. 29 endgültig erledigt.

Man kann somit die Areopagrede bis zu einem gewissen Grad als Reflex des Fragenkatalogs interpretieren, nach dem der Areopag über die Anerkennung einer neuen Gottheit entschied, denn Paulus' Rede nimmt durchaus Bezug auf eine Reihe von Kriterien, die zu erfüllen waren[300]. Auch dieser Bezug wird in der Darstellung des Lukas nicht deutlich herausgearbeitet. Warum er vor den Areopag geführt wird, dürfte dem Redner der Areopagitica sicher bewusst gewesen sein, dem Erzähler möglicherweise nicht mehr, zumindest streicht er diesen Zusammenhang nicht heraus. Die Zuständigkeit des Areopags für das Verfahren zur Einführung neuer Götter ist aber die plausibelste Erklärung für den Auftritt des Paulus vor dem Rat. Trifft dies zu, dann gehören die Rahmenerzählung und die Areopagrede, *contra* Dibelius, doch schon historisch zusammen und wurden nicht erst literarisch vernäht[301]. Die Rede des Paulus passt sehr gut zu der Situation, in der sie der Erzählung zufolge gehalten wurde, einer Befragung vor dem Areopag, bei der die Einführung neuer Götter in das athenische Pantheon begründet werden sollte. Wenn Rede und Rahmen zusammen gehören spricht vieles dafür, dass die Athen-Erzählung ihre Wurzeln in historischen Ereignissen gezogen hat.

Paulus bot sicher nicht das, was seine Zuhörer bei dieser Gelegenheit zu hören erhofften. Die Entscheidung des Rates konnte in seinem Fall nur ablehnend ausfallen. Aber Paulus hatte selbstredend nicht in erster Linie das Ziel, den Ansprüchen der Athener zu genügen. Er suchte keine Autorisierung durch ein Dekret des Areopags, sondern er suchte seine Zuhörer zur Umkehr vom falschen zum wahren Glauben zu bewegen. Dies verband er mit einer radikalen Kritik paganer Philosophie.

3.3.1.3 Die Areopagede als Radikalkritik an der Religion und Philosophie der Athener

Als schwerwiegenden Einwand[302] gegen die Authentizität der Rede liest man oft, Inhalt und Gedankenführung der Areopagitica seien nicht vereinbar mit paulinischem Gedankengut wie es sich vor allem im Römerbrief, aber auch in den anderen großen Paulusbriefen fände, ja die Rede stehe sogar im Widerspruch zur paulinischen Theologie, wie sie sich in seinen authentischen Briefen spiegle, und zwar nicht nur in Einzelheiten, sondern im gesamten Tenor. Bei der Areopagrede handele es sich im Wesentlichen um eine Rede über den Monotheismus, die bis zur Erwähnung der

---

[300] Damit soll keiner einseitigen Interpretation der Rede als Reaktion auf einen möglichen Kriterienkatalog des Areopags das Wort geredet werden. Die Areopagrede schöpft gleichzeitig tief aus biblischem Gedankengut, dazu ausführlich Litwak *passim*.
[301] Dibelius 60–62; auch Taylor, Actes 285 zerschneidet die Athen-Erzählung, deren Großteil von Lukas erfunden sei, in mehrere Stücke.
[302] Zu den Einwänden gegen die Authentizität der Areopagrede bspw. Dibelius 54–70, aber auch Jervell, Apostelgeschichte 452–456.

Auferstehung in den letzten beiden Versen keinerlei spezifisch christliche Inhalte aufweise. In der Areopagrede werde ein versöhnlicher Ton gegenüber dem paganen Publikum angeschlagen und Möglichkeiten der Gotteserkenntnis durch natürliche und allgemeine Offenbarung zugestanden, ja den Athenern würde gar attestiert, sie verehrten den wahren Gott bereits, allerdings ohne genauere Kenntnis, ein Mangel, dem der Redner nun durch seine Ausführungen abhelfe. Dies alles stünde in diametralem Gegensatz zum vernichtenden Urteil über die pagane Ignoranz gegenüber der natürlichen Offenbarung Gottes, welches Paulus vor allem im ersten Kapitel des Römerbriefes ausspricht. Die moderate Tonlage der Areopagrede widerspräche des Weiteren auch der aufgebrachten Reaktion, die Paulus laut Rahmenerzählung bei der Besichtigung des athenischen Statuenwaldes zeigte (17,16). Dieser inhärente Widerspruch sei ein weiteres Indiz gegen die Historizität der Athen-Episode, so wie Lukas sie darstellt. Die Areopagrede dient somit als Hauptbeweisstück für die These, dass der lukanische Paulus nicht der wahre Paulus, mithin ein Konstrukt des Acta-Verfassers sei. Auch führende Altphilologen verfochten die These. „Wer", so schon Wilamowitz, „die Originalität jener [i. e. der echten Paulus-]Briefe und die geschlossene Eigenart der Person, die hinter ihnen erscheint, verkennen kann, oder wer andererseits dessen Person die Areopagrede der Acta zutrauen kann, mit dem ist nicht zu reden."[303] Norden hielt es gleichfalls für ausgeschlossen, dass die Areopagrede auf Paulus zurückgehe[304], wenngleich er diese Sicht unter dem Einfluss seines Berliner althistorischen Kollegen Eduard Meyer später revidierte, ohne seine Revision jedoch zu publizieren[305]. Die These von der Unvereinbarkeit des Acta-Paulus mit dem Paulus der Briefe manifestierte sich in der Hochzeit der Acta-Kritik in Vielhauers Paulinismus-Aufsatz[306]. Mittlerweile wird der Gegensatz zwischen den beiden Pauli zwar nicht mehr durchweg in dieser Schärfe gesehen[307], doch im Kern wirkt diese Perspektive unverändert fort, wie man noch in dem neueren Acta-Kommentar von Jervell sehen kann, der die Areopagrede gleichfalls gänzlich für eine Schöpfung des Lukas hält[308].

Es ist demgegenüber darauf hingewiesen worden, dass sich der Paulus der Briefe durchaus mit dem Paulus der Areopagrede in Übereinstimmung bringen lässt, ohne dass man die Texte gewaltsam harmonisieren müsste, und zwar zunächst aus zwei ganz grundsätzlichen Überlegungen heraus. Zum einen erweckt die Überbetonung der Briefe als authentische oder vorgeblich höherwertige ‚Primärquellen' den unzutref-

---

303 Wilamowitz, DLZ 1910, 285.
304 Norden 128 f.
305 So Meyer 92 Anm. 4. Im Vorwort zur zweiten Auflage des Agnostos Theos von 1923 begründet Norden den unrevidierten Nachdruck der Erstauflage mit einer mittlerweile erfolgten Verschiebung seiner wissenschaftlichen Interessen, deutet allerdings an, er habe handschriftliche Notizen dem Teubner-Verlag zur Archivierung übergeben.
306 Vielhauer *passim*. Apodiktisch auch Grässer 182: „Da jedoch die theologisch-sachliche Inkongruenz des Paulusbildes der Apg mit den echten Paulusbriefen einen Vf. ausschließt, der Reisebegleiter des Paulus war, erweist sich die These als unhaltbar."
307 Vgl. Schröter, Actaforschung IV 58. VI 331.
308 Jervell, Apostelgeschichte 452–456; weiterhin Taylor, Actes.

fenden Eindruck, als hätten wir durch sie Zugang zum kompletten Paulus. Dabei lässt man allerdings außer Acht, dass hier ein zwar gehaltvolles, letztendlich aber doch äußerst schmales Briefcorpus vorliegt, das sogar noch dünner wird, wenn einige der unter dem Verfassernamen des Paulus kursierenden Stücke als unecht und deuteropaulinisch ausgeschieden werden. Sollte uns in diesen bestenfalls dreizehn und schlechtestenfalls sieben Gelegenheitsschriften wirklich eine geschlossene Persönlichkeit entgegentreten, an deren Erscheinungsbild keine weiteren Quellen etwas zu ändern in der Lage sind? Dies wird man füglich bezweifeln dürfen und das lukanische Paulus-Bild eher als Ergänzung des paulinischen Selbstzeugnisses in den Briefen betrachten[309].

Zum zweiten ist zu berücksichtigen, dass man aus den paulinischen Briefen nicht zwangsläufig auf die mündliche Vortragsweise des Paulus schließen muss. Wie Paulus geredet hat, bildet sich in seinen Briefen nicht ab, die ja ein völlig anderes Genre darstellen. Wenn, was ja niemand bestreitet, die Areopagrede an ein paganes Publikum gerichtet war, das über keine größeren Vorkenntnisse in der jüdischen Heilsgeschichte verfügte, dann folgt daraus nicht notwendig, dass diese Rede dem lukanischen Paulus nur in den Mund gelegt wurde, sondern es ist ebenso gut möglich, dass der authentische Paulus seine Rede den Umständen angepasst hat. Man möge sich vorstellen, wie der Verfasser von Röm 1–3 eine Rede über die rechte Gotteserkenntnis vor dem Areopag in Athen wohl formuliert hätte. Würde sich der Inhalt der Rede wirklich so stark von dem unterscheiden, was Paulus bei dieser Gelegenheit laut Lukas gesagt hat[310]? Sollte man die Areopagrede nicht viel eher als Zeugnis dafür ansehen, dass Paulus sich akkommodiert und seine Botschaft dem Publikum entsprechend adaptiert hat[311]? Dies scheint die naheliegendere Interpretation zu sein, insbesondere wenn man bei genauerem Hinsehen feststellt, dass die generelle Tonlage der Rede gar nicht so freundlich ist, wie Dibelius angenommen hatte[312]. Dazu zunächst einige Beispiele und daran anschließend einige Überlegungen zu dem, was m. E. der Schlüsselbegriff der Rede ist.

Schon die einleitende Feststellung, die Athener seien δεισιδαιμονέστερος (v. 22) ist bestenfalls ambivalent. Dieser Aspekt wird durch Übersetzungen wie „sehr religiös" nur ungenügend deutlich gemacht[313]. Es kann kein Zufall sein, dass hier ein Kompositum mit δαίμων verwendet wird, um den athenischen Götterglauben zu charakterisieren, nicht eins mit dem Element θεός wie in Sophokles' Bezeichnung der Athener

---

309 So schon Meyer 93 f.; vgl. Hengel, Paulus 8–10.
310 So Dibelius 70 u. ö.
311 Bruce, Acts 379. Vgl. jetzt auch Littwak 202: „Paul's speech is rooted in scriptural thought throughout".
312 Dibelius 61.
313 Haenchen 500: „sehr religiös"; vgl. Dibelius 29. Auf die Ambivalenz des Begriffes verweisen Bruce, Acts 380; Lake/Cadbury 214; Stonehouse 16. Jervell, Apostelgeschichte 445 meint, der Begriff wäre „zumindest nicht positiv gemeint".

als θεοσεβέστατος³¹⁴. Die Bedeutung „sehr abergläubisch" schwingt in δεισιδαιμονέστερος zumindest mit. Ein Lob der athenischen Religiosität, durch welche im Sinne einer *captatio benevolentiae* das Wohlwollen der Hörer erlangt werden soll³¹⁵, wird damit jedenfalls nicht ausgesprochen. Dies war, wie es scheint, vor dem Areopag auch gar nicht erwünscht³¹⁶.

Dass die gesamte Menschheit auf „einen" (v. 26), von Gott geschaffenen Menschen zurückzuführen sei, ist nicht nur ein Gedanke, welcher den Griechen völlig fremd ist³¹⁷, sondern auch ein Affront gegen den exklusiven athenischen Anspruch auf Autochthonie³¹⁸, durch den sie ihre Überlegenheit gegenüber allen anderen Völkern begründeten, deren Genese entweder auf Migrationen oder Abstammungen zurückzuführen sei. Die Athener hingegen behaupteten, die einzigen zu sein, welche das Land bewohnten, welchem sie entsprungen wären.

Wenn in v. 27 gesagt wird, der Mensch müsse „Gott suchen", dann wird damit nicht gleichzeitig behauptet, er wäre in der Lage, ihn kraft eigener intellektueller Anstrengung auch zu finden. Im Gegenteil, die Situation des Menschen scheint nicht sehr hoffnungsvoll zu sein, wenn im gleichen Vers dargelegt wird, dass Gott „nicht ferne von einem jeden von uns" sei, aber kein Wort darüber verloren wird, dass der Mensch ihn deswegen tatsächlich gefunden habe³¹⁹. Die Unmöglichkeit des erfolgreichen Findens wird im Griechischen an dieser Stelle zusätzlich durch die Verwendung des Optativs unterstrichen (εὕροιεν)³²⁰. Solch ein Satz klingt sehr nach dem Mann, der in Röm 1,21 schreibt, die Menschen hätten, obwohl sie von Gott wussten (γνόντες), ihm doch nicht die ihm gebührende Ehre erwiesen³²¹. An beiden Stellen spiegelt sich der gleiche Pessimismus über die Möglichkeiten natürlicher Gotteserkenntnis.

Man wird nach dem bisher Gesagten nur schwerlich behaupten können, der Ton der Rede sei moderat, zurückhaltend oder gar vermittelnd. Der stärkste Affront, den die Rede für die Zuhörer bereithält, ist dabei allerdings noch gar nicht genannt,

---

[314] Sophocl. Oid. K. 260, vgl. Bruce, Acts 380.
[315] So Haenchen 500; Pervo, Acts 425. 433; Porter 144. Witherington, Acts 520 ist zu sehr seiner rhetorischen Analyse verhaftet, wenn er einerseits die negative Konnotation von δεισιδαιμονέστερος betont, andererseits aber daran festhält, es handele sich um eine *captatio benevolentiae*.
[316] Lucian. gymn. 19.
[317] Nock, Essays 831.
[318] Thuk. 1,2; Dem. 60,4–8.
[319] Vgl. Porter 148; Witherington, Acts 529. Diese ‚pessimistische' Interpretation von Apg 17,27 f. löst die zu dieser Stelle immer wieder postulierte, angebliche Diskrepanz zwischen dem Brief-Paulus und dem Acta-Paulus, so z.B. bei Gräßer 27 und v.a. Vielhauer.
[320] Porter 148; vgl. auch Bruce, Acts 383; Conzelmann 109; Roloff 263; auch Dibelius 34–36, der, im Sinne der Aufklärung, aber nicht des Apostels Paulus, das Suchen nach der Wahrheit *eo ipso* als Wert ansieht. Diese Bedeutung des Optativs wird von Pervo, Acts 437 Anm. 116 verworfen, nicht zuletzt weil sie seinem Verständnis der Areopagrede entgegensteht.
[321] Zu den Parallelen zwischen der Areopagrede und Röm 1,18–32 s. Porter 145–148; vgl. ferner Bruce, Acts 379; ders., Commentary 359. Zu Parallelen zwischen Apg 17,27 und Röm 10,20 s. Baum 427f. Auf Parallelen zwischen der Areopagrede und dem ersten Brief des Paulus an die Thessalonicher weist Fitzmyer 602 hin.

nämlich der Verweis auf die religiös-philosophische ἄγνοια der Athener, d.i. ihre Unkenntnis, ihre Ignoranz in der Gottesfrage. An drei Stellen der Areopagrede tritt der Terminus ἄγνοια oder dessen Derivate auf: ἄγνωστος und ἀγνοοῦντες in v. 23 sowie ἄγνοια selbst in v. 30. Stonehouse hat darin einen der Schlüssel zum Verständnis der Rede gesehen. In der wissenschaftlichen Literatur ist dem seither allerdings kaum Beachtung geschenkt worden[322].

Die Erwähnung des Altars des ἄγνωστος θεός dient selbstverständlich als Anknüpfungspunkt für alle weiteren Ausführungen, ohne dass es sich aber deswegen um ein rein literarisches Motiv handeln muss[323]. Unabhängig von der Frage, ob ein solcher Altar in Athen je gestanden hat, wird ἄγνωστος hier zumeist mit „unbekannt" übersetzt, im Sinne von: ein Gott, den die Athener nicht kennen und den Paulus ihnen dann verkündet. Es ist nicht ganz klar, ob dies wirklich gemeint ist, man könnte ἄγνωστος ebenso gut mit „unerkennbar" übersetzen und somit als Anspielung auf die limitierte Erkenntnisfähigkeit des natürlichen Menschen verstehen[324]. Da Paulus vor einem philosophisch gebildeten Publikum spricht, steht dieser Gedanke wenigstens als Assoziation im Raum. Paulus nimmt den Begriff ἄγνωστος jedenfalls zur Charakterisierung der Athener auf und nennt sie gleich im Anschluss ἀγνοοῦντες. Dies wird beispielsweise in der Luther-Übersetzung ganz verdunkelt, wenn aus dem auf die Athener gemünzten Partizip Plural ein Adverb gemacht wird. Es ist keineswegs so, dass Paulus nun den Athenern den Gott verkündet, den sie „unwissend" verehren – so das verbreitete Missverständnis des Satzes[325]. Die Athener selbst sind „die Unwissenden", „diejenigen ohne Kenntnis" oder vielleicht sogar „diejenigen ohne Erkenntnis". Indem sie einem ἄγνωστος θεός einen Altar errichten, bekennen sie offen ihre ἄγνοια, ihre „Unkenntnis". Dies nun war für die philosophisch geschulten Hörer geradezu ein Schlag ins Gesicht. Für sie war das Streben nach γνῶσις, nach Wissen, nach Erkenntnis und das heißt auch nach Gotteserkenntnis, ein hohes Gut[326]. In der Areopagrede werden sie nun aber schonungslos als ἀγνοοῦντες bezeichnet, als diejenigen ohne γνῶσις, die durch χρόνοι, durch eine lange Zeit oder eher noch ‚über Jahrhunderte' in diesem Zustand der ἄγνοια (v. 30) gefangen gewesen wären. Dies ist schwerlich eine respektvolle Einschätzung athenischer Philosophie und Religion, sondern vielmehr eine vernichtende Analyse, welche die Hoffnungslosigkeit philosophischen Erkenntnisstrebens in kräftigem Schwarz ausmalt und anschließend

---

322 Stonehouse 18–23. Von den Kommentatoren hat dies allein Witherington, Acts 524 aufgenommen, ohne den Gedanken allerdings weiter auszuführen. Pervo, Acts 425 verweist unter Berücksichtigung der vv. 19, 20, 23, 30 darauf, dass in der Athen-Episode mehrfach Wörter mit der Wurzel γνω- (wissen) in Erscheinung treten, zieht daraus allerdings nur die Schlussfolgerung, die Passage habe Fragen der Epistemologie zum Gegenstand. Auch Litwak 204 deutet die richtige Richtung nur an: „Clearly, the failure of Paul's audience to recognize the true God is an important theme in Paul's speech".
323 So aber Norden 31–56; vgl. Conzelmann 106.
324 Zu den verschiedenen Interpretationsmöglichkeiten van der Horst 1443 f.
325 Beispielsweise bei Barrett, Acts 839; Roloff 267.
326 Aristot. anal. post. II 99b-100b; Plat. Tim. 28c, Parm. 141e-142a, Symp. 211a, ep. 7,341b-d.

konsequent zur μετανοια aufruft (v. 30), zur Änderung und Neuausrichtung des νοος, des Sinnes, des Geistes, auch das eine kaum verhüllte Abqualifizierung ihrer bisherigen Sinnesausrichtung, die zu nichts weiter als ἄγνοια geführt hatte. Dieser Frontalangriff auf das philosophische Erkenntnisstreben steht bei genauerem Hinsehen dem radikalen Urteil des ersten Kapitels des Römerbriefes kaum nach. Er passt ebenso gut zu der Warnung vor der Nichtigkeit der Philosophie im Kolosserbrief (2,7).

Es soll nun bei alldem nicht negiert werden, dass der Redner der Areopagrede den Griechen ein Grieche geworden ist. Er greift Begrifflichkeiten aus der hellenistischen Philosophie auf und zitiert griechische Literatur. Aber für ihn ist die gleiche Begrifflichkeit mit ganz anderen Inhalten gefüllt. Er steht auf dem Boden des Alten Testamentes und dessen Gedankenwelt. Wenn man also im Kontext der Areopagrede von einer Akkulturation der christlichen Botschaft sprechen will, dann kann man das nur in sehr engen Grenzen, denn das Christentum wird hier keinesfalls als vereinbar mit dem Credo der Philosophen angesehen, vielmehr wird der Glaube der Athener radikal infrage gestellt. Es ist eigentlich erstaunlich, dass sich das Publikum erst nach der Erwähnung der Auferstehung Christi spöttisch äußert, denn es wäre nicht verwunderlich gewesen, wenn es bereits nach dem neuerlichen Anwurf der ἄγνοια (v. 30) zu solchen Reaktionen gekommen wäre. In der Summe dürfte jedenfalls das Argument, die Rede könne aufgrund ihres moderaten Tonfalls unmöglich auf Paulus zurückgehen, nicht stichhaltig sein. Wenn die Areopagrede die gleiche Fundamentalkritik paganer Religiosität durchzieht, welche wir in Röm 1,18–32 finden, dann spricht wenig dagegen, im Verfasser des Römerbriefes auch den Redner vor dem Areopag zu sehen. Auch sprachlich lassen sich eine Reihe von Verbindungen zwischen der Areopagitica und den Paulusbriefen erkennen[327]. Hält man auch den Titusbrief für paulinisch – dies wird, zugegeben, nur von einer Minderheit vertreten –, dann möchte man dem Umstand, dass in Tit 1,12 und Apg 17,28a zwei Verse zitiert werden, die in ihrem ursprünglichen Werkzusammenhang wohl in engster Nachbarschaft standen (s. o. S. 85 f.), fast schon Beweiskraft für die Authentizität der Areopagrede zumessen.

3.3.1.4 Zwischenfazit

Als Zwischenfazit lässt sich festhalten, dass man die Areopagrede und deren Rahmenerzählung gegen die vorherrschende Forschungsmeinung durchaus als zusammengehörig ansehen kann. Die Bezüge zu lokalen athenischen Gegebenheiten sind mannigfach, zudem stecken sie zum Teil nur implizit im Text, ohne durch den Verfasser deutlicher herausgearbeitet zu werden, wie vor allem der Zusammenhang zwischen dem Auftritt des Paulus vor dem Areopag und der Zuständigkeit des Rates im Verfahren zur Einführung neuer Gottheiten in das athenische Pantheon. Im Rahmen des Indizienprozesses, den der Historiker zu führen hat, darf man die Erzählung vom Aufenthalt des Paulus in Athen, welche Lukas in Apg 17,16–34 bietet, eher als histo-

---

327 Baum 424–433; vgl. auch schon Blass 191–194.

risch plausibel denn als lukanische Konstruktion oder Fiktion betrachten. Schon Eduard Meyer hat 1923 in voller Anerkennung der Subjektivität aller historischen Einschätzungen geäußert, dass in ihm „die ganze Erzählung den überzeugenden Eindruck der inneren Wahrheit hervorruf[e]", allerdings mit der pessimistischen Einschränkung, sein bereits seinerzeit von der Mehrheitsmeinung abweichendes Urteil würde womöglich „wenig helfen"[328].

Wenn also die Athen-Erzählung in der Apostelgeschichte insgesamt historisch plausibel ist, dann ist darin selbstredend der Abschluss der Erzählung eingeschlossen, in dem der Übertritt einiger Personen zum Christentum erwähnt wird. Damit wenden wir uns nun endlich unserer eigentlichen Hauptperson zu, Dionysios dem Areopagiten (v. 34).

3.3.2 Die Bekehrung des Dionysios

Die Rede des Paulus vor dem Areopag scheint zum größten Teil auf Ablehnung gestoßen zu sein, sicherlich was ihren formalen Aspekt betrifft, der Areopag konnte das Verfahren umgehend schließen, aber auch hinsichtlich des eigentlichen Anliegens des Paulus, nämlich der Gewinnung neuer Anhänger für den christlichen Glauben. Einige Männer, τινὲς ἄνδρες, so heißt es zum Abschluss der Episode in 17,34, hätten sich Paulus angeschlossen und wären zum Glauben gekommen (ἐπίστευσαν), darunter auch Dionysios ὁ Ἀρεοπαγίτης, also ein Angehöriger des Areopags.

Wir wollen uns kurz mit den Einwänden befassen, die speziell gegen die Bekehrung des Dionysios vorgetragen wurden. Zunächst findet sich auch betreffs dieses Mannes der bereits bekannte Einwand, von einer Taufe des Dionysios sei nirgends die Rede[329]. Nun gehört die Athen-Erzählung zur sogenannten zweiten Missionsreise, auf der in der Tat von einigen Taufen berichtet wird (16,15. 33; 18,8), so dass man meinen könnte, die Erwähnung einer Taufe sei hier doch ein entscheidendes Kriterium. Bei genauerem Hinsehen hält allerdings das Erfordernis einer Tauferzählung auch hier nicht stand. Für Thessalonike (17,1–8), wie im übrigen auch für Beroia (17,9–15), berichtet Lukas von keiner Taufe – aber will man angesichts der beiden neutestamentlichen Briefe an die Thessaloniker, von denen der erste sogar unbestritten paulinisch ist, wirklich behaupten, in dieser Stadt sei infolge der Predigt des Paulus niemand zum Christentum konvertiert?

Einen anderen Vorbehalt haben die Gebrüder Stegemann formuliert: Es ergebe sich aus der Darstellung der Apostelgeschichte die Frage, ob Lukas überhaupt behaupten wolle, Dionysios sei „Angehörige[r] des Christusglaubens im Sinne der *so-*

---

[328] Meyer 92f.
[329] Dibelius 68; Meeks 62; Stegemann/Stegemann 266.

zialen Zugehörigkeit zur christusgläubigen Gemeinde geworden"[330]. Schaut man sich den griechischen Text an, sieht man, dass dort für diejenigen, die sich Paulus „anschlossen", das Partizip κολληθέντες steht, das von κολλάω stammt, was wörtlich „kleben" oder „anhaften" bedeutet. Was soll damit gemeint sein, wenn nicht eine soziale Zugehörigkeit zur christusgläubigen Gemeinde?

Wir werden uns zwar weiter unten noch genauer mit den Hindernissen befassen, welche der Bekehrung von *ordo*-Angehörigen zum Christentum im Wege standen, bzw. umgekehrt mit möglichen Motiven für eine Konversion (s. Kap. 6–7), wollen aber dennoch kurz bei dem Moment der Bekehrung des Dionysios stehen bleiben. Die Erzählung des Lukas lässt zwar keine eindeutigen Motive für die Bekehrung des Dionysios erkennen, doch sind die Umstände bemerkenswert. Vor dem Hintergrund dessen, was Paulus vor dem Areopag gesagt hat, was, wie zu sehen war, ein nicht zu unterschätzender Affront gegen das gesamte athenische Weltbild war, ist es geradezu erstaunlich, dass Dionysios sich dem Paulus angeschlossen hat. Denn auch wenn wir nicht mit Sicherheit sagen können, ob Dionysios sich der einen oder der anderen der genannten philosophischen Schulen, Stoiker oder Epikureer, zugehörig fühlte, so kann man doch mit einer gewissen Wahrscheinlichkeit annehmen, *dass* er philosophisch gebildet war, denn das gehörte zum Ideal der Paideia, für das die sozial Höherrangigen in der Regel einstanden. Zumal in Athen können wir mit gutem Grund erwarten, dass die politisch einflussreichen Personen auch über eine philosophische Bildung verfügten. Wenn nun ein Mann mit einer solchen sozio-kulturellen Prägung nach dieser Rede, in welcher die hellenistische Philosophie als Sackgasse für die wahre Gotteserkenntnis deklariert wird und die mit ihrem Gipfelpunkt, der Auferstehung von den Toten, eine intellektuelle Zumutung für das Publikum darstellte, zum christlichen Glauben konvertierte, dann kann für ihn das Motiv für eine Bekehrung kaum darin bestehen, dass er hier eine Botschaft hörte, die in irgendeiner Weise auf seine gesellschaftlichen Bedürfnisse zugeschnitten war. Es kann kein Zweifel bestehen, dass Paulus hier einen Gegenentwurf bot zu dem, was für einen ‚typischen Athener' akzeptabel sein konnte. Die Welle der Ablehnung oder zumindest des freundlichen Desinteresses, die Paulus entgegen schlug, legt davon beredtes Zeugnis ab. Gerade das Beispiel des Dionysios scheint doch nahezulegen, dass es etwas anderes als die Hoffnung auf soziale Akzeptanz gewesen sein musste, was einen *ordo*-Angehörigen zum Übertritt zum Christentum bewegen konnte.

---

[330] Stegemann/Stegemann 266, Hervorhebungen im Original. Vgl. Dibelius 68, der bereits Zweifel anmeldete, ob „hinter dem κολληθέντες αὐτῷ ἐπίστευσαν eine wirkliche Bekehrung zum Christentum steht und nicht etwa nur ein williges Eingehen auf die Predigt".

3.3.3 Der Areopagite

Wenn somit die Hinwendung des Dionysios zum Christentum als historisch plausibel erachtet werden kann, soll nun noch der Frage nachgegangen werden, was es hieß, ein Areopagite zu sein. Ist es richtig, ihn als *ordo*-Angehörigen aufzufassen? Besteht hier nicht ein Kategorienfehler, da *ordo* oder hier genauer der *ordo decurionum* als Organisationseinheit auf lokaler Ebene doch eine genuin lateinische Institution ist, während wir uns in Athen selbstredend in einer durch und durch griechischen Stadt befinden und der Areopag eine altehrwürdige athenische Institution darstellte?

Mitnichten, wie Daniel Geagan in einem Beitrag mit dem sprechenden Titel „Ordo Areopagitarum Atheniensium" aufgezeigt hat[331]. Die athenische Verfassung, wenn man diesen Begriff gebrauchen will, durchlief nach der Einnahme Athens durch Sulla im frühen 1. Jh. v.Chr. eine Reihe von Veränderungen. Auch wenn Athen, wie viele andere alteingesessene griechische Städte mit einer großen Vergangenheit, sich nicht dazu durchringen konnte, um römisches Stadtrecht und damit die Erhebung zu einem *municipium* oder gar einer *colonia* zu ersuchen, so erfuhr das Stadtregiment im Laufe der Zeit doch eine gewisse Angleichung an römische Vorstellungen. Die für unseren Zusammenhang wichtigste Veränderung bestand darin, dass der Rat des Areopag, welcher in hellenistischer Zeit an Bedeutung verloren hatte und nun wiederbelebt wurde, seit Sulla das führende Gremium darstellte, dessen Mitglieder gleichzeitig eine Art *ordo decurionum* konstituierten. Neben den Funktionen des Areopag als gleichsam regierender Körperschaft und seinen damit verbundenen Kompetenzen sowohl in der Stadtregierung als auch in den Außenbeziehungen erkennt man dies zum einen daran, dass die Areopagiten zunehmend vom δῆμος, vom Volk und der Volksversammlung, unterschieden wurden. Den Areopagiten wurden darüber hinaus im Verlaufe der Kaiserzeit Rangtitel zuerkannt, σεμνότατος und κράτιστος, ähnlich den Rangtiteln für Senatoren oder Ritter[332], und römischen Prokonsuln wurde ehrenhalber die Mitgliedschaft im Areopag verliehen[333].

Die größten Ähnlichkeiten mit einem *ordo decurionum* sind allerdings wohl in den folgenden Punkten zu sehen[334]:
- Der Areopag setzte sich aus ehemaligen Magistraten zusammen, vor allem, aber nicht nur, aus den ehemaligen Archonten. Erst unter Mark Aurel wurde der Zugang auch durch andere Wege ermöglicht[335].
- Ein Areopagite musste, im Gegensatz zu einem Mitglied des athenischen Rats der 500, den Nachweis der *trigonia* erbringen, d.h. er selbst wie auch sein Vater und

---

[331] Zum folgenden Geagan, Ordo *passim*; vgl. auch Oliver 27f. 58.
[332] Geagan, Ordo 53; ders., Constitution 55f.
[333] Geagan, Ordo 53; Oliver 56.
[334] Zum folgenden Geagan, Ordo 52f., der allerdings vor allem durch die Funktionen des Areopag den Erweis erbracht sieht, dass dieser als *ordo decurionum* fungierte.
[335] Oliver 15.

Großvater mussten von freier Geburt sein[336]. Diese Beschränkung ist sogar noch restriktiver als vergleichbare Regelungen in den Städten römischen Rechts, in denen Magistraturen nur für Freigelassene verschlossen waren, während sie ihren Söhnen offen standen. Als Vergleichsstück zu dieser Drei-Generationen-Regelung lässt sich das Erfordernis der freien Geburt über drei Generationen für den Ritter-[337] und Senatorenstand sowie die auf die Nachkommenschaft zielende Erblichkeit des Senatorenstandes über drei Generationen nennen. Die Geburtsqualifikation für den Areopag ist somit ein deutliches Indiz für die Aristokratisierung dieses Gremiums.
- Die Zahl der Mitglieder des Areopags ist zwar nicht genau zu ermitteln, belief sich allerdings wahrscheinlich auf ungefähr 100[338], was etwa der Größe eines Stadtrates in den Munizipien und Kolonien entsprach.
- Zur Aufnahme in den Areopag war möglicherweise eine *summa honoraria* zu zahlen[339].

Geagan hat plausibel gemacht, dass der Areopag in der Tat bereits seit der sullanischen Neuordnung als Äquivalent eines *ordo decurionum* fungierte[340], auch wenn einige der oben genannten Einzelheiten sich erst im 1. Jh. n.Chr. nachweisen lassen – was für die Zwecke dieser Untersuchungen ja ein völlig hinreichender Nachweis ist. Das hohe Prestige des Rates, das sich insbesondere in dem außergewöhnlichen Erfordernis der *trigonia* zeigt, spiegelt sich auch in der römischen Literatur. Bereits Cicero setzte den Areopag mit dem römischen Senat gleich und stellte fest, der Areopag sei die regierende Körperschaft Athens; ähnlich äußert sich in späterer Zeit Aelius Aristides[341]. Man kann angesichts dessen mit gutem Grund behaupten, dass Dionysios zur sozialen Elite Athens zu zählen ist. Als Areopagite gehörte er dem politisch führenden Gremium Athens an, das auch über die Stadt hinaus hohes Ansehen genoss.

Zahlreiche Areopagiten kennen wir namentlich aus athenischen Inschriften. Können wir Dionysios in irgendeinem dieser Dokumente identifizieren? Leider nicht, aber es soll dennoch auf einen Text aufmerksam gemacht werden, ein Ephebenkatalog, der in die Jahre 61/62 n.Chr. datiert werden kann[342] und damit etwa zehn Jahre später anzusetzen ist als der Aufenthalt des Paulus in Athen, der wohl in die Jahre 50/51 fällt. Der Text nennt einige Epheben „Areopagiten", was selbst führende Epigraphiker zu der Annahme verleitet hat, hier sei von einer Unterkommission des Areopags die Rede. Die richtige Erklärung hatte bereits Graindor geboten[343]. Die Epheben trugen als

---

336 Oliver 54–57, vgl. ebd. 28.
337 Nicolet 140.
338 Geagan, Constitution 56f.
339 Geagan, Ordo 52; Oliver 56.
340 Geagan, Ordo 56.
341 Cic. Att. 1,14,5; nat. deor. 2,29,74; Ael. Aristid. Panath. 43. 252 (ed. Oliver).
342 IG II² 1990.
343 Graindor 66. 89f., der die Inschrift noch nach der alten Ausgabe IG III 1085 zitiert.

aristokratische Nachwuchsorganisation, die auf das politische Leben vorbereiten sollte, Titel, die von den Bezeichnungen athenischer Ämter abgeleitet waren: Strategos, Archon etc., und eben Ἀρεοπαγίτης. In unserem Kontext ist von Interesse, dass sich unter diesen ephebischen Areopagiten zwei befinden, deren Vater den Namen Dionysios trug, in einem Fall wurde der Name vom Vater dem Sohne vererbt, wie sich das in sozial höherrangigen Familien oftmals findet. Es handelt sich um einen Zenon, Sohn des Dionysios, aus einer der Demen namens Potamos, sowie um einen Dionysios, Sohn des Dionysios, aus der Deme Kydathenaion[344]. Es ist zu vermuten, dass die beiden Väter namens Dionysios Angehörige des Rates des Areopag waren, angesichts der Datierung der Inschrift (61/62) ist es sogar möglich, dass einer von ihnen identisch ist mit dem Dionysios aus Apg 17,34. Dies ist natürlich bloß eine Möglichkeit, und es soll hier keine vorschnelle Identifizierung vorgeschlagen werden. Aber immerhin ist es eine Möglichkeit, und wer Dionysios den Areopagiten in der Apostelgeschichte für ein ausschließlich literarisches Phantasieprodukt hält[345], der sollte durch die genannte Inschrift wenigstens daran erinnert werden, dass wir möglicherweise gar nicht so weit entfernt sind von einer historischen Person, deren Lebenszeit sich zu großen Teilen deckt mit der Zeit, in welcher die ‚literarische' Figur auftritt. Schon Harnack hat die Vermutung aufgestellt, dass Personen wie der für den Gang der Erzählung „sehr unbedeutende" Dionysios von Lukas allein deswegen genannt werden, weil sie den ersten Lesern bekannt waren[346].

Unter den sonstigen Angaben zur Person des Areopagiten ist insbesondere dessen Identifizierung mit dem angeblichen Verfasser des spätantiken Corpus neuplatonischer Schriften selbstverständlich abwegig. Die auf Dionysios von Korinth (*flor.* ca. 180) zurückgehenden Angaben bei Eusebius, der Areopagite wäre der erste Bischof Athens gewesen[347], erscheinen wenigstens insoweit anachronistisch, als zu einem solch frühen Zeitpunkt noch nicht mit einem Monepiskopat zu rechnen ist. Vielleicht sind die Informationen, die Eusebius überliefert, insofern historisch verwertbar, dass Dionysios der Areopagite wohl zum Kreis der Presbyter der ersten athenischen Gemeinde gehörte[348].

Dies ändert aber nichts an dem Fazit, das für die Fragestellung bezüglich der Person des Areopagiten gezogen werden kann. Die Erzählung vom Aufenthalt des Apostels Paulus in Athen in Apg 17,16–34 ist bislang nicht als unhistorisch erwiesen worden; sie kann im Gegenteil bis in ihre Einzelheiten hinein als historisch plausibel betrachtet werden. Die Einwände, die gegen eine mögliche Bekehrung des Dionysios, im Sinne einer Hinwendung zum Christentum, vorgetragen worden sind, haben sich

---

344 IG II² 1990, 23. 25.
345 So Gill, Dionysios *passim*. Anders Jervell, Apostelgeschichte 455: die „Namen sind kaum erfunden".
346 Harnack, Apostelgeschichte 107 f.
347 Eus. h. e. 3,4,10; 4,23,3.
348 So Zahn, Apostelgeschichte 630; auch Harnack, Apostelgeschichte 107 f. hält die Angaben bei Euseb für historisch verwertbar.

als nicht stichhaltig erwiesen, so dass auch seine Konversion als historisch plausibel angesehen werden darf[349]. Der Areopag fungierte wahrscheinlich bereits seit der sullanischen Neuordnung, mit Sicherheit aber in der Mitte des 1. Jh.s n.Chr. als Äquivalent eines *ordo decurionum*, so dass es in der Summe berechtigt sein dürfte, Dionysios den Areopagiten als christlichen *ordo*-Angehörigen anzusehen.

3.4 Frauen von politischen Amtsträgern in Thessalonike (Apg 17,4)

In diesem Kapitel soll Lukas' Bemerkung in Apg 17,4 behandelt werden, in Thessalonike wären γυναικῶν τε τῶν πρώτων οὐκ ὀλίγαι zum Christentum konvertiert. Die Vermutung liegt nahe, dass hier die Frauen von Angehörigen der politischen Elite gemeint sind und nicht ‚nur' „vornehme Frauen", wie gemeinhin übersetzt wird. Thessalonike war eine in der Kaiserzeit weiterhin griechisch organisierte Stadt, in der es zwar keinen römischen *ordo decurionum* gab, aber hinsichtlich ihres sozialen Ansehens in der lokalen Gemeinschaft stehen die Amtsträger und Ratsmitglieder einer griechischen Stadt, wie bereits ausgeführt, auf einer Stufe mit den Dekurionen. Wenn die folgende Interpretation von Apg 17,4 richtig ist, dann könnte man dies zumindest als weiteren Beleg dafür nehmen, dass das Christentum bereits in frühester Zeit in die Familien von ‚Dekurionen' eingedrungen ist. Anders als die Frauen (und Töchter) von Senatoren, die als solche dem *ordo senatorius* angehörten, waren allerdings Frauen von Dekurionen nicht Mitglieder des *ordo decurionum*. Noch dazu gab es, wie erwähnt, den *ordo decurionum* als Stand gar nicht in Thessalonike. Von daher könnte man die Passage im Zusammenhang der Suche nach christlichen *ordo*-Angehörigen ohne weiteres übergehen. Dass sich die Ehefrau eines ‚Dekurionen' zum Christentum bekehrte, blieb jedoch, auch wenn wir darüber keinerlei weitergehende Informationen erhalten, sicher nicht folgenlos für den gemeinsamen Haushalt. Die Passage hat also eine gewisse Nähe zu dem Thema der vorliegenden Arbeit, der Suche nach *ordo*-Angehörigen unter den ersten Christen, womit ihre Behandlung an dieser Stelle gerechtfertigt sein dürfte.

Die Frage der Historizität der Thessalonike-Erzählung in Apg 17,1–9 muss in diesem Falle nicht ausführlich erörtert werden. Neuere Untersuchungen haben die historische Zuverlässigkeit des Abschnitts weitgehend aufgezeigt und erweisen Lukas als guten Kenner Makedoniens[350]. Dass Lukas die Politarchen als führende Magistrate

---

[349] Der Einwand, Paulus nenne allerdings in 1 Kor 16,15 Stephanas und sein Haus die „Erstlinge in Achaia" (zu finden bei e. g. Lake/Cadbury 219), lässt sich leicht dadurch entkräften, dass Paulus hier wohl nicht die römische Provinz Achaia meinte, die in der Tat Attika miteinschloss, sondern zwischen den Landschaften Achaia und Attika unterschied.

[350] vom Brocke bes. 249; vgl. auch Riesner, Period 342–358, dort 342–344 ausführlich gegen die These von Stegemann, Obrigkeit 226–237, die Erzählung sei eine Schöpfung des Lukas und gehöre in den historischen Kontext einer präsumtiven domitianischen Christenverfolgung.

Thessalonikes kennt, ist bereits als Indiz seiner auffällig guten Kenntnis lokaler politischer Institutionen gewürdigt worden. Lüdemann hält die Erwähnung der Bekehrung hochrangiger Frauen für „redaktionell verdächtig"[351], was auch immer das heißen mag.

An der Stelle, die genauer betrachtet werden soll (17,4), referiert Lukas die Resonanz auf die Predigt des Paulus vom gekreuzigten und auferstandenen Christus: „Einige von ihnen ließen sich überzeugen und schlossen sich Paulus und Silas an." Unter den neugewonnenen Anhängern des christlichen Glaubens befanden sich

> τῶν τε σεβομένων Ἑλλήνων πλῆθος πολύ,
> γυναικῶν τε τῶν πρώτων οὐκ ὀλίγαι,

also eine große Menge von gottesfürchtigen Griechen und nicht wenige Frauen. Die Frage ist nun, wie das auf γυναικῶν folgende τῶν πρώτων zu verstehen sein soll. Attributivisch, im Sinne ‚vornehme Frauen'[352]? Oder als Genitivus possessoris, im Sinne ‚Frauen der führenden (Männer)'[353]? Der sog. Westliche Text der Apostelgeschichte hat an dieser Stelle Klarheit schaffen wollen und hat γυναῖκες τῶν πρώτων, was von Schrage als antifeministische Tendenz interpretiert wurde[354]. Dass dieses Verständnis des Westlichen Textes, wenn auch nicht dessen Lesart, aber höchstwahrscheinlich das Richtige trifft, dafür sprechen folgende Überlegungen.

Zum einen spricht die parallele Konstruktion der zur Diskussion stehenden Passage 17,4 dafür, τῶν πρώτων als Apposition und nicht als Attribut zu verstehen. In beiden Fällen ist die Charakterisierung der neuen Gläubigen einer Mengenangabe vorangestellt. Wenn sich τῶν πρώτων attributivisch auf γυναικῶν hätte beziehen sollen, dann hätte Lukas, um die Parallelität zu wahren, wie bei τῶν σεβομένων Ἑλλήνων das Adjektiv dem zugehörigen Nomen wahrscheinlich vorangestellt. Parallele Formulierungen in den Inschriften legen aber die Interpretation ‚Frauen der führenden (oder der ersten) Männer' nahe. Vor allem die bekanntlich sehr formelhafte Sprache der Ehreninschriften dürfte uns hier den Schlüssel in die Hand legen. Damit ist nicht das auf einigen Inschriften zu findende Ehrenprädikat πρώτη γυναικῶν („erste der Frauen") gemeint, auf welches G. H. R. Horsley als mögliche Parallele aufmerksam gemacht hat[355] und welches Merkelbach sogar als „Ehrentitel" verstehen wollte, mit dem die Geehrte in Akklamationen begrüßt wurde[356]. Gemeint ist vielmehr die Charakterisierung als γυνὴ τοῦ πρώτου, die in einigen Inschriften bezeugt ist.

---

351 Lüdemann 193.
352 So Conzelmann 102; Jervell, Apostelgeschichte 434: „Frauen aus vornehmen Kreisen, also Frauen ersten Ranges"; Lake/Cadbury 204: „leading women"; Fitzmyer 595: „prominent women", „first women".
353 Lüdemann 193; Stegemann/Stegemann 267; Taylor, Actes 270 hat „femmes des notables" als erste Option; Bruce, Acts³ 369 entscheidet sich nicht zwischen den beiden Möglichkeiten.
354 Schrage 119.
355 NewDocs 1, 25bis.
356 Merkelbach ad I. Assos 16 mit Verweis auf die Parallelen I. Priene 218 und La Carie II 174 f. Nr. 67,9.

Rat und Volk von Lydai in Lykien ehrten eine Aelia Aurelia Olympias γυνὴ τοῦ πρώτου τῆς πόλεως ἡμῶν Γα(ίου) Ἰουλίου Ἡλιοδώρου, „die Frau des ersten Mannes unserer Stadt Caius Iulius Heliodorus"[357]. Über ihren Mann erfahren wir zwar nichts weiteres, aber dass er πρῶτος τῆς πόλεως genannt wird, schließt mit Sicherheit die Bekleidung höherer Ämter ein und bezieht sich darüber hinaus höchstwahrscheinlich auf seine euergetische Tätigkeit. Auf Paros ehrten ebenfalls Rat und Volk eine Aurelia Leite, die zwei Ehrenprädikate erhält (τὴν ἀξιολογωτάτην καὶ πάντα ἀρίστην) und als γυνὴ τοῦ πρώτου τῆς πόλεως M. Αὐρ. Φαύστου bezeichnet wird. Ihr Mann M. Aurelius Faustus war Erzpriester des Kaiserkultes auf Lebenszeit und Gymnasiarch[358]. Das dritte Beispiel stammt aus Ankyra. Dort erhielt Claudia Aquillia zehn Ehreninschriften von den Phylen der Stadt, von denen zwei noch erhalten sind. Sie stammte aus dem Geschlecht der ehemaligen galatischen Könige und wird in den gleichlautenden Inschriften als γυνὴ Ἰουλίου Σεουήρου τοῦ πρώτου τῶν Ἑλλήνων bezeichnet[359]. Wie sich der Ehrentitel ihres Ehemannes, πρῶτος τῶν Ἑλλήνων, erklärt, lernen wir aus einer parallelen Serie von Ehreninschriften, welche die Phylen von Ankyra ihm gewidmet haben. Er war ein Abkömmling gleich mehrerer königlicher Geschlechter, Cousin von vier Konsularen, hatte mehrere Ämter in Ankyra bekleidet und sich durch zahlreiche Euergesien hervorgetan[360]. Dieser schon beinahe formelhafte Gebrauch von γυνὴ τοῦ πρώτου in den genannten Beispielen verstärkt die Annahme, dass auch in Apg 17,4 τῶν πρώτων als Apposition, ‚der ersten (Männer)', zu verstehen ist und eröffnet des weiteren das Verständnis dieser Formel, nicht unbedingt im Sinne eines Ehrentitels, sondern eher dahingehend, dass οἱ πρῶτοι als bestimmte soziale Gruppe zu verstehen sind: die Amtsträger und Ratsmitglieder, die politische Führungsschicht der Stadt, gleichsam das Äquivalent eines römischen *ordo decurionum*. Auch Lukas selbst meint an anderer Stelle mit οἱ πρῶτοι τῆς πόλεως (Apg 13,50) wohl die Magistrate und Ratsangehörigen, welche in der *colonia* Antiochia den *ordo decurionum* bildeten[361].

Die γυναῖκες τῶν πρώτων wären demzufolge die Frauen der politischen Amtsträger und Ratsmitglieder in Thessalonike, die man, anders als im Falle des Areopag in Athen, zwar nicht unbedingt mit einem *ordo decurionum* im strengen Sinne identifizieren muss, doch gilt auch hier, wie letztlich in allen Städten des römischen Imperiums, dass die führenden politischen Köpfe auch an der Spitze der sozialen Hierarchie stehen. Bereits Lightfoot und dann erneut Riesner haben darauf hingewiesen, dass

---

357 TAM II 146, 2. Jh. n.Chr.
358 IG XII 5, 292, 3. Jh. n.Chr.
359 Mitchell/French, Ancyra Nrn. 78–79, 114 n.Chr.
360 Mitchell/French, Ancyra Nrn. 72–73; weitere Inschriften für C. Iulius Severus ebd. Nrn. 74–76.
361 Mowery *passim* zeigt m.E. überzeugend, dass sehr wahrscheinlich der römische Ritter C. Caristanius Fronto Caesianus Iullus unter die πρῶτοι τῆς πόλεως zu rechnen ist, die für die Vertreibung des Paulus und des Barnabas aus dem pisidischen Antiochia verantwortlich waren. Hochrangige Personen, die als πρῶτος τῆς πόλεως bezeichnet werden, e.g. IG IX 8; IGRR IV 882; I. Iasos 258. 260; I. Perinthos-Herakleia 29; I. Sestos 14; TAM V 3, 1835. Zum „Wirbel um den ‚Ersten'", der gerade im griechischsprachigen Teil des römischen Reiches entfacht wurde, s. Alföldy, Gesellschaft 361–365 mit einer Reihe instruktiver Beispiele.

sich die hervorragende Rolle von Frauen im politischen Leben der Stadt gut an einer Inschrift aus Thessalonike selbst illustrieren lässt, auch wenn die Frauen selbstverständlich von der Ämterübernahme ausgeschlossen waren: Der Text der Inschrift listet einige Amtsträger auf und nennt für einen der sechs Politarchen nicht nur den Namen des Vaters, sondern auch denjenigen der Mutter[362]. Haenchen hält es für auffällig, dass diese vornehmen Frauen die Verfolgung der Christen in Thessalonike (Apg 17,5–9) nicht abwenden konnten[363]. Wie sie dies ohne die Möglichkeit politischer Teilhabe hätten bewerkstelligen sollen, erklärt Haenchen allerdings nicht.

Es mag sein, dass Lukas in Apg 17,12 die gleiche soziale Gruppe, Frauen der politischen Funktionsträger, im Sinn hat. Dort schreibt er, in Beroia wären τῶν Ἑλληνίδων γυναικῶν τῶν εὐσχημόνων καὶ ἀνδρῶν οὐκ ὀλίγοι zum Glauben gekommen. Die Formulierung erinnert an 17,4, allerdings ist εὐσχήμοναι, das sich auch in Apg 13,50 in ähnlichem Zusammenhang findet, ein weniger präziser Begriff, so dass 17,12 wohl in der Tat besser mit „nicht wenige vornehme griechische Frauen und Männer" zu übersetzen ist. Dies könnte Frauen von Honoratioren in Beroia miteinschließen, m. E. ist dies sogar sehr wahrscheinlich der Fall, aber die Formulierung dürfte hier nicht exklusiv auf diesen Personenkreis zu münzen sein.

3.5 Theophilos?

Das Rätsel um den genauen sozialen Rang des Theophilos, dem Lukas sein zweibändiges Werk, das Evangelium und die Apostelgeschichte, widmete, ist wohl nicht lösbar. Im Proömium zum Evangelium (Lk 1,3) adressiert Lukas ihn mit κράτιστε Θεόφιλε, im Eingangsvers zur Apostelgeschichte 1,1 mit ὦ Θεόφιλε. Auch wenn das für die Diskussion zentrale Prädikat κράτιστος sich nur im Evangelium des Lukas findet, soll Theophilos dennoch hier im Kapitel zur Apostelgeschichte abgehandelt werden.

Dass κράτιστος als Rangprädikat für die Angehörigen des *ordo equester* – in der frühen Kaiserzeit auch für die Senatoren – verwendet wurde, erklärt, warum Theophilos unter den potentiellen *ordo*-Angehörigen behandelt wird. Allerdings lässt sich keinerlei Urteil darüber fällen, ob Lukas hier κράτιστος tatsächlich als terminus technicus, also als Rangprädikat, versteht oder ob es sich eher um eine literarische Konvention handelt.

Für letzteres spricht der Vergleich mit anderen Proömien aus der antiken Literatur, unabhängig von der Frage, ob das Vokabular des Prologs des Lukas-Evangeliums dieses nun der historiographischen oder der technischen Literatur zuweist[364]. So

---

362 IG X 2,1, 126; Riesner, Period 356; Lightfoot, Essays 246. 256; zur Inschrift s. auch vom Brocke 263 f.
363 Haenchen 488.
364 Die meisten sehen den Prolog des Lukas-Evangeliums in der Tradition der griechischen Geschichtsschreibung, e. g. Ferrone *passim*; anders Alexander, Preface *passim*, welche die engsten Parallelen in der technischen Literatur erkennt. Wenn man das lukanische Doppelwerk als Einheit betrachtet, wird man ausgehend von dem zweiten Band, der Apostelgeschichte, die sicher der

spricht Josephus den Widmungsträger seines Werkes Contra Apionem (1,1) mit κράτιστε Ἐπαφρόδιτε an. Epaphroditus, ein kaiserlicher Freigelassener, war zwar eine mächtige und einflussreiche Persönlichkeit, aber sicher kein *ordo*-Angehöriger. Weitere Beispiele ließen sich anführen, bei denen nicht klar ist, ob die Personen, die mit dem gleichen Prädikat adressiert werden, wirklich Angehörige eines *ordo* sind[365]. Zieht man die Papyri hinzu, wird das Ergebnis noch unschärfer. Zwar wird auch dort die Adresse κράτιστε in einigen Fällen für Amtsträger ritterlichen Ranges verwendet, aber insgesamt ist diese Anrede in den Papyri ubiquitär und wird an einen weiten Personenkreis sehr unterschiedlichen sozialen Ranges gerichtet[366].

Allerdings verwendet Lukas in der Apostelgeschichte κράτιστος dreimal in Verbindung mit ritterlichen Amtsträgern: Einmal für Claudius Lysias (23,26) und zweimal für Felix (24,3; 26,25), beide prokuratorische Statthalter von Iudaea. In diesen drei Fällen ist zweifelsohne an ein Rangprädikat gedacht. Aufgrund dessen können wir also keinesfalls ausschließen, dass auch Theophilos im Proömium zum Lukas-Evangelium durch die Anrede κράτιστε als Angehöriger des Ritterstandes charakterisiert werden soll. Auch in den kaiserzeitlichen Inschriften wird κράτιστος vorzugsweise und in der ganz überwiegenden Mehrzahl im Zusammenhang mit senatorischen, ritterlichen oder lokalen Amtsträgern gebraucht. Dies mag überlieferungsbedingt sein, weil die entsprechenden Ehreninschriften einen relativ hohen Prozentsatz unter den auf uns gekommenen Inschriften ausmachen. Aber dennoch sollte man dies wenigstens berücksichtigen. Ferner wird das Prädikat κράτιστος vielfach als Attribut für den Rat, die βουλή griechischer Städte benutzt. Auf die Bezeichnung der Areopagiten als κράτιστοι wurde bereits verwiesen. Der epigraphische Befund deutet jedenfalls auf einen sehr weit verbreiteten Gebrauch des Begriffs als Rangprädikat für Amtsträger. In den Grabinschriften ‚einfacher' Leute, die ja nun auch nicht zurückhaltend sind hinsichtlich des Gebrauchs von Epitheta für den verstorbenen Ehepartner, findet sich κράτιστος hingegen selten belegt[367].

Stellt man dies alles gegeneinander, ergibt sich kein klares Bild, und das sollte insgesamt zur Vorsicht gemahnen hinsichtlich der Interpretation von κράτιστος in Lk 1,3. Dass es sich bei Theophilos jedenfalls um eine ‚höherrangige' Person handelt, ist schlecht zu bestreiten. Man wird ihn jedoch nicht ohne weiteres als *ordo*-Angehörigen ansprechen dürfen. Um seinen sozialen Hintergrund näher zu bestimmen, bieten sich als Vergleichsgruppe letztlich doch am ehesten die Widmungsträger der antiken Literatur an.

---

historiographischen Tradition und nicht der technischen Literatur zuzuweisen ist, auch das Gesamtwerk eher der historiographischen Tradition zuordnen.
365 Foakes-Jackson III 506.
366 Head 34 mit Anm. 14 hat im Jahre 2004 bei einer Suche nach κράτιστε in der Duke Databank 864 Treffer erzielt.
367 Ein Beispiel wäre I. Thespiae 365.

4 *Ordo*-Angehörige
in den neutestamentlichen Episteln

Im vorhergehenden Kapitel wurden die Zeugnisse für *ordo*-Angehörige in der neutestamentlichen Apostelgeschichte diskutiert. Diese wurden aufgrund der Debatte um die Historizität der Apostelgeschichte in einem eigenen Kapitel zusammengestellt, ohne Rücksicht auf die Standeszugehörigkeit der einzelnen Kandidaten. Im folgenden sollen die relevanten Zeugnisse in den Episteln des neutestamentlichen Kanons behandelt werden. Die Reihenfolge richtet sich auch hier nicht nach der Standeshierarchie, sondern nach dem Stellenwert, welcher den einzelnen Passagen oder den darin jeweils genannten Personen in der bisherigen Wissenschaftsdiskussion zugerechnet wurde. Erastos, der οἰκονόμος τῆς πόλεως aus Korinth, hat sicher den größten Umfang an Forschungsliteratur hervorgerufen, er ist geradezu eine Schlüsselfigur in der Debatte um die Existenz von *ordo*-Angehörigen unter den frühen Christen; die bekannte Stelle 1 Kor 1,26, steht hinsichtlich ihrer Prominenz an zweiter Stelle; Jak 2,2 spielt, auch für diese Arbeit, demgegenüber als möglicher Beleg für Angehörige des *ordo equester* nur eine untergeordnete Rolle.

4.1 Erastos (Röm 16,23)

Am Schluss seines Briefes an die Christen in Rom nennt Paulus eine Reihe von Personen, die Grüße an die Adressaten ausrichten lassen[1]. Unter denjenigen, die Grüße senden, wird in Kapitel 16,23 ein gewisser Erastos genannt, den Paulus als ὁ οἰκονόμος τῆς πόλεως bezeichnet. Der Titel οἰκονόμος τῆς πόλεως bezeichnet zweifelsohne ein städtisches Amt[2]. Paulus hat den Römerbrief nach allgemeiner Überzeugung in Korinth geschrieben[3], demzufolge muss Erastos sein Amt in Korinth ausgeübt haben. Erastos spielt eine ganz zentrale Rolle in der Debatte um Oberschichtangehörige unter den ersten Christen. Für die Gebrüder Stegemann ist er gar der einzige, der „[t]heoretisch ... für *ordo*-Zugehörigkeit von Christusgläubigen ... in Frage" kommt[4].

---

[1] Die vieldiskutierte Frage, ob das Grußkapitel Röm 16 ursprünglich an die Christen in Rom oder in Ephesos gerichtet war, ist hier nicht von entscheidender Bedeutung. Mittlerweile scheint eine Mehrheit wieder davon auszugehen, dass Kapitel 16 von Anfang an zum Römerbrief gehört hat, s. Jewett 8 f.
[2] Meggitt 136 spekuliert, es könne auch ein Amt innerhalb der christlichen Gemeinde gemeint sein. Das ist völlig haltlos. Das Attribut τῆς πόλεως bezieht sich eindeutig auf ein städtisches Amt, s. u. zu den Inschriften.
[3] Hier scheint es sich um eine echte *communis opinio* zu handeln, die von niemandem angefochten wird; um wenigstens einige Advokaten zu nennen: Barrett, Romans 3 f.; Cadbury 46; Jewett, Romans 21 f.; Witherington, Romans 7.
[4] Stegemann/Stegemann 253.

4.1 Erastos (Röm 16,23)

Die Frage nach dem sozialen Status des Erastos wird außerordentlich kontrovers diskutiert. Von zahlreichen Wissenschaftlern, so letztlich auch von den Gebrüdern Stegemann, wird er als christlicher *ordo*-Angehöriger abgelehnt – mit durchaus gerechtfertigten Argumenten, denn welchen Status das Amt des Erastos hatte, ist in der Tat nicht so leicht zu bestimmen. Dies hängt zuvorderst damit zusammen, dass wir das Amt eines οἰκονόμος τῆς πόλεως zwar aus zahlreichen Städten im griechischsprachigen Osten des römischen Reiches kennen, dieses Amt allerdings in Korinth nicht existierte. Weil dieser Aspekt in der bisherigen Diskussion nicht immer ausreichend berücksichtigt wurde, soll es hier noch einmal unterstrichen werden: Das Amt des οἰκονόμος τῆς πόλεως gab es in Korinth nicht; es existierte aber sehr wohl in anderen Städten. Wir sind in diesem Fall also nicht wie bei Sergius Paullus und Dionysios dem Areopagiten mit hermeneutischen Problemen der Textinterpretation konfrontiert, sondern es geht um das exakte Verständnis eines *terminus technicus*.

Korinth war unter Iulius Caesar unter dem Namen *colonia Laus Iulia Corinthiensis* als Kolonie römischen Rechts wiedergegründet worden und hatte infolgedessen eine für Städte dieses Rechtstypus' charakteristische Ämterstruktur. Die Ämter trugen lateinische Titel, nicht griechische. Die meisten caesarischen *coloniae* erhielten eine Zwei-Ämter-Struktur mit zwei Duovirn an der Spitze sowie zwei Ädilen. Die Inschriften und Münzen bestätigen uns vollauf, dass diese Ordnung auch für Korinth galt[5]. Paulus, der eben nicht Lateinisch, sondern Griechisch sprach und schrieb, hat demzufolge den von ihm verwendeten Amtstitel οἰκονόμος τῆς πόλεως als Übersetzung für eines der lateinischen Ämter von Korinth benutzt. Die Frage ist nur: Für welches? Dass Paulus das Amt des Duumvirn meinte, ist recht unwahrscheinlich, denn solch eine Übersetzung wäre nur schwer vereinbar mit dem wörtlichen Sinn des Amtstitels. Einen Ädilen als οἰκονόμος τῆς πόλεως zu bezeichnen wäre schon passender, allerdings muss man hier anmerken, dass dies eine eher außergewöhnliche Übersetzung wäre, denn die geläufige griechische Übertragung für das Amt des Ädilen, für die wir zahlreiche Beispiele in den Inschriften finden, lautet Agoranomos und nicht Oikonomos. Auf dieses Übersetzungsproblem wird zurückzukommen sein. Zunächst soll jedoch der Text behandelt werden, der in diesem Zusammenhang immer wieder herangezogen und in die verschiedensten Richtungen ausgedeutet wird: Die Pflaster-Inschrift des korinthischen Ädilen Erastus, die in der Nähe des Theaters von Korinth gefunden wurde. Nach einer Übersicht über die Probleme, die mit dieser Inschrift verbunden sind, soll der Versuch unternommen werden, mit Hilfe eines Neuansatzes die Schwierigkeiten bei der Bestimmung des Status des Erastos zu lösen.

---

[5] Kent 23–28. Zu den Münzen Amandry, Monnayage. Vgl. dazu unten S. 118f.

4.1.1 Die Erastus-Inschrift

Photo © American School of Classical Studies at Athens, Corinth Excavations

In den Jahren 1928 und 1929 wurde in der Nähe des korinthischen Theaters eine Platte eines Steinpflasters mit einer Inschrift gefunden, die einen Ädilen namens Erastus erwähnt. Im Jahre 1947 kamen zwei weitere Bruchstücke einer dazugehörigen, rechts anpassenden Platte zutage, so dass die Inschrift von J. H. Kent 1966 in folgender Form publiziert wurde[6]:

> [praenomen nomen] Erastus pro aedilit[at]e / s(ua) p(ecunia) stravit
>
> Übersetzung: Erastus hat anlässlich seiner Wahl zum Ädilen aus eigenen Mitteln das Pflaster legen lassen.

Die Diskussion um eine mögliche Identität des Erastus der Pflasterinschrift mit dem Erastos des Römerbriefes entbrannte unverzüglich nach der Publikation der ersten beiden Platten durch T. L. Shear. Shear sprach sich für die Identifizierung der beiden Personen aus[7]. Nach diesem anfänglichen Optimismus meldeten sich in kürzester Zeit mehrere skeptische Stimmen zu Wort, welche die Identität der beiden Erasti als durchaus nicht gesichert ansahen[8]. Die Debatte ist seither nicht zur Ruhe gekommen[9]. Man konzentrierte sich in diesem Zusammenhang auf die Klärung dreier Problemfelder: 1) Die Datierung der Inschrift; wenn die Inschrift, wie vielfach behauptet, in die Mitte des 1. Jh.s n. Chr. gehört, wäre dies ein Argument für eine mögliche Identität der beiden Erasti; gehört die Inschrift in eine spätere Zeit, trüge sie nichts zur Debatte um den sozialen Status des Erastos aus Röm 16 bei. 2) Die Häufigkeit des Namens Erastus;

---

6 Kent Nr. 232.
7 Shear 525 f. mit Abb. 9. Shear hatte fälschlicherweise *pro(curator)* gelesen, eine Fehlinterpretation, welche dann rasch von Roos 161–163 korrigiert wurde.
8 Cadbury 54–56; De Waele 226; Roos 162 f.; Van de Weerd 94 f. meldeten sich sämtlich in den Jahren 1929–31 zu Wort.
9 Für die Identität der beiden Erasti haben sich in jüngster Zeit u. a. ausgesprochen: Jewett, Romans 982; Koester, Silence 339 f.; Theißen, Studien 245; Thiselton, Corinthians 9; Welborn, Enmity 273; Winter, Welfare 192; Witherington, Corinth 33 f. Skeptisch oder ablehnend blieben: Clarke, Corinth 56; Friesen, Erastus *passim*, bes. 249; Hemer, Acts 235; Longenecker, Remember 238; Meggitt 141.

sollte der Name nicht allzu häufig sein, spräche auch dies für die Identität; finden sich mehrere Träger dieses Namens, könnte es sich um zwei verschiedene Personen handeln. 3) Wenn οἰκονόμος τῆς πόλεως eine adäquate Übertragung für das Amt des Ädilen ist, könnte der Ädil der Pflasterinschrift mit der Person aus dem Römerbrief identisch sein; handelt es sich nicht um eine angemessene Übersetzung, müsste die Pflasterinschrift aus der Debatte ausscheiden.

1) *Datierung*. Gemäß Shear, der die Platten zum ersten Mal 1929 publiziert hatte, zeige „(t)he archaeological evidence (...) that this pavement was in existence in the middle of the first century A.D."[10]. Ähnlich formuliert Kent, Herausgeber des Corpus der 1926–1950 in Korinth gefundenen Inschriften: „the pavement was laid some time near the middle of the first century after Christ"[11]. Diese Datierung würde sich ausgezeichnet zur Datierung des Römerbriefes fügen, über dessen exaktes Abfassungsjahr sich die Gelehrten zwar uneins sind, der aber wohl in der Mitte oder der zweiten Hälfte der fünfziger Jahre geschrieben wurde[12]. Wenn zwei Erasti etwa um die gleiche Zeit als Amtsträger in Korinth genannt werden, spräche sehr viel dafür, dass es sich um ein und dieselbe Person handelt. Freilich ist es durchaus nicht so, dass die Datierung der Inschrift auf die Mitte des ersten Jahrhunderts „not widely disputed" sei, wie Clarke behauptet[13].

Zunächst ist festzustellen, dass Shear keinerlei Hinweis gibt, worin denn die „archaeological evidence" bestehe, auf welcher er die Datierung der Inschrift gründet. Das Gleiche gilt für Kent, der ganz ohne die Angabe von Gründen auskommt. Es ist möglich, wie Meggitt meint[14], dass Kent seine Datierung, wie in der Epigraphik oftmals üblich, auf die Form der Buchstaben stützte. Freilich wird dies von Kent nirgends explizit vermerkt, und selbst wenn dies so wäre, so sind Buchstabenformen selbstverständlich kein ausreichendes Kriterium, um eine Inschrift derart präzise in die Mitte des ersten Jahrhunderts zu datieren. Dass Datierungen aufgrund der Schriftformen in der Epigraphik grundsätzlich kein allzu sicheres Datierungskriterium sind, wird nicht zuletzt daran deutlich, dass bereits kurz nach der Publikation der Inschrift aufgrund der Buchstabenformen eine spätere Datierung in Erwägung gezogen wurde[15]. Die Schriftform entfällt also als hinreichend exaktes Datierungskriterium.

Gibt es weitere Möglichkeiten der Datierung anhand des archäologischen Kontextes? Stilwell hat 1952 den Band zum Theater in der Reihe *Corinth* publiziert. Nach Stilwell sind die Platten mit der Erastus-Inschrift in hadrianischer Zeit bei Repara-

---

10 Shear 525f.
11 Kent p. 99 ad Nr. 232.
12 Barrett, Romans 5: 55; Riesner, Period 322: 56/57; Witherington, Romans 7: 57.
13 Clarke, Corinth 49, der mit dieser Behauptung eine Diskussion der Datierung für obsolet erachtet.
14 Meggitt 137.
15 Cadbury, Erastus 46 referiert eine Diskussion über die Datierung der Erastus-Inschrift anhand der Buchstabenformen, leider ohne genauere Angaben dazu zu machen oder Namen zu nennen. Meine Vermutung ist, dass er hier auf eine mündliche Diskussion anspielt, die er mit einem oder mehreren Kollegen geführt hat.

turarbeiten in der Nähe des korinthischen Theaters wiederverwendet worden[16]. Der Fundkontext wäre demnach nicht der ursprüngliche archäologische Kontext und würde uns nicht mehr als einen *terminus ante quem* in hadrianischer Zeit liefern. Theißen vermutete daraufhin, aus Pietätsgründen hätte man die Inschrift erst dann von ihrem ursprünglichen Ort entfernen können, als der Stifter Erastus in Vergessenheit geraten war. Eine andere Variante, dass nämlich die Platten nicht an einen anderen Ort verlegt wurden, sondern nur das Pflaster erneuert wurde, impliziere ebenfalls, dass längere Zeit seit der ursprünglichen Widmung der Inschrift vergangen sein muss. Demzufolge käme man „ungefähr in die Mitte des 1. Jh. n. Chr."[17]. Auch dies ist letztlich reine Spekulation. Wie weit wir also mit der Datierung vor Hadrian zurückgehen können – 30, 50 oder 100 Jahre –, dafür gibt es keinerlei sichere Anhaltspunkte.

Steven Friesen ist der Datierungsfrage kürzlich noch einmal mit dankenswerter Gründlichkeit nachgegangen und hat zu diesem Zweck die Grabungstagebücher eingesehen und die Verantwortlichen für die Ausgrabungen von Korinth konsultiert. Friesen zufolge, der sich auf neuere, noch unpublizierte Untersuchungen des ehemaligen Leiters der Grabungen in Korinth, Charles Williams, stützt, ist der aus dem archäologischen Kontext zu gewinnende *terminus ante quem* sogar noch wesentlich später anzusetzen. Die Platten mit der Erastus-Inschrift seien im späten 3. oder frühen 4. Jh. n.Chr. an der Stelle, an der sie jetzt zu finden sind, verlegt worden, um als Fundamentierung für eine Mauer zu dienen. Wenn dies zutrifft, können wir anhand der archäologischen Daten tatsächlich nicht mehr aussagen als dass die Erastus-Inschrift aus einer Zeit irgendwann vor der Mitte des 4. Jh.s stammt[18]. Weil aber die Platten höchst wahrscheinlich auch zum ursprünglichen Pflaster der Platzanlage östlich des korinthischen Theaters gehört, die wohl unter Hadrian errichtet wurde, plädiert Friesen letztendlich für eine Datierung der Erastus-Inschrift in – und nicht vor(!) – die Mitte des 2. Jh.s n.Chr., etwa in späthadrianische Zeit[19]. Allerdings gibt er einschränkend zu, dass diese Datierung nicht als vollends gesichert gelten kann, und räumt ein, die Inschrift könne durchaus aus einer früheren Zeit stammen.

Aus alledem dürfte deutlich geworden sein, dass mit Hilfe des archäologischen Kontextes eine genauere zeitliche Eingrenzung der Stiftung des korinthischen Ädilen Erastus leider nicht zu gewinnen ist, schon gar keine präzise Datierung der Inschrift in die Mitte des 1. Jh.s n. Chr., wie sie von Shear und Kent postuliert worden ist. Umgekehrt ist eine Datierung in die Mitte des 1. Jh.s auch nicht völlig auszuschließen. Diese Feststellung führt jedoch nicht aus der Sackgasse heraus. Die Identität der beiden Erasti bleibt zwar eine Möglichkeit, auf der Grundlage der Datierung der Inschrift ist sie jedoch nicht zu erweisen.

---

[16] Stilwell 4.
[17] Theißen, Studien 242.
[18] Friesen, Erastus 239.
[19] Friesen, Erastus 242.

2) *Der Name Erastus.* Ein weiteres Argument, das Kent zugunsten der Identifizierung der beiden Erasti angeführt hatte, lautete, es handele sich bei Erastus um ein relativ seltenes Cognomen, das zudem in Korinth kein weiteres Mal bezeugt sei. Ersteres ist durchaus nicht richtig, letzteres mittlerweile durch ein neues epigraphisches Zeugnis widerlegt.

Eine stichprobenartige Suche in den entsprechenden Nachschlagewerken oder Datenbanken erweist Kents Annahme, Erastos/Erastus sei ein seltener Name, als nicht richtig. So finden sich für den Namen Erastos in Fraser und Matthews' Lexicon of Greek Personal Names allein für Attika 13 Einträge[20]. Meggitt kam – seinerzeit noch ohne elektronische Hilfsmittel – nach einer Durchsicht der Inschriftencorpora auf 55 Träger der lateinischen Namensform Erastus sowie 23 Personen mit dem griechischen Namen Erastos[21]. Solin listet nun unter den Personennamen in Rom 34 Beispiele für Erastus auf[22] und eine Suche in der epigraphischen online-Datenbank des Greek Epigraphy Project der Cornell University schließlich hat 32 Nachweise für die griechische Namensform Erastos ergeben[23]. Selbstverständlich sind bei den unterschiedlichen Stichproben größere Schnittmengen zu verzeichnen, doch kann es keinen Zweifel daran geben, dass es sich bei Erastus/Erastos keineswegs um einen seltenen Namen handelt.

Meggitt hat fernerhin erwogen, dass es sich bei dem Ädilen, der das Pflaster finanzierte, gar nicht um einen Erastus handelt, und der Name des Stifters ebenso gut zu [Ep]erastus ergänzt werden könnte, einem ebenfalls weit verbreiteten, wenn auch etwas selteneren Cognomen[24]. Folgt man jedoch der bereits von Kent ausgesprochenen Annahme, dass die zweite Zeile zentriert und die Inschrift symmetrisch angelegt ist, bliebe auf der linken Seite der ersten Zeile noch Raum für etwa fünf bis sechs Buchstaben[25]. Auf der ursprünglich links anpassenden, heute verlorenen Platte wird demzufolge eher ein kurzes Gentilnomen sowie das abgekürzte Praenomen des Stifters gestanden haben. Die symmetrische Anordnung der Inschrift scheint trotz der Einwände Meggitts, der diese nicht für zwingend gegeben hält, immer noch die wahrscheinlichere Variante zu sein. Für die Buchstaben EP, welche den Namen Eperastus komplettieren würden, scheint auf der erhaltenen mittleren Platte jedenfalls nicht genügend Platz vorhanden zu sein.

Brookins hat die Frage nach der Häufigkeit des Namens Erastos jetzt noch einmal gründlich aufgerollt und zum ersten Mal sämtliche Belege für den Namen gesammelt. Er kann aufzeigen, dass der Name letztlich im Vergleich zu anderen Namen zumindest in relativer Hinsicht selten belegt ist. Nach seiner Auffassung sei dies ein starkes Argument für die Identität des Erastos aus dem Römerbrief mit dem Erastus der

---

20 Fraser/Matthews II 154.
21 Meggitt 139 mit den Korrekturen bei Brookins 498 Anm. 7.
22 Solin, Personennamen 953f.
23 http://epigraphy.packhum.org/inscriptions/ (Suche durchgeführt am 31.10.2008).
24 Meggitt 140f.
25 Kent 100 gefolgt von Clarke, Leadership 48 und Gill, Erastus 295 Anm. 4.

Pflasterinschrift, zumal es für den Namen in Griechenland nur fünf Belege außerhalb des NT gäbe[26]. Angesichts der Zufälligkeit insbesondere der epigraphischen Überlieferung muss man vielleicht doch einmal grundsätzlich fragen, ob die angebliche Seltenheit des Namens Erastus überhaupt irgendein ansatzweise brauchbares Kriterium bietet, um eine Identität der beiden Erasti zu erweisen oder wenigstens wahrscheinlich werden zu lassen. Brookins behauptet, der Fall sei nun geklärt[27]. Dem ist sicher nicht so, denn Brookins übersieht dabei ebenso wie alle seine Vorgänger in der Debatte einen ganz entscheidenden Sachverhalt, der uns zeigt, dass wir aufgrund der Namensgleichheit überhaupt gar keine Sicherheit hinsichtlich einer Identität der beiden Erasti gewinnen können.

Merkwürdigerweise blieben bislang nämlich in der gesamten Debatte die Fasten der korinthischen Magistrate, die Kent seinem Inschriftencorpus vorangestellt hatte, gänzlich unberücksichtigt. Den Fasten der korinthischen Magistrate ist ja mit aller wünschenswerten Deutlichkeit zu entnehmen, dass man nicht unbedingt von einer personalen Identität ausgehen muss, wenn in zwei unterschiedlichen Quellen zwei Amtsträger erwähnt werden, welche denselben Namen führen. Dies wird an einem ganz einfachen Sachverhalt ersichtlich: Unter den korinthischen Amtsträgern befinden sich historisch gesichert *mehrere* Personenpaare, welche jeweils dasselbe Cognomen führen, ohne dass es sich dabei jeweils um die identische Person handelt. Bei all diesen Paaren ist aufgrund eines unterschiedlichen Gentilnomens oder wenigstens eines unterschiedlichen Praenomens eindeutig erkennbar, dass es sich ganz offensichtlich um unterschiedliche Individuen handelt[28]. Einige der Personen, die dasselbe Cognomen tragen, waren sicher miteinander verwandt, andere stammten zweifelsfrei aus unterschiedlichen Familien. So finden sich in den Reihen der korinthischen Duoviri ein M. Barbatius M. f. Celer und ein Q. Barbatius Celer, ein L. Castricius Regulus und ein Cn. Publicius Regulus, ein P. Caninius Agrippa und ein L. Caninius Agrippa. Selbst unter den seltener bezeugten Ädilen finden sich zwei unterschiedliche Perso-

---

26 Brookins *passim* bes. 507f. 510. 515f. Brookins' Spekulationen über eine mögliche Identität des korinthischen Erastos mit einem der beiden (oder vier) in Athen bezeugten Erastoi sind völlig haltlos. Es ist schon grundsätzlich unwahrscheinlich, dass ein Athener in der Mitte des 1. Jh.s n.Chr. ein Amt in Korinth übernehmen würde. In diesem Falle ist das sogar gänzlich unmöglich, denn keiner der bezeugten Athener Erastoi besaß das römische Bürgerrecht und dies war Voraussetzung für die Bekleidung von Ämtern in der *colonia Iulia Laus Corinthiensis*.
27 Brookins 516.
28 Ein Blick in Kents Listen hätte auch Fiensy geholfen, seine p. 569 gestellte Frage zu beantworten: „We must ask what are the chances of there being two Erasti in Corinth from approximately the same period of time who held important city offices?" Ähnlich Welborn, Enmity 273: es sei „highly unlikely", dass es zwei unterschiedliche korinthische Amtsträger mit dem gleichen Namen gegeben hätte. Auch das von Welborn a.a.O. emphatisch vorgetragene Argument, man müsse die Seltenheit des Namens Erastos in Korinth beachten, ist nicht stichhaltig, da unsere epigraphische Überlieferung nie repräsentativ ist. Man wird auch McKechnie 17 nicht folgen wollen, der das Argument, es könne sich um zwei verschiedene Erasti gehandelt haben, etwas zu leicht vom Tisch wischt mit der Feststellung, solche Argumente seien generell „schwach" und sogar „schädlich" und gar nicht der Überprüfung wert.

nen, welche dasselbe Cognomen tragen: ein L. Antonius Priscus sowie ein P. Licinius P. f. Priscus Iuventianus; darüber hinaus gibt es einen weiteren Priscus unter den Duoviri, einen gewissen C. Mussius Priscus[29]. Dieser Sachverhalt ist bislang nicht wahrgenommen worden, dass also in Korinth mehrere Male der Fall bezeugt ist, dass ein Amt von unterschiedlichen Personen ausgeübt wurde, welche aber dasselbe Cognomen tragen. Wäre dies zur Kenntnis genommen worden, so hätte mancher doch etwas übereilt vorgetragene Optimismus hinsichtlich der Identifizierung der beiden Erasti sicher etwas gedämpft werden können.

Endgültig überholt ist mittlerweile auch Kents Feststellung, der Name Erastus sei in Korinth kein weiteres Mal belegt[30]. Eine heute leider verlorene Inschrift, die bereits 1960 nördlich des Stadtzentrums von Korinth gefunden, jedoch erst 1979 publiziert wurde, nennt zwei Vitellii, möglicherweise Brüder, von denen einer das Cognomen Erastos trägt[31]. Die Inschrift ist anhand der Buchstabenformen einmal in das 2., ein anderes Mal in das 4. Jh. datiert worden[32]. Es könnte sich bei dem Text um eine Weihinschrift für eine pagane Gottheit handeln[33]. Sicherheit lässt sich bezüglich der Datierung und des Kontextes freilich nicht gewinnen. Für eine Identifizierung dieses Vitellius Erastus mit dem Ädilen Erastus oder dem Erastos aus der Grußliste des Römerbriefes gibt es keinerlei Anhaltspunkte. Entscheidend ist für unseren Zusammenhang allerdings, dass wir durch diese Inschrift einen weiteren Beleg für den Namen Erastos in Korinth erhalten, so dass also die Identifizierung des Erastus aus der Pflasterinschrift mit dem bei Paulus bezeugten Erastos nicht mit der angeblichen Seltenheit des Namens begründet werden kann.

Noch einmal mit anderen Worten: Wir kennen von dem inschriftlich bezeugten Erastus und dem Erastos des Römerbriefes jeweils nur das Cognomen. Auf dieser Grundlage ist es unmöglich, die Identität der beiden zu beweisen, weil 1) die Magistratslisten von Korinth zeigen, dass es mehrere Beispiele für Amtsträger gibt, die das gleiche Cognomen tragen, aber eindeutig verschiedene Personen sind, und weil 2) durch die Inschrift des Vitellius Erastus ersichtlich wird, dass der Name Erastus in Korinth keine absolute Rarität darstellt, sondern es dort offensichtlich mehrere Träger dieses Namens gab. Das heißt, eine Identität des inschriftlich bezeugten Erastus und des Erastos des Römerbriefes ist *aufgrund der Namensgleichheit* nicht zu erweisen. Dass eine Identität der beiden auf dieser Grundlage nicht zu *beweisen* ist, bedeutet

---

[29] *Celer:* Kent p. 25 Nr. 23–25; *Regulus:* Kent p. 25 Nr. 14 und Nr. 35; *Agrippa:* Kent p. 25 Nr. 26 und p. 26 Nr. 42; *Priscus:* Kent p. 27 Nr. 10–11 und p. 25 Nr. 18.
[30] Kent 99.
[31] Die Erstpublikation in Pallas/Dantes 75f. Nr. 19; danach SEG XXIXX (1979) 301. Es hat danach noch mehr als ein Jahrzehnt gedauert, ehe die Bedeutung der Inschrift für unsere Frage von Clarke, Erastus erkannt wurde. Der Text lässt sich wie folgt rekonstruieren: [Οἱ] Βιτέλλιοι | [Φρο]ντεῖνος | [καὶ Ἔ]ραστος | [τῷ - -]γένει | [- - -]ι.
[32] Zweites Jahrhundert: Pallas/Dantes 75f. und Clarke, Erastus 147; viertes Jahrhundert oder noch später: Friesen, Erastus 233 Anm. 8.
[33] Clarke, Erastus 148.

aber natürlich nicht, dass es sich notgedrungen um zwei verschiedene Personen handeln *muss*.

3) *Ädil und* οἰκονόμος τῆς πόλεως. Auch in der Frage, ob es sich bei οἰκονόμος τῆς πόλεως um eine adäquate Übersetzung für das Amt des Ädilen handele, zeigte sich Kent überaus optimistisch. In seinem Corpus der korinthischen Inschriften vermerkt er, οἰκονόμος „describes with reasonable accuracy the function of a Corinthian aedile"[34]. Wenige Seiten zuvor, im Rahmen der Diskussion der korinthischen Ämter, hatte er sich freilich etwas vorsichtiger geäußert und den richtigen Hinweis gegeben, dass im Griechischen für die Übersetzung von *aedilis* gewöhnlich der Terminus ἀγορανόμος und nicht οἰκονόμος (τῆς πόλεως) verwendet wird. Dafür gibt es zahlreiche Beispiele, die hier anzuführen sich erübrigt.

Dass Kents Optimismus hinsichtlich der Gleichsetzung des οἰκονόμος τῆς πόλεως in Röm. 16,23 mit dem Amt des Ädilen oftmals ungebrochen fortgeschrieben wird, ist zweifelsohne auf einen wirkmächtigen Eintrag in H. Masons Lexikon „Greek terms for Roman institutions" zurückzuführen. Mason führt darin den Terminus οἰκονόμος als mögliches Äquivalent für den *aedilis coloniae* auf[35]. Der Autorität dieses Lexikoneintrages sind viele gefolgt, u. a. Clarke und Jewett[36]. Dies ist den Betroffenen, in diesem Falle beides Neutestamentler, keineswegs zum Vorwurf zu machen, denn im Rahmen interdisziplinärer Studien ist man ja vielfach auf zuverlässige Standardwerke des Nachbarfaches angewiesen, insbesondere in einer solch schwierigen Spezialfrage.

Von altertumswissenschaftlicher Seite muss man allerdings das Urteil fällen, dass Masons insgesamt außerordentlich verdienstvolles Lexikon an dieser Stelle irreführend ist. Denn welche Stelle führt Mason als Beleg an für die Übertragung von οἰκονόμος mit *aedilis coloniae?* Keine andere als Röm 16,23 mit einem Verweis auf die Pflasterinschrift Kent Nr. 232. Dass dies problematisch ist, ist hier natürlich überflüssig zu erwähnen. Mason ließ es aber nicht dabei bewenden, sondern verzeichnet darüber hinaus noch drei weitere Inschriften, in denen angeblich das Amt des οἰκονόμος als Äquivalent für den Ädilen genannt wird[37]. Damit suggeriert er, es handele sich nicht um einen Einzelfall. Es ist zu vermuten, dass Masons Lexikoneintrag erst hierdurch, indem er nämlich sozusagen eine kritische Masse von angeblichen Belegen anführte, seine Strahlkraft erlangt hat. Masons drei Belege sind freilich als solche schlicht falsch. Sie stammen allesamt nicht aus römisch organisierten Städten, sondern aus

---

[34] Kent 99 f.
[35] Mason 71 s. v. οἰκονόμος (4).
[36] Clarke, Corinth 50; Jewett 981; ebenso Welborn, Enmity 264 f.; Winter, Welfare 191. Zur Wirkung von Masons Lexikoneintrag vgl. Fiensy 569: „Mason has established without question that the Greek term οἰκονόμος can be used for the Latin *aedilis*." Die Problematik von Masons Lexikoneintrag wird erkannt und kurz umrissen von Goodrich, Erastus 101.
[37] IGRR IV 813 aus Hierapolis (= unsere Nr. U3, s. u. S. 135); IGRR IV 1630 aus Philadelphia (= unsere Nr. U2, s. u. S. 134); IGRR IV 1435 aus Smyrna (= unsere Nr. B4, s. u. S. 125). Dies wird ohne Überprüfung von Winter, Welfare 187 übernommen, der dann leider noch irreführender behauptet: „There are three inscriptions cited by Mason containing the term *aedile*."

solchen mit rein griechischer Ämterstruktur. Der Terminus οἰκονόμος (τῆς πόλεως), der sich hier findet, ist demzufolge nicht als Übersetzung für das lateinische Amt des Ädilen zu verstehen, sondern bezeichnet ein originär griechisches Amt. Die Struktur, Hierarchie und Funktion der Ämter in den griechischen Städten des Imperium Romanum war über Jahrhunderte gewachsen, und es hatten sich sehr eigenständige Formen herausgebildet. Diese historisch gewachsenen Ämterkonstellationen unterschieden sich in ihren individuellen Ausformungen von Stadt zu Stadt. In dieser Hinsicht glich kaum eine griechische Polis einer anderen. Demzufolge kann man vielleicht behaupten, dass das Amt des οἰκονόμος τῆς πόλεως, das uns in einigen griechischen Städten begegnet und mit dem wir uns gleich noch genauer befassen wollen, in einigen Fällen dem Rang und den Aufgaben nach in etwa dem Amt des Ädilen in den Städten römischen bzw. latinischen Rechtes entsprechen kann. Dass in den drei bei Mason angeführten Beispielen der Begriff des οἰκονόμος als Übersetzung oder Übertragung für den lateinischen Ädilen zu verstehen sein soll, ist jedoch völlig haltlos. Es handelt sich, um es noch einmal zu betonen, in allen drei Fällen um die Bezeichnung eines originär griechischen Amtes, nicht um die Übertragung eines lateinischen Begriffes. Es gibt somit keinen einzigen sicheren Beleg für die Übersetzung von *aedilis* mit οἰκονόμος. Kapitel 16 Vers 23 des Römerbriefes wäre das einzige Beispiel, wenn denn Paulus an dieser Stelle das Amt des Ädilen gemeint hat. Dies bleibt nach wie vor eine Möglichkeit, die keineswegs endgültig widerlegt ist. Diejenigen allerdings, die hinsichtlich der Diskussion um den Status des Erastos aus Röm 16,23 ohne weitere Überprüfung behaupten, οἰκονόμος τῆς πόλεως sei eine angemessene Übertragung für das Amt des Ädilen, und sich für diese Behauptung *allein* auf das Lexikon von Mason stützen, begehen letztlich einen Zirkelschluss.

4.1.2 Theißens Lösung: οἰκονόμος τῆς πόλεως = *quaestor*

Dass *aedilis* im griechischen Sprachgebrauch gewöhnlich mit ἀγορανόμος übersetzt wird und nicht mit οἰκονόμος, ist für unsere Frage nach dem sozialen Status des οἰκονόμος τῆς πόλεως in Röm 16,23 ein arges Dilemma. Gerd Theißen hat dies nun mit einer originellen und ebenfalls sehr einflussreichen Theorie zu lösen versucht. Theißen spricht sich für die Identifizierung des οἰκονόμος Erastos aus dem Römerbrief mit dem inschriftlich bezeugten Ädilen Erastus aus, nimmt jedoch an, es handele sich nicht um zwei unterschiedliche Bezeichnungen für dasselbe Amt, sondern um zwei verschiedene, hierarchisch gestufte Ämter, die Erastos/Erastus nacheinander bekleidet habe. Mit dem Terminus οἰκονόμος τῆς πόλεως habe Paulus vielleicht das rangniedrigere Amt des Quästors gemeint. Dieses Amt hätte Erastos in dem Jahr, als Paulus den Römerbrief verfasste, innegehabt, später sei er dann zum Ädilen gewählt worden[38]. Dieser Theorie, die Theißen nach Abwägung aller Möglichkeiten durchaus mit

---

[38] Theißen, Studien 245 nach ausführlicher Diskussion auf den S. 236–245.

der gebotenen Vorsicht vorgetragen hatte, hat sich kurz darauf Meeks angeschlossen, der sie zwar ebenfalls nicht für gesichert hielt, aber dennoch für überzeugend erklärte[39]. Von einer vorsichtig formulierten Theorie zur Tatsache wird die Karriere des Erastos vom Quästor zum Ädilen dann bei Murphy O'Connor, freilich ohne dass er neue Argumente liefert[40]. Theißens Szenario ist vielleicht nicht unbedingt zur Mehrheitsmeinung des vergangenen Vierteljahrhunderts geworden, wie Friesen behauptet[41], aber sie ist, wie erwähnt, sehr einflussreich und niemand konnte es sich bis dato erlauben, sie zu ignorieren. Goodrich hat Theißens These jüngst mit neuem Material zu stützen versucht, beging dabei aber, wie gleich auszuführen sein wird, den gleichen grundlegenden Fehler wie seinerzeit Theißen[42].

Dass Theißens Theorie einer Karriere des Erastos vom Quästor zum Ädilen in Korinth auf tönernen Füßen steht, ergibt sich bei einer Durchsicht des epigraphischen Materials und einem genaueren Blick in die Publikation der korinthischen Inschriften von Kent. Das entscheidende Hindernis für eine Karriere des Erastos vom Quästor zum Ädilen liegt darin, dass es das städtische Amt des Quästors in Korinth gar nicht gab. Zwar gibt es selbstverständlich eine große Zahl von römischen Städten mit der dreigliedrigen Ämterstruktur Quästor-Ädil-Duumvir. Doch Korinth zählt nach allem, was wir wissen, nicht dazu, sondern dort stellten die Ädilität und das Duovirat die beiden einzigen Magistraturen dar.

Theißen entwickelte das von ihm vorgeschlagene Szenario auf der Grundlage einiger Inschriften, die seiner Ansicht nach das Amt des Quästoren in Korinth bezeugen. Diese Inschriften hat er allerdings, wie nach ihm Goodrich, missverstanden. Dies ist zwar gerade bei der schwierigen Materie der Epigraphik ein verzeihliches Missgeschick, es ist nichtsdestotrotz aber auch ein folgenreiches, das erneut die Notwendigkeit interdisziplinärer Zusammenarbeit unterstreicht.

Das Missverständnis, das Theißen und Goodrich unterlaufen war, resultierte daraus, dass alle vier korinthischen Inschriften, die sie heranziehen, zwar in der Tat das Amt des Quästors erwähnen, jedoch ist in allen vier Fällen kein lokales, städtisches, korinthisches Amt gemeint, sondern das senatorische Amt des Quästors, das in Rom selbst oder im Rahmen der Provinzverwaltung ausgeübt wurde. Die Quästur ist eine Amtsbezeichnung, die sowohl unter den senatorischen, stadtrömischen als auch unter den lokalen Ämtern der nach römischem Vorbild organisierten Städte in Italien und den Provinzen zu finden ist (wenn auch nicht in Korinth!). Die ‚Standardkarriere' eines römischen Senators verlief über die vier Stationen Quästor, Ädil, Prätor, Konsul. Die ‚Standardkarriere' eines lokalen Magistraten in den römisch geprägten Städten lautete: Quästor, Ädil, Duumvir, oder, wenn es das Amt des Quästors nicht gab, nur

---

39 Meeks 59; vgl. auch Walters 415 f.
40 So bei Murphy O'Connor 269 f.
41 Friesen, Erastus 232.
42 Goodrich, Erastus *passim*; dazu Weiß, Erastos *passim* und wiederum die Entgegnung von Goodrich, Responding 583–586.

Ädil, Duumvir. Die Überschneidungen in den Amtsbezeichnungen sind deutlich sichtbar.

Es ist nun ein Charakteristikum der kaiserzeitlichen Inschriften, dass sie, wenn sie höhergestellten Persönlichkeiten gewidmet sind, in der Regel deren gesamte, bis zum Zeitpunkt der Errichtung der Inschrift absolvierte Ämterlaufbahn nennen, insofern ist es oft nicht allzu schwierig zu entscheiden, ob eine Inschrift, in der das Amt des Quästors genannt wird, einem lokalen Magistraten gesetzt wurde oder ob es sich hier um einen Senator handelt, dem aus unterschiedlichen Gründen vor Ort ein Monument errichtet wurde. Handelt es sich um die Inschrift eines Senators, dann kann es sein, dass er als *quaestor provinciae* zum Stab des Statthalters gehörte und sich von Amts wegen am Ort aufhielt. Es kann sich aber auch um einen höheren Senator handeln, der im Laufe seiner Karriere die senatorische Quästur bekleidet hatte und nun als Patron oder Wohltäter der Stadt auftrat und dem aus Dankbarkeit ein öffentliches Monument zum ehrenden Angedenken errichtet wurde. Auf den vier infrage stehenden korinthischen Inschriften ist dies alles auf den ersten Blick nicht so einfach zu erkennen und das liegt nicht zuletzt an dem jeweils nur sehr fragmentarischen Erhaltungszustand der Inschriften. Erschwerend für das Verständnis der Inschriften ist aber vor allem, dass in drei Inschriften sowohl senatorische Ämter als auch lokale Ämter oder Amtsabzeichen verzeichnet werden. Zwei der in den Inschriften geehrten Personen haben außerdem eine Doppelkarriere durchlaufen, nämlich sowohl eine lokale Ämterlaufbahn, die noch dazu in einem Fall wohl nicht in Korinth absolviert wurde, als auch eine senatorische Karriere. Die Kandidaten waren in ihren senatorischen Laufbahnen jeweils (noch) nicht über die untersten oder mittleren Stufen hinausgekommen, die Quästur hatten sie aber bereits bekleidet. Möglicherweise haben Theißen und Goodrich vor allem diesen Sachverhalt der Doppelkarrieren nicht erkannt. Die vier Inschriften werden im folgenden kurz vorgestellt[43].

Die Inschrift West (Corinth 8,2) Nr. 104a enthält die Laufbahn einer Person, die unter anderem das Amt des *quattuorvir viarum curandarum*, eines der vorsenatorischen Ämter des stadtrömischen Vigintivirates, bekleidet hatte und darauf folgend die senatorische Quästur. Zu den weiteren Stationen seiner Laufbahn gehörten – wohl in dieser Reihenfolge – das Amt des Argyrotamias, das er wohl auch nicht in Korinth ausgeübt hat, das Duovirat sowie dasjenige des *sacerdos Saturni*[44]. Die sehr fragmentarische Inschrift Kent Nr. 119 nennt die senatorische Quästur und eine Person aus der senatorischen Familie der Cocceii[45]. Die Inschrift Kent Nr. 168 überliefert eine

---

43 Vgl. zum folgenden und zur Diskussion der vier Inschriften ausführlicher Weiß, Erastos 579–581. Goodrich, Responding 584f. hat die Kritik an seiner Interpretation der Inschriften mittlerweile akzeptiert.
44 West Nr. 104a: *[– – –] | [– –]...[–] | [– –]i IIIIvir(–) | [– – quae]storem | [– – arg]yrotam(–) | [– –I]Ivir (–) | [– sacerdos S]aturni fac(iendum)(?) | [curavit –].*
45 Kent Nr. 119: *[– – – –] | quaes̲[tor – –] | Cocc̲e[I – –] | [– – –].* Theißen, Studien 243 meint, es könne hier der „Provinzialquaestor" gemeint sein. Das ist möglich, aber ob die betreffende Person die Quästur in

Person, die mindestens zwei Stufen des senatorischen *cursus honorum* erklommen hatte, nämlich die Quästur sowie die nächst höhere Stufe – wahrscheinlich das Amt des *tribunus plebis* – als *candidatus Imperatoris*. Daneben – und hier zeigt sich, dass es sich um eine sehr hochrangige Person gehandelt haben muss – wurden ihm die *ornamenta*, die Amtsabzeichen eines korinthischen Ädilen, eines Duovirn, eines quinquennalen Duovirn sowie eines Agonotheten ehrenhalber verliehen. Er hatte also keines dieser lokalen Ämter tatsächlich ausgeübt. Dass man ihm nicht auch die *ornamenta* eines Quästoren verliehen hat, ist ein weiteres entscheidendes Argument dafür, dass es die Quästur als lokales Amt in Korinth nicht gegeben hat[46]. In Kent Nr. 170 schließlich ist möglicherweise die Karriere des auch aus literarischen Quellen bekannten Antonius Sospes überliefert. Dessen senatorische Laufbahn führte über die Quästur, das Militärtribunat der *legio III Augusta* in Nordafrika, die Aufsicht über die Getreideversorgung (*cura annonae*) bis hin zur Kommandantur der *legio II Adiutrix*. In Korinth war er, nach seiner senatorischen Karriere, stellvertretender Agonothet, Agonothet und Duovir[47]. Wie und wo die betreffenden Personen die senatorische Quästur ausgeübt haben, ob als *quaestor provinciae* oder in Rom oder im Dienst des Kaisers, das lässt sich in keinem Fall sicher sagen und ist für unsere Fragestellung auch nicht von Belang[48]. Sicher ist allein, dass sie die *senatorische* Quästur bekleidet haben und dass in keiner der Inschriften eine lokale Quästur als städtisches Amt in Korinth bezeugt wird[49].

Es ist, wie gesagt, nicht leicht, diese epigraphischen Texte zu verstehen. Allerdings hätte auch ohne weitreichende epigraphische Kenntnisse ein Blick in Kents Ausführungen zu den Ämtern der caesarischen *colonia Iulia Laus Corinthiensis* helfen können. Denn wie in vielen epigraphischen Corpora gängige Praxis, so hat auch Kent der eigentlichen Edition der Inschriften eine lokalgeschichtliche Abhandlung auf der Grundlage der epigraphischen Texte vorangestellt. Schon ein Blick in Kents Übersicht zu den korinthischen Ämtern[50] zeigt, dass Korinth nur eine Zwei-Ämter-Struktur

---

Rom oder in der Provinz ausgeübt hat, ist letztlich nicht zu entscheiden. Sicher ist allein, dass es sich um ein senatorisches Amt handelt.

46 Kent Nr. 168: *[- - -] | [- -]I[-] | [- - Impe]ṛaṭ[o]ris quaest(ori) | [- - ae]ḍ(iliciis) et IIvir(alibus) et | [IIvir(alibus) quin]q(uennalibus) et agonothet(icis) | [ornamenti]ṣ honorat(o) d(ecreto) d(ecurionum). | [- - iu]s L(uci) f(ilius) A[em(ilia)] | [- - -].*

47 Kent Nr. 170: *[. A]nṭ[onius . f(ilius)] | S[os]p[es - -] | ṣ[- - qua]ẹs(tor), [trib(unus) mil(itum) legio]ṇ(is) I[II] | [Aug(ustae), cura]t(or) aṇ[n(onae), legat(us) legi]on(is) II | [Adiutricis, a]go[noth]etes pro A[- -, ag] onọ[th(etes), I]Ivir et | m[ater eiu]ṣ [A]ṇto[nia] Sedata | LỌ[- - -] | [P(ubli)] Ạ[eli]ị [Apollodoti] ụ[xor] | An[tonia Sosipatra] Ṣospitis f(ilia) | Pireṇ[em marmoribus inc]rustav[e]-| ṛ[unt - - -] | [- - -].* Dieser Sospes ist wohl identisch mit dem Gastgeber Plutarchs in Korinth: Plut. quaest. conv. 8,4,1–4; 9,5,1–2.

48 Es ist nicht richtig, wenn Goodrich, Responding 584 schreibt, ich hätte behauptet, „that those inscriptions refer to a senatorial position on the staff of the provincial governor based in Corinth".

49 Weitere korinthische Inschriften, in denen die senatorische Quästur genannt wird, sind Kent Nr. 125 = AE 1972,567 und AE 2000,1345. Das senatorische Amt des *[quaestor] provinciae Achaiae* ist außerdem in der fragmentarischen Inschrift AE 1971,440, ebenfalls aus Korinth, sicher zu ergänzen. Diese Inschriften werden von Goodrich und Theißen nicht berücksichtigt.

50 Kent 23–28.

aufzuweisen hatte[51]. Der offensichtliche Widerspruch zwischen der These, Erastos habe das Amt des Quästors bekleidet, und Kents Liste, die keinen Hinweis auf Quästoren als städtische Magistrate enthält, tritt jedenfalls deutlich zutage.

Goodrich hat jetzt in seinem jüngsten Artikel zwar akzeptiert, dass wir keinen positiven Beleg für die lokale Quästur als städtisches Amt in Korinth besitzen. Dennoch hält er es weiterhin für möglich, dass die Quästur als lokales Amt in Korinth existierte[52]. Es muss daher an dieser Stelle noch einmal kurz auf die Frage eingegangen werden, ob es im römischen Korinth das Amt des städtischen Quästors gab. Goodrich stützt sich in seiner Entgegnung auf den richtigen Befund, dass es in einigen *coloniae* aus caesarischer Zeit das Amt des Quästors sehr wohl gegeben hat[53], und verweist vor allem auf die unter Caesar gegründete *colonia Iulia Urbs Triumphalis Tarraco*, das moderne Tarragona, wo man aus insgesamt 14 Inschriften 12 Personen kennt, welche die lokale Quästur als städtisches Amt bekleidet hatten. Zwar konzediert Goodrich, dass damit immer noch kein positiver Beweis für die Existenz der städtischen Quästur in Korinth erbracht ist. Aber er unterschätzt weiterhin die Beleglage in Korinth. Es ist nicht so, dass wir einfach (noch) keinen Beleg für einen städtischen Quästor haben in Korinth und sich dies gleichsam täglich durch einen neuen Inschriftenfund ändern könnte. Die epigraphische Überlieferung spricht gänzlich dagegen, dass es in Korinth das Amt des Quästors gab.

Zum einen muss man ganz allgemein die Beleglage für die städtischen Ämter in Korinth berücksichtigen. Bereits Kent verzeichnete in seiner Liste über 70 verschiedene korinthische Duoviri, eine relativ hohe Zahl, die sich daraus erklärt, dass neben den über 30 inschriftlich bezeugten, auch bereits 47 numismatisch bezeugte Duoviri bekannt waren. Daneben listet Kent elf Belege für städtische Ädilen auf. Schon angesichts dieser Zahlen wird man bezweifeln dürfen, ob das Fehlen eines epigraphischen Belegs für die Quästur in Korinth wirklich nur auf das Konto einer lückenhaften Überlieferung geschrieben werden kann. Das entscheidende Argument ist aber, dass wir ja vollständige Karriereinschriften korinthischer Magistrate besitzen, in denen alle Ämter aufgeführt werden, sowohl die magistratischen Jahresämter als auch die außerordentlichen lokalen Ämter, welche die jeweilige Person bekleidet hat – und in keiner dieser vollständigen Karriereinschriften wird die Quästur erwähnt. Zwei Beispiele mögen genügen. Zum einen die Inschrift auf dem Monument des T. Manlius Iuvencus, das ihm die Mitglieder der *tribus Agrippia* errichteten, welche seinen vollständigen *cursus honorum* nennt: Er war Ädil, *praefectus iure dicundo*, Duumvir, Pontifex (hier ist ein lokales Priesteramt gemeint), Agonothet der Isthmischen und der Caesarischen Spiele. Zum anderen der vollständige *cursus honorum* auf der Inschrift des Aulus Arrius Proclus: Er war Augur (lokales Priesteramt), *praefectus fabrum*, Ädil,

---

51 Auf diese Zwei-Ämter-Struktur hat zwar jetzt auch Friesen, Erastus 246 verwiesen, allerdings ohne die notwendig in diesem Zusammenhang daraus folgenden Konsequenzen zu ziehen.
52 Goodrich, Responding 585 f.
53 In Weiß, Erastos 579 m. Anm. 9 hatte ich behauptet, in den caesarischen *coloniae* wäre die Zwei-Ämter-Struktur geläufig.

Duumvir, Inhaber zweier weiterer Priesterschaften sowie Agonothet der Isthmischen und der Caesarischen Spiele[54]. Wenn irgendwo die korinthische Quästur, so sie existierte, hätte erwähnt werden müssen, dann in diesen vollständigen und umfassenden *cursus*-Inschriften korinthischer Honoratioren, welche die Laufbahn von der untersten Sprosse bis zur höchsten Stufe der lokalen Karriereleiter lückenlos dokumentieren. Wenn die Quästur selbst in diesen Inschriften nicht erwähnt wird, dann können wir mit Gewissheit davon ausgehen, dass sie in Korinth nicht existierte[55]. Wie jede gute wissenschaftliche Theorie hat auch die Theorie, der Erastos aus Röm 16,23 habe zur Zeit der Abfassung des Römerbriefes die Quästur bekleidet, ihre Zeit gehabt. Sie sollte nun aber auf das Ruhebett der Wissenschaftsgeschichte gelegt werden.

Daneben ist auch Theißens viel zitierte Überlegung nicht haltbar, Erastos sei möglicherweise ein Freigelassener gewesen, der zu Vermögen kam, das ihm dann die Möglichkeit eröffnete, später als Ädil gewählt zu werden und sich für diese Wahl mit der Finanzierung des Pflasters zu bedanken[56]. Wie auch immer es um die Vermögensverhältnisse des Erastos bestellt war – Theißens Rekonstruktion scheitert daran, dass Freigelassenen seit der Lex Visellia des Jahres 24 n.Chr. der Zugang zu den Magistraturen, den öffentlichen Ämtern im eigentlichen Sinne, verwehrt war[57]. Wir befinden uns mit dem Römerbrief in der Mitte oder der zweiten Hälfte der 50er Jahre. Diese gesetzliche Einschränkung war also bereits geraume Zeit in Kraft, und somit ist auch die Variante einer Karriere des Erastos vom Sklaven zum Amtsträger unmöglich. Dieser Umstand, dass Freigelassene seit der Lex Visellia nicht mehr zu lokalen öffentlichen Ämtern gelangen konnten, wird im übrigen innerhalb der neutestamentlichen Sozialgeschichte und insbesondere bei der Exegese der korinthischen Korrespondenz des Paulus viel zu wenig berücksichtigt – aber dies steht auf einem anderen Blatt.

Zusammenfassend kann man festhalten, dass eine sichere Identifizierung des Erastos in Röm 16,23 mit dem Ädilen Erastus der Pflasterinschrift – des „inked" Erastos und des „inscribed" Erastus, wie Friesen es formuliert hat[58] – aufgrund einer viel zu großen Zahl von Unwägbarkeiten nicht möglich ist. Freilich ist die Identität der beiden auch nicht völlig und endgültig auszuschließen. Auf der Grundlage der Pflasterinschrift alleine sollte man jedoch keine allzu kühnen Theorien hinsichtlich des Sozialstatus

---

54 T. Manlius Iuvencus: Kent Nr. 154; Aulus Arrius Proclus: Kent Nr. 156; weitere vollständige oder nahezu vollständige Karriereinschriften lokaler Magistrate: Kent Nrn. 151, 155, 164, 177, 198.
55 Zu erinnern ist auch an die o.g. Inschrift Kent Nr. 168, in der einer unbekannten Person die *ornamenta* aller korinthischen Magistraturen, nämlich eines Ädilen, eines Duumvirn, eines quinquennalen Duumvirn sowie eines Agonotheten, ehrenhalber verliehen werden, aber *nicht* die *ornamenta* eines Quästoren – offensichtlich, weil es die Quästur als lokale Magistratur in Korinth nicht gab.
56 Theißen, Studien 245, aufgenommen von e.g. Murphy O'Connor 269f.
57 Cod. Iust. 9,21: *Lex Visellia libertinae conditionis homines persequitur, si a quae ingenuorum sunt, circa honores et dignitates ausi fuerint attemptare vel decurionatum adripere, nisi iure aureorum anulorum impetrato a principe sustentantur. Tunc enim quoad vivunt, imaginem, non statum ingenuitatis obtinent et sine periculo ingenuorum etiam officia peragunt publica.*
58 Friesen, Erastus 231.

des οἰκονόμος τῆς πόλεως namens Erastos errichten. Im Folgenden wird daher ein neuer Ansatz verfolgt, um den Status des Erastos ohne die viel diskutierte Inschrift zu klären.

4.1.3 Epigraphische Belege für den οἰκονόμος τῆς πόλεως in der römischen Kaiserzeit

Der im folgenden unternommene Neuansatz besteht darin, das Amt des οἰκονόμος τῆς πόλεως nicht zuerst mit Hilfe der lokalen Gegebenheiten in Korinth zu erklären, sondern aus der Perspektive des Verfassers des Römerbriefes, also des Paulus. Die dabei zugrunde liegende Prämisse lautet, dass Paulus eine ganz bestimmte Vorstellung von diesem Amtstitel hatte und ebenso ganz bestimmte Implikationen hinsichtlich des sozialen Status damit verband. Die Position oder das Amt des Erastos sah Paulus als äquivalent zu dem an, was er selbst unter dem Amtstitel eines οἰκονόμος τῆς πόλεως verstand. Wenn es darum geht, die Perspektive des Paulus zu eruieren, ist es zunächst einmal nebensächlich, ob er damit wirklich ein präzises Äquivalent gefunden hatte für das Amt, das Erastos in Korinth bekleidete. Paulus' Verständnis des Amtes des οἰκονόμος τῆς πόλεως ist zweifelsohne geformt worden durch seine Kenntnis lokaler Institutionen in den griechischen Städten im Osten des Imperium Romanum. Er war ein hellenisierter Jude, aufgewachsen in Tarsus in Kilikien, und hatte auf seinen Missionsreisen weite Teile Kleinasiens und Griechenlands durchzogen, ehe er nach Korinth kam. Dieser Erfahrungshorizont bildet sicherlich den Hintergrund, vor dem sein Verständnis dieses Amtstitels geformt worden ist. Es gilt also herauszufinden, welche Position ein οἰκονόμος τῆς πόλεως in den griechischen Städten zur Zeit des Paulus innehatte. Dieser Ansatz ist bislang noch nicht verfolgt worden.

Das Amt des οἰκονόμος τῆς πόλεως ist – neben dem einzigen literarischen Beleg in Röm 16,23 – ausschließlich in Inschriften belegt. Theißen hat zwar zur Erläuterung auch andere Stellen aus der paulinischen Briefliteratur heranziehen wollen, doch das führt nicht weiter, denn dort ist der Begriff des οἰκονόμος metaphorisch gemeint und meint einen Verwalter in privaten Diensten[59]. Das Zeugnis der Inschriften erscheint nun auf den ersten Blick äußerst ambivalent und eher zu weiterer Verwirrung als zur Klärung der Frage beizutragen, denn bei einer Durchsicht der Texte wird deutlich, dass mit dem Titel des οἰκονόμος τῆς πόλεως sowohl ein hohes städtisches Amt verbunden sein konnte, dessen Träger zu den hochrangigen Mitgliedern der lokalen Gesellschaft gehörte, als auch die Position eines öffentlichen Sklaven. In letzterem Fall wäre es gar kein Amt im antiken Sinne. Ebenso wenig könnte ein öffentlicher Sklave aufgrund seiner unfreien Herkunft Mitglied des lokalen *ordo decurionum* werden, auch wenn die

---

[59] Theißen, Studien 237 zu Gal 4,2 und 1 Kor 4,1.

servi publici einen relativ hohen Sozialstatus genossen[60]. Auf die Ambivalenz des Titels hatte bereits Cadbury hingewiesen, der den paulinischen Erastos daraufhin für einen Sklaven hielt[61]. Auch Theißen hatte die Inschriften herangezogen und die Bandbreite der mit dem Titel einhergehenden sozialen Stellung gesehen, sich dann allerdings für die eben diskutierte Deutung des οἰκονόμος τῆς πόλεως als Quästor entschieden[62]. Neuere Arbeiten sind über diese Positionen nicht hinausgelangt. Sämtliche Untersuchungen beschränken sich allerdings auf eine Auswahl der relevanten Inschriften, die gleichsam als Illustration des Sachverhaltes angeführt werden, dass der οἰκονόμος τῆς πόλεως in einigen Städten eben ein hochrangiger Magistrat, in anderen hingegen ein *servus publicus* sein konnte[63]. Was bislang fehlt, ist eine systematische Untersuchung unter der Fragestellung, ob das Amt des οἰκονόμος τῆς πόλεως möglicherweise eine historische Entwicklung durchläuft und ob sich Veränderungen hinsichtlich des sozialen und personenrechtlichen Status der Amtsträger erkennen lassen. Zu diesem Zweck ist es notwendig, sämtliche Inschriften der römischen Kaiserzeit zu diskutieren, welche das Amt bezeugen. Cadbury und Theißen, wie auch alle Nachfolgenden, hatten sich für ihre Untersuchungen auf die in weiten Teilen immer noch grundlegende Arbeit zum οἰκονόμος von Landvogt gestützt[64]. Für das spezielle Amt des οἰκονόμος τῆς πόλεως ist Landvogts Arbeit jedoch aufgrund eines erheblichen Materialzuwachses veraltet[65].

Ehe das Material zum οἰκονόμος τῆς πόλεως in der römischen Kaiserzeit präsentiert wird, ist es notwendig, einen kurzen Überblick zur allgemeinen Geschichte des Amtes und zur Entwicklung des Begriffes οἰκονόμος zu geben[66]. Das Amt des οἰκονόμος τῆς πόλεως erscheint als hohe Magistratur in den griechischen Städten Kleinasiens am Ende des 4. Jh.s v. Chr. In einigen Städten löst es das Amt des ταμίας ab,

---

60 Weiß, Sklave 163–179.
61 Cadbury, Erastus 47–51.
62 Theißen, Studien 238–240 zu den Inschriften.
63 Neben Cadbury und Theißen s. beispielsweise Clarke, Corinth 50–52; Friesen, Erastus 246–248; Horsley, οἰκονόμος 160 f.; Meggitt 135. 137; Welborn, Enmity 261–264. Goodrich, Erastus 96–100. 102–106 bietet zwar eine umfassende Übersicht über die Belege für munizipale οἰκονόμοι, interessiert sich allerdings nicht für den personenrechtlichen Status der Amtsträger, zu dem er a.a.O. 93 f. nur einige allgemeine, nicht weiterführende Bemerkungen macht.
64 Landvogt *passim*; vgl. Cadbury, Erastus 47–49; Theißen, Studien 238–240. Zu den οἰκονόμοι in den hellenistischen Städten vgl. auch Migeotte 487–491. Eine eigenständige, für unsere Zwecke allerdings nicht sehr nützliche Zusammenstellung von inschriftlichen Zeugnissen für Oikonomoi bei Martin, Slavery 174–176.
65 Goodrich, Erastus 96–100. 102–106 hat jetzt eine tabellarische Zusammenstellung der munizipalen οἰκονόμοι der Epoche des Hellenismus und der Kaiserzeit vorgelegt, ohne sie jedoch unter dem Gesichtspunkt des Personenrechts zu untersuchen. Einzelne Inschriften diskutiert er a.a.O. 101. 107, dies geschieht jedoch, um seine (letztlich nicht tragfähige) These zu stützen, Erastus hätte das Amt des Quästors bekleidet.
66 S. dazu Landvogt 9–14. Der Überblick zu den städtischen οἰκονόμοι bei Goodrich, Administrator 48–70 ist nicht weiterführend. Wie er, obwohl er die einschlägigen Quellen kennt, a.a.O. 70 zu dem Schluss kommen kann, die städtischen οἰκονόμοι wären immer Bürger gewesen, bleibt unergründlich.

dessen Hauptzuständigkeit im Allgemeinen im Bereich der Finanzverwaltung lag. Als Vorbild dienten möglicherweise die hochrangigen Amtsträger der hellenistischen Königreiche, insbesondere des Ptolemaierreiches, mit dem Titel eines οἰκονόμος. Für die hellenistische Zeit besitzen wir dann eine Vielzahl von Zeugnissen für das Amt des οἰκονόμος, das überall zu den führenden zählt. Dieses Bild verändert sich während der hellenistischen Epoche nicht. In römischer Zeit tritt dann ein Wandel ein. Der Titel οἰκονόμος wird nun auch als Bezeichnung für die Verwalter von Privatpersonen verwendet, und diese Verwalter waren oftmals Sklaven oder Freigelassene, wie es in römischer Zeit für Vertrauenspersonen in Privathaushalten üblich war. Der Begriff οἰκονόμος wurde schließlich auch für Sklaven und Freigelassene der *familia Caesaris* verwendet, die Posten in der Steuerverwaltung oder auf den kaiserlichen Domänen im griechischen Osten innehatten. Diese Bedeutungserweiterung, welche der Terminus οἰκονόμος in römischer Zeit durchlief, bildet die Hintergrundfolie, vor der das Auftreten von οἰκονόμοι τῆς πόλεως im Sklavenstand zu verstehen ist. Es ist zu betonen, dass dieser Wandel nicht vor der römischen Kaiserzeit eintritt. Die entscheidende Frage ist nun, ob wir diesen Wandel zeitlich näher fassen können. Dazu soll nun im Folgenden das epigraphische Material vorgelegt werden.

Sechsundzwanzig[67] Inschriften aus römischer Zeit bezeugen das Amt des οἰκονόμος τῆς πόλεως. Da das Hauptaugenmerk auf dem sozialen Status der einzelnen Amtsträger liegt, wird das Material in drei Gruppen sortiert: 1) Bürger, 2) Sklave, 3) unsicherer Status. Innerhalb der einzelnen Gruppen wurden die Inschriften – so weit dies möglich ist – chronologisch geordnet. Nach kurzen einführenden Bemerkungen zu den jeweiligen Rubriken werden die relevanten Inschriften dargeboten sowie die Kriterien zur Datierung und zur Entscheidung über den sozialen Status der jeweiligen Amtsträger dargelegt. Um die Diskussion nachvollziehbar zu machen und gegenüber möglicher Kritik zu öffnen, werden die Inschriften hier zumindest mit den für unsere Fragen wesentlichen Teilen des Textes dargeboten oder, wenn es der Umfang der Inschrift gestattet, sogar mit dem vollen Text. Ein weiterer Grund für dieses Vorgehen ist, dass die Texte ansonsten nur denjenigen zugänglich wären, die über Zugang zu einer wohlausgestatteten epigraphischen Bibliothek verfügen. Ein vollständiges Lemma der Inschriften zu geben, erscheint in diesem Zusammenhang nicht notwendig. Es wird daher nur die jüngste Edition, nach der die Inschrift zu zitieren ist, genannt. Wenn die Inschrift bereits Landvogt bekannt war, ist zusätzlich die Edition genannt, nach der die Inschrift in seiner Arbeit zitiert wird. Zur besseren Übersichtlichkeit werden die Ergebnisse am Ende jeder Rubrik in einer tabellarischen Übersicht zusammengefasst[68].

---

67 Nicht behandelt werden im folgenden die Inschriften IAph2007 15.364 (Oikonomos der Boule von Aphrodisias), TAM II 1163 (Oikonomos des Lykischen Bundes) und I. Ephesos 3863a (Oikonomos einer ländlichen Siedlung), die Goodrich, Erastus 99 f. in seine Tabelle städtischer Oikonomoi aufgenommen hat. Keine dieser Inschriften bezeugt einen οἰκονόμος τῆς πόλεως.
68 Die folgenden Ausführungen erweitern, präzisieren und ergänzen (auch um weitere Inschriften) das, was in Weiß, Sklave 51–55 sehr viel knapper dargelegt wurde. Mit dieser ausführlichen Darlegung

1) *Bürger.* Bekleidet ein freigeborener Bürger das Amt des οἰκονόμος τῆς πόλεως, so ist davon auszugehen, dass dieses Amt wie in der hellenistischen Zeit zu den hochrangigen städtischen Magistraturen gehörte und der Amtsinhaber demzufolge zur sozialen Elite zu zählen ist[69]. Dieser Kategorie können acht Inschriften zugeordnet werden, deren Datierung – wie zu erwarten war – vom ersten bis zum dritten nachchristlichen Jahrhundert reicht. Die chronologische Verteilung stellt sich wie folgt dar: Eine Inschrift gehört wohl in das 1. Jh.; eine in die Zeit zwischen 125–138; eine ist wahrscheinlich in das 2. Jh. zu datieren; eine weitere an das Ende des 2. Jh.s; ferner eine Inschrift, die an das Ende des 2. oder den Beginn des 3. Jh.s gehört; ein Text ist vielleicht in die Jahre um 265 zu datieren; schließlich eine Inschrift, die nur allgemein in die Kaiserzeit zu setzen ist.

B1: Smyrna (Asia). – Datierung: 1. Jh. (?). – I. Smyrna (IK 24) 761.

> ἀγαθὴν τύχην, στρα-
> τηγοῦντος Κλ(αυδίου) Πρό-
> κλου Κεστιανοῦ,
> Διόδωρος νεώτε-
> ρος οἰκονομῶν
> καθιέρωσεν.

Diodoros der Jüngere hat der Agathe Tyche eine Statue geweiht, als er das Amt des Oikonomos innehatte. Die Bezeichnung νεώτερος (= der Jüngere = der Sohn des Diodoros) signalisiert seinen Status als Freigeborener; οἰκονομῶν verweist wohl darauf, dass es sich um ein einjähriges Amt handelte. Dass es sich um den Oikonomos der Stadt handelt, nehmen auch G. Petzl ad I. Smyrna 761 p. 261 und L. Robert, Hellenica XI-XII (1960) 230 an; s. auch unten B2 und B4. – Datierung: Die Rückseite der Platte trägt die Grabinschrift I. Smyrna 331, die nach G. Petzl ad I. Smyrna 331 p. 148 in das 1./2. Jh. n. Chr. zu datieren ist. Unsere Inschrift Nr. 761 datiert Petzl demzufolge am ehesten in das 1. Jh. n.Chr. „Für diese Reihenfolge spricht auch, daß man anderenfalls annehmen müßte, daß sich ein städtischer Beamter widerrechtlich einer Grabinschrift für seine Weihung bemächtigt hätte." (Petzl ad Nr. 331 p. 148.)

B2: Smyrna (Asia). – Datierung: ca. 125–138. – I. Smyrna 771 (IK 24) mit Band II 2 p. 378; CIG 3161.

> οἰκονόμος   30
> Πάμφιλος · νε(ώτερος).
> ἐπὶ τοῦ ἱεροῦ
> Εὐάρεστος (τὸ) ζ΄.

---

soll auch dem Vorwurf von Goodrich, Erastus 94 begegnet werden, die in Weiß a.a.O. gemachten personenrechtlichen Angaben wären teilweise „spekulativ".

69 S. dazu e. g. Landvogt 14. 27 f. und L. Robert, Hellenica XI-XII (1960) 228–230.

Liste städtischer Beamter; hier nur die letzten vier Zeilen. Es ist nicht klar, ob und wenn ja wie die Liste hierarchisch geordnet ist. Die Inschrift erweist jedenfalls zusammen mit dem Text B4, dass das Amt des Oikonomos in Smyrna in der Kaiserzeit als hohe städtische Magistratur fortbesteht (vgl. Landvogt 14. 27 f.). – Datierung: nach G. Petzl ad loc. p. 271 aufgrund des 7. Amtsjahres (τὸ) ζ′ des in Z. 32f. und aus anderen Inschriften bekannten (στρατηγὸς) ἐπὶ τοῦ ἱεροῦ Euarestos.

B3: Iulia Gordus (Asia). – Datierung: 2. Jh. (?). – TAM V 1, 743.

> [δ]αίμων ἥρπασεν ἐκ μελάθρω[ν]
> με πατρὸς καὶ μητρὸς ἄωρον. | ο[ἰ]-
> [κ]ονόμον πάσης πόλεως βουλῆ[ς]
> <τ>ε μεγίστης | Φάϊνον τείμησε πα-
> τρὶς τὸν <ἄριστον> ἐόντα, κτλ.

Anfang einer metrischen Grabinschrift für den Oikonomos Phaenos und seine Familie. Die Stadt wird in der Inschrift die πατρίς genannt, Phaenos ist also ein Bürger. – Datierung: Keil/Herrmann im Lemma ad loc. nach der Buchstabenform.

B4: Smyrna (Asia). – Ende 2. Jh. – I. Smyrna (IK 24) 772; CIG 3151.

> [–]ΟΣ[–]   1
> ΝΟΣ[–]ΑΓΝΟΣ[– ἐ]-
> πωνύμου σε[– Αὐρ(ηλίας)]
> Μελίτης ἀρχιε[ρείας τῆς Ἀσίας –]
>
> οἰκονόμος Βάσσος Ἑρμογένους·   13

Anfang und Z. 13 einer Liste städtischer Beamter; vgl. oben B2. – Datierung: nach G. Petzl ad I. Smyrna 772 p. 272 gehörte die in Z. 3f. genannte Kaiserpriesterin Aurelia Melite, die wohl in der 2. Hälfte des 2. Jh.s lebte, zu den Vorfahren des Beamten, der im lückenhaften Anfang der Inschrift genannt wird.

B5: Aphrodisias (Asia). – 2./3. Jh. – IAph2007 5.204.i.

> [- ca. 7 – ?καὶ οἱ χρυ-]
> σοφόροι νεωποιοὶ
> τῆς ἁγιωτάτης
> θεοῦ Ἀφροδείτης
> παρὰ τῇ ἀσύλῳ
> θεῷ, κατὰ τὰ δό-
> ξαντα διά τε ψη-
> φισμάτων καὶ ὑπο-
> μνημάτων τῆς κρα-
> τίστης βουλῆς τὸν
> ἁγνότατον νεωκό-
> ρον τῆς θεοῦ Ἀφρο-

δείτης καὶ πιστότα-
τον οἰκονόμον τῆς
πόλεως Πύρρωνα
Ἰθάρου τοῦ Ἰθάρου
τρὶς τοῦ Μενίπ-
που εὐνοίας καὶ
πίστεως καὶ εἰλι-
κρινείας καὶ εὐσε-
βείας τῆς περὶ τὴν
ν. θεὸν εἵνεκα ν.
ἐπιμελησαμένου
τῆς ἀναστάσεως
τοῦ ἀνδρίαντος
Μάρκου Αὐρηλίου
Αἰλίου Ἀντωνίου
Βενουσείνου Διογέ-
νους τοῦ Σόλωνος
τοῦ ἄρχοντος τῆς κρα-
τίστης βουλῆς.

Die Chrysophoroi Neopoioi errichten gemäß Beschluss der Boule eine Ehrenstatue für Pyrrhon Sohn des Itharos (Sohn des Itharos, Sohn des Itharos), Sohn des Menippos, dem Oikonomos der Stadt und Neokoros der Aphrodite. Die über mehrere Generationen aufgeführte Abstammung, die auf eine Herkunft aus einer alten Honoratiorenfamilie schließen lässt, sowie die von Pyrrhon ausgeübte Funktion des Neokoros und schließlich die Ehrung selbst indizieren den hohen Status des οἰκονόμος τῆς πόλεως[70]. – Die Inschrift hat Roueché ad IAph2007 5.204.i aufgrund der Buchstabenform in das 2./3. Jh. gesetzt. Man wird diese Datierung aufgrund des Archonten, der die Inschrift setzt, Marcus Aurelius Aelius Antonius, dessen Name wohl mit den späten Adoptivkaisern zusammenhängt, auf die zweite Hälfte des 2. und die erste Hälfte des 3. Jh.s eingrenzen können.

B6: Stratonikeia (Asia). – ca. 265(?). – I. Stratonikeia (IK 22,1) 1103; CIG 2717.

[χρηστήριον Δ]ιὸς Πα<ν>ημερίου. [ἡ πόλις, ὡς ἐκέλευσε]
καὶ Σέ[ρα]πις, ἐρωτᾷ διὰ Φιλοκάλου β' οἰκονόμο[υ,]
[εἰ] ἐπιστήσονται οἱ ἀλιτήριοι βάρβαροι
[τῇ πό]λει ἢ τῇ χώρᾳ τῷ ἐνεστῶτι ἔτει. ὁ θεὸς ἔχρησε·   4
[ταρ]άττοντας ὑμᾶς ὁρῶν οὐκ ἔχω τὴν πόλιν ὑμῶν ἐστάλην,
[ο]ὔτε δούλην ἐξ ἐλευθέρας ποιήσων, οὔτε ἄλλο τῶν
ἀγαθῶν οὐδὲν ἀφαιρησόμενος.

---

[70] Ergänzend sei darauf verwiesen, dass in Aphrodisias auch der Oikonomos der Boule ein hochrangiger Bürger war, s. IAph2007 15.364 aus den Jahren zwischen 230–240. Ob die Ehrensitze im Theater IAph2007 10.10 für Oikonomoi der Stadt reserviert waren, lässt sich nicht mit Sicherheit entscheiden, da in Aphrodisias weitere Oikonomoi mit anderen Zuständigkeitsbereichen bezeugt sind, s. IAph2007 10.26.

Der Oikonomos Philokalos, Sohn des Philokalos, befragt im Auftrag der Stadt das Orakel des Zeus Panemerios, ob die Barbaren (Z. 3) die Stadt angreifen werden. Dies und die Filiation (β') erweisen seinen hohen Status. – Datierung: nach Sahin ad I. Stratonikeia 1103 könnten die in Z. 3 genannten Barbaren vielleicht die Goten sein, für die um 265 ein Einfall bezeugt ist.

B7: Arkades (Kreta). – Kaiserzeit. – SEG XXVI 1044.

οἱ σὺμ Πρατομηνίῳ κόσμοι καὶ οἱ οἰκονόμοι
ἐπεμ[ελήθ]ην τῷ βαλανε[ίω ἐκ] τῶν [τᾶς] πόλεος δαπαναμ[ά]των καὶ
τ– – –το– – – – – – – –μενον. [ἐ]κό[σμε]ον οἵδε·
Κάραν[ο]ς Σωμένω, Διν[οκλῆ]ς Ἀγεσίππω, Ἱερώνυμος Ἀπολλωνίω,
γραμματεὺς Πρατομήνιος Ἐξακέστα· οἰκονόμοι Σωκλῆς Πρατο-   4
μήδους, Φίλινος Δινοκλέος .[– – –]. λούειν δὲ τὰς γυναῖκας
  [[– – –]] ἀπὸ ὥρας [– – –] μέχρι ὥρας [– – –] τοὺς δὲ ἄνδρα[ς]
  [[ΡΔΑΝΤΑ]] ἀπὸ ὥρας [– – –]. {vac.}

Die beiden Oikonomoi geben ihre Vatersnamen an und haben in irgendeiner Weise mit der Aufsicht über die städtischen Bäder zu tun. Sie zählen also zu den städtischen Magistraten. – Datierung: nach SEG, gegen die Datierung der Inschrift in julisch-claudische Zeit durch H. van Effenterre in: Recueil Plassart 205–210, der auf archäologischer Grundlage annahm, dass die Bäder von Arkades unter Augustus errichtet und unter Tiberius repariert wurden; laut SEG bezieht sich die Inschrift weder auf die Errichtung noch die Reparatur der Bäder.

B8: Patras (Achaia). – Kaiserzeit. – SEG XLV 418[71].

[τὸ]ν οἰκονόμον τ[ῆς]
κολωνείας Νεικό[στρα-]
τον τὸν δὶς ἀγων[οθέ-]
την ἀγορανομήσα[ντα]
φιλοτείμως δὶς γρ[αμμ-]
ατεύσαντ[α] φιλοδόξως
κατασκευάσαντα ἀπ[ὸ θε-]
μελίων τὸ τρέκλειν[ον]
ψηφοθετήσαντα [- 2–3 -]

---

[71] Zur Inschrift s. jetzt Goodrich, Erastus 108–112 mit Photo und Übersetzung (die allerdings den ‚Widmungs-Akkusativ' der Mosaik-Inschrift nicht berücksichtigt) sowie Weiß, Erastos 577f. – Goodrich, Administrator 62–64 behandelt die Inschrift jetzt noch einmal. Abgesehen davon, dass er auch in seiner dortigen Übersetzung nicht den Widmungs-Akkusativ berücksichtigt, ist seine Interpretation der Inschrift missverständlich. Zum einen sagt er zurecht, οἰκονόμος τῆς κολωνείας sei eine Übersetzung für das Amt des Quästors. Zum anderen behandelt er die Inschrift als Zeugnis für das angebliche Amt eines οἰκονόμος in römischen *coloniae* und *municipia*. Letzteres ist widersinnig. Es gibt kein Amt eines οἰκονόμος in römischen *coloniae* und *municipia*. Es gibt nur lateinische Ämter und daneben gibt es im allgemeinen, nicht-offiziellen Sprachgebrauch, wie beispielsweise in der Inschrift des Neikostratos, griechische Übersetzungen für die lateinischen Amtsbezeichnungen.

[- 4–5 -] εὐφρασίας Π[- 2–3 -]
[- 6–7 -] – 3–4 – ΕΝ[- 3–4 -]
[- 11–12 -]πρ[- 3–4 -]

Die Mosaikinschrift ehrt einen Neikostratos, der Oikonomos, zweimal Agonothet, Agoranomos und zweimal Grammateus in Patras war und für die Errichtung eines Trikliniums gesorgt hat. Die Amtsbezeichnungen sind vor dem Hintergrund, dass Patras in der Inschrift *colonia* genannt wird, als Übertragungen lateinischer Amtstitel ins Griechische zu verstehen. In Patras war, wie wir wissen, die Ämterstruktur dreigliedrig, bestehend aus Quästur, Ädilität und Duovirat. Die Inschrift verzeichnet wohl einen aufsteigenden *cursus honorum*, οἰκονόμος τῆς κολωνείας ist hier also als Übersetzung für *quaestor* zu verstehen[72]. Die Inschrift gehört somit streng genommen nicht in den Reigen der Texte, welche das Verständnis des Amtes des οἰκονόμος τῆς πόλεως in den griechischen Städten erhellen. Sie ist aber dennoch auch für diese Frage insoweit relevant, als hier der Terminus οἰκονόμος als Bezeichnung für eine städtische Magistratur gebraucht wird, welche von einem Bürger bekleidet wurde. Für die Annahme, Neikostratos sei „perhaps a freedman"[73], gibt es keinerlei Anhaltspunkte, dies ist auch gänzlich unwahrscheinlich. – Datierung: Patras wurde unter Augustus zur *colonia* erhoben. Der Text gehört also zweifellos in die Kaiserzeit.

Tabelle 1: οἰκονόμοι τῆς πόλεως mit Bürgerstatus

	Ort	Datierung (n. Chr.)	Quelle
1	Smyrna	1. Jh.	I. Smyrna 761
2	Smyrna	ca. 125–138	I. Smyrna 771
3	Iulia Gordus	2. Jh. (?)	TAM V 1, 743
4	Smyrna	Ende 2. Jh.	I. Smyrna 772
5	Aphrodisias	Ende 2./Anfang 3. Jh.	IAph2007 5.204.i
6	Stratonikeia	ca. 265 (?)	I. Stratonikeia 1103
7	Arkades	Kaiserzeit	SEG XXVI 1044
8	Patras	Kaiserzeit	SEG XLV 418

2) *Sklave*. In sieben Fällen lässt sich aus den Inschriften sicher ableiten, dass der οἰκονόμος τῆς πόλεως eine unfreie Person war und somit einen niedrigeren sozialen Status hatte. Hinsichtlich der Datierung der Inschriften ist bemerkenswert, dass kein Text mit Sicherheit in das 1. Jh. n. Chr. datiert werden kann, ganz zu schweigen von einer sicheren Datierung in die oder vor die Mitte des 1. Jh.s, der Abfassungszeit des Römerbriefes.

---

[72] Die Quästur ist in diesem *cursus* also nicht an irregulärer Stelle genannt, wie Goodrich, Erastus 112 Anm. 47 meint; vgl. dazu auch Weiß, Erastos 578.
[73] Goodrich, Administrator 63.

S1: Sparta (Achaia). – 1. Hälfte/Mitte 2. Jh. – IG V 1, 40 (mit SEG XI 482). 147. 153 (mit SEG XXVII 42).

a)
[– – – – – – –]
Ἀμμαῖο[ς γρ]-
αμματο-
φύλαξ Ἀμά-
ραντος Δη-
μέα.
Φιλοδέσποτος
    οἰκονόμος.
Ἀγαθοκλῆς Ἀρι<στ>ο{σ}-
κλέους γρ(αμματεὺς) ἐπὶ Πρατο-
νίκου καὶ ἱερεὺς
Οὐρανίων, ἔφορ(ος)
ἐπὶ Δαμονικίδα,
γ(ραμματεὺς) βο(υλῆς) ἐπὶ Πολυεύ-
κτου, ἀγορανό-
μος ἐπὶ Οὐλ(πίου) Σωσι-
κράτους
 πρέσ[βυς] [– – –]
ἐπὶ Πασι-
κράτους ν(εωτέρου).
νομοφύλαξ
Σωσικράτης
Φιλουμενοῦ
ὁ καὶ Σώστρα-
τος.

Unter dieser Nummer S1 müssen wir uns mit drei Inschriften befassen. Bei der ersten, IG V 1, 40 (mit SEG XI 482), handelt es sich um eine Stele, die eine Reihe von Amtsträgern auflistet. Der obere Teil ist verloren. Als zweiter Amtsträger wird auf dem erhaltenen Teil ein Oikonomos namens Philodespotos genannt. Dass er, im Gegensatz zu anderen auf der Inschrift genannten Amtsträgern, keinen Vatersnamen nennt, weist schon darauf hin, dass es sich um einen Sklaven handelt. Des Weiteren wird wahrscheinlich derselbe Philodespotos unten in b) und c) als δημόσιος (= öffentlicher Sklave) genannt. Sein Name ist außerdem ein häufiger[74] und in seiner Bedeutung geradezu typischer Sklavenname. Nach Philodespotos wird der *cursus honorum* eines gewissen Agathokles Sohn des Aristokles genannt. – Datierung: Die im *cursus* des Agathokles erwähnten Pratonikos, Damonikidas, Polyeuktos, Ulpius (in IG fälschlich Iulius) Sosikrates und Pasikrates minor sind nach Kolbe ad IG V 1, 40 allesamt als Patronomoi zur Zeit des Antoninus Pius oder Mark Aurels bezeugt, woraus sich die Datierung der Inschrift ergibt.

---

74 Vgl. Solin, Personennamen 810 f.

b)
Φιλοξε[νί]|δας Ἀρισ[το]|δάμαντο[ς],|
Φιλονεικί⁵|δας Νεικο|κράτους, |
Ἐπιτυνχά|νων Κλεω|νύμου, ¹⁰|
Θεόδω|ρος Θεο|κλέους. |
γρ<α>μματεύς· | Γά(ϊ)ος) Ἰούλιος ¹⁵|
Ἀρίστων. |
  vacat |
δημόσιος·| Φιλοδέσπ[ο]|τος.

Aus Gründen der Platzersparnis ist bei der zweiten Inschrift IG V 1, 147 auf die Darstellung des originalen Zeilenumbruchs verzichtet worden. Die schmale Stele enthält eine spartanische Ephoren- oder Nomophylakeninschrift. Am Ende wird Philodespotos als δημόσιος, als öffentlicher Sklave genannt. Dieser Philodespotos ist wohl identisch mit dem gleichnamigen Oikonomos in Inschrift a). – Datierung: Kolbe ad loc. datiert die Inschrift in den Anfang des 2. Jh.s, begründet diese Datierung dann allerdings damit, dass der zu Beginn genannte Philoxenidas Sohn des Aristodamas auch in IG V 1, 99 bezeugt ist, einer spartanischen Bouleutenliste aus trajanisch-hadrianischer Zeit. Es gibt hier also einen gewissen Spielraum und wenn wir eher an das Ende der möglichen Datierungsspanne gehen, sind wir nicht weit von der Datierung der Inschrift a) entfernt.

c)
Σείτε<ι>μος | Πρατονείκου, |
Σωκλείδας | Εὐδάμου, |
Νήδυμος Φι|λοκάλου. |
μάγειρος· Πασά|κων. |
δημόσιος· Φιλοδέ-|
  σποτος |
Σύρος πότ(ε) Θη|νάτας.

Die dritte Inschrift IG V 1, 153 mit SEG XXVII 42 wird gleichfalls nicht im originalen Zeilenumbruch dargestellt. Sie enthält ebenfalls einen Beamtenkatalog, an dessen Ende erneut der δημόσιος Philodespotos erscheint, wohl identisch mit dem in a) und b) Genannten.

Hier wird darüber hinaus seine Herkunft aus dem syrischen Thenas genannt (dazu Spawforth, ZPE 27, 1977, 294). – Datierung: Kolbe ad IG V 1, 153 datiert die Inschrift an den Anfang des 2. Jh.s aufgrund der Erwähnung des Philodespotos und der parallelen Inschrift b). Spawforth a.a.O. folgt Kolbe. Das SEG macht daraus irreführenderweise „um 100". Unter Berücksichtigung dessen, was oben unter b) zur Datierung gesagt wurde, sollte man auch für diese Inschrift eine Datierung eher gegen Ende der trajanisch-hadrianischen Zeit in Erwägung ziehen.

S2: Dorylaion (Asia). – Ende 2./Anfang 3. Jh. – GGA 159, 1897, 400 f. Nr. 45; JÖAI 16, 1913, Beibl. 72 Nr. 3; MAMA V p. 182,45.

> θεὸς ἡγοῦ. εἰκόνα τήνδε
> στῆσαν ἀγακλει-
> τῷ Στρατονεί-
> κῳ / φυλέται
> οἱ Δείας εἶ-
> ναι ἀγαλλόμενοι. /
> φυλαρχοῦντος διὰ βίου
> τοῦ ἀξιολογωτάτου Αὐρ.
> Παύλου Στρατονείκου.
> ἐπιμελησαμένου Εὐτύχ-
> ους οἰκονόμου τῆς πό-
>   λεως
> γραμματευόντων Γ. Αὐρη.
> Εὐτυχιανοῦ Ζωσίμου καὶ
> Εὐτυχιανοῦ Τελεσφόρου
>   γερουσιαστῶν

Der οἰκονόμος τῆς πόλεως Eutyches sorgt für die Errichtung einer Ehrenstatue (vgl. unten S5) für einen gewissen Stratoneikos, wohl C. Voconius Aelius Stratonicus, der aus weiteren Inschriften aus Dorylaion bekannt ist (dazu J. Weiss, JÖAI 16, 1913, Beibl. 72, 71–76). Neben ihm werden als weitere Amtsträger aufgeführt: Aurelius Paulos Stratoneikos als Phylarch, Gaius Aurelius Eutychianos Zosimos als Grammateus und Eutychianos Sohn des Telesphoros als Gerusiast. Die beiden Aurelii dürfen aufgrund ihres Gentilnomes als römische Bürger angesehen werden, Eutychianos zumindest als freier Bürger, da er einen Vatersnamen angibt. Der Oikonomos Eutyches führt hingegen nur einen Namen, was in diesem Zusammenhang, in dem sich alle anderen als Freigeborene ausweisen, wohl darauf hinweist, dass er ein Sklave war; s. u. zu S4. Dass ein Sklave für die Errichtung einer Ehrenstatue für einen Honorationen sorgt, ist nicht ungewöhnlich, vgl. z. B. CIL XI 4382. – Datierung: Wir befinden uns mit der Inschrift in einer Zeit, als das Gentilnomen Aurelius gehäuft auftritt, aber, da nicht alle genannten freien Personen dem römischen Namenssystem folgen, wohl noch vor der *constitutio Antoniniana*, also am Ende des 2. oder Anfang des 3. Jh.s. J. Weiss a.a.O. 73 setzt die Gruppe der Inschriften des Stratoneikos, insgesamt acht, in das 3. Jh.

S3: Stobi (Macedonia). – 2./3. Jh. – SEG XXIV 496.

> Διαδούμενος οἰκονόμος τῆς Στο-
> βαίων πόλεως καὶ οἱ σύνδουλοι
> τὰς Νύμφας ἐποίησαν.

Diadoumenos, der οἰκονόμος τῆς Στοβαίων πόλεως weiht mit seinen σύνδουλοι den Nymphen einen Altar, was ihn zweifelsfrei als Sklaven ausweist. – Datierung: SEG nach der *editio princeps* in ZAnt 11, 1961, 315–317, wo die Datierung aufgrund des Nymphenreliefs, das den Altar ziert, und der Buchstabenform vorgeschlagen wird.

S4: Beroia (Macedonia). – 230 oder 231 oder 232. – I. Leukopetra 78 und SEG LI 833.

τῇ κυρ[ί]ᾳ Μ[η]τρὶ Θεῶν Αὐ[τό]-
χθονι Κοδ[ρ]ᾶτος οἰκον[όμ]ος
τῆς Βεροιαίων πόλεως
χαίριν · καθὼ[ς] ἐκέλευ-
σας ἀγοράσε με σω[μ]άτι-
α ἐκ τῆς Κλεων[....] τοῦ
Ἀπολλοδώρο[υ τοῦ Ὀδ]υσσέ-
ως Ἐλπίδα κὲ τ[αύτης θ]υ-
γατέρα Πασιθέ[αν] κὲ τῆς
Πασιθ[έας παι]δίον· [ταύ]την ὁ-
μολογ[ῶ χαρίζεσθαι(?) ἐ]πιδὴ ἐ-
στηλογ[ράφητο ἡ παιδίσκ(?)]η κὲ
τὴν Τ[– – – – – – – –].

Quadratus (Κοδρᾶτος) οἰκονόμος τῆς Βεροιαίων πόλεως ist wohl ein Sklave, denn in einer Inschrift aus der Zeit nach der *constitutio Antoniniana* (212) würde man bei einem Freien das Gentilnomen Aurelius erwarten, wie es bei den Personen mit Bürgerstatus in den Inschriften von Leukopetra auch sonst der Fall ist. Zum Gentilnomen Aurelius, das im griechischen Osten nach 212 als Abzeichen des Bürgers getragen wird, v. a. um sich von einem Sklaven zu unterscheiden, vgl. Salway 135.

S5: Thessalonike (Macedonia). – Mitte 3. Jh., vor 253. – IG X 2,1 150.

ἀγαθῇι τύχηι.
κατὰ τὸ δόξαν
τῇ κρατίστῃ βου-
λῇ καὶ τῷ ἱερω-
τάτῳ δήμῳ τῆς
λαμπροτάτης
μητροπόλεως
καὶ κολωνείας
καὶ τετράκις νε-
ωκόρου Θεσσα-
λονικέων πό-
λεως · Τιβ(έριον) · Κλαύ-
διον Μάγνον
τὸν κράτιστον
καὶ στολάρχην
Ζώσιμος οἰκο-
νόμος τῆς πό-
λεως τὸν εὐερ-
γέτην.

Der οἰκονόμος τῆς πόλεως Zosimos, wohl ein Sklave, sorgt für die Errichtung einer Ehrenstatue für den Senator Tiberius Claudius Magnus (vgl. oben S2). Die Inschrift datiert aus der Zeit nach der *constitutio Antoniniana* (212), so dass zu erwarten wäre, dass Zosimos das Gentilnomen Aurelius nennen würde, wäre er ein freier Bürger; s.o. zu S4. – Datierung: Aufgrund der vierten Neokorie von Thessalonike datiert Edson IG ad loc. die Inschrift in die Mitte des 3. Jh.s, allerdings nicht vor 253.

S6?: Nikomedia (Bithynia). – 3./4. Jh. – TAM IV 1, 276; SIG³ 1231; CIG 3777.

> [Γ]άϊος [Τ]ρύφωνος οἰκον[ό]-
> [μ]ος ζῶν ἑαυτῷ καὶ τ[ῇ]
> [σ]υμβίῳ μου Μαρκίᾳ καὶ π[αι]-
> [δ]ί μου Μαρκιανῷ τὸν βωμ[ὸν]
> καὶ τὸν ἀνδριάντα
>
> ¹⁸τετιμημένος δὲ καὶ ἐλευθε-
> [ρίᾳ] παρὰ τῶν κυρίων μου φιλαν-
> θρώπων πολειτῶν
> [τῷ] <θ>ετῷ μου τὰ προσ<κ>είμ<ε>-
> [να τ]ῶν τόπων ἀπεδόμην Κ<λ>. Τα[—]-
> [ῳ Κ]αλλίστῳ. χαίρετε.

Z. 1–5 und 18–24 der Grabinschrift des Oikonomos Gaius, der sich und seiner Familie ein aufwändiges Grabmal errichten ließ, wie aus den hier nicht zitierten Z. 5–18 ersichtlich wird. Als er den Bau errichten ließ, stand er als Oikonomos in Diensten eines gewissen Tryphon (Tryphon ist nicht der Vatersname, wie Keil, Grabinschriften 549f. annimmt). Dass Gaius ein freigelassener öffentlicher Sklave ist, ergibt sich aus Z. 18–20. Dass Gaius als δημόσιος ein οἰκονόμος τῆς πόλεως war, wie Keil, Grabinschriften 549f. annimmt, ist möglich, lässt sich aber nicht beweisen. – Datierung: nach SIG.

S7: Kos (Asia). – Kaiserzeit. – Iscr. Cos EF 6; Paton/Hicks 310.

> Φιλήτου
> οἰκονόμου
> τῆς Κῴων
> πόλεως
> οἰκονομή-
> σαντος ἔτη
>   κγ′
> ἀμέμπ[τ]ως.

Philetas gibt keinen Vatersnamen an, dafür die Anzahl seiner Dienstjahre (23). Es handelt sich hier also offensichtlich nicht um ein Jahresamt. Dies alles spricht dafür, dass Philetas ein Sklave war. Paton/Hicks p. XXXVI: Sklave oder Freigelassener; ebenso Landvogt 24; Keil, Grabinschriften 549 Anm. 1: δημόσιος; SEG LVII 776 (p. 272): Sklave; Dmitriev 223 (gefolgt von Goodrich, Administrator 60) hält Philetas für einen

Magistraten, was angesichts der Zahl der Amtsjahre gänzlich unwahrscheinlich ist. – Datierung: Sherwin-White, Cos 433: Kaiserzeit; im Lemma der Datenbank des PHI Nr. 186921 mit Fragezeichen (http://epigraphy.packhum.org/inscriptions/main, eingesehen am 19.11.2008); keine Datierung in Paton/Hicks.

Tabelle 2: οἰκονόμοι τῆς πόλεως im Sklavenstand

	Ort	Datierung (n. Chr.)	Quelle
1	Sparta	1. Hälfte/Mitte 2. Jh.	IG V 1, 40. 147. 153 mit SEG XXVII 42
2	Dorylaion	Ende 2./Anf. 3. Jh.	GGA 159, 1897, p. 400 no. 45
3	Stobi	2./3. Jh.	SEG XXIV 496
4	Beroia	230 o. 231 o. 232	I. Leukopetra 78
5	Thessalonike	Mitte 3. Jh., vor 253	IG X 2,1, 150
6	Nicomedia	3./4. Jh.	TAM IV 1, 276
7	Kos	Kaiserzeit	Iscr. Cos EF 6

3) *Unsicherer Status.* In zwölf Fällen geben die Inschriften nicht genügend Aufschluss, um über den sozialen Status des οἰκονόμος τῆς πόλεως mit letzter Sicherheit zu entscheiden. Die betreffenden Personen könnten in manchen Fällen Sklaven gewesen sein, manchmal ist es aber auch wahrscheinlicher, dass es sich um Bürger handelte. Letzte Sicherheit lässt sich allerdings nicht gewinnen. Ebenso unsicher ist die Datierung in dieser Kategorie. Nur eine Inschrift lässt sich genauer als ‚römische Kaiserzeit' datieren.

U1: Kyme (Asia). – 1./frühes 2. Jh. – SEG XXXIX 1316.

> Σαράπιδι
> Ἀπολλωνί-
> δης οἰκονό-
> μος τῆς
> πόλεως
> ἀνέθηκε
> τὸ σπονδεῖ-
> ον.

Apollonides, οἰκονόμος τῆς πόλεως, weiht dem Sarapis eine Satyrstatue. Da es sich nicht um eine öffentliche Inschrift handelt, muss der fehlende Vatersname nicht zwangsläufig bedeuten, dass der Stifter ein Sklave war. – Datierung: SEG nach der *editio princeps* in Belleten 53, 1989, 546 Nr. 2.

U2: Philadelphia (Asia). – 2. Jh. n.Chr. (?). – TAM V 3, 1463.

> Λ. Ἀντώνιον Σεργία
> Πωλιανόν, τὸν σοφισ-
> τὴν καὶ κτιστὴν καὶ δι-

ἀ βίου σειτοδότην καὶ
στεφανηφόρον·
ἐπιμεληθέντος τῆς
ἀναστάσεως τοῦ τῆς
πόλεως οἰκονόμου
Ἀντωνίου

Der οἰκονόμος τῆς πόλεως sorgt für die Errichtung einer Ehrenstatue für einen städtischen Honoratioren namens L. Antonius Polianos. Der Oikonomos Antonius nennt keinen Vatersnamen, war also vielleicht ein Sklave. Petzl ad loc. hält es für möglich, dass der Oikonomos ein Freigelassener des Geehrten ist. Dagegen spricht, dass Freigelassene in der Regel keine städtischen Ämter bekleideten. – Datierung: Petzl ad loc. aufgrund der Buchstabenformen und der Ligaturen; wegen Antonius jedenfalls Kaiserzeit.

U3: Hierapolis (Asia). – Kaiserzeit. – Alt. Hierapolis 35; danach IGRR IV 813.

—τα— — —
[τ]αμίαν Η— — —
δήμαρχον,
στρατηγὸν
ἀποδεδειγμένον,
τὸν ἁγνὸν κα[ὶ]
δίκαιον καὶ ἀγα-
θὸν δικαστήν,
προνοησαμένων τῆς
ἀναστάσεως τοῦ
ἀνδριάντος τῶν
οἰκονόμων
τῆς πόλεως Τατιανοῦ
καὶ Διοκλέους κατὰ κέ-
λευσιν τῆς πόλεως.

Die beiden οἰκονόμοι τῆς πόλεως sorgen κατὰ κέλευσιν τῆς πόλεως für die Aufstellung einer Ehrenstatue für einen Statthalter. Da sie beide keinen Vatersnamen angeben, handelt es sich möglicherweise um Sklaven. Keil, Grabinschriften 549 Anm. 1: Status unsicher; Landvogt: schwerlich Sklaven; vgl. aber die Inschrift CIL XI 4382, in der ein öffentlicher Sklave für die Errichtung einer Ehrenstatue eines Curators sorgt. – Datierung: die Erwähnung eines Statthalters impliziert römische Zeit; keine genauere Datierung in IGRR.

U4: Kalchedon (Bithynia). – Kaiserzeit. – I. Kalchedon (IK 20) 101; CIG 3793.

Διονύσιος οἰκονόμος Χαλχηδονίων καὶ ἡ
γυνὴ αὐτοῦ Εὐτυχία ζῶντες ἑαυτοῖς
καὶ τῶν τέκνων αὐτῶν Θεοδότῳ

ζήσαντι έτη δ' τόδε μνημεῖον ἀνεστήσαντο
[ἐκ τῶν ἰ]δίων. χαῖρε.

Grabinschrift für Dionysios und seine Angehörigen. Da der οἰκονόμος Χαλχηδονίων {Καλχηδονίων} keinen Vatersnamen angibt, war er möglicherweise ein Sklave. Landvogt 26 nimmt nicht Stellung zur Frage; Magie, Rule 850 Anm. 34: vielleicht Sklave. – Datierung: keine Angaben in I. Kalchedon.

U5: Kos (Asia). – Kaiserzeit. – Paton/Hicks 308; CIG 2512.

> Διονυ-
> σίου πό-
> λεως Κώ-
> ων οἰκο-
> νόμου.

Dionysios gibt keinen Vatersnamen an, war also möglicherweise ein Sklave; vgl. oben S7. Paton/Hicks p. XXXVI: Sklave oder Freigelassener; ebenso Landvogt 24; Keil, Grabinschriften 549 Anm. 1: Sklave; Magie, Rule 850 Anm. 34: vielleicht Sklave. – Datierung: nach Sherwin-White, Cos 433.

U6: Kos (Asia). – Kaiserzeit. – Iscr. Cos EF 803 mit Taf. XCV; SEG LVII 796.

> [Μόσ]χου ο[ἰ]-
> [κον]όμου
> [τῆς] πόλεως
> [καὶ ἐ]πὶ τοῦ χρε-
> [οφυλακ]ίου

Moschos gibt keinen Vatersnamen an, war also möglicherweise ein Sklave; vgl. oben S7. Chaniotis ad SEG LVII 796: Sklave. – Datierung: nach Iscr. Cos und SEG.

U7: Laertes (Pamphylia). – Kaiserzeit? – TAM Ergbd. 3 (1970) 91.

> τοῦτον ἔτευξε Κόνων αἰώνιον οἶκον ἑαυτ[ῷ]
> οἰκονόμος πόλεως πᾶσί τε τοῖς ἰδίοις.

Zweizeiliges Distichon als Grabinschrift. Konon gibt keinen Vatersnamen an, er war also vielleicht ein Sklave. Bean/Mitford ad loc. nehmen an, dass der Status des οἰκονόμος τῆς πόλεως „clearly more exalted" war. Dafür gibt es m. E. keinerlei Anzeichen, wenn man nicht das Material (weißer Marmor) und die saubere Ausführung der Inschrift als Indikatoren nehmen will. – Datierung: keinerlei Angaben bei Bean/Mitford.

U8: Olympos (Asia). – Kaiserzeit. – TAM II 1151.

> τόνδε τὸν τύμβον Διονύσιος, οἰκονόμος τῆς πόλε-
> ως, κατεσκεύασεν ἑαυτῷ καὶ Τύχῃ Ὑγείας Ὀλυμπηνῇ
> καὶ Χαιρούσῃ καὶ Διονυσίῳ τέκνοις καὶ Ἀρτείμᾳ καὶ Ἀγαθόπο-
> δι καὶ Ναυκληρικῷ τοῖς Ὑγείας Ὀλυμ(πηνοῖς)· ἑτέρῳ δὲ οὐδενὶ ἐξέ-
> σται ταφῆναι, ἐκτὸς ἐὰν μὴ ἐγὼ ἐνγράφως ἐ-
> πιτρέψω, ἢ ὁ θάψας τινὰ ἐκτείσει τῷ φίσκῳ ✱, α
> καὶ ὁ ἐλένξας λήμψεται τὸ τρίτον.

Grabinschrift für den οἰκονόμος τῆς πόλεως Dionysios, seine Frau, Kinder und Stiefkinder. Seine Frau und deren Kinder haben das Bürgerrecht von Olympos. Weil Dionysios dies für sich selbst nicht angibt und keinen Vatersnamen nennt, war er möglicherweise Sklave. Dass Sklaven eheähnliche Verbindungen mit Freien eingehen, war durchaus nichts Ungewöhnliches. – Datierung: keine Datierung in TAM; wegen φίσκος (vorletzte Z.) gehört die Inschrift aber sicher in die Kaiserzeit.

U9: Perinthos (Thracia). – Kaiserzeit? – I. Perinthos-Herakleia 116.
In Z. 1 f. ist sicher οἰκονόμος Περ[ινθίων zu ergänzen und nicht Περ[ίνθιος, so Sayar ad loc. Leider ist vom Namen des Oikonomos nichts erhalten, so dass über seinen Status nichts gesagt werden kann.

U10: *Plomma (Galatia). – Kaiserzeit. – JHS 19, 1899, 124 Nr. 136 mit MAMA VII p. XXVf.

> Γάλλικος ὢ οἰκονόμος
> Πλομμέων.

Da Gallikos keinen Vatersnamen angibt, war er eventuell ein Sklave; Landvogt 48: sicher Sklave. – Datierung: wegen des Namens wohl Kaiserzeit.

U11: Thessalonike (Macedonia). – Kaiserzeit. – SEG XXXVIII 710.

> Λονγεῖνος οἰκονόμος τῆς
> πόλεως Ἀρτεμιδώρα τῇ
> συμβίῳ μ(νεί)ας χάριν.

Da Longeinos (= Longinus) keinen Vatersnamen nennt, war er möglicherweise ein Sklave; Pleket in SEG: „may have been a slave"; s. auch oben S5. – Datierung: nach SEG; Kaiserzeit wegen des Namens.

U12: Phrygia? – Kaiserzeit? – CIG 6837.

> Μητρὶ θεῶν Ἀγγίστει Ἀμέριμνος οἰκονόμος τῆς πόλεως

Der Altar der Kybele, die hier Agdistis genannt wird, befindet sich in Venedig. Das CIG gibt die Inschrift ohne Zeilenumbruch und ohne mögliche Herkunft. Cadbury, Erastos 49 vermutet eine Herkunft aus Phrygien. Da Amerimnos keinen Vatersnamen nennt, war er möglicherweise ein Sklave. Allerdings handelt es sich hier um eine Privatinschrift.

Tabelle 3: οἰκονόμοι τῆς πόλεως, deren sozialer Status unklar ist

	Ort	Datierung (n. Chr.)	Quelle
1	Kyme	1./Anfang 2. Jh.	SEG XLVII 1662
2	Philadelphia	2. Jh. (?)	TAM V 3, 1463
3	Hierapolis	Kaiserzeit	IGRR IV 813
4	Kalchedon	Kaiserzeit	I. Kalchedon 101
5	Kos	Kaiserzeit	Paton/Hicks 308
6	Kos	Kaiserzeit	Iscr. Cos EF 803
7	Laertes	Kaiserzeit?	TAM Ergbd. 3 (1970) 91
8	Olympos	Kaiserzeit	TAM II 1151
9	Perinthos	Kaiserzeit?	I. Perinthos-Herakleia 116
10	*Plomma	Kaiserzeit	JHS 19, 1899, p. 124 no. 136
11	Thessalonike	Kaiserzeit	SEG XXXVIII 710
12	Phrygia?	Kaiserzeit?	CIG 6837

Welche Schlüsse sind aus dieser Übersicht nun zu ziehen? Die Ausgangsfrage war, ob wir einen Wandel vom οἰκονόμος τῆς πόλεως als hohen Magistraten zum οἰκονόμος τῆς πόλεως im Sklavenstand chronologisch näher fassen können. Zunächst ist festzuhalten, dass das Amt des οἰκονόμος τῆς πόλεως in der Kaiserzeit weiterhin, wie in der hellenistischen Zeit, in einer Reihe von Städten zu den hochrangigen lokalen Ämtern zählt und die Amtsträger demzufolge zur lokalen Elite zu rechnen sind. Die Inschriften verteilen sich in dieser Kategorie chronologisch über die gesamte Kaiserzeit. Eine Inschrift gehört mit großer Wahrscheinlichkeit in das 1. Jh., geographisch konzentrieren sich die Belege auf Kleinasien. Hinsichtlich der Gruppe der οἰκονόμοι τῆς πόλεως, für die wir ausreichende Indizien besitzen, um sie als Sklaven zu identifizieren, ist keine Inschrift mit Sicherheit in das 1. Jh. n.Chr. zu datieren, schon gar nicht in die Mitte oder die erste Hälfte des 1. Jh.s. Das älteste, wenigstens annähernd präzise zu datierende Zeugnis für einen οἰκονόμος τῆς πόλεως im Sklavenstand gehört mit Sicherheit in das zweite nachchristliche Jahrhundert (S1: Philodespotos aus Sparta). Alle weiteren Belege sind zeitlich später anzusetzen. Aus dieser Übersicht lässt sich vielleicht kein präzises Datum für das erstmalige Auftreten von οἰκονόμοι τῆς πόλεως im Sklavenstande ableiten, denn es mag durchaus sein, dass aus der Gruppe der Oikonomoi mit unsicherem Personalstatus der ein oder andere ein Sklave war, der in das 1. Jh. gehört. Aber selbst wenn man die Unsicherheiten der dritten Gruppe berücksichtigt, so wird man bei aller gebotenen Vorsicht dem Überblick doch entnehmen dürfen, dass der Einsatz von Sklaven als οἰκονόμοι τῆς πόλεως im 1. Jh. noch nicht sehr weit verbreitet gewesen ist und in der ersten Hälfte des 1. Jh.s anscheinend eher eine Seltenheit war, während der Regelfall wohl der οἰκονόμος τῆς πόλεως als städtischer Magistrat und somit die Fortführung des Status quo der hellenistischen Epoche gewesen sein dürfte.

Für die Frage nach dem paulinischen Verständnis des οἰκονόμος τῆς πόλεως in Röm 16,23 bedeutet dies, dass es sehr viel wahrscheinlicher ist, dass Paulus hinter diesem Amtstitel ein städtisches Amt, eine Magistratur verstanden hat als eine Verwaltungsposition, die von öffentlichen Sklaven bekleidet wurde, insbesondere wenn man berücksichtigt, dass Paulus' Verständnis des Titels in der ersten Hälfte des 1. Jh.s geprägt wurde, einer Zeit als die Quote von οἰκονόμοι τῆς πόλεως im Sklavenstand sicher noch eher gering war. Hinsichtlich des sozialen Status des in Röm 16,23 genannten Erastos bedeutet dies nun, dass dieser sehr wahrscheinlich ein Magistrat der römischen *colonia* Korinth war.

Wenn man das Spektrum der korinthischen Ämter berücksichtigt, dann kommen dafür nur zwei Magistraturen in Frage: das Duovirat oder die Ädilität. Es ist, wie bereits erwähnt, sehr unwahrscheinlich, dass mit dem Terminus Oikonomos ein Duumvir gemeint sein soll. In sprachlicher Hinsicht wäre diese Übersetzung nicht zu erklären, und auch hinsichtlich der Ämterhierarchie wäre eine solche Übertragung unverständlich, denn das Amt des Oikonomos ist in den griechischen Städten nirgends als lokales Spitzenamt belegt. Man kann daraus schließen, dass Paulus wohl das Amt des Ädilen meinte. Als Ädil war Erastos qua Amt Mitglied des korinthischen *ordo decurionum*. Es muss an dieser Stelle noch einmal unterstrichen werden, dass dieses Ergebnis unabhängig von der Frage zu behandeln ist, ob der Erastos des Römerbriefes mit dem Erastus der Pflasterinschrift zu identifizieren ist. Diese Identifizierung erscheint möglich, wenn auch nicht beweisbar.

4.1.4 οἰκονόμος als Übersetzung von *aedilis*

Natürlich eröffnet dies nun noch einmal die bereits kurz behandelte Frage, warum Paulus nicht den Titel des Agoranomos verwendet hat, der aus unserer heutigen Perspektive viel eindeutiger gewesen wäre, um einen Ädilen zu identifizieren. Für dieses Problem kann es nur Lösungsvorschläge geben, keine klaren Antworten. Es ist möglich, dass die Übersetzung Agoranomos für den Ädilen in Paulus' Zeiten noch nicht fest etabliert war und es daher ohne weiteres möglich war, einen Ädilen auf griechisch als Oikonomos zu bezeichnen. Diese Möglichkeit legen die korinthischen Inschriften nahe, auf denen der Terminus Agoranomos erst in der zweiten Hälfte des 2. Jh.s n. Chr. erscheint. Wenig überzeugend ist die Erklärung Kents, der darauf verweist, dass die Ädilen in Korinth im Unterschied zu anderen Städten nicht mit der Organisation von Spielen und Wettkämpfen betraut gewesen wären. Die isthmischen Spiele wären von einem Sonderbeauftragten, einem Agonotheten verwaltet worden, die korinthischen Ädilen wären „in effect confined in their activities to local economic matters", weswegen Paulus Erastos als οἰκονόμος bezeichnet hätte[75]. Ein Blick in den Paragraphen 19 der Lex Irnitana genügt, um zu sehen, dass die Ädilen auch ohne die Verantwortung für die Spiele weit mehr als nur mit „economic matters" zu tun hatten.

Was man bei dieser Frage nicht außer Acht lassen darf, ist eine gewisse Sprachflexibilität. So muss man den Sprachgebrauch in Inschriften, insbesondere in Inschriften auf öffentlich aufgestellten Ehrenmonumenten, unterscheiden von dem Sprachgebrauch in literarischen Texten[76]. Man muss unterscheiden zwischen offiziellen und privaten Dokumenten, und man muss schließlich Individualismen in der Sprachwahl berücksichtigen. Bei dem Römerbrief handelt es sich zweifelsohne zunächst um einen Brief privaten Charakters, dessen Schreiber Griechisch schrieb und sprach „wie ihm der Schnabel gewachsen war"[77]. Paulus ging es hier kaum um Sprachpurismus oder um institutionelle Exaktheit. Nichts spricht also grundsätzlich dagegen, dass er einen Ädilen als Oikonomos bezeichnete, auch wenn dies, selbst in der Mitte des 1. Jh.s, ungewöhnlich gewesen sein mag. Aber Sprache, insbesondere in einem bilingualen Kontext wie in der römischen *colonia* Korinth, lässt sich eben nicht oder nur sehr schwer normieren. Dass es keinen standardisierten Terminus für die Ädilen in Korinth gab, zeigt sich nicht zuletzt daran, dass Epiktet (ca. 55–135), der mit den korinthischen Verhältnissen bestens vertraut war, das dortige Amt des Ädilen mit dem Begriff des Astynomos wiedergibt, während sich in den griechischen Inschriften Korinths im 2. Jh. der Terminus Agoranomos durchsetzt[78].

So gibt es verschiedene Möglichkeiten, lateinische Termini ins Griechische zu übertragen, und das gilt auch für die Bezeichnung von Ämtern. Schon D. Magie hat in einer älteren und heute nahezu vergessenen Arbeit drei Typen der Übertragung römischer Titulaturen in die griechische Sprache aufgeführt, und zwar 1) durch Äquivalenz (*comparatio*), 2) durch Transkription (*transscriptio*), 3) durch Übersetzung (*interpretatio*). Das klassische Beispiel ist die Übertragung des Begriffes *quaestor*, der auf Griechisch folgendermaßen heißen kann: 1) ταμίας, 2) κυαίστωρ, 3) ζητητής[79]. Man könnte nach diesem Modell die Übertragung des Ädilen mit Oikonomos der dritten Variante, Übersetzung, zuordnen. Im lateinischen *aedilis* steckt *aedes*, was man unter anderem mit „Haus" übersetzen kann, im griechischen Oikonomos οἶκος, was die Grundbedeutung „Haus" hat. Es gibt somit auch eine linguistisch plausible Erklärung dafür, dass Paulus sich die Freiheit nehmen konnte, den Ädilen mit Oikonomos zu übersetzen.

---

[75] Kent 27.
[76] Dazu Mason 13–16.
[77] Dies soll Wilamowitz über Paulus gesagt haben; zitiert in H. Hunger u. a., Geschichte der Textüberlieferung der antiken und mittelalterlichen Literatur 1 (Zürich 1961) 167, allerdings ist mir die Verifikation des Zitats leider nicht gelungen.
[78] Epict. diss. 3,1,34; dazu Winter, Welfare 185–187.
[79] Magie, De vocabulis 3–41. Famerie *passim* weist darauf hin, dass diese Typologie zu streng scheidet, was ein weiteres Argument dafür ist, dass wir mit einem flexiblen Sprachgebrauch rechnen sollten.

Der Einwand, dass die lateinische Vulgata das Amt des Erastos mit *arcarius civitatis* übersetzt, eine Funktion innerhalb der städtischen Finanzverwaltung, die zumeist von *servi publici* ausgeübt wurde, ist nicht stichhaltig[80]. Der Terminus *arcarius civitatis* selbst zeigt, dass der Übersetzer der Vulgata nicht mit den lokalen Bedingungen Korinths vertraut war und keine exakte Terminologie verwendete, sonst hätte er *arcarius coloniae* geschrieben. Außerdem muss man beachten, dass die Vulgata-Übersetzung erst im 4. Jh. entstand. Wenn es richtig ist, dass οἰκονόμοι τῆς πόλεως im Sklavenstand vermehrt erst ab dem 2. Jh. auftreten, so wird man eher vermuten dürfen, dass die Vulgata eben diesen späteren Zustand widerspiegelt, als öffentliche Sklaven in der Funktion des οἰκονόμος τῆς πόλεως verstärkt auftraten.

4.1.5 Warum erwähnt Paulus das Amt des Erastos?

Warum aber erwähnt Paulus das säkulare Amt des Erastos überhaupt? Dies ist ein völlig ungewöhnlicher Vorgang, dass Paulus auf das weltliche Amt einer Person hinweist. Es ist genauer gesagt das einzige Mal im gesamten paulinischen Briefcorpus.

Zunächst dürfte die Erwähnung des Amtes des οἰκονόμος τῆς πόλεως ein weiteres Indiz dafür zu sein, dass es sich hier nicht um eine Position handelt, die von einem Sklaven ausgefüllt wurde, sondern um eine Magistratur. Paulus lenkt doch ganz offensichtlich die Aufmerksamkeit auf das Amt des Erastos, weil es sich hier um etwas Bemerkenswertes handelte. Wenn Erastos ein Sklave gewesen wäre, selbst ein öffentlicher Sklave mit einem höheren Sozialstatus als die Masse der Sklaven, wäre dies bei weitem nicht so interessant für die Adressaten des Römerbriefes gewesen. Sklaven mit einem relativ hohen Sozialstatus kannten die Empfänger des Briefes zur Genüge, denn zur stadtrömischen Gemeinde zählten Sklaven und Freigelassene aus dem kaiserlichem Dienst- und Verwaltungspersonal, der *familia Caesaris*[81]. Diese *servi* und *liberti Caesaris* sind von ihrem Status her den *servi publici* vergleichbar, in der sozialen Hierarchie vielleicht sogar ein wenig höher anzusiedeln. Paulus verweist also auf etwas für die stadtrömischen Christen Außergewöhnliches, nämlich auf jemanden, der ein städtisches Amt innehat.

Dennoch stellt sich weiterhin die Frage, warum Paulus das weltliche Amt des Erastos nennt. Paulus erwähnt nur sehr selten persönliche Details und vor allem richtet er sich immer wieder gegen jedwedes gesellschaftliche Statusdenken[82]. Warum

---

[80] Theißen, Studien 237; Friesen, Erastus 248; vgl. Cadbury, Erastus 51; Halkin 136. Zu den *servi publici arcarii* vgl. Weiß, Sklave 39–41.
[81] Am Ende des wohl in römischer Gefangenschaft geschriebenen Philipperbriefes 4,22 lässt Paulus Grüße von οἱ ἐκ τῆς Καίσαρος οἰκίας ausrichten, einer griechischen Umschreibung für die *familia Caesaris*, die kaiserlichen Sklaven und Freigelassenen. In Röm 16,11 werden Christen im Hause des Narcissus erwähnt, bei dem es sich möglicherweise um den mächtigen kaiserlichen Freigelassenen gleichen Namens handelt; vgl. Jewett 967.
[82] Judge, Critic 105–109.

hat er ausgerechnet im Falle des Erastos auf dessen Amt und damit verbunden auf dessen hohen ‚weltlichen' Status hingewiesen? Führt er damit nicht seine eigene Werteskala, in der soziales Ansehen eben keine Rolle spielt, ad absurdum? Die meisten, die sich mit der Frage befasst haben, flüchten sich hier in Aporie[83]. In Robert Jewetts neuem Römerbrief-Kommentar spielt diese Frage jedoch eine Schlüsselrolle. Jewett verficht die These, Paulus' Brief an die römische Gemeinde diene der Vorbereitung seiner geplanten Spanien-Mission[84] und das Amt des Erastos werde erwähnt, um hierfür Unterstützung bei verantwortlichen Stellen in Rom zu gewinnen. Die spanischen Provinzen hätten zu den sensibleren Regionen des Imperiums gehört, einmal aufgrund ihrer ökonomischen Bedeutung mit den staatlich verwalteten Silberminen, zum anderen wegen fortgesetzter Gefahr von Aufständen durch die unterworfene keltiberische Bevölkerung vor allem in der Tarraconensis und der Lusitania. Das subversive Potential des Christentums wäre von den Behörden bereits bemerkt worden, welche daher Paulus' Spanien-Pläne mit erheblichem Misstrauen begegnet wären. Nichts wäre geeigneter gewesen, dieses Misstrauen zu entkräften, das sich dann auch gegen die christlichen Gemeinden in der Hauptstadt des Reiches selbst hätte richten können, als der Hinweis auf einen Amtsträger, der sich selbst dem christlichen Glauben zugewandt und somit die Vereinbarkeit dieses neuen Glaubens mit der Treue zum römischen Staat unter Beweis gestellt hatte. Ein korinthischer Magistrat sei hierfür sogar besonders geeignet, weil die korinthischen Kolonisten aufgrund ihrer römischen Herkunft in der *urbs* selbst möglicherweise persönlich bekannt waren und direkte Verbindungen in die Hauptstadt hatten. So weit Jewett[85].

Unabhängig von der Frage, ob die Vorbereitung der Spanien-Mission der hauptsächliche Anlass für die Abfassung des Römerbriefes war, sind einige von Jewetts historischen Urteilen nicht zutreffend und von unbelegbaren Prämissen durchzogen. Es gibt keinerlei Belege dafür, dass korinthische Magistrate zur Zeit des Paulus in irgendeiner Weise enge persönliche Beziehungen nach Rom pflegten. Ebenso wenig gibt es Hinweise, dass sie diese je hatten. Wenn man die soziale Herkunft der caesarischen Kolonisten bedenkt, die im Jahre 44 v. Chr. Korinth wiederbesiedelten – Freigelassene, städtisches Proletariat und einige Veteranen aus Caesars Legionen[86] –, so erscheint es sehr unwahrscheinlich, dass darunter irgendjemand mit engen Beziehungen zur römischen Führungselite war, noch unwahrscheinlicher, dass diese Beziehungen nach 100 Jahren noch in irgendeiner Weise von Bedeutung und für die präsumtiven Ziele des Paulus nutzbar gewesen sein sollten[87]. Hinzu kommt, dass seit claudischer Zeit zu-

---

[83] S. zuletzt noch Theißen, Social structure 80; Winter, Welfare 195 nimmt an, Paulus nenne Erastos als Beispiel eines christlichen Euergeten.
[84] Vgl. Röm 15,24.
[85] Jewett 982f. mit Anm. 74 zu Erastos; ebd. 74–90 zum Römerbrief als Schreiben zur Vorbereitung der Spanien-Mission.
[86] Vgl. D. Engels 67.
[87] Das gilt natürlich erst recht, wenn, wie Millis *passim* jetzt meint, die korinthischen Kolonisten ihre Wurzeln im griechischen Osten hatten.

nehmend Personen mit griechischer, und nicht italischer, Herkunft in die Ränge der korinthischen Notabeln aufrücken[88]. Sollte Erastos zu diesem Kreis gehören, wird es noch unwahrscheinlicher, dass er bis nach Rom reichende Beziehungen unterhalten haben soll. Dass die römischen ‚Behörden'[89] bereits in den 50er Jahren ein Auge auf die Christen als potentielle Unruhestifter geworfen haben sollen, ist ebenfalls nicht erwiesen, ja es ist geradezu äußerst unwahrscheinlich. Gallio, Statthalter der Provinz Achaia um 51, hält die Auseinandersetzungen zwischen Juden und Christen noch für eine innerjüdische Angelegenheit[90]. Dass die Ausweisung der Juden aus Rom im Jahre 49 aufgrund eines Aufwieglers namens Chrestus mit dem christlichen Glauben in Zusammenhang steht, erscheint gleichfalls unwahrscheinlich[91]. Erst im Jahre 64 dürfte das Christentum zum ersten Mal in das Bewusstsein der breiten römischen Öffentlichkeit getreten und fortan stigmatisiert worden sein. Für die Abfassungszeit des Römerbriefes gibt es dafür noch keine Hinweise. Selbst wenn Paulus einen politischen Schutzschirm über seine Spanien-Pläne und die römischen Christen aufspannen wollte, so ist es sehr fraglich, ob ein Ädil die geeignete Person für diesen Zweck war. Im fein austarierten hierarchischen Gefälle der römischen Gesellschaft war ein munizipaler Ädil schlichtweg nicht bedeutend genug, um derart auf die römischen Senatoren oder gar das Kaiserhaus Einfluss zu nehmen. Die Namensnennung allein hätte schon gar nicht ausgereicht, man hätte ihn wenigstens als Gesandten schicken müssen[92]. Nun ist aber ganz offensichtlich nicht Erastos derjenige, der nach Rom reist, um Paulus' Brief zu übermitteln, sondern nach übereinstimmender Auffassung die in Röm 16,1 genannte Phoebe. Letztlich ist aber auch die Situation in Spanien von Jewett übertrieben kritisch dargestellt worden, zumindest hört man in der Mitte des 1. Jh.s nichts von Unruhen in der Region, am allerwenigsten im Gebiet der bereits romanisierten Baetica, in der Paulus seine missionarische Arbeit begonnen hätte (oder möglicherweise später in der Tat begonnen hat).

Weil somit auch Jewetts These die Frage nicht lösen kann, wird man – wenn man nicht erneut in Aporie flüchten will – nach einer anderen Erklärung suchen müssen, auch wenn diese ebenfalls notgedrungen mit dem Ruch der Spekulation behaftet ist. Es mag sein, dass Paulus dem ersten Anschein nach nicht völlig konsistent handelt, wenn er auf den hohen sozialen Status des Erastos verweist. Vielleicht ist dieser Einwand aber auch zu dogmatisch. Die Kritik des antiken Statusdenkens spielt zwar

---

88 Spawforth, Corinth 173 f.
89 Jewett schreibt mehrfach von „imperial authorities" (e. g. 983), was, wenn es richtig als „Behörden" zu verstehen ist, schon *per se* ein fragwürdiges Konzept für die römische Kaiserzeit ist. Behörden oder einen Verwaltungsapparat im modernen Sinne mit – auch geographisch – weitreichenden Befugnissen hat es im römischen Reich nicht gegeben. Der Statthalter mit seinem kleinen Stab war der Repräsentant vor Ort, an den man sich zu wenden hatte.
90 Apg 18,12–17; dazu Judge, Impressions 411 f.
91 Suet. Claud. 25,4; dazu Judge/Thomas *passim*.
92 Zur Bedeutung des Gesandtschaftswesens in den Beziehungen zwischen den griechischen Städten und Rom und zur Auswahl der Gesandten s. Quass 168–176.

vor allem in den beiden Episteln an die Korinther eine Rolle, und es waren wahrscheinlich die Mächtigen und Angesehenen (1 Kor 1,26) unter den korinthischen Christen, die für die Spannungen mit dem Apostel verantwortlich waren. Aber man hat eher den Eindruck, dass es sich bei der Gruppe, mit der Paulus die Auseinandersetzungen führte, um soziale Aufsteiger handelte, zu denen Erastos, der eben kein zu Amt und Würden gekommener Freigelassener war, wie vielfach angenommen wurde, nicht notwendig gehörte. Paulus könnte daher Erastos möglicherweise als Modellfall für einen Christen genannt haben, der zwar aufgrund seiner Zugehörigkeit zum *ordo decurionum* ein hohes Ansehen in der lokalen Gesellschaft genoss, sich aber gerade nicht auf seinen sozialen Status berief, sondern bereit war, auf seinen Status zu verzichten und sich in der christlichen Gemeinde einzuordnen. Paulus könnte ihn somit als Musterbeispiel vor Augen haben für einen Eliteangehörigen, der seiner Predigt von der Umkehr der anerkannten Gesellschaftsordnung folgte und seinen säkularen Status nicht innerhalb der von Paulus verkündeten neuen Ordnung des sozialen Miteinanders ausspielte, in der gesellschaftliche Unterschiede keine Rolle mehr spielten (1 Kor 12,13; vgl. Gal 3,28). Es wäre geradezu widersinnig, wenn Paulus in Röm 16,23 jemanden herausstreichen würde, der das alte Statusdenken noch nicht abgestreift hatte. Dies konnte er aber guten Gewissens tun, wenn Erastos eben kein Repräsentant herkömmlicher Rollenmuster war, sondern sich die neue soziale Ordnung zueigen gemacht hatte.

Dies gilt insbesondere, wenn der in Röm 16,23 genannte Erastos identisch ist mit dem an anderen neutestamentlichen Stellen genannten Erastos. In Apg 19,22 wird ein Erastos genannt, den Paulus zusammen mit Timotheos von Ephesos nach Makedonien vorausgeschickt hatte. Er war demnach ein Mitarbeiter und Begleiter des Paulus auf dessen dritter Missionsreise. Über wohl denselben Erastos wird in 2 Tim 4,20 ausgesagt, er sei, offenbar ebenfalls im Verlauf einer gemeinsam mit Paulus unternommenen Reise, in Korinth geblieben. Die Exegeten sind sich uneins in der Frage, ob an allen drei Stellen dieselbe Person gemeint ist, eine Majorität spricht sich gegen die Identifizierung aus[93]. Gerade die Verbindung mit Korinth, die in 2 Tim 4,20 explizit hergestellt wird, spricht aber doch dafür, dass an allen drei Stellen derselbe Erastos genannt wird[94]. Wenn dies richtig ist, ist es ein weiteres Indiz dafür, dass Erastos als ehemaliger Magistrat seine Karriere nicht weiter verfolgte, sondern sie zugunsten des Evangeliums aufgegeben hatte und somit von Paulus in Röm 16,23 als Exempel angeführt werden kann für jemanden, der ernst gemacht hat mit der christlichen

---

[93] Hier können nur Beispiele aus der exegetischen Literatur genannt werden. Gegen die Identifizierung aller drei Erastoi: O. Michel, Der Brief an die Römer. KEK 4 [14,5](Göttingen 1978) 483 f.; H. Schlier, Der Römerbrief. HTKNT 6 (Freiburg 1977) 451. Zuletzt sprach sich auch Metzner 562 gegen die Identität der drei Erastoi aus, der allerdings, obwohl er weiß, dass die städtischen Magistraturen Jahresämter sind, das falsche Argument bietet, „das Verwaltungsamt des Stadtökonomen (setze) jedoch Ortsgebundenheit voraus".
[94] So auch Theißen, Studien 237. Warum der Erastos aus Apg 19,22 „surely not the oikonomos of Corinth" ist, wird von Meeks 62 leider nicht erläutert.

Nachfolge und nicht mehr den traditionellen Denkmustern verhaftet ist. Hier war jemand tatsächlich aus dem System patronaler Beziehungen ausgeschert und zum ‚Diener Christi'[95] geworden.

4.1.6 Erastos – kein Christ?

Gerade letzteres, dass Erastos überhaupt zum Christentum konvertiert war, wird jetzt von Steven Friesen grundsätzlich in Zweifel gezogen[96]. Laut Friesen würde durch den Aufbau von Röm 16,23b nur der ebenfalls genannte Quartus als „Bruder", also als Christ, identifiziert, keineswegs aber Erastos: ἀσπάζεται ὑμᾶς Ἔραστος ὁ οἰκονόμος τῆς πόλεως καὶ Κούαρτος ὁ ἀδελφός. In diesem Satz, so Friesen, würde ein Kontrast hergestellt zwischen Quartus, dem Gläubigen, und Erastos, dem Oikonomos. Hätte Paulus Erastos als Gläubigen bezeichnen wollen, hätte er an dieser Stelle ohne Schwierigkeiten einen Plural verwenden können, also „Brüder", ähnlich wie er kurz zuvor in Vers 21 Lucius, Jason und Sosipatros kollektiv als „Stammverwandte" bezeichnete. Erastos würde also ganz bewusst nicht als „Bruder" gekennzeichnet. Damit sei er einer von drei Personen, die im Grußkapitel Röm 16 nicht als Gläubige bezeichnet würden, neben ihm noch Aristoboulos (Röm 16,10) und Narkissos (Röm 16,11). Die 37 Personen, die in Röm 16 genannt werden, charakterisiere Paulus mit zahlreichen Attributen, die allesamt eine „spiritual affinity" zum Ausdruck brächten. Die einzige Ausnahme sei eben Erastos, bei dem er einen weltlichen Titel nennt. Friesen schließt daraus, dass Erastos Paulus zwar wohl gekannt habe, er sei aber nicht „persuaded by his gospel". Paulus erwähne Erastos wahrscheinlich deswegen, weil Quartus ein Sklave oder Freigelassener im Haus des Erastos war. Eventuell sei Erastos wie Narkissos „the patriarch of a household that included some believers" gewesen.

Zu Friesens Argumenten im Einzelnen. Wie die letztgenannte These, Erastos sei der Vorstand eines Haushaltes, zu dem einige Gläubige gehörten, mit der vorher von Friesen getroffenen Annahme zu vereinbaren sein soll, Erastos sei wahrscheinlich ein Sklave[97], erklärt Friesen nicht. Wie dem auch sei, wenn Erastos von Paulus nur erwähnt wird, weil er der Vorstand eines Haushaltes war, zu dem neben Quartus möglicherweise noch weitere Christen gehörten, so fragt sich, warum er diese Gruppe nicht οἱ ἐκ τῶν Ἐράστου genannt hat, so wie er in 16,10.11 von οἱ ἐκ τῶν Ἀριστοβούλου bzw. Ναρκίσσου geschrieben hatte. Oder soll etwa Quartus der einzige Christ im Hause des Erastos gewesen sein? Dann wird es noch unverständlicher, warum Paulus in 16,23 den Hausherrn überhaupt erwähnen sollte. Dass Aristoboulos und Narkissos auch nicht als Parallelen für weitere Nicht-Gläubige, die neben Erastos in Röm 16 erwähnt wer-

---

95 Wie anstößig diese Terminologie gerade für die *ordo*-Angehörigen sein musste, dazu Judge, Critic 106 f.
96 Friesen, Erastus 249–255.
97 Friesen, Erastus 249: Erastus „was likely a slave"; vgl. ebd. 256: „he might have been an exploited slave".

den, dienen können, ist ebenfalls offensichtlich. Denn sie werden ja gerade nicht um ihrer selbst willen genannt, sondern eben weil zu ihrem wahrscheinlich recht umfangreichen Haushalt Christen zählten. Ihre Namen dienen gleichsam als Hausadresse. Bei Erastos ist hingegen die Person des Erastos selbst von Interesse.

Dass die Attribute, mit denen Paulus den Personenkreis in Röm 16 belegt, allesamt eine „spiritual affinity" ausdrücken, gilt sicher nicht für Herodion (16,11) und die schon genannten Lucius, Jason und Sosipatros (16,21). Paulus nennt sie seine συγγενεῖς, was nichts anderes bedeutet, als dass sie wie er jüdischer Herkunft sind[98]. Er verweist hier also auf ein ethnisches, kein geistliches Merkmal. Will man Friesens strenge Maßstäbe anlegen, müsste man behaupten, dass alle vier keine Christen waren – was sicher überzogen wäre.

In der Konstruktion des Verses 23b schließlich ein Gegensatzpaar sehen zu wollen, erscheint durch nichts gerechtfertigt. Natürlich hätte Paulus beide, Erastos und Quartus, als „Brüder" kennzeichnen können. Dann hätte er allerdings entweder „Ἔραστος ὁ οἰκονόμος τῆς πόλεως καὶ ἀδελφὸς καὶ Κούαρτος ὁ ἀδελφός" schreiben müssen, was etwas holperig klingt. Oder er hätte „Ἔραστος καὶ Κούαρτος οἱ ἀδελφοί" schreiben müssen und dann hätte sich sofort die Frage gestellt, ob es sich um ‚Brüder in Christus' oder um leibliche Geschwister handelt. Der Kontext des Grußkapitels Röm 16 liefert somit keinerlei Hinweise darauf, dass Erastos nicht zur Gemeinschaft der korinthischen Christen gehört hätte. Es ist auch grundsätzlich nicht einsichtig, warum ein Nicht-Christ Grüße an die Christen in Rom ausrichten lassen sollte[99].

Auch Theißen scheint in jüngerer Zeit Zweifel bekommen zu haben, ob Erastos tatsächlich ein Christ war. Theißen zieht nun in Erwägung, dass Erastos sich eher als *patronus* der christlichen Gemeinde verstanden wissen wollte, ohne aktives Mitglied der Gemeinde gewesen zu sein[100]. Er verweist auf die nicht-christlichen Berufs- und Religionsvereine, die in der Regel einen Patron, oder auch mehrere, aus den Reihen der munizipalen Elite hatten. Diese Patrone waren nicht notwendig Anhänger des jeweiligen Kultes, geschweige denn, dass sie die entsprechenden Berufe ausgeübt haben. Beispielsweise war Cnaeus Sentius Felix, einer der führenden Köpfe seiner Zeit in Ostia, *patronus* einer ganzen Reihe von Berufskorporationen, unter anderem dem der öffentlichen Sklaven und Freigelassenen[101]. Dieses Patronatsmodell will Theißen nun auch auf die Verbindung zwischen Erastos und der Christengemeinde in Korinth übertragen. Dies scheitert allerdings daran, dass die paulinischen Gemeinden nicht mit antiken Kultvereinen vergleichbar sind[102]. Ihr Daseinszweck war nicht in erster Linie der für die Antike typische, peinlich genaue Vollzug bestimmter Rituale, sondern

---

[98] So auch Jewett 978.
[99] So auch Welborn, Enmity 282 Anm. 417.
[100] Theißen, Social structure 79f.; ders., Communities 255f.; ders, Dialog 120.
[101] CIL XIV 409.
[102] Dazu Judge, Kultgemeinde bes. 394f. Longenecker 52–57 unterzieht zwar die Analogie zum Patronat über Berufs- und Kultvereine einer gewissen Kritik, hält jedoch grundsätzlich an dem Vergleich der frühchristlichen Gemeinden mit den antiken *collegia* fest.

die Christen schlossen sich zusammen, weil sie einer gemeinsamen Lehre und einer daraus resultierenden bestimmten Lebensform folgten. Von einer verpflichtenden gemeinsamen Ethik hören wir in den antiken Kultvereinen nichts (in den Berufsvereinen schon gar nicht), ebenso wenig von einer ausformulierten theologischen Lehre, die nach antikem Verständnis in den Bereich philosophischer Schulen gehörte. Die *collegia* wollten die bestehende Gesellschaftsordnung auch eher stabilisieren[103] und keineswegs eine neue, die alten Werte destabilisierende Sozialordnung formieren. Dass einzelne Personen Funktionen oder Rollen eines *patronus* im antiken Sinne innerhalb der Gemeinde übernahmen oder zu übernehmen versuchten, soll gar nicht in Abrede gestellt werden, aber für einen „distanzierten Patron"[104], der außerhalb der Gemeinde blieb, war kein Platz vorgesehen. Entweder gehörte man zur christlichen Gemeinschaft und folgte ihrer Lehre – oder man gehörte eben nicht dazu. Die Möglichkeit eines „Sympathisantentums", die Theißen vorschlägt[105], scheint eher eine moderne denn eine antike Vorstellung zu sein.

4.2 „… nicht viele Mächtige, nicht viele Wohlgeborene …" (1 Kor 1,26)

Im ersten Kapitel, Vers 26 des ersten Korintherbriefes macht der Apostel Paulus eine Bemerkung, die ebenso vielzitiert wie in ihrer genauen Bedeutung umstritten ist[106]. Zu den korinthischen Christen, möglicherweise allgemein zur Christenheit seiner Zeit, zählten, so Paulus, „nicht viele Weise nach dem Fleisch, nicht viele Mächtige, nicht viele Wohlgeborene", im Griechischen: οὐ πολλοὶ σοφοὶ κατὰ σάρκα, οὐ πολλοὶ δυνατοί, οὐ πολλοὶ εὐγενεῖς. Dieser Halbvers hat über lange Jahre den Verfechtern der These der Unterschichtzugehörigkeit der ersten Christen als Beweistext ersten Ranges gedient[107]. Dem ist völlig zurecht entgegengehalten worden, dass die Stelle im Umkehrschluss doch ein Beleg dafür sei, dass, wenn auch nicht viele, so aber doch wenigstens einige Weise, Mächtige, Wohlgeborene, i.e. Angehörige der besseren Kreise, unter den Christen zu finden gewesen sein müssen[108]. Es soll im folgenden zum einen dargelegt werden, dass Paulus hier in der Tat soziologische Kategorien im Sinne hatte. Zum zweiten wird die These vorgetragen, dass mit Paulus' Charakterisierung nicht allgemein sozial relativ besser gestellte Christen gemeint sind, sondern dass sie sich konkret auf *ordo*-Angehörige ausmünzen lässt.

---

103 van Nijf *passim*.
104 Theißen, Dialog 120.
105 Theißen, Social strucure 78.
106 Zur Interpretationsgeschichte Schreiner, Legitimation *passim*.
107 So schon bei Deißmann, Licht 4 und ders., Paulus 15; Kautsky 338.
108 So schon Weiß, 1 Kor 35; weiterhin Clarke, Leadership 41–45; Filson 111; Judge, Pattern 43 (= ders., Gruppen 510); Malherbe 30; Theißen, Studien 234; ders., Communities 254.

4.2.1 Die Trias σοφός, δυνατός, εὐγενής als soziologische Termini

Auf den ersten Blick könnte man den Eindruck gewinnen, Paulus' Gebrauch der Trias σοφός, δυνατός, εὐγενής in 1 Kor 1,26b sei formelhaft, und in der Tat hat Wuellner von der σοφός-δυνατός-εὐγενής-Formel gesprochen[109]. Bei genauerem Hinsehen stellt man allerdings fest, dass diese triadische Formel durchaus keine Formel ist, denn diese ‚Formel' hat in der gesamten antiken Literatur keine einzige Parallele und wir finden sie außer in 1 Kor 1,26 nur noch bei christlichen Autoren, die auf diese Stelle Bezug nehmen[110]. Diese Tatsache gesteht Wuellner selbstverständlich ein, der aber dennoch mit großer Energie nach motivischen Parallelen zu 1 Kor 1,26b in der biblischen und außerbiblischen jüdischen Literatur suchen wollte. Nach Wuellner sei das triadische Motiv Weisheit, Macht und edle Geburt auch vor allem dort, in der jüdischen Literatur zu finden. Wuellner führt einige Beispiele an[111], welche dies belegen sollen, darunter die Gerichtsrede in Hes 28, in welcher dem König von Tyrus das göttliche Gericht angedroht wird, da er sich drei Dinge angemaßt habe: göttliche Abstammung, Weisheit und Reichtum. Reichtum sei laut Wuellner hier ein Synonym für Macht. Eine weitere Parallele könne man nach Wuellner in der bekannten messianischen Prophezeiung Jes 9,5 sehen, welche dem endzeitlichen König die Eigenschaften „Weisheitsrat, edle Geburt, mächtig durch Frieden" zuschreibe. Mag man Wuellner hinsichtlich der ersten Stelle noch mit einigem guten Willen folgen, so ergeben sich aber schon bei der zweiten Stelle erhebliche Zweifel, ob hier wirklich motivische Parallelen für 1 Kor 1,26b vorliegen. Und dies sind die klarsten Beispiele, die Wuellner anführt, alle übrigen sind eher noch obskurer. Der Fehler liegt m. E. darin, dass Wuellner die zur Debatte stehende Trias unbedingt aus der jüdischen Literatur ableiten will und die griechische Literatur in nicht ausreichendem Maße berücksichtigt[112]. Gerade in der griechischen Literatur lassen sich aber durchaus linguistische Parallelen und parallele Motive finden[113].

Zwar gibt es wie erwähnt keine exakt deckungsgleiche Parallele zu 1 Kor 1,26, und wir finden auch keine vergleichbare Zusammenstellung unserer drei Begriffe, weder als Adjektive noch als Nomina. Allerdings bietet vor allem die philosophische Literatur in ihren Tugendkatalogen durchaus ähnliche Kombinationen, die m. E. viel eher in der Lage sind, unser Verständnis von 1 Kor 1,26b zu befördern. So gibt Aristoteles in seiner

---

[109] Wuellner, Ursprung *passim*. Auch die Trias σοφός, ἰσχυρός, πλούσιος in Jer 9,22 LXX, auf die gerne als Parallele verwiesen wird, kann, bei aller zugestandenen Ähnlichkeit, nicht als echte Parallele dienen.

[110] Dies lässt sich anhand einer Suche im digitalen Thesaurus Linguae Graecae leicht feststellen.

[111] Zum folgenden Wuellner, Ursprung 168–175, v. a. 169.

[112] S. neben Wuellner, Ursprung auch ders., Implications *passim*. Die Beispiele aus der griechischen Literatur, die Wuellner, Ursprung 175 anführt, helfen nicht weiter; zu besser geeigneten Parallelstellen gleich im Anschluss. Die angeblichen neutestamentlichen Parallelen ebd. 175–179 überzeugen ebenso wenig.

[113] Auf einige der im folgenden aufgeführten Stellen verweisen auch Clarke, Leadership 43 und Welborn, Fool 125.

Ars rhetorica eine knappe Definition dessen, was Glück (τύχη) bedeute: Glück definiere sich durch edle Geburt (εὐγένεια), Reichtum (πλοῦτος) und Macht (δύναμις). Im weiteren Verlauf des Satzes wird allerdings klar, dass Aristoteles diese drei Elemente für Bestandteile des glücklichen Schicksals (εὐτυχία) hält, denn es gibt auch ein unglückliches Schicksal (δυστυχία)[114]. An anderer Stelle schreibt Aristoteles über das, was notwendig sei für τὸ καλόν, das Schöne, das Edle. Dies definiert er im wesentlichen auf dieselbe Weise wie das glückliche Schicksal, abgesehen von der etwas anderen Reihenfolge, die hier aber sicher nicht ins Gewicht fällt: Reichtum, edle Geburt, Macht (πλοῦτος εὐγένεια δύναμις)[115]. In der Politik schließlich führt Aristoteles seine Vorstellungen einer idealen Verfassung und eines idealen Staates aus. Vier Elemente, schreibt er, seien wesentlich: Freiheit, Reichtum, Bildung, edle Geburt (ἐλευθερία πλοῦτος παιδεία εὐγένεια)[116]. Alle angeführten Stellen gehören offensichtlich in den philosophischen Diskurs um die Frage nach dem Guten. Allerdings hat nicht nur Aristoteles solche Kriterienkataloge aufgestellt, die auffällige sprachliche Parallelen zu unserer Stelle 1 Kor 1,26b beinhalten. Auch Plutarch schreibt am Anfang des 2. Jh.s n. Chr. in einer aufschlussreichen Passage, nach der Lehre der Stoiker sei der Weise (σοφός) gleichzeitig reich, schön, von edler Geburt (εὐγενής) und ein König[117].

Diese Passagen dürften besser als Wuellners Beispiele dazu in der Lage sein, den literarischen Kontext auszuleuchten, innerhalb dessen die Trias σοφός, δυνατός, εὐγενής in 1 Kor 1,26b zu verstehen ist. Der Versuch, das Gute zu definieren, eines der klassischen Themenfelder der Philosophie, steht hier im Hintergrund, und es ist für die griechische Philosophie nicht verwunderlich, wenn sie das Gute nach dem Maßstab aristokratischer Ideale und Tugenden definiert und wir daher mehrfach die Verbindung von edler Geburt, Reichtum und Macht finden, an zwei Stellen interessanterweise mit Bildung oder Weisheit zusammengestellt. Paulus reflektiert somit in 1 Kor 1,26b viel eher hellenistische aristokratische Ideale als dass er hier Anleihen aus jüdischen Traditionen nimmt. Das heißt weiterhin, dass diese drei Termini oder vielleicht genauer: die Zusammenstellung dieser drei Begriffe in soziologischem Sinne zu verstehen ist und Paulus hier sozial höher stehende Personen im Blick hatte.

Dies ist soweit sicher konsensfähig, die Frage ist nun, ob wir die soziologische Dimension dieser Begriffe noch etwas genauer fassen können. Dies ist erstaunlich selten versucht worden, eines der wenigen Beispiele ist Dieter Sängers den δυνατοί gewidmeter Beitrag[118]. Sänger verweist auf vier einschlägige Passagen aus Josephus, in denen verschiedene Gruppen von Juden als δυνατοί bezeichnet werden. Aus dem

---

[114] Aristot. rhet. 1389a 1: τύχην δὲ λέγω εὐγένειαν καὶ πλοῦτον καὶ δυνάμεις καὶ τἀναντία τούτοις καὶ ὅλως εὐτυχίαν καὶ δυστυχίαν.
[115] Aristot. eth. Eud. 1249a 10: καὶ τὸ πρέπον καλόν· πρέπει δὲ ταῦτα τούτῳ, πλοῦτος εὐγένεια δύναμις.
[116] Aristot. Pol. 1296b 18: λέγω δὲ ποιῶν μὲν ἐλευθερίαν πλοῦτον παιδείαν εὐγένειαν.
[117] Plut. mor. 58e: Εἶτα τῶν μὲν Στωϊκῶν οὐδ' ἀκούειν ἔνιοι ὑπομένουσι τὸν σοφὸν ὁμοῦ πλούσιον καλὸν εὐγενῆ βασιλέα προσαγορευόντων.
[118] Sänger *passim*.

weiteren Kontext der Stellen ergibt sich, dass diese δυνατοί über erheblichen Wohlstand verfügten. Sänger schließt nun daraus, dass δυνατός eine spezifisch ökonomische Bedeutung und Paulus, indem er diesen Begriff in 1 Kor 1,26b verwendet, im engeren Sinne die Reichen und Wohlhabenden gemeint habe[119]. Die Schlussfolgerung kann nicht überzeugen. Auch wenn man gerne konzediert, dass die δυνατοί in der Antike durchweg auch reich waren, so ist dies doch nicht der entscheidende Aspekt, der hier herausgestrichen werden soll. Wenn der Reichtum hätte betont werden sollen, hätten sowohl Josephus als auch Paulus sich leicht des Wortes πλούσιοι bedienen können. Darauf greifen aber beide nicht zurück, sondern meinen mit δυνατοί die politisch Mächtigen[120], wie sich gerade aus Josephus ergibt sowie aus zahlreichen anderen Stellen, die man anführen könnte.

4.2.2 Sind in 1 Kor 1,26 ordo-Angehörige gemeint?

Oben (Kap. 2) wurde dargelegt, dass die Spitze der städtischen kaiserzeitlichen Gesellschaft identisch ist mit der politischen Elite und die Bekleidung politischer Ämter das distinkte Merkmal der ordo-Angehörigen ist. Wenn also δυνατοί sich auf die politisch Mächtigen bezieht, kann man fragen, ob in 1 Kor 1,26b ordo-Angehörige gemeint sind.

Zu diesem Verständnis fügt sich das letzte Glied der Kette, εὐγενεῖς, vorzüglich. Weniger aus dem Grund, dass es sich bei den städtischen Eliten um Geburtsaristokratien im strengen Sinne handelte; dies ist sicher nicht der Fall, auch wenn es keineswegs selten war, dass Söhne von Dekurionen und Ratsmitgliedern nun ihrerseits die politische Laufbahn einschlugen, und man des Weiteren hinsichtlich des Senatorenstandes daran erinnern darf, dass sich dieser quasi vererbte, auch wenn immer wieder senatorische Familien ausstarben und *homines novi* hinzustießen. Die Inschriften zeigen jedoch eindeutig, dass der Begriff εὐγενής auf Monumenten, welche die Städte zur Ehrung hochrangiger, verdienter Bürger errichten ließen, als persönliches Prädikat des Geehrten genannt werden konnte. Zwei Beispiele dazu. Das erste stammt von einer Statuenbasis aus Sparta vom Anfang des 2. Jh.s n.Chr. Die Inschrift führt aus, dass die Stadt einen gewissen Alexander ehrte, „von edelster Geburt" – man beachte den Superlativ εὐγενέστατος –, weiterhin Gymnasiarch auf Lebenszeit und ‚bester Bürger'. Danach bricht die Inschrift ab, aber der erhaltene Rest genügt, um zu erkennen, dass es sich hier um einen der führenden Bürger der Stadt handelte[121]. Das zweite Beispiel stammt aus Ephesos. Dort ehrten der Stadtrat und die Volksversammlung einen Sextus Nonnius Mandrylianus, einen Mann von edler Geburt

---

119 Sänger 289f.
120 Dieses Verständnis von δυνατοί schon bei Judge, Pattern 43 (= ders., Gruppen 510).
121 IG V 1,468: ἡ πόλις | τὸν εὐγενέσ[τα]|τον Ἀλέξανδ[ρον], | <υ>ὸν τοῦ ἀρίσ[του] | Ἀλεξάνδρου, α[ἰώ]|νιον γυμνασί|αρχον, αἰώνιον | ἀριστοπολεί|την, ἐπιφαν[έστα] | [τον – – – – –].

(εὐγενής) aufgrund seiner Vorfahren, des Weiteren Agonothet und Gymnasiarch[122]. Beide, Alexander und Sextus Nonnius, gehörten zur sozio-politischen Elite ihrer Stadt, beide bekleideten hohe Ämter und beide erhielten das Ehrenprädikat εὐγενής. Zahlreiche weitere Beispiele dieser Art ließen sich anführen[123].

Dass δυνατοί, das zweite Glied der Kette, sich auf die politisch Mächtigen bezieht, ist im vorhergehenden Abschnitt bereits angedeutet worden. Es bleibt das erste Glied, σοφοί, die Weisen. Dieser Begriff ist zuerst von Munck und dann vor allem von Winter auf die Sophisten gedeutet worden[124]. Während beiden wohl recht zu geben ist, dass die Eltern, genauer die Väter der Sophisten zu den δυνατοί und εὐγενεῖς zählten, so trifft doch zumindest das Prädikat δυνατός, verstanden als politische Macht und bezogen auf die Übernahme politischer Ämter, auf die Sophisten selbst nicht zu. Die Sophisten selbst übernahmen in der Regel nämlich gerade keine Ämter, Herodes Atticus stellt in der Reihe der Sophistenviten des Philostratos die große Ausnahme dar. Muncks und Winters Interpretation ist daher zurückzuweisen. Dennoch verwendet Paulus hier auch σοφός als soziale Kategorie. Das wird schon daran deutlich, dass er die in 1 Kor 1,26b Angesprochenen als σοφοὶ κατὰ σάρκα qualifiziert, was man etwas modernisiert als „Weise nach gesellschaftlichen Standards" übertragen könnte. Sieht man die Trias σοφός, δυνατός, εὐγενής als Einheit, dann kann man auch das erste Glied als Indikator für die sozio-politische Elite auffassen, denn diejenigen, die im römischen Imperium hohe Ämter bekleideten, waren in der Regel auch gebildet. Die beiden bekanntesten Historiker der Kaiserzeit, Tacitus und Cassius Dio, waren beide Konsuln. Rusticus, der Richter, der den Märtyrer Iustin zum Tode verurteilte, war *praefectus urbis Romae* und seinerzeit das Haupt der stoischen Schule in Rom. Somit ist σοφός ein Adjektiv, das sich sehr gut zur Beschreibung der sozio-politischen Elite, hier verstanden als die *ordo*-Angehörigen, fügt[125].

Versteht man die Trias in 1 Kor 1,26b als Einheit, dann ergeben sich gute Gründe anzunehmen, dass hiermit individuelle *ordo*-Angehörige gemeint sind. Dazu würde sich auch die ungewöhnliche Reihung mit dreimaligem οὐ πολλοί gut fügen, denn es gab in der Tat nicht viele Personen, welche einem der *ordines* angehörten, Schätzungen gehen von etwa einem bis drei Prozent der Gesamtbevölkerung aus. Ist dies richtig, dann muss auch die umgekehrte Schlussfolgerung zutreffen, dass also laut Paulus unter den Christen einige *ordo*-Angehörige zu finden sind. Im korinthischen

---

[122] JÖAI 59, 1989 (Beibl.), 151f. Nr. 5: ἡ βουλὴ | καὶ ὁ δῆμος | ἐτείμησεν | Σέξτον Νώνιον | Σέξτου υἱὸν | Κορνηλία | Μανδρυλιανόν, | ἄνδρα ἐκ προγόνων | εὐγενῆ | τὸν ἀγωνοθέτην | καὶ γυμνασίαρχον.
[123] IG II² 1039,15. 1043,18; IG V 1,513. 530. 589. 1179. 1328; CID IV 135; La Carie II 58. 66; I. Kaunos 4,2; I. Ephesos 27D,374. 708. 1540 (für einen Senator); TAM II 572 (für einen Senator); TAM V 2,981; I. Prusias ad Hypium 6; CIG 3865d. Die wenigen Beispiele für den Gebrauch von εὐγενής im nicht-elitären Kontext, die Meggitt 104 anführt, fallen demgegenüber nicht ins Gewicht, und dass viele Sklavennamen von εὐγενής abgeleitet wurden, ist nicht aussagekräftig.
[124] Munck 115; Winter, Sophists 187–195 bes. 190.
[125] Zu ‚Bildung' als Charakteristikum der *ordo*-Angehörigen Alföldy, Sozialgeschichte 148–150; vgl. weiterhin MacMullen 88–120.

Kontext kann dies nur auf die Mitglieder des *ordo decurionum* gemünzt sein[126], und hier bietet sich natürlich Erastos, der οἰκονόμος τῆς πόλεως als individuelles Beispiel für einen korinthischen Angehörigen des *ordo decurionum* an, für den wahrscheinlich gemacht werden konnte (Kap. 4.1), dass es sich bei ihm eher um einen Magistraten als um einen öffentlichen Sklaven handelte. Es ist allerdings auch möglich, dass Paulus nicht nur die korinthischen Verhältnisse im Blick hatte. Man könnte 1 Kor 1, 26b auch dahingehend verstehen, dass Paulus sagen wollte, es gäbe generell nicht viele *ordo*-Angehörige unter den ersten Christen, was ja ebenso zutreffend ist. Es könnte sein, dass er dabei neben Erastos Personen wie Sergius Paullus und Dionysios den Areopagiten vor Augen hatte sowie vielleicht weitere Einzelpersonen, über die wir aus unseren Quellen keine individuellen Details erfahren.

4.3 Der Mann mit dem goldenen Ring (Jak 2,2)

Eine Stelle im Jakobusbrief, am Anfang des zweiten Kapitels, liefert ein weiteres Indiz, dass die frühen Christen die Teilnahme eines *ordo*-Angehörigen an einer christlichen Versammlung nicht kategorisch für ausgeschlossen hielten. Die Stelle handelt davon, dass innerhalb der christlichen Gemeinde kein Unterschied gemacht werden soll im Umgang mit Personen verschiedenen sozialen Standes. Zur Illustration wird dem Armen ein Mann „mit einem goldenen Ring" (Jak 2,2) gegenübergestellt. Innerhalb der hypothetischen Szene, welche den Lesern des Briefes zumindest als Möglichkeit vor Augen gestanden haben muss[127], scheinen beide in der Tat als Besucher vorgestellt zu werden[128], aber nichts spricht dagegen, dass aus Besuchern der Gemeinde mittelfristig auch Mitglieder werden können.

Was hat es nun mit der Periphrase ἀνὴρ χρυσοδακτύλιος, dem „Mann mit dem goldenen Ring", auf sich? Dieser steht in Antithese zum Armen, zum πτωχός, und so haben einige in ihm schlicht ein Sinnbild eines Reichen gesehen und auf eine Stelle bei Epiktet verwiesen, die einen alten Mann mit mehreren Goldringen an den Fingern auftreten lässt[129]. Aber die Epiktet-Stelle ist eine Karikatur und fällt schon deswegen als Parallele aus. Wenn in Jak 2,2 nicht mehr als das Sinnbild eines Reichen gemeint wäre, hätte es genügt, dem Armen einen πλούσιος gegenüberzustellen. Damit hat sich der Verfasser aber nicht begnügt, sondern er charakterisiert den Mann mittels eines spezifischen Merkmals: Der Gast trägt nur einen Goldring, nicht mehrere. Der Goldring ist also ein distinktes Merkmal, ein herausgehobenes Kennzeichen des Gastes und dies

---

[126] Welborn, Fool 125 ist ebenfalls der Ansicht, dass in 1 Kor 1,26b Mitglieder des *ordo decurionum* gemeint sind.
[127] Bauckham 27; Davids 107; Witherington, James 455.
[128] Stegemann/Stegemann 263.
[129] E. g. Dibelius, Jakobus ad loc.; Davids 108; Johnson, James 221; Martin, James 61. Sen. nat. quaest. 7,31–32 fällt ebenfalls in den Rahmen der Luxuskritik.

dürfte auf ein Standesabzeichen hindeuten, den *anulus aureus*, den zu tragen ein exklusives Privileg der Angehörigen des zweiten Standes, des *ordo equester*, war[130].

Zwar konnte der goldene Ring vom Kaiser auch Personen verliehen werden, die nicht dem Ritterstand angehörten, aber dies geschah nur sehr selten und in allen bekannten Fällen handelt es sich um kaiserliche Freigelassene[131]. Die Möglichkeit, dass in Jak 2,2 ein *libertus Augusti* gemeint ist, können wir sicher vernachlässigen. Dass hier ein Soldat gemeint ist, dem der Goldring als Belohnung für Tapferkeit vor dem Feind verliehen wurde[132], erscheint ebenfalls nicht sehr wahrscheinlich. Demougin verweist daneben auf die Möglichkeit, dass ein Goldring auch von einer Gemeinschaft einem ihrer verdienten Mitglieder als Geschenk überreicht werden konnte. Dafür findet sich allerdings in unserer Überlieferung nur ein einziges Beispiel aus dem nördlichen Schwarzmeerraum[133]. Der Goldring war also in allererster Linie das Zeichen der *dignitas equestris*, durch welche sich der Ritterstand von der *plebs* abhob[134]. Der Mann mit dem goldenen Ring „erinnert" somit nicht nur an einen römischen Ritter[135], sondern hier ist exakt ein Angehöriger des Ritterstandes[136] als möglicher Besucher und potentielles Mitglied einer christlichen Versammlung gemeint.

Die Zahl der Ritter im römischen Reich belief sich auf schätzungsweise 20.000. In vielen Städten gehörten einzelne Personen aus der lokalen Führungsschicht dem Ritterstand an. Die Chance, einem Ritter zu begegnen war also durchaus gegeben. Nun ist die geographische Verteilung insbesondere im 1. Jh. n.Chr. noch sehr unterschiedlich. Die meisten Ritter stammten selbstredend aus Italien, während man in den östlichen Provinzen nicht mit einer vergleichbar hohen Dichte rechnen kann. In den griechischsprachigen Regionen des römischen Reiches ist aber zweifelsohne der Adressatenkreis des Jakobusbriefes zu suchen. Man hat die Empfänger des Briefes im jüdischen Kerngebiet ausmachen wollen, was ein gewisses Hindernis für die These darstellen würde, dass die Anwesenheit eines Ritters in der Gemeindeversammlung für die Leser jederzeit denkbar war: In dieser Region waren Angehörige des *ordo equester* durchaus nicht ubiquitär und Demougin konnte für die julisch-claudische Epoche in der Provinz Syria nicht mehr als drei Ritter ermitteln[137]. Doch enthält der Jakobusbrief kein derart spezifisch lokales Material, als dass man ihn exklusiv einer bestimmten

---

130 Zum Goldring als Insignie des Ritterstandes: Demougin, Ordre 789–791; Nicolet 141; Stein 35–47.
131 Demougin, Ordre 790 sowie ausführlich dies., Esclavage *passim*.
132 Dazu Stein 41–43.
133 Demougin, Esclavage 219 mit Verweis auf IOSPE II 5 (= CIRB 432) in Anm. 10.
134 Plin. n. h. 33,29: *anuli distinxere alterum ordinem a plebe*.
135 Stegemann/Stegemann 263.
136 Als Hinweis auf einen Angehörigen des Ritterstandes wird Jak 2,2 gedeutet von Judge, New Docs 1,111; Stein 37 Anm. 4; Witherington, James 456. Reicke, James 27 denkt an einen Senator; zwar hatten auch die Senatoren das Recht, einen Goldring zu tragen, in der Kaiserzeit war der Goldring allerdings vorrangig das Erkennungszeichen der Ritter; außerdem war die Chance, einem Senator in den östlichen Provinzen zu begegnen, weitaus geringer.
137 Demougin, Ordre 535.

Region oder gar einem bestimmten Ort zuweisen könne[138]. Man wird den Brief der Adresse zufolge eher als Enzyklika an Juden-Christen in der „Diaspora" (Jak 1,1) und das heißt wohl: im griechischsprachigen Raum, verstehen können, ohne dass der Empfängerkreis notwendig allein auf diese beschränkt gewesen sein muss[139].

Hier findet sich insgesamt auch eine höhere Zahl an Rittern, in julisch-claudischer Zeit sind etwa 50 im gesamten kleinasiatisch-griechischen Gebiet nachweisbar, davon 20 in der Provinz Asia und zehn in Galatia[140]. Zwei Herkunftsorte römischer Ritter sind im Zusammenhang dieser Arbeit nun von besonderem Interesse. Auffällig ist zum einen, dass alle zehn bekannten Ritter aus der Galatia aus dem pisidischen Antiochia stammen[141], der gleichsam ‚römischsten' aller Kolonien im südlichen Kleinasien. In Antiochia Pisidiae bestand nun bekanntlich eine christliche Gemeinde. Die Erzählung der Apostelgeschichte berichtet zwar davon, dass die dortige Missionstätigkeit des Paulus schließlich durch die Agitation „der Juden" (Apg 13,50) beendet wurde. Die Gemeinde, welche sich in Antiochia gebildet hatte, bestand allerdings offenbar nichtsdestotrotz aus Judenchristen, Gottesfürchtigen und Heidenchristen (Apg 13,43.48), also die geradezu typische Konstellation für die paulinischen Gemeinden, die im 1. Jh. wohl auch insgesamt für den kleinasiatisch-griechischen Bereich anzunehmen ist. Eine andere Stadt, die gleichfalls eine relativ hohe Konzentration von Rittern aufwies, war Alexandria Troas, auch sie eine römische *colonia*, aus der wir in julisch-claudischer Zeit immerhin sechs Ritter kennen[142]. Auch für Alexandria Troas berichtet die Apostelgeschichte von einer Missionstätigkeit, in deren Folge zweifellos eine Gemeinde entstand (Apg 20,5–12). Wir haben hier also zwei Orte, in denen eine christliche Gemeinde existierte *und* aus denen eine vergleichsweise große Zahl an römischen Rittern nachweisbar ist. Die Szenerie, welche Jak 2,2 entwirft und in der mit einer gewissen Selbstverständlichkeit mit der Möglichkeit gerechnet wird, dass ein Ritter als Gast und mittelfristig wohl auch als Mitglied an der Gemeindeversammlung teilnimmt, würde gut hierher passen und insofern könnte der Jakobusbrief unter anderem an die Gemeinde im pisidischen Antiochia oder in Alexandria Troas gerichtet sein. Allerdings handelt es sich bei dieser Epistel, wie erwähnt, um eine Enzyklika, einen Rundbrief mit mehreren Empfängern, deswegen sollte man sich nicht auf einen einzigen Ort oder allein auf die beiden genannten Städte festlegen. Man wird nichtsdestotrotz einen gewissen Konnex zwischen dem Adressatenkreis des Briefes und der geographischen Verteilung der Angehörigen des Ritterstandes herstellen können. Wenn Jak 2,2 also mit der Anwesenheit von Rittern in der Gemeinde rechnet, dann dürfen wir den Adressatenkreis des Briefes wohl in Kleinasien, vielleicht am ehesten im südlichen und westlichen Kleinasien suchen.

---

138 Bauckham 26.
139 Witherington, James 401.
140 Demougin, Ordre 535.
141 Demougin, Ordre 518.
142 Demougin, Ordre 518 (dort fälschlich die Summe 5).

5 Angebliche Christen unter den Angehörigen des *ordo senatorius* im 1. Jh.

Nachdem wir uns in den vorhergehenden Kapiteln mit *ordo*-Angehörigen befasst haben, die in neutestamentlichen Texten als Christen bezeichnet werden, geht es in diesem Kapitel um Angehörige des Senatorenstandes, die ausschließlich außerhalb des Neuen Testaments belegt sind, aber sämtlich noch in das 1. Jh. gehören. Für alle im folgenden diskutierten Personen wurde entweder schon in den relevanten antiken Quellen oder in der modernen Forschungsliteratur eine Zugehörigkeit zum Christentum angenommen. In allen Fällen ist diese Zugehörigkeit aber durchaus unsicher, meines Erachtens sogar nicht einmal wahrscheinlich. Es handelt sich um Pomponia Graecina, die Ehefrau des Konsuls Aulus Plautius; Flavius Clemens, einen Vetter des Kaisers Domitian; sowie dessen Gattin Flavia Domitilla. Zu allen dreien hatte Werner Eck bereits 1971 die Unsicherheiten hinsichtlich der Quellenlage mit einigen knappen Bemerkungen zusammengefasst und jeweils ein sehr zurückhaltendes Urteil ausgesprochen betreffs der Frage, ob es sich bei den drei Personen um Christen handeln könnte[1]. Peter Lampe ist die Frage noch einmal in drei kleineren quellenkritischen Studien angegangen. Er kommt vor allem hinsichtlich der Flavia Domitilla zu einem anderen Ergebnis: Sie hält er für eine Christin[2].

5.1 Pomponia Graecina

Pomponia Graecina (PIR² P 775) ist die Gemahlin des Aulus Plautius (PIR² P 457), Suffektkonsul des Jahres 29 n. Chr. und Eroberer Britanniens unter Claudius. Im Jahre 57 wird sie, wie Tacitus berichtet, *superstitionis externae rea* angeklagt, also wegen nicht- oder unrömischer Kultausübung. Die Sache wird vom Senat dem Familiengericht des Ehegatten übergeben, der sie nach einer Untersuchung ihrer Lebensführung (*de capite famaque*) für nicht schuldig erklärt[3]. Die *superstitio externa* ist immer wieder als Hinweis auf die christliche Religion, Pomponia Graecina damit als erste christliche Angehörige des *ordo senatorius* interpretiert worden[4]. Für diese Interpretation spricht

---

1 Eck, Senatorenstand 391–393.
2 Lampe, Christen 164–172.
3 Tac. ann. 13,32,3–5.
4 S. nur Harnack, Mission 561, der hier allerdings im Gegensatz zu seinem ansonsten doch recht großen Optimismus sich veranlasst sieht einschränkend hinzuzufügen, es sei „wenigstens sehr wahrscheinlich", dass Pomponia Graecina Christin gewesen ist. Die weitere ältere Literatur, die sich für diese These ausgesprochen hat und die hier nicht referiert werden muss, bei Eck, Senatorenstand 391 Anm. 56 und Lampe, Christen 165 Anm. 44. Danach e. g. Rudich 266; Schnabel, Mission 785. – Eine kuriose Fußnote bei Mommsen, Apollonius 448 Anm. 1: „Die Anklage der Pomponia Graecina wegen *superstitio externa* genügt dafür [i. e. für den Nachweis, dass „gegen den Christen die Strafgewalt des Senats angerufen werden konnte"], obwohl sie nicht notwendig auf den Christenglauben bezogen werden muss."

augenscheinlich, dass Tacitus an anderer Stelle – bei der Schilderung des Brandes Roms unter Nero und der anschließenden Hinrichtung zahlreicher Christen, die Nero als Sündenböcke opferte – das Christentum als *superstitio* bezeichnet[5], ebenso Sueton, der im gleichen Zusammenhang das Christentum eine *superstitio nova et malefica*, einen neuen und bösartigen Aberglauben nennt[6]. Auch Plinius schreibt an Trajan, er habe bei den Christen, die er verhören ließ, nichts gefunden als *superstitio parva immodica*, einen armseligen und maßlosen Aberglauben. Allerdings bestünde rascher Handlungsbedarf, denn *superstitionis istius contagio*, die Seuche dieses Aberglaubens, breite sich rasch aus[7]. Wenn sich die drei frühesten außerchristlichen Zeugnisse über das Christentum in ihrer Wortwahl so einig sind, lag es nahe, die *superstitio externa* der Pomponia Graecina als Umschreibung ihres christlichen Glaubens zu deuten. Konzentriert man sich allerdings nicht nur auf diesen doch sehr engen Kreis von Belegstellen, verflüchtigt sich die vorgebliche Eindeutigkeit jedoch recht bald.

Zunächst einmal muss man darauf hinweisen, dass *superstitio externa* im Falle der Pomponia Graecina der Anklagegrund ist, hier also ein Rechtsterminus vorliegt, während an den anderen drei genannten Stellen *superstitio* in einem mehr allgemeinen Sinne verwendet wird. Vor allem aber wird der Begriff *superstitio* keineswegs exklusiv im Zusammenhang mit dem Christentum gebraucht, auch nicht von Tacitus. Dazu genügen wenige Beispiele. Im Jahre 19 n. Chr., unter Tiberius, fasste der römische Senat einen Beschluss *de sacris Aegyptiis Iudaicisque*, über die Anhänger des ägyptischen[8] und des jüdischen Kultes. Viertausend Freigelassene, die von dieser *superstitio* „infiziert" waren, wurden nach Sardinien relegiert, die übrigen mussten bis zu einer bestimmten Frist den Kult aufgeben oder Italien verlassen (Tac. ann. 2,85). Es ist vielleicht keine ungebührliche Spekulation, wenn man annimmt, dass auch das *senatus consultum*, das Tacitus hier zusammenfasst, von *superstitio* sprach. Der Begriff wäre hier also ebenfalls in einem juristischen Zusammenhang, allerdings für zweifelsfrei nicht-christliche Kulte verwendet worden. In den Annalen 12,59 berichtet Tacitus zum Jahr 53 vom Sturz des Statilius Taurus durch eine Intrige der Agrippina. Taurus wurde nach seinem Prokonsulat in der Provinz Africa in einen Repetundenprozess verwickelt. Der Hauptanklagepunkt in dem Prozess lautete nach Tacitus aber: *superstitiones magica*. Sicher kein Hinweis auf ein mögliches Christentum des Statilius Taurus – was bislang ja auch mit gutem Grund noch niemand behauptet hat –, sondern ein wohlfeiler Anklagepunkt gegen einen Senator, den die Kaiserinmutter aus dem Weg räumen wollte. In den Historien 1,11,1 schiebt Tacitus eine kurze Charakterisierung Ägyptens ein. Was ist nach dem Getreidereichtum das zweite herausragende Merkmal der Provinz? *Superstitio*. Dies wird in hist. 4,81,1 wiederholt, wo die Ägypter als *dedita superstitionibus gens*, als dem Aberglauben hingegebenes Volk verunglimpft werden. Im berüchtigten Judenexkurs zu Beginn des fünften Buches der Historien

---

5 Tac. ann. 15,44,3
6 Suet. Nero 16.
7 Plin. ep. 10,96,8–9.
8 Mit den *sacra Aegyptia* ist wahrscheinlich der Isis-Kult gemeint.

ergeht das nun wenig überraschende Urteil über die jüdische Religion: *superstitio*[9]. Diese Stellen sollten zur Genüge deutlich gemacht haben, dass Tacitus keineswegs allein die Christen der *superstitio* bezichtigt, sondern vorwiegend die Ägypter und Juden[10]. Beispielshalber soll nur ein weiterer antiker Autor erwähnt werden, nämlich Seneca, der ep. 108,22 wahrscheinlich mit Bezug auf den schon erwähnten Senatsbeschluss des Jahres 19 berichtet, Tiberius habe *alienigenua sacra*, fremdstämmige Riten verboten. Als Kennzeichen der damit verbundenen *superstitio* habe der Verzicht auf Fleisch gegolten, weshalb Senecas Vater dem Sohn riet, sein Vegetariertum aufzugeben. Wendet nun jemand ein, an keiner Stelle sei von einer *superstitio externa* die Rede, so sei endlich auf Tacitus' Referat der im Jahre 47 vor dem Senat gehaltenen Rede des Claudius verwiesen, in welcher der Kaiser – einer der ersten Etruskologen – für den Niedergang der *disciplina Etrusca*, des Haruspizwesens, die allgemeine Hinwendung zu *externae superstitiones* verantwortlich macht[11]. Im Jahre 47 ist im Senat bestimmt nicht das Christentum verhandelt worden.

Man hat aus dem in der Tat merkwürdigen Verhalten der Pomponia Graecina – sie trug 40 Jahre lang Trauer um Iulia, die Tochter des Drusus, die Messalina im Jahre 44 ermorden ließ – ein weiteres Indiz für ihren christlichen Glauben spinnen wollen[12]. Sie habe sich von Vergnügungen ferngehalten und unter dem Trauergewand ihr Christentum verbergen wollen. Dies sei entweder eine geschickte Tarnung gewesen oder aber die Außenwelt habe das Gebaren der Pomponia missdeutet. Wenn aber schon die *superstitio externa* alles andere als ein eindeutiges Indiz für einen christlichen Glauben ist, so ist diese Lesart der Lebensführung der Pomponia sicher noch fadenscheiniger. Warum auch immer sich die Dame zu dieser Lebensweise entschlossen hatte[13], sie aufgrund dessen zu einer Christin zu stilisieren, ist angesichts der Quellenlage ein haltloses Verfahren.

5.2 Flavius Clemens

Im Jahre 95 ließ Domitian den *consul ordinarius* des Jahres, seinen Vetter T. Flavius Clemens (PIR² F 240) umbringen. Euseb erwähnt ihn h. e. 3,18,4, allerdings ohne ihn in irgendeiner Weise mit einem christlichen Bekenntnis in Verbindung zu bringen. Eu-

---

9 Tac. hist. 5,8,2; vgl. noch 2,4,3. 4,83,2 jeweils zur ägyptischen Religion.
10 Man muss daraus nun auch nicht notwendig schließen, Pomponia Graecina sei als Proselytin eine Anhängerin des jüdischen Glaubens gewesen, so Vittinghoff, Christianus 352 Anm. 136.
11 Tac. ann. 11,15.
12 Dazu zuletzt Lampe, Christen 165, der allerdings die Möglichkeit, Pomponia Graecina sei eine Christin gewesen, insgesamt doch als sehr unsicher ansieht.
13 Rudich 24f. bietet die m. E. am ehesten zutreffende Interpretation, indem er das Verhalten der Pomponia Graecina als politische Dissidenz deutet (erstaunlicherweise erwägt Rudich 266 dann aber die Möglichkeit, Pomponia Graecina als Christin anzusehen – mit dem anachronistischen Argument, so hätten sich auch christliche Frauen im 4. Jh. verhalten).

sebs Schweigen ist sicher auffällig und von vorneherein ein starkes Argument gegen die Überlegung, Flavius Clemens sei Christ gewesen. Dass einige ihn trotzdem für einen Christen gehalten haben[14], liegt an der Schilderung der Begleitumstände seines Todes bei Cassius Dio 67,14,1–2, die uns an dieser Stelle allerdings nur aus der Epitome des Byzantiners Xiphilinos bekannt ist.

Cassius Dio berichtet zum Tod des Flavius Clemens, dieser sei zusammen mit seiner Gattin Flavia Domitilla (zu ihr s. 5.3) wegen Gottlosigkeit (ἀθεότης) angeklagt worden. Wegen desselben Vergehens, so Cassius Dio weiter, seien auch viele andere, welche der jüdischen Lebensweise (τὰ τῶν Ἰουδαίων ἤθη) anhingen, verurteilt worden, die einen zum Tode, die anderen hätten ihr Vermögen verloren. Zwar sind die Christen in der Tat des Atheismus geziehen worden, wie den christlichen Apologeten seit der Mitte des 2. Jh.s zu entnehmen ist. Aber ebenso und schon über einen längeren Zeitraum die Juden[15] und so wird man die Stelle doch eher dahingehend verstehen müssen, dass Flavius Clemens ein, wenn auch hochrangiger, jüdischer Proselyt gewesen ist, dem die Privilegien eines geborenen Juden, der unbehelligt seiner Lebensweise nachgehen konnte, nicht zuteil wurden[16]. Der Einwand, Cassius Dio habe nicht zwischen Juden und Christen unterschieden und deshalb könne „jüdische Lebensweise" insbesondere in der Verbindung mit dem Vorwurf des Atheismus sehr wohl ein Hinweis auf den christlichen Glauben des Flavius Clemens sein, ist nicht stichhaltig. Cassius Dio war selbst Senator. Er gelangte wahrscheinlich unter Commodus (reg. 180–192) in den Senat und war im Jahr 229, das Jahr bis zu dem seine „Römische Geschichte" reicht, zum zweiten Mal Konsul. Der römische Senat hatte sich bereits unter Mark Aurel mit dem Fall des Christen Apollonius zu befassen, darüber hinaus gab es zur Zeit des Cassius Dio nachweislich christliche Senatoren, die, so Tertullian, dem Kaiser selbst bekannt waren (dazu unten S. 190). Warum auch immer Cassius Dio in seinem Werk das Christentum nirgends explizit erwähnt – der Unterschied zwischen Judentum und Christentum sollte ihm bekannt gewesen sein[17] und deshalb wird man

---

14 E.g. Harnack, Mission 561 und vor allem Sordi, Flavi 196–205. Jüngst wieder Ramelli 39–41, die aufgrund fadenscheiniger Argumente sogar den Vater, Flavius Sabinus, für einen potentiellen Konvertiten und die Nachkommen des Flavius Clemens für Krypto-Christen hält. Weiterhin die Literatur bei Eck, Senatorenstand 392 Anm. 59; Keresztes, Government 261 Anm. 81–82; und Riemer 243 Anm. 2 und 3. Gegen die These, Flavius Clemens sei Christ gewesen v. a. Eck, Senatorenstand 392f.; Keresztes, Government 261–266; Lampe, Christen 166–168; Riemer *passim*; vgl. Cook, Attitudes 117 mit weiterer Literatur in Anm. 36.
15 Vgl. Cook, Attitudes 125f. – Ramelli 40 meint, man hätte nicht „wegen Judentum" angeklagt werden können, weil das Judentum eine *religio licita* gewesen sei. Dieses Argument setzt voraus, dass Domitian sich durchweg an rechtsstaatliche Regeln gehalten hätte.
16 Vgl. dazu v. a. Keresztes, Domitian 7–14; weiterhin Griffin 68; Smallwood 378f. – Sordi, Flavi 196–205 bezieht den Vorwurf des Atheismus darauf, dass Flavius Clemens den Kaiserkult und die Anrede Domitians als *dominus et deus* verweigert habe. Selbst wenn dies richtig ist, so heißt das noch lange nicht, wie Sordi insistiert, dass Flavius Clemens Christ gewesen sein muss.
17 Lampe, Christen 169 meint, Cassius Dio hätte es durchweg vermieden, die Christen namentlich zu nennen, obwohl er sie gekannt hätte. Dies müsste zunächst durch Hinweise auf Stellen bewiesen

davon ausgehen können, dass er an dieser Stelle tatsächlich das meint, was er schreibt, dass also Flavius Clemens jüdischen Sitten zuneigte.

Für diese Lesart spricht auch, dass der zeitlich den Ereignissen am nächsten stehende Autor, Sueton, der über die Ermordung des Flavius Clemens in seiner *vita Domitiani* 15,1 berichtet, keinerlei Hinweis auf den christlichen Glauben des Opfers liefert. Suetons Charakterisierung des Flavius Clemens als *contemptissimae inertiae*, als eines Mannes von ungeheuer verachtenswerter Untätigkeit, gibt dies ebenfalls nicht her. Diese *inertia* muss nicht notwendig christlich motiviert sein, sondern kann ebenso gut als auf senatorischer Standesethik basierender, passiver Widerstand gegen einen Tyrannen verstanden werden. Betrachtet man die Passage genauer, treten möglicherweise auch die wahren Gründe für das Ende des Flavius Clemens hervor. Domitian hatte, so Sueton, die beiden Söhne des Flavius Clemens bereits als Kinder als seine präsumtiven Nachfolger bestimmt. Die Vermutung liegt nahe, dass Domitian den Vater der beiden zunehmend als Gefahr für seine eigene Machtposition betrachtete[18] und nur auf eine Gelegenheit wartete, ihn aus dem Weg zu räumen. Domitian fand offenbar nichts Stichhaltiges, sondern ließ Flavius Clemens *ex tenuissima suspicione*, aufgrund eines äußerst geringen Verdachtes, hinrichten. Auch das spricht gegen den christlichen Glauben des Flavius Clemens. Es hat mit großer Wahrscheinlichkeit schon gegen Ende des 1. Jh.s Gerichtsverfahren in Rom gegen die Christen gegeben mit einer entsprechenden Rechtssprechung, dass nämlich auf das Bekenntnis zum Christentum die Kapitalstrafe folgte[19]. Wäre Flavius Clemens Christ gewesen, hätte Domitian ihm aufgrund dessen sicher ohne weiteres den Prozess machen können und wäre nicht auf irgendwelche fadenscheinigen Anklagepunkte verfallen. Sueton, der dem Christentum durchaus nicht freundlich gegenüberstand, hätte den Anklagegrund dann auch sicher nicht mit *tenuissima suspicio* umschrieben. Eine Anklage aufgrund eines christlichen Bekenntnisses wäre für Sueton ein völlig gerechtfertigtes Verfahren gewesen. Wenn wir schließlich Suetons Einschätzung folgen, die Hinrichtung des Flavius Clemens sei der Anfang vom Ende Domitians gewesen, so spricht auch das eher gegen ein christliches Bekenntnis des Liquidierten. Die Tötung eines Christen hätte Sueton kaum als Wendemarke der Regierung Domitians stilisiert, das Empörende war viel eher, dass Domitian sich an einem führenden Mitglied der Senatsaristokratie, noch dazu jemandem aus der kaiserlichen Familie vergriff.

Flavius Clemens als Christen anzusehen ist schlichtweg überflüssig, diese Theorie hat keinerlei Anhaltspunkte in den Quellen. Das Leben unter Domitian war für die

---

werden, an denen Cassius Dio die Christen hätte nennen *müssen*, ohne es zu tun. Aber selbst wenn Lampe Recht hätte, so tut dies für unsere Stelle nichts zur Sache, denn Dio kann jüdische Sitten dann immer noch „jüdische Sitten" nennen und dies auch so meinen. Vgl. Cook, Attitudes 130 m. Anm. 98.
18 Griffin 68; Riemer 245.
19 Plinius ep. 10,96,2 sagt in dem bekannten Christenbrief an Trajan etwa aus der Zeit 110/112, er habe „noch nie an Prozessen gegen Christen teilgenommen". Diese muss es also schon vorher gegeben haben.

senatorische Elite schlichtweg gefährlich[20], wie vordem bereits unter Claudius und Nero.

5.3 Flavia Domitilla

Wäre Flavia Domitilla eine Christin, wofür in jüngster Vergangenheit vor allem Lampe plädiert hat[21], so hätten wir mit ihr nicht nur eine Angehörige des *ordo senatorius* unter den frühen Christen identifiziert, sondern sogar ein Mitglied der kaiserlichen Familie, wie im gerade untersuchten Fall des Konsuls Flavius Clemens, der ein Vetter des Kaisers Domitian war. Überhaupt ist die Person der Flavia Domitilla eng mit Flavius Clemens verbunden, zum einen weil sie eine Verwandte des Clemens ist – entweder seine Ehegattin oder seine Nichte, einige nehmen an, es handele sich sogar um zwei zu unterscheidende Personen –, zum anderen wird ihr Schicksal – Domitian ließ sie verbannen –, bei Cassius Dio mit dem des ermordeten Konsuls verknüpft. Aufgrund dieser engen Verbindung wird die Frage des christlichen Bekenntnisses der beiden oft zusammen behandelt[22]. Flavia Domitilla wird dennoch ein eigenes Kapitel gewidmet. Dies gebietet die Quellenlage, denn in den beiden für Domitilla wichtigsten Texten, zwei Passagen bei Euseb, spielt die Ermordung des Clemens keine Rolle.

Damit zur Quellenlage. In der gerade diskutierten Schilderung des Endes des Flavius Clemens bei Sueton Domit. 15,1 findet Flavia Domitilla keinerlei Erwähnung. Dieser Passus trägt also hier nichts ein.

Laut Cassius Dio 67,14,1–2 wurde sowohl Flavius Clemens als auch Flavia Domitilla Atheismus vorgeworfen und für Domitilla gilt wie für Clemens der bei Cassius Dio folgende inklusive Satz: Wegen dieses Vergehens wären auch viele andere, welche zu jüdischen Sitten neigten, verurteilt worden. Oben wurde bereits dargelegt, dass diese Stelle am ehesten so zu deuten ist, dass Flavius Clemens tatsächlich zum Judentum neigte, möglicherweise sogar ein Proselyt war. Gleiches gilt dann wohl auch für Domitilla. Allerdings muss noch vermerkt werden, dass Domitilla nach Cassius Dio die Gattin des Clemens und eine Verwandte (συγγενής) des Domitian war und nur zur Verbannung auf die Insel Pandateria verurteilt wurde.

Eine von Cassius Dio in mehreren Punkten erheblich abweichende Darstellung findet sich dann in den Werken Eusebs. Die etwas ausführlichere Version haben wir in

---

20 Vgl. Griffin 67.
21 Lampe, Christen 168–171, gefolgt von Theißen, Structure 71, modifiziert in Theißen, Dialog 120, wo er meint, Flavia Domitilla sei zwar für das Christentum gewonnen worden, jedoch „eher als eine distanzierte Patronin, die nicht direkt am Gemeindeleben teilnahm, aber mit der Gemeinde sympathisierte, und weniger als aktives Gemeindemitglied". (Zum Patronatsmodell s.o. S. 146, zum ‚Sympathisantentum' s.u. S. 213.) Dagegen jetzt wieder ausführlich Cook, Attributes 128–131 und 117–121.
22 So auch Keresztes, Government 261–269 und Lampe, Christen 166–171, die dann allerdings in der Beurteilung des christlichen Bekenntnisses die beiden Fälle auseinanderdividieren: Domitilla sei Christin gewesen, Clemens hingegen nicht.

seiner Kirchengeschichte[23]: „Zur erwähnten Zeit strahlte unsere Glaubenslehre bereits solchen Glanz aus, dass selbst Schriftsteller, welche unserer Lehre fernstanden, ohne Bedenken in ihren Geschichtswerken über die Verfolgung und ihre Martyrien berichteten. Sie haben auch die Zeit der Verfolgung genau bestimmt, sofern sie erzählen, dass im 15. Jahre des Domitian neben vielen anderen Flavia Domitilla, eine Tochter der Schwester des Flavius Clemens, eines der zu dieser Zeit amtierenden Konsuln, wegen ihres Bekenntnisses zu Christus auf die Insel Pontia verbannt wurde." (Übs. nach Haeuser) Die Unterschiede zum Bericht des Cassius Dio sind offenkundig, andererseits sind die Ähnlichkeiten ebenso deutlich, woraus sich die Frage ergibt, ob es sich um zwei unterschiedliche Traditionen handelt, in deren eine, möglicherweise Eusebs, sich Fehler eingeschlichen haben, oder ob die Unterschiede daraus resultieren, dass es sich um zwei verschiedene Ereignisse, respektive zwei Domitillae handelt.

Am wenigsten fällt noch ins Gewicht, dass Eusebius hier nichts über das Ende des Flavius Clemens aussagt, wenngleich dieser Sachverhalt freilich eine weitere Schwierigkeit für diejenigen darstellt, die den Konsul zum Christen deklarieren wollen. Hätten Euseb Informationen über einen christlichen Konsul Flavius Clemens vorgelegen, hätte er diese seinen Lesern sicher nicht vorenthalten. Der anders lautende Verbannungsort der Domitilla, Pontia statt Dios Pandateria, ist zwar schon eher bemerkenswert. Beide Inseln sind als Verbannungsorte bekannt[24], so dass man hieraus in der Tat auf zwei verschiedene Domitillae schließen könnte. Es könnte sich aber auch schlicht um eine Verwechslung beider Inseln handeln, bedingt durch die Alliteration der Namen der Inseln und ihre geographische Nähe zueinander.

Die gravierendsten Abweichungen weist Euseb jedoch hinsichtlich des Verwandtschaftsverhältnisses der Domitilla zu Flavius Clemens auf – sie sei dessen Nichte, nicht dessen Ehegattin – sowie des Grundes der Verbannung, ihr christliches Bekenntnis. Eusebius selbst veranlasst uns zu versuchen, diese Divergenzen quellenkritisch zu erklären. Er erwähnt einleitend zu unserer Passage aus der Kirchengeschichte, dass selbst pagane Autoren über die Verfolgung von Christen unter Domitian geschrieben hätten. Es ist offenkundig, dass Cassius Dio hiermit nicht gemeint sein kann. Dass Euseb hier so unbestimmt über weitere nicht-christliche Autoren spricht, lässt vermuten, dass er deren Texte nicht aus erster Hand kannte[25]. Aber Eusebs Verweis auf pagane Quellen eröffnet dennoch die Frage, woher denn nun seine Informationen stammten. Wer sind die bei Euseb nur angedeuteten paganen Histo-

---

23 Eus. h. e. 3,18,4: εἰς τοσοῦτον δὲ ἄρα κατὰ τοὺς δηλουμένους ἡ τῆς ἡμετέρας πίστεως διέλαμπεν διδασκαλία, ὡς καὶ τοὺς ἄποθεν τοῦ καθ'ἡμᾶς λόγου συγγραφεῖς μὴ ἀποκνῆσαι ταῖς αὐτῶν ἱστορίαις τόν τε διωγμὸν καὶ τὰ ἐν αὐτῷ μαρτύρια παραδοῦναι, οἵ γε καὶ τόν τε διωγμὸν καὶ τὰ ἐν αὐτῷ μαρτύρια παραδοῦναι, οἵ γε καὶ τὸν καιρὸν ἐπ' ἀκριβὲς ἐπεσημήναντο, ἐν ἔτει πεντεκαιδεκάτῳ Δομετιανοῦ μετὰ πλείστων ἑτέρων καὶ Φλαυίαν Δομέτιλλαν ἱστορήσαντες, ἐξ ἀδελφῆς γεγονυῖαν Φλαυίου Κλήμεντος, ἑνὸς τῶν τηνικάδε ἐπὶ Ῥώμης ὑπάτων, τῆς εἰς Χριστὸν μαρτυρίας ἕνεκεν εἰς νῆσον Ποντίαν κατὰ τιμωρίαν δεδόσθαι.
24 Cass. Dio 55,10,14. 59,22,7; Suet. Tib. 53. 54,2. Cal. 15,1; Tac. ann. 1,53,1. 14,63,1.
25 Vgl. Cook, Attitudes 118 f.

riker, wenn Cassius Dio und Sueton aufgrund der Unterschiede in deren Darstellungen ausfallen?

Hier müssen wir uns nun mit einem parallelen Passus aus Eusebs Oeuvre auseinander setzen, der wohl die Schlüsselstelle in der Debatte um die christliche Identität der Flavia Domitilla ist. Die Parallelstelle stammt aus dem zweiten Teil der Chronik des Eusebius, den Canones, der uns allerdings, was die Sache natürlich erschwert, nur in einer armenischen Übersetzung und in der lateinischen Übersetzung des Hieronymus überliefert ist. Legen wir Hieronymus zugrunde, dann vermerkte Eusebius zum 16. Regierungsjahr Domitians[26]: „Bruttius schrieb, viele Christen hätten unter Domitian das Martyrium erlitten, darunter auch Flavia Domitilla, die Nichte des Konsuls Flavius Clemens schwesterlicherseits, die auf die Insel Pontia verbannt wurde, weil sie bezeugt hatte, Christin zu sein." Es ist in jüngerer Zeit öfter vermutet worden, die pagane Quelle, der Euseb die Erzählung über die Verbannung der Domitilla in der Kirchengeschichte entnommen hat, sei dieser in der Chronik genannte Bruttius gewesen[27].

Wahrscheinlich ist die Angelegenheit jedoch komplizierter. Wahrscheinlich handelt es sich bei Bruttius um einen *christlichen* Chronographen, den später auch Johannes Malalas und Georgios Synkellos in ihren Weltchroniken zitiert haben. An den drei Stellen, an denen Malalas ihn namentlich zitiert, bietet zwar die für die Textüberlieferung wichtigste Handschrift eine je unterschiedliche Namensform. Vergleicht man allerdings die drei Stellen bei Malalas, kann kaum ein Zweifel bestehen, dass jeweils der gleiche Autor gemeint ist: ὁ σοφώτατος Βούττιος ἱστορικὸς χρονογράφος (2,11; 25,30 f. Thurn = 34 Dindorf), Βόττιος ὁ σοφώτατος συνεγράψατο (8,1; 146,28 Thurn = 193 Dindorf), Βώττιος ὁ σοφὸς χρονογράφος συνεγράψατο (10,48; 199,40 f. Thurn = 262 Dindorf). Die dritte Stelle bei Malalas deckt sich inhaltlich mit dem Bruttius-Zitat Eusebs, allerdings ohne Nennung der Flavia Domitilla. Das spätere Chronicon Paschale, dessen Verfasser wohl Malalas benutzt hat, bietet in seinen Parallelen zur ersten und dritten Stelle bei Malalas dann auch die eusebianische Namensform: ὁ σοφώτατος Βρούττιος ὁ ἱστορικὸς καὶ χρονογράφος[28]. Synkellos erwähnt in seiner Weltchronik ebenfalls die Verfolgung von Christen unter Domitian und führt als seine Autorität einen Brettios an[29]. Dies ist ganz offenbar Eusebs Bruttius, den Synkellos aber weder durch die Vermittlung Eusebs (er nennt im Unterschied zu Euseb

---

26 Die lateinische Übersetzung des Hieronymus (Eus. chron. 192 Helm): *Scribit Bruttius plurimos Christianorum sub Domitiano fecisse martyrium, inter quos et Flaviam Domitillam, Flavii Clementis consulis ex sorore neptem, in insulam Pontiam relegatam, quia se Christianam esse testata sit.*
27 Dies ziehen Lampe, Christen 167 und Ulrich 278 f. in Erwägung, ebenso, wenn auch vorsichtiger, Keresztes, Government 266 und Cook, Attitudes 118–120. Cook hält es nicht für ausgeschlossen, diesen Bruttius mit Bruttius Praesens, dem Freund des jüngeren Plinius (ep. 7,3) zu identifizieren. Für Lanciani, Rome 10 war diese Identifizierung völlig „evident". Weitere Vorschläge bei Lightfoot, Fathers 46 f.
28 Chronicon Paschale 69,13 f. (Dindorf) sowie 468,7 (Dindorf): Βρούττιος.
29 Syncell. 419,26–29 (Mosshammer): πολλοὶ δὲ Χριστιανῶν ἐμαρτύρησαν κατὰ Δομετιανόν, ὡς ὁ Βρέττιος ἱστορεῖ, ἐν οἷς καὶ Φλαυία Δομετίλλα ἐξαδελφὴ Κλήμεντος Φλαυίου ὑπατικοῦ ὡς Χριστιανὴ εἰς νῆσον Ποντίαν φυγαδεύεται· αὐτός τε Κλήμης ὑπὲρ Χριστοῦ ἀναιρεῖται.

neben Flavia Domitilla auch Flavius Clemens als Christen), noch aus Malalas kannte (Synkellos schreibt richtig von einer Verbannung auf die Insel Pontia und nicht wie Malalas von einer Flucht in den Pontus; dazu gleich). Es dürfte klar sein, dass der von Synkellos und Malalas zitierte Autor erstens Eusebs Bruttius und zweitens ein Chronograph ist[30]. Dafür spricht außerdem ein gattungsgeschichtliches Argument: Die christlichen Chronographen machen in ihren Weltchroniken ausgiebigen Gebrauch von älteren Chronographien, seien dies christliche Weltchroniken oder die Chroniken paganer Autoren. Von daher könnte man schon ohne das Zeugnis des Malalas vermuten, dass der von Euseb benutzte Bruttius ein Chronograph war. Verbunden mit dem Zeugnis des Malalas wird dies zur Gewissheit.

Die Bruttius-Zitate in den Chroniken des Euseb und des Synkellos sowie vor allem das dritte Zitat, vielleicht aber auch die ersten beiden Zitate bei Malalas geben nun Anlass zu der Vermutung, dass Bruttius ein *christlicher* Chronograph war[31]. Das erste Zitat bei Malalas bietet eine euhemerisierende Erklärung griechischer Mythologie, wie sie bei christlichen Apologeten und Chronographen beliebt war. Das zweite, eine Schilderung der Eroberungen Alexanders des Großen, enthält wohl eine Anspielung auf die bekannte Prophetie aus dem alttestamentlichen Buch Daniel, Kapitel 7, über die Abfolge der Weltreiche. Wichtig ist das dritte Zitat[32]: „Er [i. e. Domitian] bestrafte aber viele weitere Christen, so dass eine Menge von ihnen in den Pontos auswich, wie Buttios, der weise Chronograph, über sie geschrieben hat." Hier hat Malalas zwar offensichtlich die gleiche Vorlage wie Euseb in der Chronik, nennt allerdings Flavia Domitilla nicht und lässt die Christen in den ihm besser bekannten Pontos, die südliche Schwarzmeerküste, fliehen, offenbar weil er die Insel Pontia nicht kennt. Dass in einer Chronik das Schicksal von Christen notiert wird, ist außerhalb der christlichen Chronistik kaum denkbar. Des Weiteren berichtet Bruttius nach der Euseb'schen Chronik von „Martyrien", ein eindeutig christlicher Begriff[33]. Auch Synkellos verwendet im Kontext seines Bruttios/Brettios-Zitates ἐμαρτύρησαν offensichtlich im christlichen Sinne. Dies zusammen genommen macht den Schluss unausweichlich, dass Bruttius ein *christlicher* Chronograph war. Dies heißt weiterhin, dass Bruttius nicht zu den paganen Historikern gehören kann, auf die Euseb in der Kirchenge-

---

30 Dies hatte bereits Lightfoot, Fathers 46–48 vorgeschlagen. Vgl. Schenk von Stauffenberg 237 f. Schon Speigl war nicht mehr auf der Höhe Lightfoots, wenn er S. 24 schreibt: mit dem „Namen Bruttius läßt sich gar nichts anfangen".
31 Zum folgenden vgl. bereits Lightfoot, Fathers 46. 48 f. Sordi, Flavi 201 hält Bruttius für einen paganen Chronographen.
32 Malalas 10,48; 199,39–41 Thurn = 262,19–21 Dindorf: πολλοὺς δὲ ἄλλους χριστιανοὺς ἐτιμωρήσατο, ὥστε φυγεῖν ἐξ αὐτῶν πλῆθος ἐπὶ τὸν Πόντον, καθὼς Βώττιος ὁ σοφὸς χρονογράφος συνεγράψατο κατ' αὐτῶν.
33 Cook, Attributes 120 schließt aus dem Begriff „Martyrium", dass das Zeugnis des Bruttius, den er für einen heidnischen Autoren hält, „christlich gefiltert" wurde. Damit müsste man einen weiteren christlichen Autor als Tradent zwischen Bruttius und Eusebius annehmen, was unnötig erscheint. Keresztes, Government 269 bemerkt zwar, Euseb spreche explizit von „Martyrien", hält dies aber nicht für auffällig.

schichte 3,18,4 anspielt. Viel eher ist Eus. h.e. 3,18,4 in Verbindung mit chron. XVI Domitian so zu verstehen, dass Euseb *dem Bruttius* entnommen hat, pagane Historiker hätten über Martyrien der Christen geschrieben. Euseb macht sich also hier die Interpretation des Bruttius zu eigen. Die Frage ist somit nicht, ob wir das Zeugnis des Euseb für glaubwürdig halten, eine Frage, die Keresztes noch apodiktisch mit dem Vermerk abschmettern wollte, das Wort des Euseb sei genug[34], sondern die Frage lautet: Sollen wir Bruttius folgen oder nicht?

Wir haben keinerlei Anhaltspunkte darüber, wann Bruttius schrieb. Dass der christliche Chronograph Iulius Africanus, der seine Weltchronik 221 schrieb, Bruttius benutzt haben soll[35], ist reine Spekulation. Es lässt sich demzufolge auch nichts darüber aussagen, ob Bruttius vor oder nach Cassius Dio schrieb, der anderen Hauptquelle zu Flavia Domitilla. Womöglich bietet jedoch Eus. h.e. 3,18,4 den Schlüssel zu einer Bewertung des Bruttius. Wenn Eusebius den Hinweis, dass selbst pagane Autoren über Martyrien unter Domitian schrieben, aus Bruttius hat, dann handelt es sich ja doch offensichtlich um eine christliche Interpretation paganer Quellen. Und hier ist nun ohne weiteres vorstellbar, dass bereits Bruttius genau das getan hat, was in der modernen Forschung immer wieder geschehen ist (und wahrscheinlich auch zukünftig geschehen wird), dass er nämlich Hinweise wie beispielsweise die „Neigung zu jüdischen Sitten" und den Vorwurf des „Atheismus" bei Cassius Dio (der nicht zwangsläufig die Quelle des Bruttius sein muss) als Hinweise auf ein christliches Bekenntnis der Betroffenen gedeutet oder eher missdeutet hat. Damit würde der seidene Faden, an dem die christliche Flavia Domitilla hängt, endgültig reißen.

Dass Bruttius Domitilla zur Nichte des Flavius Clemens macht, spricht außerdem dafür, dass er seine Vorlagen fehlgedeutet oder hier sogar gänzlich missverstanden hat. Aus CIL VI 8942 erschließt sich, dass Flavia Domitilla, die Gattin des Flavius Clemens, eine Enkelin Vespasians und damit die Nichte Domitians war[36]. Von einer weiteren Flavia Domitilla in der nachfolgenden Generation, deren Cognomen, wenn sie eine *Nichte* des Flavius Clemens wäre, ja auch schwer zu erklären wäre, ist nichts bekannt[37]. Es ist ja auffällig, dass Bruttius' Flavia Domitilla im gleichen Verwand-

---

34 Keresztes, Government 268.
35 Lightfoot, Fathers 48 f.
36 Dies ist die Grabinschrift für eine Tatia Baucylis, Amme von sieben Urenkeln des Kaisers Vespasian, den Kindern des Ehepaars Flavius Clemens und Flavia Domitilla: *Tatia Baucyl[is nu]/trix septem lib[erorum pronepotum] / divi Vespasian[i filiorum Fl(avi) Clementis et] / Flaviae Domitil[lae uxoris eius divi] / Vespasiani neptis a[ccepto loco e]/ius beneficio hoc sep{h}ulc(h)ru[m feci] / meis libertis libertabus po[sterisq(ue) eor(um)]*. Die Inschrift ist zwar stark ergänzt, ergibt aber mit den Ergänzungen den besten Sinn.
37 Die drei bekannten Flaviae Domitillae sind die Gattin Vespasians (PIR² F 416), deren Tochter, die Schwester Domitians (PIR² F 417), sowie wiederum deren Tochter, die Nichte Domitians und Gattin des Konsuls Flavius Clemens (PIR² F 418). Vgl. das Stemma der Flavier PIR² II p. 183. Die Schwierigkeit, das Cognomen Domitilla für eine *Nichte* des Flavius Clemens zu erklären, wird von Sordi, Persecuzione 214 f. übersehen. Ihr Hinweis, der Name Flavia Domitilla sei unter den Flaviern „molto frequente"

schaftsverhältnis zu Flavius Clemens steht, wie die historisch belegbare Flavia Domitillia, die Gattin des Clemens, zum Kaiser Domitian. Lightfoot hat ausgehend von dem Bruttios/Brettios-Zitat bei Synkellos eine mögliche Erklärung dafür angeboten, wie der mutmaßliche Fehler bei Bruttius entstanden sein könnte[38]. Bei Synkellos lesen wir folgendes: Φλαυία Δομετίλλα ἐξαδελφή Κλήμεντος Φλαυίου ὑπατικοῦ. Man könnte den Fehler ganz einfach dadurch beheben, dass man nach ἐξαδελφή den letzten Buchstaben noch einmal wiederholt. Dann ergäbe sich: ἐξαδελφὴ ἡ Κλήμεντος κτλ., „die Nichte, die Frau des Clemens". Der Ausfall des zweiten Eta, also eine Haplographie, wäre ein leicht verständlicher Schreibfehler. Dass Domitilla die Nichte Domitians war, könnte durch den Kontext klar geworden sein. Wann und bei wem dieser Fehler aufgetreten ist, lässt sich nicht ermitteln, aber Bruttius wäre der wahrscheinlichste Kandidat. Vielleicht hat Bruttius aber auch eine lateinische Quelle missverstanden. Erst im späteren Latein gewinnt *neptis* die Bedeutung „Nichte". Ursprünglich meint *neptis* die „Enkelin", dann auch allgemein die „weibliche Nachfahrin"[39]. In der oben erwähnten Inschrift CIL VI 8942 wird Flavia Domitilla *uxor eius divi Vespasiani neptis* genannt, Gattin des Clemens und Enkelin Vespasians. In einer hypothetischen lateinischen Vorlage des Bruttius könnten die Verwandtschaftsverhältnisse der Flavia Domitilla in umgekehrter Reihenfolge angegeben worden sein, etwa in folgender Form: *Vespasiani neptis Flavi Clementis consulis*. Es wäre nicht ungewöhnlich gewesen, wenn der lateinische Autor die Hinzufügung von *uxor* nach *consulis* für überflüssig erachtet hätte. Der Sinn wäre trotzdem klar gewesen. Wenn Bruttius (oder wer immer) den Namen Vespasians wegließ und für *neptis* vor allem die spätere Bedeutung „Nichte" kannte, ergäbe sich in einer griechischen Übersetzung ohne Schwierigkeiten das, was wir bei Synkellos lesen: ἐξαδελφὴ Κλήμεντος Φλαυίου ὑπατικοῦ.

Dies würde die Annahme zweier Flaviae Domitillae überflüssig machen. Die Christin Flavia Domitilla, Nichte des Konsuls Flavius Clemens, geht somit wohl auf mehrere Missverständnisse oder Fehldeutungen wahrscheinlich des Bruttius zurück. Die historische Flavia Domitilla, Nichte Domitians und Gattin des Konsuls Flavius Clemens, dürfte ebenfalls keine Christin gewesen sein, sondern wie ihr Gatte dem Judentum zugeneigt, möglicherweise sogar Proselytin gewesen sein. Die radikale, vor allem von Marta Sordi verfochtene Gegenposition, es habe zwei Flaviae Domitillae gegeben und *beide* wären von Domitian aufgrund ihres Christentums mit Verbannung belegt worden[40], erscheint demgegenüber viel schwerer mit der Quellenlage vereinbar zu sein. Sordi scheint nicht nur ein Missverständnis der Quellenlage in der Tradition des Bruttius zu unterlaufen. Das in der altkirchlichen Literatur tradierte Missver-

---

gewesen, ist so nicht richtig und führt auch nicht weiter, weil man den Namen eben nur aus einer Linie kennt (Mutter-Tochter-Enkelin).
38 Lightfoot, Fathers 49.
39 Oxford Latin Dictionary s.v. *neptis*; Georges, Ausführliches Lateinisch-Deutsches Handwörterbuch hat als ältesten Beleg für *neptis* in der Bedeutung von Nichte die spätantike Historia Augusta.
40 Sordi, Flavi 202 und ausführlich dies., Persecuzione 212–218.

ständnis des Bruttius findet sich bei ihr geradezu übersteigert. Diesem Weg wird man kaum folgen wollen.

5.4 Acilius Glabrio

Cassius Dio 67,14,3 erzählt gleich im Anschluss an das Ende des Konsuls Flavius Clemens von einem weiteren Senator, der Domitian im Jahre 95 zum Opfer fiel: M'. Acilius Glabrio, Konsul des Jahres 91. Er sei der gleichen Vergehen beschuldigt worden wie „die vielen anderen", dem Kontext der Stelle nach lautete die Anklage also Atheismus und Neigung zu jüdischen Sitten, die gleichen Vorwürfe, die Flavius Clemens gemacht wurden. Wenn man die Anklagen gegen Flavius Clemens als Hinweise auf dessen christlichen Glauben deutet, wird man dies auch im Falle des Acilius Glabrio so verstehen wollen: M'. Acilius Glabrio sei in Wirklichkeit wegen seines Christentums verurteilt worden[41]. Es ist oben (Kap. 5.1) bereits ausführlich dargelegt worden, dass diese Argumentation m. E. nicht stichhaltig ist, demzufolge sollte man auch für Acilius Glabrio annehmen, dass Cassius Dio zwischen Judentum und Christentum unterscheiden konnte und der Konsul des Jahres 91 nicht als Christ anzusehen ist. Nach Cassius Dio brachte Domitian gegen Glabrio darüber hinaus die Anschuldigung vor, er habe als Gladiator gekämpft. Folgen wir der Erzählung des Cassius Dio, dann hatte Domitian im Jahre 91 im Rahmen einer *venatio*, die er anlässlich der Iuvenalia auf seiner Villa in den Albanerbergen veranstaltet hatte, den amtierenden Konsul Glabrio gezwungen, gegen einen Löwen zu kämpfen. Glabrio habe, wohl zum Unmut des Kaisers, den Kampf unverletzt überlebt und den Löwen erlegt. Was sich auch immer hinter der Geschichte verbirgt, ein Indiz für den christlichen Glauben des Acilius Glabrio ist sie jedenfalls nicht[42].

Auch Suetons Bericht von der Hinrichtung des Acilius Glabrio liefert keinerlei Hinweise dafür, dass er Christ gewesen sei. Er stellt dessen Ende auch in einen ganz anderen Erzählzusammenhang als Cassius Dio. Acilius Glabrio sei ebenso wie Salvidienus Orfitus im Exil getötet worden, weil beide *molitores rerum novarum* gewesen wären[43]. Dieser Vorwurf, *res novae* eingeführt zu haben, diente in seiner unspezifischen Allgemeinheit Domitian sicher als wohlfeiler Vorwand zur Beseitigung unliebsamer Personen. Dass Acilius Glabrio wegen eines Bekenntnisses zum Christentum hingerichtet worden wäre, lässt sich daraus nicht ableiten.

---

41 Sordi, Flavi 196–203; zuletzt Ramelli 46f.
42 Sordi, Persecuzione 220f. sieht in der Geschichte den Grund für das Exil des Glabrio (Suet. Dom. 10,2), das sie zwischen 91 und 95 ansetzt. Lampe, Christen 172 meint, der Sachverhalt, dass Glabrio als Gladiator gekämpft habe, spreche gegen ein christliches Bekenntnis. Er meint wohl, ein Christ könne aus moralischen Gründen nicht als Gladiator kämpfen, scheint dann aber zu übersehen, dass es sich ja nach der Erzählung Cassius Dios um eine Intrige Domitians handelt.
43 Suet. Domit. 10,2.

Das sog. Hypogäum der Acilier, das zur Priscillia-Katakombe gehört, ist zwar möglicherweise schon seit dem Ende des 1. Jh.s oder jedenfalls seit dem 2. Jh. als Bestattungsort genutzt worden und im 3. Jh. finden sich dort auch Hinweise auf Christen aus der Familie der Acilii Glabriones. Aber auch das genügt nicht, um den Konsul des Jahres 91 zum Christen zu erklären[44].

---

[44] Dies gibt auch Ramelli 48 f. zu, die allerdings dessen Nachkommen für Krypto-Christen des 2. Jh.s hält. Vgl. auch Lampe, Christen 172.

6 Interludium: Was hinderte *ordo*-Angehörige zum Christentum überzutreten?

In den vorhergehenden Kapiteln sind bereits einige Einwände diskutiert worden, die im Zusammenhang der jeweils relevanten Texte gegen den Übertritt von *ordo*-Angehörigen zum Christentum erhoben worden sind. Im Falle von Sergius Paullus und Dionysios dem Areopagiten lautete ein Einwand, die Apostelgeschichte erwähne weder eine Taufe noch die Gründung einer Hausgemeinde. Das ist allerdings, wie zu zeigen versucht wurde, im jeweiligen Kontext kein stichhaltiges Argument, das gegen eine Konversion der beiden spräche. Es kann auch grundsätzlich kaum ein tragfähiges Argument sein, dass eine Konversion nur dann gültig sei, wenn in der Apostelgeschichte im jeweiligen Zusammenhang auch über eine Taufe oder die Gründung einer Hausgemeinde berichtet werde. Die Apostelgeschichte ist ja kein auf Vollständigkeit bedachtes kirchenamtliches Taufregister. Ebenso wenig belastbar dürfte die Behauptung sein, das Verb πιστεύω wäre ambivalent und müsse nicht unbedingt bedeuten, dass die betreffende Person tatsächlich „gläubig geworden", also „Christ geworden" sei. In den jeweiligen Textzusammenhängen, die untersucht worden sind, kann mit πιστεύω kaum etwas anderes als „gläubig werden" im Sinne von „Christ werden" gemeint sein. Für die ebenso geäußerte Annahme, dass Erastos, der Stadtkämmerer von Korinth, kein Christ gewesen sein soll, bietet, wie erörtert wurde, der Kontext des Grußkapitels Röm 16 ebenfalls keinerlei durchschlagende Argumente. Die relevanten Texte selbst sprechen somit bei näherer Betrachtung nicht gegen eine Hinwendung von *ordo*-Angehörigen zum Christentum. Unter der Voraussetzung, dass wir hier über Wahrscheinlichkeiten verhandeln und nicht über Beweise reden, wurde darzulegen versucht, dass die relevanten Texte eher dafür sprechen, dass bereits in der Mitte des 1. Jh.s drei *ordo*-Angehörige unter den Christen zu identifizieren sind und man diesen Befund nicht ohne weiteres ausschließlich auf die ‚Darstellungsabsicht' der Apostelgeschichte reduzieren kann.

Die hermeneutischen Einwände gegen die Existenz christlicher *ordo*-Angehöriger bereits im ersten Jahrhundert sind also nicht durchschlagend. Damit sind allerdings nicht sämtliche Einsprüche gegen die Existenz von Christen unter den *ordo*-Angehörigen entkräftet. Es gab in der Tat eine Reihe von möglichen Hindernissen für eine Konversion dieser sozialen Gruppe zum Christentum, die sich aufgrund der Übernahme von Ämtern sowie infolge sozialer Konventionen ergaben. Die Übernahme von politischen Ämtern war für die Christen in vorkonstantinischer Zeit potentiell konfliktträchtig. Die Frage wird sein, ob hierin unüberwindbare Hürden zu sehen sind, aufgrund derer im ersten Jahrhundert die Bekehrung von *ordo*-Angehörigen zum Christentum kategorisch auszuschließen ist. Wäre dies der Fall müssten wir schon allein deswegen die in den vorhergehenden Kapiteln behandelten Stellen als Zeugnisse oder mögliche Zeugnisse für christliche *ordo*-Angehörige verwerfen.

Insbesondere wenn man die „Urchristliche Sozialgeschichte" der Gebrüder Stegemann liest, gewinnt man den Eindruck, es habe in der Tat einige äußere Hürden gegeben, welche im ersten Jahrhundert die Konversion von *ordo*-Angehörigen zum Christentum nicht nur erschwerten, sondern ganz unmöglich machten. So sei – hier bezogen auf Angehörige des *ordo decurionum* – „eine Beteiligung am (aus jüdischer und christusgläubiger Sicht) Götzendienst ein nicht überwindbares Hindernis gewesen, denn zu den Aufgaben der städtischen Magistrate gehörte u. a. die Veranstaltung von und die Teilnahme an Opferfeiern. Die entsprechenden Verpflichtungen (alle mit der Organisation der öffentlichen Kulte zusammenhängenden Aufgaben bis hin zur Bereitstellung der Opfertiere) kann man sich für einen Christusgläubigen nicht vorstellen." Man könne höchstens von heimlichen Sympathisanten unter den Dekurionen ausgehen. „Daß in späteren Zeiten die Übernahme von lokalen Ehrenämtern vor allem wegen der Gefahr der Idolatrie Christen nahezu verboten war, bestätigt unsere These." Das Fazit von Stegemann und Stegemann lautet: Zu den christlichen Gemeinden vor dem Jahre 70 „hat kein *ordo*-Mitglied aus der Gruppe der Oberschicht gehört" und auch in den Gemeinden nach 70 „fehlen Mitglieder aus den höchsten Spitzen der Gesellschaft (*ordines*)"[1].

Der erste Kreis der von den Gebrüder Stegemann vorgetragenen Ausschlusskriterien betrifft also die Übernahme von Ämtern, die für die *ordo*-Angehörigen ja charakteristisch ist, bzw. die damit verbundenen Pflichten. Stegemann und Stegemann stützen sich dabei vorwiegend, wenn auch nicht ausschließlich auf Werner Eck, der in seinem einschlägigen Aufsatz über Christen im Senatorenstand in vorkonstantinischer Zeit eine Reihe von Hemmnissen für den Übertritt von Angehörigen des *ordo senatorius* zum Christentum vorgetragen hat[2]. Es scheint allerdings, wie zu sehen sein wird, dass die Gebrüder Stegemann Eck doch etwas zu selektiv gelesen haben. Eck selbst hat diese Hindernisse, die sicherlich bestehen, bei weitem nicht als unüberwindbar dargestellt. Dies soll in diesem Kapitel aufgegriffen werden und zu den Wegen zur Überwindung der Hindernisse, die Eck angeboten hat und die sich vorwiegend oder ausschließlich auf den Senatorenstand beziehen, sollen einige weitere Beobachtungen hinzugefügt werden.

Das zweite Argument gegen christliche *ordo*-Angehörige im 1. Jh., nennen wir es das ‚sozialhistorische Argument', entnehmen Stegemann/Stegemann ebenfalls Ecks Beitrag. Eck habe gezeigt, „daß wir in den höchsten Spitzen der Gesellschaft – der Reichsaristokratie [gemeint ist wohl der *ordo senatorius*, A. W.] – wohl frühestens Ende des 2. bzw. zu Beginn des 3. Jh.s auch Anhänger des Christusglaubens finden"[3]. Auch das spräche somit gegen christliche *ordo*-Angehörige im ersten Jahrhundert[4]. Bei

---

1 Die Zitate bei Stegemann/Stegemann 260. 266. 269.
2 Eck, Senatorenstand 401–406.
3 Stegemann/Stegemann 266.
4 Die Gebrüder Stegemann sind selbstverständlich nicht die einzigen, die das ‚sozialhistorische Argument' ins Felde führen; vgl. e. g. Pervo, Acts 442: die Bekehrung eines Mannes von solch hohem sozialen Rang wie Dionysios der Areopagite sei „quite unlikely at this early date"; ebenso Theißen, Communities 251: „That Christians were in fact to be found in all three orders at that time [i.e. Beginn des 2. Jh.s] is not possible"; ebd. 256: „an active male member of the community from the local ari-

näherer Betrachtung wendet sich dieses Argument allerdings gegen Stegemann/Stegemann. Eck, der das Zeugnis der Apostelgeschichte für den christlichen Senator Sergius Paullus für zweifelhaft hält, zeigt ja dennoch, dass es sichere Hinweise auf Christen im Senatorenstand ab dem Ende des 2. und dann im 3. Jh. gibt, zu einer Zeit also, als nicht nur die generellen, mit der Übernahme von Ämtern verbundenen Schwierigkeiten für christliche *ordo*-Angehörige selbstverständlich weiterhin bestanden, sondern als auch die allgemeine rechtliche Situation der Christen immer prekärer wurde und dann schließlich in der großen Verfolgung unter Diokletian gipfelte. Angesichts dessen stellt sich eine Frage, die allgemein von Seiten der Neutestamentler etwas zu sehr vernachlässigt wird: Warum soll es im 1. Jh. keine christlichen *ordo*-Angehörige gegeben haben, wo sie doch im 2. und dann vor allem im 3. Jh. unter weitaus schwierigeren äußeren Bedingungen eindeutig nachzuweisen sind? Warum sollten sich *ordo*-Angehörige im 1. Jh. nicht zum Christentum bekehren, wenn sie diesen Schritt aber doch unter den wesentlich prekäreren Verhältnissen im 3. Jh. wagten? Mit der Situation der Christen und christlicher *ordo*-Angehöriger vom Anfang des 2. Jh.s bis zur Zeit Konstantins wird sich dann das nächste Kapitel dieser Arbeit befassen.

6.1 Opferpflicht?

Die Opferpflicht, die mit der Ausübung von Ämtern unweigerlich verbunden sei, wäre also das erste unübersteigbare Hindernis für *ordo*-Angehörige, die sich dem Christentum anschließen wollten. Dieser Einwand, so soll zunächst festgehalten werden, beträfe nur den Senatorenstand und den *ordo decurionum*. Die Inhaber ritterlicher Ämter, die ja im antiken Sinne keine Magistraturen waren, sind von diesem Problem von vornherein nicht betroffen. Sie kamen, so weit zu sehen ist, ‚von Amts wegen' nicht mit Opfern in Berührung.

Ein christlicher Senator stand Eck zufolge vor allem an zwei Stellen in der Gefahr, kultische Handlungen auszuüben, die für einen Christen nicht durchführbar waren. Da sei zunächst das Weihrauchopfer, das jeder Senator bei Betreten des Sitzungssaales zu leisten habe. Dies wäre wohl in der Tat ein schwerwiegendes Hindernis. Eck gibt für diese Opferpflicht keine Belegstelle an[5], bezieht sich aber wohl auf die Überlieferung bei Sueton, Augustus habe, wohl im Zusammenhang mit der *lectio senatus* 29/28 v.Chr., festgesetzt, jeder Senator solle, ehe er sich zu seinem Platz begibt, ein Weihrauch- und Weinopfer bei dem Altar des Gottes darbringen, in dessen Tempel die Senatssitzung

---

stocracy would certainly be exceptional in the pre-Constantine era"; sowie Theißen, Dialog 120: „Dass Senatoren und Ritter zu seiner Zeit [i.e. des Plinius, frühes 2. Jh.] Christen waren, ist dagegen sehr unwahrscheinlich".

5 Eck, Senatorenstand 401.

abgehalten werde[6]. Man wird für diese Anordnung fragen dürfen, wie lange sie gültig war. Nur für eine bestimmte Zeit nach der *lectio* der Jahre 29/28? Für die Regierungszeit des Augustus bis zu dessen Tode? Auch darüber hinaus? Vielleicht galt diese Anweisung nur für die Phase der religiösen Restauration unter Augustus und geriet danach außer Gebrauch, zumindest als Verpflichtung. Um eine gesetzliche Vorschrift scheint es sich jedenfalls nicht gehandelt zu haben (Suet. Aug. 35,3: *sanxit*). Es mag also sein, dass diese Regelung in den späten 40er und 50er Jahren, als Sergius Paullus nach seiner Rückkehr aus Zypern wieder an Senatssitzungen teilnahm, nicht mehr bindend war. Ob sie für das 2. und 3. Jh. noch galt, lässt sich erst recht nicht mehr sagen. Es mag eine temporäre Verpflichtung gewesen sein, vielleicht ähnlich wie die etwas später bei Sueton Aug. 40,5 überlieferte Anweisung des Augustus an die Ädilen in Rom, sie sollten niemanden auf das Forum oder in dessen Nähe lassen, der nicht die Toga trage, eine Anweisung, von der man sich kaum vorstellen kann, dass sie in den darauf folgenden drei Jahrhunderten mit Polizeigewalt durchgesetzt worden ist. Selbst Eck weist darauf hin, dass „nicht jeder Senator automatisch und vor allem direkt mit dem heidnischen Kultus so konfrontiert werden (musste), daß er selbst aktiv daran teilnahm"[7].

Selbst wenn diese Regelung des Augustus weiterhin Bestand hatte, so wurde, worauf Eck ebenfalls hinweist, die Möglichkeit einer „passiven Teilnahme" unter den frühen Christen jedenfalls diskutiert. Dies kann man besonders der bekannten Stelle bei Tertullian idol. 17 entnehmen, in der es allerdings wohl vorwiegend, vielleicht ausschließlich, um die Übernahme *städtischer* Ämter geht. Einige Christen plädierten offensichtlich dafür, eine Magistratur zu übernehmen, sofern es gelänge, sich von den mit dem Amt verbundenen Opfern fernzuhalten. Dabei beriefen sie sich auf die biblischen Vorbilder Joseph und Daniel, die unter dem ägyptischen Pharao bzw. unter dem persischen Großkönig jeweils höchste Staatsämter bekleidet hatten[8]. Diese Möglichkeit könnte gar nicht so weltfremd gewesen sein, wie sie Tertullian im weiteren Verlauf darstellt. Dies ergibt sich aus einem Argument, das anscheinend von den Befürwortern einer Amtsübernahme durch Christen stammt: Man könnte sich *gratia aliqua* von den Opfern reinhalten. Vielleicht ist *gratia* hier als ‚Vergünstigung' im Sinne des Erlassens einer Verpflichtung zu verstehen. Anscheinend führten auch Tertullians Gegner dies nur als Möglichkeit ins Feld, nicht als bereits verbrieftes Privileg[9]. Aber völlig fern lag der Gedanke an einen Dispens nicht. Zur selben Zeit erlaubten die Kaiser Septimius Severus und Caracalla den Juden, Ämter zu bekleiden, und entbanden sie gleichzeitig von allen Verpflichtungen, die mit der jüdischen *superstitio* nicht ver-

---

[6] Suet. Aug. 35,3: *sanxit, ut prius quam consideret quisque ture ac mero supplicaret apud aram eius dei, in cuius templo coiretur.*
[7] Eck, Senatorenstand 401.
[8] AT Gen. 41,41–57; Dan. 1.
[9] Die alte These von Klauser *passim*, Mark Aurel hätte den Christen einen allgemeinen Dispens von der Opferpflicht gewährt, ist von Eck, Reichsdienst *passim* bes. 453 mit Recht zurückgewiesen worden.

einbar wären¹⁰. Nun konnten den Juden derartige Privilegien leichter erteilt werden, da sie aus römischer Sicht als Ethnos und damit gleichsam als nationale Einheit zu betrachten waren, der man politische Privilegien zuteil werden lassen konnte. Dies galt für die Christen nicht. Aber angesichts der den Juden erteilten Privilegien wird es verständlich, dass die christlichen Befürworter einer Übernahme von Ämtern die Möglichkeit eines Dispenses von der Opferpflicht mit einer gewissen Plausibilität ins Spiel bringen konnten. Vielleicht ist dieser Dispens, wenn auch nicht generell, so doch in Einzelfällen Christen sogar gewährt worden. Eusebius schreibt ganz allgemein davon, einige Kaiser hätten christliche Statthalter davon entbunden, Opfer zu leisten¹¹. Eck bezieht diese Angabe auf die Zeit zwischen dem Ende Valerians und der Diokletianischen Verfolgung, also etwa das letzte Drittel des dritten Jahrhunderts¹². Aber Eusebius spricht ganz allgemein von der Zeit „vor der gegen uns gerichteten Verfolgung"¹³, also vor der diokletianischen Verfolgung, von der er im folgenden handelt, und so ist es, auch wenn wir diese Angabe zeitlich nicht näher eingrenzen können, doch wenigstens nicht ausgeschlossen, dass Eusebius' Blick über die Zeit Valerians hinausreicht. Vielleicht bis in die Zeit Tertullians?

Jedenfalls ergibt sich aus der bei Tertullian zu fassenden innerchristlichen Debatte, dass offensichtlich nicht alle Christen dessen rigoristische Position geteilt haben und möglicherweise die durchaus berechtigte Hoffnung hegen konnten, Magistraturen zu bekleiden, ohne sich ihre Hände und vor allem das Gewissen durch die Abhaltung von Opfern zu beflecken. Auch Origenes, der sein Werk *contra Celsum* wenige Jahrzehnte später schrieb, begründete die verbreitete Weigerung der Christen, Ämter zu übernehmen, nicht mit einer damit angeblich unweigerlich verbundenen Verpflichtung, Opfer durchzuführen. In Cels. 8,24 verteidigt Origenes gegenüber Celsus strikt die Abstinenz der Christen von öffentlichen Opferfeiern, hat dabei aber anscheinend ganz allgemein die Abhaltung von Opfern bei Festen im öffentlichen Raum im Blick. Es wäre nun naheliegend gewesen, dieses Argument in Cels. 8,75 im Zusammenhang der vielfachen Weigerung von Christen, Ämter zu übernehmen, noch einmal in Erinnerung zu rufen – wenn es denn für Origenes ein zentrales Argument gewesen wäre. Sein Hauptargument lautet jedoch, der Dienst an der Kirche Gottes habe Vorrang vor der Übernahme ziviler Ämter. Wusste vielleicht auch Origenes, dass die Ausübung von Ämtern nicht notwendig mit der Durchführung von Opfern verbunden war und dass es durchaus legitime Mittel und Wege gab, sich von Opfern reinzuhalten? Die wirkliche

---

10 Dig. 50,2,3,3 (Ulp. 3 de off. procons.).: *Eis, qui Iudaicam superstitionem sequuntur, divi Severus et Antoninus honores adipisci permiserunt, sed et necessitates eis imposuerunt, qui superstitionem eorum non laederent.*
11 Eus. h. e. 8,1,2: τεκμήρια δ' ἂν γένοιτο τῶν κρατούντων αἱ περὶ τοὺς ἡμετέρους δεξιώσεις, οἷς καὶ τὰς τῶν ἐθνῶν ἐνεχείριζον ἡγεμονίας, τῆς περὶ τὸ θύειν ἀγωνίας κατὰ πολλὴν ἣν ἀπέσῳζον περὶ τὸ δόγμα φιλίαν αὐτοὺς ἀπαλλάττοντες.
12 Eck, Senatorenstand 386.
13 Eus. h. e. 8,1,1: πρὸ τοῦ καθ' ἡμᾶς διωγμοῦ.

Welt mag vielschichtiger gewesen sein als es manch strenger Dogmatismus der fernen oder der jüngeren Vergangenheit suggeriert.

Dies mag umso mehr für die drei Personen gegolten haben, die in dieser Arbeit als die wahrscheinlichsten Kandidaten für christliche *ordo*-Angehörige aus dem 1. Jh. diskutiert worden sind. Darauf hat bereits Cadbury hingewiesen[14]: „neither the personal views of Tertullian nor the objection to political office widely shared by Christians of his time is evidence of a universal Christian conscience on the subject a century and a half before". Selbst Paulus ist vielleicht nicht unbedingt als Rigorist in Opferfragen anzusehen. Zumindest scheint er in Röm. 14 den Verzehr von Opferfleisch zu gestatten, so lange nicht die Gewissen anderer Christen dadurch belastet werden. Wie könnte sich das Problem für Sergius Paullus dargestellt haben?

Sergius Paullus, gehen wir einmal davon aus, er ist zum Christentum konvertiert, wird nach seiner Statthalterschaft auf Zypern nach Rom zurückgekehrt sein und dort wieder an Senatssitzungen teilgenommen haben. Ob die Vorschrift des Augustus, der Gottheit des Tagungsortes bei Eintritt zu opfern, Ende der 40er Jahre noch Bestand hatte, ist wie gesagt nicht gänzlich sicher. Selbst wenn sie weiterhin bestand – wie wurde sie vollzogen? Indem jeder einzelne Senator an den Altar herantritt und ein individuelles Opfer leistet? Der Senat hatte 600 Mitglieder. Selbst wenn wir niedrig geschätzt von 200 anwesenden Senatoren in einer Sitzung ausgehen, müsste man für die Prozedur etwa eine Stunde ansetzen. Dies spricht wohl gegen ein individuell zu leistendes Opfer. Vollzog einer der führenden Magistrate stellvertretend im Namen des Senats das Opfer, während alle Anwesenden dabei standen? Dann eröffnete sich für Sergius Paullus die schon diskutierte Möglichkeit einer passiven Teilnahme. Sergius Paullus konnte in der Menge der Senatoren stehen, ohne dass er dadurch notwendig, wie Tertullian idol. 17 es ausdrückte, *sacrificiis auctoritatem suam accomodet*. Möglich ist wie erwähnt auch, dass die Opferpflicht vor Beginn einer Senatssitzung nur in augusteischer Zeit galt. Ob Sergius Paullus nach seiner Rückkehr nach Rom weitere Ämter ausübte, ist ungewiss. Dies hängt davon ab, ob es sich bei dem Konsul Sergius Paullus, der in der stadtrömischen Inschrift CIL VI 253 bezeugt ist, um den zyprischen Statthalter oder einen seiner Nachkommen handelt. Die Unsicherheiten sind hier, wie oben zu sehen war, zu groß, wahrscheinlich handelt es sich um einen Nachfahren des Prokonsuls von Zypern. Aber auch ein Konsul war nicht notwendig qua Amt in Opferzeremonien verstrickt.

Einige weitere Aspekte sind zu berücksichtigen bei der Debatte, ob ein christlicher Senator im ersten Jahrhundert zwangsläufig durch die Teilnahme an den Senatssitzungen in der Gefahr stand, sich durch Opfer zu beflecken. Im dritten Jahrhundert kennen wir eine Reihe von christlichen Senatoren, ja sogar zweifelsfrei einen christlichen Konsul (dazu im nächsten Kapitel). Sind diese Zeugnisse für christliche Senatoren nicht doch ein Indiz dafür, dass ein Christ eben nicht zwangsläufig im Rahmen von Senatssitzungen an Opferzeremonien teilnehmen musste? Tertullian verweist in

---

[14] Cadbury, Erastus 56.

einem Schreiben an einen Statthalter der Provinz Africa namens Scapula, etwa im Jahre 212/13, auf Männer und Frauen aus dem *ordo senatorius*, von denen der Kaiser Severus wüsste, dass sie Christen wären, und ihnen dennoch in keiner Weise Schaden zufüge[15]. Von einem Tadel des Rigoristen Tertullian gegen die christlichen Senatoren lesen wir in diesem Zusammenhang nichts. Weiterhin sollte man bedenken, dass, wenn die Durchführung von Opfern zu Beginn der Senatssitzungen ein potentielles Konfliktfeld für die Christen darstellte, dies nicht nur ein Problem für christliche Senatoren in der Zeit vor der konstantinischen Wende, sondern auch noch in späterer Zeit darstellen würde. Der römische Senat war auch nach Konstantin noch lange ein Hort des althergebrachten Glaubens, in dem die Christen weit bis in das 4. Jh. nur eine Minderheit bildeten. Man sieht die Schwierigkeiten, die damit einhergingen, in dem bekannten Streit um den Victoria-Altar, den zunächst Constantius II. 357 aus der Senatskurie entfernen, Julian Apostata (361–365) dann wieder aufstellen und schließlich Gratian im Jahre 382 endgültig von seinem Platz entfernen ließ[16]. Selbst in diesem scharfen Streit ist nicht davon die Rede, dass die christlichen Senatoren gezwungen gewesen wären, auf dem Altar zu opfern, solange er in der Kurie stand[17].

Man wird also davon ausgehen können, dass für Senatoren, die sich zum Christentum bekehrten, die einzige Option, um sich von Opfern fernzuhalten, durchaus nicht darin bestand, sich in das Privatleben zurückzuziehen. Dies mag zwar im Einzelfall geschehen sein. Aber die ‚Opferpflicht' für Senatoren scheint, wenn sie überhaupt bestanden hat, jedenfalls kein unüberwindbares Hindernis zu sein, das a priori gegen eine Bekehrung von Senatoren zum Christentum spräche.

6.2 Amtspflichten der Dekurionen

Oben wurde bereits erwähnt, dass sich die Debatte, deren Reflexe wir in Tert. idol. 17 finden, wahrscheinlich vorrangig um städtische Ämter drehte, genauer gesagt um Magistraturen in Städten römischen Rechts. Was könnte dies im konkreten Fall für unsere beiden Kandidaten für christliche Angehörige des *ordo decurionum* im ersten Jahrhundert bedeutet haben? Für Dionysios hat als Mitglied des athenischen Areopag möglicherweise keine Opferpflicht bestanden. Zumindest ist nichts dergleichen bekannt, dass in Athen, einer griechischen Polis und nach römischem Recht eine *civitas*

---

[15] Tert. Scap. 4,6: *sed et clarissimas feminas et clarissimos uiros Seuerus, sciens huius sectae esse, non modo non laesit, uerum et testimonio exornauit*. Zur Historizität der Nachricht Durst *passim* bes. 102; Eck, Senatorenstand 383 f.; Schöllgen, Ecclesia 165–167.
[16] Dazu Klein, Victoriaaltar 11–16.
[17] Ambros. ep. 17,9 enthält ein ganz allgemeines Gedankenspiel: was wäre wenn ein heidnischer Kaiser (der regierende Valentinian ist Christ) einen Altar errichten ließe und die christlichen Senatoren zwänge, vor diesem Altar zu schwören, und ihnen bei Weigerung das Rederecht im Senat nähme. Daraus lässt sich sicherlich nicht schließen, dass christliche Senatoren im 4. Jh. vor dem Altar der Victoria einen Schwur leisten mussten.

libera, die Mitglieder des Areopag in der Mitte des 1. Jh.s qua Zugehörigkeit zu diesem Gremium in Opfer involviert waren. Falls zu Beginn der Sitzungen Opfer durchgeführt wurden, ergab sich für Dionysios wahrscheinlich die gleiche Möglichkeit einer passiven Teilnahme, wie sie jetzt schon mehrfach debattiert worden sind.

Für Erastos, wohl Ädil der römischen *colonia* Korinth, stellt sich die Angelegenheit allerdings in der Tat komplizierter dar. Hier muss man auch etwas weiter ausgreifen, über die enge Frage der ‚Opferpflicht' hinaus, und sich mit den Amtspflichten städtischer Magistrate befassen, die ja von Stegemann und Stegemann als „unüberwindbares Hindernis" für Christen bezeichnet wurden. Ein Magistrat einer Stadt mit römischem Stadtrecht stand zweifelsohne viel eher in der Gefahr, während seiner Amtszeit Maßnahmen durchführen zu müssen, die mit dem christlichen Glauben schwer zu vereinbaren waren.

Abgesehen von seinem Einwurf, ein Magistrat sei unweigerlich in Opferzeremonien involviert, führt Tertullian in idol. 17 eine lange Reihe von Amtspflichten auf, die mit einem christlichen Bekenntnis nicht zu vereinbaren wären – seiner Ansicht nach schon angesichts der Vielzahl ein hoffnungsloses Unterfangen. Wir übergehen an dieser Stelle Tertullians Einspruch am Ende des Kapitels 17, ein Magistrat müsse im Rahmen von Gerichtsurteilen Schuldsprüche bis hin zum Todesurteil fällen. Hier erweist er sich in seinem Rigorismus neuerlich als nicht repräsentativ. Die Todesstrafe wird bei den frühchristlichen Schriftstellern durchaus nicht rundweg abgelehnt. Ihre Vollstreckung konnte man sogar mit den Ausführungen des Apostels Paulus in dem für das Verhältnis des Christen zur Obrigkeit konstitutiven Kapitel 13 des Römerbriefes rechtfertigen[18]. Davor aber bietet Tertullian eine für einen Christen vielleicht durchaus problematische Liste von Amtspflichten. Ein Magistrat habe über die Verpachtung für die Lieferung von Opfertieren zu entscheiden (*hostias locet*), die Aufsicht über die Tempel zuzuweisen (*curas templorum deleget*), die Tempelsteuern zu verwalten (*uectigalia eorum procuret*) und sei vor allem qua Amt verpflichtet, *de suo* oder *de publico*, also entweder auf eigene Kosten oder mit öffentlichen Mitteln, Spiele durchzuführen und das kann, wie gleich zu sehen sein wird, nichts anderes heißen als ‚Spiele zu Ehren der Götter'.

Diese Aufzählung weist große Übereinstimmungen mit den Amtspflichten der Magistrate einer römischen *colonia* auf, wie sie in der Lex Ursonensis verzeichnet sind, dem Stadtrecht der unter Caesar gegründeten *colonia* Urso in der Baetica. Die Parallelen erklären sich wohl daher, dass Tertullian in idol. 17 sehr wahrscheinlich seine Kenntnisse des Stadtrechts von Karthago bemühte, eine Stadt, die seit Caesar ebenfalls das Recht einer römischen *colonia* besaß. In der Lex Ursonensis lassen sich folgende Parallelen zu Tertullians Liste finden: Lex Urs. 69 regelt die Zuständigkeit der Duumviri, der obersten Magistrate, für die Anweisung der Zahlungen an den Lieferanten, der die Lieferungen von allem, was für die Abhaltung von Opfer- und Kulthandlungen benötigt wurde, aufgrund einer *lex locationis* gepachtet hatte. Lex Urs. 128 verpflichtet

---

18 Dazu Schöpf, Tötungsrecht 150–166.

die Duumvirn, Ädilen oder Präfekten, in ihrem Amtsjahr unter anderem dafür Sorge zu tragen, dass Aufseher für die Tempel ernannt werden. Für die Verwaltung der Tempelsteuern findet sich im erhaltenen Teil der Lex Ursonensis keine Vorschrift. Lex Urs. 70 hingegen verpflichtet die Duumvirn während ihrer Amtszeit viertägige Gladiatorenspiele oder Theaterspiele zu Ehren von Jupiter, Juno und Minerva, der kapitolinischen Trias, abzuhalten. Aus eigenen Mitteln (*de sua pecunia*) sollen die Duumvirn wenigstens 2.000 Sesterzen zur Finanzierung beitragen, aus öffentlichen Geldern (*ex pecunia publica*) jedoch höchstens 2.000 Sesterzen. Lex Urs. 71 enthält weitgehend gleichlautende Vorschriften für die Ädilen, die allerdings nur zur Abhaltung dreitägiger Spiele verpflichtet werden, dann allerdings auch nicht mehr als 1.000 Sesterzen zur Finanzierung dem Stadtsäckel entnehmen durften[19].

Die Lex Ursonensis spricht zwar nirgends von einer Opferpflicht für die Magistrate, diese erwähnt sie nur für die in Rubrik 128 genannten Aufseher über die Tempel. Dies könnte man neuerlich als kleines Indiz dafür interpretieren, dass die römischen Magistrate möglicherweise doch nicht so eng in die Durchführung von Opfern verwickelt waren. Aber die Liste bei Tertullian, die sich weitgehend mit bekannten Bestimmungen aus dem Stadtgesetz von Urso deckt, ist anstößig genug, vor allem die sowohl für die Duumvirn als auch für die Ädilen geltende Verpflichtung zur Abhaltung von Spielen, welche der kapitolinischen Trias geweiht sein sollen. Es ist von vornherein zu erwarten gewesen, dass ähnliche Bestimmungen im Stadtgesetz der ebenfalls caesarischen *colonia Iulia Laus Corinthiensis* verankert waren, die Stadt, in der Erastos wohl als Ädil amtierte. Angesichts der Übereinstimmungen der Lex Ursonensis mit den aus Tertullian wohl zu erschließenden Bestimmungen des Stadtgesetzes der caesarischen Kolonie Karthago kann man vergleichbare Regelungen für Korinth nun fast mit Sicherheit annehmen.

Welche Konsequenzen hätten diese Regelungen nun für einen korinthischen Ädilen Erastos? Schließen diese Amtspflichten die Möglichkeit aus, dass er Christ gewesen ist? Mit einer minder rigoristischen Sicht als Tertullian hätte Erastos sich vielleicht noch damit arrangieren können, dass er für die reine Verwaltung einiger Kultgebäude als Magistrat zuständig war. Man hätte hier sicher noch argumentieren können, dass dies keine direkte Involvierung in Kulthandlungen bedeutet. Es wäre vielleicht ein Zeichen politischer Klugheit und Toleranz gewesen, wenn er nicht wie in späteren Jahrhunderten gleich den Abriss der Tempel gefordert hätte. Aber ein christlicher Magistrat, der paganen Gottheiten geweihte Spiele veranstalten lässt? Das erscheint ausgeschlossen und würde auch der oben vorgetragenen Interpretation widersprechen, dass Paulus den christlichen Magistraten Erastos ausdrücklich als Vorbild empfiehlt.

Wenn an einem christlichen Magistraten Erastos festgehalten werden soll, bieten sich zwei Optionen an. Die eine Möglichkeit besteht darin, dass Erastos, als Paulus ihn in Röm 16,23 erwähnt, zwar im Amt war, er aber all die strittigen Amtspflichten, vor

---

19 Lex Ursonensis: CIL II² 5, 1022.

allem die Abhaltung der Spiele, schon hinter sich hatte und in dem verbleibenden Rest seines Amtsjahres nicht mehr in der Gefahr stand, qua Amt direkt mit heidnischen Kulthandlungen in Berührung zu kommen. Das würde voraussetzen, dass er sich während seines Amtsjahres zum Christentum bekehrt hatte. Die zweite Möglichkeit, das Dilemma zu lösen, würde lauten, dass Erastos zum Zeitpunkt seiner Erwähnung im Römerbrief ein ehemaliger Magistrat ist, der nicht mehr im Amt ist, aber als Ädilizier im Stadtrat sitzt und somit selbstverständlich ein Mitglied des *ordo decurionum* wäre. Natürlich bewegen wir uns hier im Bereich der Spekulation, aber diese zweite Möglichkeit erscheint durchaus plausibel. Es ist mitnichten so, dass ein ehemaliger Amtsträger nicht mehr mit seinem Amtstitel genannt werden kann, insbesondere angesichts dessen, dass die Dekurionen einer Stadt römischen Rechts ja in Rangklassen eingeteilt wurden, wie das bekannte Album von Canusium zeigt[20], und Erastos eben zur Rangklasse der *aedilicii* gerechnet würde. Es spricht nicht grundsätzlich etwas dagegen, dass der *aedilicius* Erastos auch als Christ weiterhin Mitglied des *ordo decurionum* von Korinth geblieben ist. Auch die oben (Kap. 4.1) präferierte Identifikation des Erastos in Röm 16,23 mit dem gleichnamigen Reisebegleiter des Paulus Apg 19,22 spricht nicht dagegen, dass Erastos Dekurio geblieben ist. Warum sollte ein Dekurio nicht auf Reisen gehen? Wenn wir dieses selbstverständlich spekulative Szenario weiter verfolgen, so wird man allerdings doch davon ausgehen müssen, dass Erastos sich nun als Christ nicht mehr um die höchste korinthische Magistratur, das Duumvirat bewerben konnte. Hier erscheint das Konfliktpotential, insbesondere die von den Duumvirn wohl geforderte Durchführung von Spielen, doch zu groß.

Schlagen wir den Bogen nun noch einmal weiter und fragen, ob hier nicht doch ein ‚unüberwindbares Hindernis' für christliche Angehörige des *ordo decurionum* vorliegt. Die Frage ist durchaus nicht mit dem glasklaren ‚Ja' der Gebrüder Stegemann zu beantworten. Man muss, was Stegemann und Stegemann vernachlässigen, hier zwischen den Städten im lateinischen Westen und denen im griechischen Osten des römischen Reiches unterscheiden, genauer gesagt: zwischen den Städten römischen Rechts und den Städten griechischen Rechts, denn es gab auch im Ostteil des Reiches einige römische *coloniae*, wenn auch nicht viele[21], Korinth ist eine von ihnen. Möglicherweise müssen wir für die Städte römischen Rechts noch einmal differenzieren zwischen den *coloniae* und den *municipia*. In den römischen *coloniae* war es für die Christen anscheinend wirklich ein Problem, Ämter auszuüben, wegen der detailliert in den Stadtgesetzen geregelten Amtspflichten, vor allem der Verpflichtung zur Abhaltung von Spielen. Es ist anzunehmen, dass diese Regelungen nicht auf die *coloniae*, die unter Caesar gegründet wurden, beschränkt waren. Ob die Magistrate in den *municipia*, dem zweiten wichtigen Stadttypus römischen Rechts, ebenfalls zur Abhaltung von Spielen angehalten waren, ist durchaus nicht sicher. Mit der Lex Irnitana ist uns der Text des Stadtgesetzes eines Municipium relativ umfassend, wenn auch nicht

---

20 CIL IX 338.
21 Vgl. die Karte in DNP 3 (1997) 79.

vollständig erhalten. Die erhaltenen Passagen informieren uns relativ ausführlich über die Rechte und Pflichten der Magistrate. Darunter befinden sich die Aufsicht über die Tempel und heiligen Stätten (*aedes sacras loca sacra religiosa*), die in Lex Irn. 19 den Ädilen zugewiesen wird. Den Duumvirn wird in Lex Irn. 77 aufgetragen, so bald wie möglich in ihrer Amtszeit einen Stadtratsbeschluss herbeizuführen über den Etat für die *sacra*. Beides ist vielleicht eher als Verwaltungsmaßnahme zu betrachten und erzwingt nicht notwendig eine aktive Involvierung in kultische Angelegenheiten. In den griechischen Städten hingegen, die ihre alten Strukturen bewahrten, ist von einer Verpflichtung der Amtsträger zur Abhaltung von Spielen zu Ehren der kapitolinischen Trias nichts zu sehen, ja sie ist dort auch gar nicht zu erwarten. Als Loyalitätsbekundungen gegenüber dem neuen Herrn richteten die griechischen Städte eher im Laufe der Zeit Kaiserkulte ein, für welche aber nicht die städtischen Magistrate zuständig waren. Auch von sonstigen Amtspflichten der Magistrate, die mit dem Kultwesen zu tun haben, ist nichts zu erkennen.

Die Frage, ob in den Amtspflichten städtischer Magistrate ein ‚unüberwindbares Hindernis' für die Existenz von Christen unter den Angehörigen des *ordo decurionum* zu sehen ist, muss also differenziert beantwortet werden. In den *coloniae* waren zwar nicht unbedingt die mit den städtischen Ämtern verbundenen administrativen Pflichten wie die *cura templorum* ein Hindernis – *contra* Stegemann/Stegemann, die hier vielleicht doch zu stark in die Fußstapfen des Rigoristen Tertullian treten –, aber die Abhaltung von Spielen zu Ehren der kapitolinischen Trias, die wohl zu den Pflichten eines Magistraten einer *colonia* gehörte, war letztlich doch mit den Überzeugungen eines Christen kaum vereinbar, weder im ersten, noch im zweiten oder dritten Jahrhundert. Das schließt die Möglichkeit nicht aus, dass ein Magistrat im Amt zum Christentum konvertieren konnte, und es schließt auch die Möglichkeit nicht aus, dass ein Christ, selbst in einer *colonia*, Mitglied des Stadtrats und damit Mitglied des *ordo decurionum* bleiben konnte. Die Übernahme eines Amtes als Christ scheint in den *coloniae* aber doch mit erheblichem Konfliktpotential verbunden gewesen zu sein. In den *municipia* könnte es sein, dass die Abhaltung von Spielen zu Ehren der Götter nicht zu den Amtspflichten der Magistrate gehört hat. Die Amtspflichten, die wir aus der Lex Irnitana erfahren, könnte man als administrative Pflichten bezeichnen. In den griechischen Städten hingegen scheint die Übernahme von Ämtern bzw. die Mitgliedschaft im Stadtrat für Christen mit weniger Schwierigkeiten verbunden gewesen zu sein. Dies würde vielleicht auch erklären, warum die Amtspflichten eines Magistraten als potentielles Konfliktfeld für Christen bei den griechischen Kirchenvätern nicht ähnlich scharf thematisiert wurden wie bei Tertullian. Rufen wir uns nun die Ausbreitungsgeschichte des Christentums bis in die konstantinische Zeit in Erinnerung, so ist diese Unterscheidung hinsichtlich des Rechtsstatus der Städte von großer Bedeutung: Bis zum Beginn des 4. Jh.s hatte sich das Christentum im griechischsprachigen Ostteil des Imperiums stärker ausgebreitet als im lateinischen Westen. Die Belege, die wir für christliche Bouleuten in den griechischen Städten tatsächlich besitzen, werden unten in Kapitel 7 behandelt.

6.3 Amtseid

In der Mitte der umfassenden Liste von Fallstricken, über die Christen, welche Magistraturen zu übernehmen wünschen, Tertullian zufolge unweigerlich stolpern würden, steht der Amtseid, der abzuleisten sei[22]. Wenn man davon ausgeht, dass Tertullian kein generelles Schwurverbot für Christen vertritt, dann wird aus der Stelle selbst, an der Tertullian wohl weiterhin auf das Stadtrecht von Karthago rekurriert, nicht recht deutlich, was an dieser Eidesleistung für Christen problematisch sein könnte. Der Amtseid wird auch in den erhaltenen Teilen der Lex Ursonensis nicht genannt. Aber aus den Munizipalgesetzen wird die Problematik überdeutlich. Sowohl aus Lex Salpensana 26 wie auch Lex Irnitana 26 kennen wir die Rubrik über den Amtseid der Magistrate, *De iure iurandum IIvirorum et aedilium et quaestorum*, die in beiden Gesetzen weitgehend gleich lautet[23]. Die Eidesformel selbst hätte ein Christ ohne weiteres sprechen können, aber die Eidesleistung sollte erfolgen *per Iovem et divom Aug(ustum) et divom Claudium et divom Vespasianum Aug(ustum) et divom Titum Aug(ustum) et genium imp(eratoris) Caesaris Domitiani Aug(usti) deosque Penates*, bei Jupiter, den vergöttlichten Kaisern, dem Genius des Kaisers Domitian (der zum Zeitpunkt des Inkrafttretens der beiden Munizipalgesetze regierte) sowie den Penaten. Eine ähnliche Eidesleistung war sicher auch in den *coloniae* von den Amtsträgern zu erbringen. Über einen Amtseid für senatorische Amtsträger hören wir nichts, aber unter der Voraussetzung, dass die *coloniae simulacra parva urbis* darstellten, ist eine ähnliche Schwurformel für sie zu vermuten.

Stegemann und Stegemann erwähnen den Amtseid der Magistrate nicht, doch ist in ihm sicher die größte Hürde zu sehen, die ein Christ, der eine Magistratur anstrebte, zu überwinden hatte. Aber dennoch ist auch dies kein Aspekt, der die Konversion von *ordo*-Angehörigen zum Christentum von vornherein ausschließt. Ein Lösungsangebot, das bereits im vorhergehenden Kapitel zu den Amtspflichten der Magistrate unterbreitet wurde, trifft auch für den Amtseid der Magistrate zu: Ein Magistrat kann im Laufe seines Amtsjahres oder nach dessen Ende zum Christentum konvertiert sein und danach kein weiteres Amt übernommen haben. Die Unterscheidung zwischen den Städten griechischen und römischen Rechts wird hier allerdings kaum weiterführen, da sicher auch die Amtsträger griechischer Städte einen Amtseid abzuleisten hatten, der mit einem Schwur bei den Göttern zu bekräftigen war[24].

Ebenso wenig gangbar erscheint der Vorschlag Bruce Winters, der einen Dispens vom Amtseid für den korinthischen Ädilen Erastos für möglich hält[25]. Winters Argumentation nimmt ihren Ausgangspunkt von einer Bestimmung des Juristen Modestin aus der Zeit der Samtherrschaft von Mark Aurel und Commodus. Diese zeige, dass

---

[22] Tert. idol. 17,3: *ne iuret quidem*.
[23] Lex Salpensana: CIL II 1963; Lex Irnitana: AE 1986,333; vgl. auch Lex Malacitana 59: CIL II 1964.
[24] Ein Beispiel, allerdings aus der Mitte des 5. Jh.s v.Chr.: IG I³ 14 (= HGIÜ I 63), der Amtseid der Ratsherren von Erythrai sollte bei Zeus, Apollon und Demeter geleistet werden.
[25] Winter, Welfare 192–195.

Juden schon vor dem späten 2. Jh. n. Chr. Ämter übernommen hätten und ihnen gleichzeitig sämtliche Pflichten erlassen worden wären, die ihrer *superstitio* widersprächen. Eine Bemerkung Philos würde außerdem erweisen, dass bereits im 1. Jh. n. Chr. alexandrinische Juden Ämter übernommen hätten. Dies hätte nur unter der Voraussetzung geschehen können, dass auch ihnen bereits der Amtseid erlassen worden wäre. Die Entscheidung Gallios, des Statthalters der Provinz Achaia zu Beginn der 50er Jahre, im Streit zwischen Juden und Christen in Korinth, über die wir aus Apg 18,12–15 unterrichtet sind, zeige weiterhin, dass Gallio nicht zwischen Juden und Christen unterschieden hätte. Daraus schließt Winter endlich, den Christen wären die gleichen Privilegien zuerkannt worden wie den Juden, zumindest in Achaia, und demzufolge wäre Erastos, Ädil in Korinth, möglicherweise der Amtseid erlassen worden. Diese ingeniöse Rekonstruktion steht an mehreren Stellen auf tönernen Füßen. Im Grunde scheitert sie bereits an ihrem Ausgangspunkt. Bei Modestin geht es darum, dass Juden gewährt wird, die Vormundschaft über Nicht-Juden zu übernehmen. Die *tutela* ist nun eindeutig kein öffentliches ‚Amt'. Von daher sind die „übrigen Dienste", welche Juden nach Modestin ebenso übernommen hätten[26], keinesfalls als „public duties" zu verstehen, wie Winter – etwas suggestiv – übersetzt[27]. Die Stelle ist also gerade kein Beweis dafür, dass Juden vor Mark Aurel Ämter übernommen hätten. Fällt das Fundament, bleibt auch vom Überbau nicht viel übrig: Wenn einige Juden laut Philo nach ἀρχῆς τῆς πρὸς τοὺς ἡγεμόνας strebten[28], so ist, selbst wenn ἀρχή hier wohl als ‚Amt' zu verstehen ist, weder klar, um welche Art Amt es sich handelte, noch, ob dieses von Philo kritisierte Streben auch zum Erfolg geführt hat. Der Schlussstein, dass also Erastos an den jüdischen Privilegien Anteil gehabt hätte, weil Gallio nicht zwischen Juden und Christen unterschied, wird von Winter selbst nur vorsichtig in Form einer Frage eingesetzt[29]. Die gesamte Rekonstruktion erscheint letztlich allerdings doch ziemlich instabil.

Und dennoch: Es gab im 2. und 3. Jh. zweifelsfrei Christen unter den Angehörigen der drei *ordines* – Senatoren, Ritter, Dekurionen und Bouleuten. Die Annahme, von ihnen habe keiner nach seiner Konversion ein Amt übernommen, ist jedoch nicht plausibel, angesichts beispielsweise des Zweiten Valerianischen Ediktes gegen die Christen von 258, das eine relativ hohe Zahl von christlichen *ordo*-Angehörigen voraussetzt (dazu unten Kapitel 7), und angesichts dessen, dass nicht einmal der Canon 56 der Synode von Elvira die Übernahme des Duumvirates gänzlich verbietet (dazu gleich). Man muss also damit rechnen, dass es Mittel und Wege für Christen gab, Ämter auszuüben, ohne gänzlich aus der christlichen Gemeinschaft ausgeschlossen zu werden.

---

26 Dig. 27,1,15,6: Ἤδη δὲ καὶ οἱ Ἰουδαῖοι τῶν μὴ Ἰουδαίων ἐπιτροπεύσουσιν, ὥσπερ καὶ τὰ λοιπὰ λειτουργήσουσιν.
27 Winter, Welfare 194.
28 Philo leg. alleg. 3,167.
29 Winter, Welfare 195.

6.4 Übernahme von (lokalen) Ämtern verboten?

Es steht nach den bisherigen Ausführungen außer Frage, dass die Übernahme von politischen Ämtern, die ja gleichsam das Kennzeichen der *ordo*-Angehörigen war, für die Christen in vorkonstantinischer Zeit potentiell konfliktträchtig war. Kann man aber mit Stegemann/Stegemann davon sprechen, „die Übernahme von lokalen Ehrenämtern" sei den „Christen nahezu verboten" gewesen[30]? Trotz aller nicht zu leugnenden Vorbehalte gegen die Übernahme von Ämtern, welche die Schriftsteller der Alten Kirche artikulierten und die sich selbst in Synodenbeschlüssen niederschlug, kann man bei genauerer Betrachtung der einschlägigen Texte nicht von einem ‚Verbot' sprechen. Man wird vielleicht bei einigen der in diesem Zusammenhang immer wieder angeführten Passagen sogar noch nicht einmal von einer grundsätzlich ablehnenden Haltung der Christen gegen die Übernahme von Ämtern sprechen können.

Es ist unstrittig, dass die Christen während dieser Epoche relativ selten öffentliche Ämter bekleideten. Dies nahmen auch ihre Mitbürger voll Missbilligung wahr und sparten nicht mit Kritik, denn die Teilhabe an der πόλις/*civitas* war Kennzeichen des πολίτης/*civis* und die Übernahme von Ämtern soziale Pflicht der hochrangigen Bürger. Entsprechend fordert Celsus in seiner antichristlichen Polemik die Christen auf, ἐπὶ τὸ ἄρχειν τῆς πατρίδος, also Ämter (ἀρχαί) in ihrer Heimatstadt (πατρίς) wahrzunehmen[31]. Die Aufforderung zeigt im übrigen gleichzeitig, dass er womöglich Christen vor Augen hatte, die potentielle Kandidaten für städtische Magistraturen waren, mithin entweder bereits Mitglied des *ordo decurionum* waren oder aus einer entsprechenden Familie stammten. Minucius Felix legt dem Heiden Caecilius die Worte in den Mund, die Christen verschmähten *honores et purpuras*[32]. Wie verteidigen die christlichen Apologeten dieses Verhalten? Schauen wir uns deren Argumentation genauer an.

Minucius Felix lässt Octavius antworten, die Christen entstammten keineswegs dem niedersten Pöbel, nur weil sie *honores et purpuras* ablehnten[33]. Er liefert hiermit zunächst einen weiteren Anhaltspunkt, dass seiner Ansicht nach einige Christen Ämter hätten übernehmen können. Um *honores et purpuras* überhaupt ablehnen zu können, musste man zunächst die sozialen Voraussetzungen erfüllen: Reichtum, Ansehen, eventuell sogar schon *ordo*-Mitgliedschaft ohne Amtsinhabe. Warum genau diese Christen die Übernahme von Ämtern ablehnten, wird aus Minucius Felix nicht ersichtlich, auch nicht, ob die oben genannten Vorbehalte – nennen wir es die Befleckung durch pagane Praktiken – eine Rolle spielten. Origenes antwortet Celsus an der genannten Stelle, es gäbe ἐν ἑκάστῃ πόλει eine weitere πατρίς, die durch das Wort Gottes gegründet sei, also die christliche Gemeinde. Daher würde man diejenigen, die

---

[30] Stegemann/Stegemann 266.
[31] Orig. Cels. 8,75; in diesem Sinne versteht die Stelle auch Eck, Reichsdienst 454. Dass die einzelnen Städte und nicht ‚das Reich' gemeint ist, wird auch daraus ersichtlich, dass Origenes mit ἐν ἑκάστῃ πόλει fortsetzt.
[32] Min. Fel. 8,6.
[33] Min. Fel. 31,6: *Nec de ultima statim plebe consistimus, si honores vestros et purpuras recusamus.*

befähigt wären, Ämter zu bekleiden, ermuntern, in den Gemeinden Leitungsfunktionen einzunehmen. Hier ist der gleiche Befund wie bei Minucius Felix zu erheben. Origenes lehnt die Bekleidung von Ämtern zumindest nicht explizit ab. Dies muss nicht notwendig dem apologetischen Kontext geschuldet sein, sondern könnte tatsächlich die Position des Origenes spiegeln. Ferner gibt er einen impliziten Hinweis, dass einige Christen die nötigen Voraussetzungen zur Mitgliedschaft im Stadtrat sehr wohl besaßen.

Es gibt weitere Hinweise darauf, dass die Christen die Bekleidung von Ämtern möglicherweise nicht aufgrund inhärenter Komplikationen durch unausweichliche Berührungen mit paganen Zeremonien ablehnten, sondern den Verzicht auf die Übernahme von politischen Ämtern mit dem christlichen Ethos der Demut und Zurückhaltung begründeten, dem Streben nach Herrschaft fremd sei, so insbesondere bei Tatian. Am Ende stehe für alle der Tod, so Tatian, das *summum bonum* sei daher ein Leben für Gott, die Ruhmessucht dagegen Wahnsinn (Doxomania). Was will Tatian daher nicht: βασιλεύειν οὐ θέλω, πλουτεῖν οὐ βούλομαι, τὴν στρατηγίαν παρῄτημαι[34]. Er lehnt ab zu herrschen, was wohl die Übernahme von Ämtern einschließt, ebenso das Streben nach Reichtum und τὴν στρατηγίαν, womit wohl militärische Funktionen gemeint sind. Eingebettet ist dies allerdings in den Rahmen einer idealen oder idealisierten christlichen Lebensführung, einer neuen Philosophie, die im Widerspruch zu den gängigen sozialen Normen der Antike steht, die aber sicher kein grundsätzliches Verbot enthält, Ämter zu übernehmen. Ähnlich, wenngleich etwas schärfer, formuliert der Schreiber des Briefes an Diognet: Das Glück bestehe nicht darin, seinen Nächsten zu unterdrücken[35]. Sogar Tertullian kann man an einer Stelle so verstehen, dass er vor allem die neue Ethik christlicher Lebensweise propagieren will, wenn er in apol. 46,13 die *modestia* rühmt, aufgrund derer ein Christ nicht einmal nach dem Amt des Ädilen trachte.

Es gab restriktivere Äußerungen. Nach der Traditio Apostolica sollte niemand zur Taufe zugelassen werden, welcher das *ius gladii* besaß, i. e. das Recht, Kapitalstrafen zu verhängen, das vor allem, wenn auch nicht ausschließlich, mit den höheren senatorischen Ämtern und Statthalterschaften verbunden war. Ebenso war von der Zulassung zur Taufe ausgeschlossen, wer ein städtisches Amt ausübte[36]. Ein Konvertit im Amt sollte also nicht in die christliche Gemeinde aufgenommen werden. Allerdings scheint niemand gezwungen worden zu sein, sein Amt mit sofortiger Wirkung niederzulegen. Nichts spricht dagegen, dass ein Magistrat sein Amt, das bis auf wenige Ausnahmen ja zeitlich befristet war, meist auf ein Jahr, bis zum Ende der Amtsperiode ausüben und danach die Taufe erhalten konnte. Auch Mitglied des jeweiligen *ordo* konnte er womöglich bleiben. Fraglich ist darüber hinaus, wie weit die Normsetzung der Traditio

---

34 Tatian. or. 11,1.
35 Epist. ad Diogn. 10,5: Οὐ γὰρ τὸ καταδυναστεύειν τῶν πλησίον ... εὐδαιμονεῖν ἐστίν.
36 Trad. apost. 16 (p. 72 Botte): *Qui habet potestatem gladii, vel magistratus civitatis, qui induitur purpura, vel cesset vel reiciatur.* In der uns erhaltenen lateinischen Rückübersetzung des griechischen Originals ist der Terminus technicus *ius gladii* anscheinend nicht erkannt worden.

Apostolica reichte. Besaß sie mehr als nur lokale Gültigkeit? Auch wenn die Zuschreibung der Traditio Apostolica an Hippolytus von Rom in jüngster Zeit strittig geworden ist, so könnte die hier zur Diskussion stehende Bestimmung doch als Ausdruck eines harten, rigoristischen Kurses angesehen werden, der nicht in allen christlichen Gemeinden geteilt wurde.

Selbst der Canon 56 des Konzils von Elvira in Spanien im Jahre 306 enthält kein ausdrückliches Verbot der Amtsübernahme durch Christen. Er verwehrt zwar den Duumvirn, den obersten Magistraten der Kolonien und Munizipien, während ihres Amtsjahres an den Gemeindeversammlungen teilzunehmen[37]. Aber wenn man diese Bestimmungen vergleicht mit den Maßnahmen, welche dasselbe Konzil gegen diejenigen verhängt, die als *flamines* fungierten, also als Priester, wahrscheinlich des Kaiserkultes, erkennt man, welche vergleichsweise milde Behandlung christliche Magistrate erfuhren. Die christlichen *flamines*, die während ihrer Amtszeit Opfer durchführten, wurden exkommuniziert. Diejenigen, welche nur amtierten, ohne Opfer durchzuführen, konnten nach einer angemessenen Buße wieder aufgenommen werden. Diejenigen *flamines*, die Katechumenen waren, sich also vielleicht während ihrer Amtszeit zum Christentum bekehrt hatten, konnten, wenn sie sich von den Opfern ferngehalten hatten, nach drei Jahren getauft werden[38]. All diese Restriktionen wurden den christlichen Magistraten nicht auferlegt. Weder mussten sie nach Ablauf ihres Amtsjahres Bußleistungen erbringen, noch mussten sie sich über ihr Amtsjahr hinaus für eine weitere Frist von der Gemeinde fernhalten und schon gar nicht wurden sie exkommuniziert.

Die Durchsicht der altkirchlichen Äußerungen zur Übernahme vorzugsweise lokaler Ämter ergibt somit ein Bild, das nicht durch scharfe Schwarz-Weiß-Kontraste gekennzeichnet ist, sondern Grauzonen enthält. Für die Suche nach *ordo*-Angehörigen unter den frühen Christen ist die Debatte um die Bekleidung von Ämtern durch Christen zunächst einmal in zweierlei Hinsicht von Bedeutung. Die Debatte zeigt zunächst, dass unter den Christen Personen zu finden waren, die bereits über einen sozialen Status verfügten, der es ihnen ermöglichte, ja sie geradezu dazu prädestinierte, die Bekleidung von Magistraturen zumindest in Erwägung zu ziehen oder sie geradeheraus anzustreben. Folgende Varianten sind denkbar. Einzelne Christen strebten aufgrund ihres familialen Hintergrundes nach Ämtern, das heißt sie stammten von einem Senator, Ritter oder Dekurio ab und erbten damit entweder tatsächlich die *ordo*-Zugehörigkeit, wie im Falle des Senatorenstandes, oder sie erbten faktisch das Standesethos der elterlichen Familie und die damit verbundene Aspiration auf politische Ämter. Andere Christen hatten bereits Ämter übernommen, waren somit bereits Mitglied eines der drei *ordines* und strebten nach weiteren Ämtern. Letztlich könnte es auch einzelne Christen gegeben haben, die man vielleicht als

---

[37] Can. 56 Elvira: *Magistratus vero uno anno, qui agit duumviratum, prohibendum placet, ut se ab ecclesia cohibeat.*
[38] Can. 2–4 Elvira.

soziale Aufsteiger betrachten könnte, die nicht aus einer Familie von *ordo*-Angehörigen stammten, es aber zu einem gewissen Reichtum gebracht hatten und dieses ökonomische Kapital jetzt in soziales Kapital ummünzen wollten. Alle drei Szenarien bieten übrigens ein weiteres Argument gegen die in dieser Arbeit ja in Frage gestellte These, einzelne Personen vom ‚Rande der Oberschicht' oder soziale Aufsteiger, die nicht weiter nach oben gelangten, hätten sich dem Christentum zugewandt, weil sie dort die gesuchte soziale Akzeptanz erhielten. Es wird viel eher deutlich, dass sozial hochrangige Personen durchaus weiterhin nach sozialem Aufstieg außerhalb der kirchlichen Mauern streben konnten, diese Ambitionen nun aber durch ihre Zugehörigkeit zur christlichen Gemeinde und die verbreitete kritische Haltung gegenüber der Bekleidung von Ämtern gedämpft wurden.

Zum Zweiten ist die innerchristliche Debatte um die Übernahme von Ämtern für die Suche nach christlichen *ordo*-Angehörigen von Bedeutung, als sie zeigt, dass trotz der unbestritten kritischen Haltung der meisten Christen bis hin zu dem Rigorismus Tertullians nirgends von einem ausdrücklichen Verbot, eine Magistratur zu bekleiden, die Rede ist. Man konnte, und das zeigt am deutlichsten der Canon 56 von Elvira im Vergleich mit den Canones über die *flamines*, eine Magistratur bekleiden und Christ bleiben. Dies ist umso bemerkenswerter als die Beschlüsse von Elvira doch wohl vor allem die Gemeinden in Spanien betrafen, also das Gebiet, aus dem wir die Stadtgesetze mit den strittigen Bestimmungen über den Amtseid der Magistrate, die Durchführung von Spielen etc. ja ausdrücklich kennen, auch wenn wir nicht mit Gewissheit sagen können, ob diese Gesetze aus der Flavierzeit so noch unverändert im frühen 4. Jh. Gültigkeit besaßen. Der Canon 56 von Elvira zeigt jedenfalls, dass es Grauzonen gab, für welche die christlichen Gemeinden eine Lösung suchten. Dies zeugt von einem gewissen Realitätssinn für die Komplikationen des wirklichen Lebens. Die Argumentation der Gegner Tertullians in De idololatria 17 wird man somit nicht völlig von der Hand weisen können. Die Lösung der Synode von Elvira bestand jedenfalls nicht darin, christliche Magistrate zu exkommunizieren. Sie ist damit ein weiteres indirektes Zeugnis für die Existenz christlicher *ordo*-Angehöriger, in diesem Fall aus dem *ordo decurionum*, unter den schwierigen Bedingungen der vorkonstantinischen Zeit.

6.5 Soziale Konventionen als Hindernis

Neben den äußeren, gleichsam messbaren und harten Faktoren, welche der Konversion von *ordo*-Angehörigen zum Christentum im Wege stehen konnten – auch wenn sie diese, wie im vorhergehenden Kapitel zu sehen war, nicht gänzlich verhinderten –, müssen abschließend die sozialen Konventionen erörtert werden, gewissermaßen die weichen Faktoren, welche den Übertritt zum neuen Glauben erschwerten. Werner Eck hat diese an einschlägiger Stelle insbesondere mit Blick auf den Senatorenstand zusammengetragen³⁹. Seinen Ausführungen ist nichts hinzuzufügen, weswegen sich die folgenden Bemerkungen auf eine knappe Zusammenfassung beschränken.

Als erstes nennt Eck den Egalitarismus innerhalb der christlichen Gemeinde. Hier sollte nun der einfache Mann von der Straße und der Sklave neben dem mächtigen Senator stehen, der als unumschränkter Patron über sein Haus herrschte, der als *pater familias* nicht nur Herr über Frau und Kinder, sondern auch über eine große Zahl von Sklaven und Freigelassenen war, der über eine weitreichende *clientela* verfügte, dem möglicherweise eine Ehrenstatue auf einem öffentlichen Platz errichtet wurde und der sich durch äußere Abzeichen, Titel und Privilegien von der übrigen Gesellschaft abhob. Zu dieser bis in allerletzte Feinheiten aufgegliederten und stark hierarchisierten Gesellschaft stand die christliche Gemeinde in scharfem Kontrast, in welcher die Gleichheit aller vor Gott galt und kein Unterschied im Ansehen der Person gemacht wurde. Für einen *ordo*-Angehörigen musste dies nicht weniger als eine Schockerfahrung bedeuten, sein gesamtes Sozialprestige spielte hier keinerlei Rolle. Eck nennt dann vor allem den bekannten neutestamentlichen Satz vom Kamel, das leichter durch ein Nadelöhr gehe als ein Reicher ins Himmelreich komme (Mk 10,25), als abschreckend für die reichen *ordo*-Angehörigen, aber man wird unter dem Stichwort der Nivellierung aller sozialen Unterschiede sicher auch die christliche Hamartologie ins Feld führen müssen. Der Satz des Paulus: „Denn es ist hier kein Unterschied: sie sind allesamt Sünder und ermangeln des Ruhmes, den sie bei Gott haben sollten"⁴⁰, der immerhin aus seinem Brief an die Christen in Rom stammt, also dem Ort, wo am ehesten mit Senatoren in den christlichen Gemeinden zu rechnen ist, war vielleicht noch ein viel stärkerer Affront für einen Senator, dessen ganzes Sozialprestige auf Ruhm und Ehre gegründet war, dem das Streben nach δόξα standesinhärent war und der sich nun gleichsam auf eine Stufe mit Straßendieben und Mördern gestellt sah. Auch von daher musste das Christentum zwangsläufig in den Ruch einer sozialrevolutionären Bewegung geraten, nicht zuletzt deswegen, weil der Gründer den Tod eines Verbrechers und Aufrührers gestorben war. Nicht genug damit, dass innerhalb der christlichen Gemeinde die soziale Stellung eines Senators nicht von Bedeutung war, musste er, worauf Eck zurecht hinweist, darüber hinaus „befürchten", dass „auch die gesellschaftliche Stellung noch verlorenging". Dieses Standesdenken ist nun keineswegs durch das Aufkommen neuer und das Aussterben alter senatorischer Geschlechter in der Kaiserzeit überholt oder gleichsam modernisiert worden. Die neuen Familien betrachteten sich als Erben der jahrhundertealten Tradition, die ihren Status gleichzeitig begründete und sicherte. „Aus diesem massiven Traditionalismus auszubrechen, konnte wohl nur wenigen gelingen."⁴¹

Die sozialen Konventionen waren eine hohe Barriere. Aber auch sie waren zu bezwingen, wenngleich nur mühevoll. Man sieht dies eindrücklich an der Bekehrung

---

39 Eck, Senatorenstand 404–406; vgl. Nock, Conversion 227.
40 Röm 3,22f.: οὐ γάρ ἐστιν διαστολή· πάντες γὰρ ἥμαρτον καὶ ὑστεροῦνται τῆς δόξης τοῦ θεοῦ.
41 Eck, Senatorenstand 405.

des Marius Victorinus, die, auch wenn sie sich in einer späteren Zeit, der Mitte des 4. Jh.s, ereignete, so doch geradezu paradigmatisch für die mentalen, sozialen und intellektuellen Schwierigkeiten steht, mit denen sich die Angehörigen des Senatorenstandes konfrontiert sahen, wenn sie sich dem Christentum zuwenden wollten. Auch wenn der Senatorenstand zu dieser Zeit nicht mehr die gleiche politische Bedeutung wie im 1. und 2. Jh. besaß, so hatte sich doch nichts am sozialen Ansehen des Standes geändert.

Die Bekehrung des Marius Victorinus, die sich zwischen den Jahren 354 und 359 zugetragen haben muss, erzählt Augustin[42]. Victorinus, von Hause aus nicht aus einer senatorischen Familie stammend, wurde unter Constantius II. (reg. 337–361) zum Rhetorik-Professor in Rom erhoben und in dieser Funktion zum Lehrer zahlreicher Senatoren. Noch im Epitaph seiner Enkelin wurde die Gelehrsamkeit des Victorinus gerühmt: *tantum rhetore Roma enituit*[43]. Seine überaus glanzvolle Lehrtätigkeit erwirkte ihm die Verleihung des Clarissimats, also die Aufnahme in den Senatorenstand, wie sie auch für andere Rhetoren der Zeit bezeugt ist[44], und schließlich im Jahre 354 eine Ehrung, die in der Kaiserzeit als höchste Auszeichnung galt und noch von Augustin in gleicher Weise verstanden wurde: Er erhielt eine Ehrenstatue auf einem der römischen Fora[45]. Victorinus hatte zunächst die paganen Kulte gegen das Christentum verteidigt, sich aber durch die fortwährende Lektüre der biblischen Schriften sowie weiterer christlicher Literatur immer mehr dem Christentum angenähert, bis er schließlich dem Simplicianus, einem Christen und späteren Freund Augustins, im Privaten anvertraute, er sei nun selbst zum Christentum konvertiert. Jener nun gab sich mit der heimlichen Konversion nicht zufrieden und forderte Victorinus zum öffentlichen Anschluss an die christliche Gemeinde auf, die sich zuvorderst in seiner Teilnahme an den Gottesdiensten ausdrücken solle. Victorinus konnte sich zu diesem Schritt lange nicht überwinden. Gegenüber Simplicianus wandte er ein, dass doch die Kirchenmauern niemanden zum Christen machten, und beteuerte weiterhin, Christ zu sein. Was war der Grund für das lange Zögern? Victorinus, so Augustin, „fürchtete, seine Freunde zu beleidigen"[46]. Die ‚Freunde' konnten nur die Freunde aus dem inneren Zirkel der senatorischen Nobilität sein[47], dem Victorinus sich wohl, wie die Ehrung mit einer Statue auf dem Forum zeigt, zugehörig fühlen durfte. Das Standesdenken und die sozialen Normen des Senatorenstandes als Grundlagen der eige-

---

42 Augustin. conf. 8,2; zur Biographie des Victorinus (PLRE Victorinus 7) vgl. jetzt Cooper 16–40, der 20–26 Augustins Schilderung der Bekehrung des Victorinus weitgehend verteidigt.
43 CIL VI 31943 = ILCV 104.
44 Zu den Indizien für die Verleihung des Clarissimats an Victorinus Cooper 18f.
45 Nach Augustin. conf. 8,2 erhielt Victorinus eine Ehrenstatue auf dem Forum Romanum, nach Hieronymus chron. a. 354 (239 ed. Helm) auf dem Trajans-Forum. Nach Augustin ist diese Ehrung *quod cives huius mundi eximium putant*. Zur sozialen Bedeutung der Aufstellung einer Ehrenstatue auf einem der römischen Fora, allerdings in den ersten drei Jahrhunderten, vgl. Eck, Monument 25–33. 106f.
46 Augustin. conf. 8,2: *amicos enim suos reverebatur offendere*.
47 Dass es trotz der gemischten sozialen Zusammensetzung des römischen Senats diesen inneren Kern einer Nobilität im 4. Jh. immer noch gab, zeigt Jones, Empire 550f.

nen Identität entpuppten sich somit als die Fesseln, die Victorinus gefangen hielten. Aber dennoch: Er verharrte nicht in diesem Zustand des heimlichen Sympathisantentums. Victorinus entschloss sich – wie viel Zeit bis dahin verstrich, wissen wir nicht – zum öffentlichen Bekenntnis, meldete sich zur Taufe an und lehnte sogar das Angebot der zuständigen Presbyter ab, das Bekenntnis nur leise zu sprechen. Damit wird Victorinus nicht nur zum Paradebeispiel für die sozialen Hindernisse, die sich für die Hinwendung von *ordo*-Angehörigen zum Christentum ergeben, sondern man sieht an ihm ebenso, dass und wie diese Fesseln durch eigene Entschlusskraft auf der Basis persönlicher Überzeugungen abgelegt werden konnten.

6.6 Fazit

Man kann als Fazit dieses Kapitels festhalten, dass es zwar in der Tat eine Reihe von Faktoren gab, welche die Hinwendung von *ordo*-Angehörigen zum Christentum erschwerten. Sie sind sicherlich ein Grund, warum man nicht mit einer allzu großen Zahl von Christen in den drei führenden *ordines* in den ersten nachchristlichen Jahrhunderten rechnen darf. Aber manche Hürden scheinen in der Interpretation der modernen wissenschaftlichen Literatur unnötig überhöht worden zu sein. Keine dieser Schwierigkeiten machte jedenfalls in vorkonstantinischer Zeit die Bekehrung eines *ordo*-Angehörigen zum Christentum gänzlich unmöglich. Selbst die Übernahme des Duumvirates wurde vom Konzil von Elvira nicht mit Exkommunikation belegt. Man muss also, wenn man die Möglichkeit einer Bekehrung von *ordo*-Angehörigen zugesteht, nicht notwendig davon ausgehen, dass diese nach ihrer Bekehrung kein Amt mehr übernommen haben, auch wenn man annehmen darf, dass die Übernahme von Ämtern durch einen Christen vielleicht nicht allzu häufig vorkam.

7 Christliche *ordo*-Angehörige im 2., 3. und frühen 4. Jahrhundert

Nachdem im vorhergehenden Kapitel das Argument, ‚äußere Umstände' in Form von Amtspflichten und sozialen Konventionen hätten als Barrieren der Konversion von *ordo*-Angehörigen zum Christentum „unüberwindbar" im Wege gestanden, wenn auch nicht gänzlich widerlegt, so aber doch vielleicht etwas seiner Kraft beraubt werden konnte, befasst sich das nun folgende Kapitel mit dem ‚sozialhistorischen' Einwand, der kurz gefasst lautet, man könne auch deswegen im 1. Jh. noch gar nicht mit christlichen *ordo*-Angehörigen rechnen, weil das Christentum nachweislich erst im (späten) 2. Jh. in die höheren Stände der Gesellschaft vorgedrungen sei. Richtig an diesem Argument ist, dass man in der Tat seit dem 2. Jh. eine Zunahme an positiven Nachweisen für christliche *ordo*-Angehörige verzeichnen kann. Dabei wird aber vor allem von den Neutestamentlern unter den Sozialhistorikern vielleicht doch etwas zu sehr übersehen, in welcher sozialen und rechtlichen Lage sich die christlichen *ordo*-Angehörigen im 2. und 3. Jh. bis zur Zeit Konstantins befanden. Es war ja durchaus nicht so, dass sich deren Lage im 2. und 3. Jh. in irgendeiner Weise verbessert hätte und damit der Weg frei gemacht worden wäre für die Bekehrung von *ordo*-Angehörigen. Ganz im Gegenteil, die rechtliche Situation für die Christen verschlimmerte sich im Verlaufe der ersten drei Jahrhunderte.

Ob bereits seit Nero, der im Jahre 64 nach dem Brand Roms die Christen als Sündenböcke genommen hatte, wohl um von dem auf ihn gefallenen Verdacht der Brandstiftung abzulenken, rechtlich festgelegte Sanktionen gegen die Christen bestanden, lässt sich nicht mit Sicherheit klären[1]. Seit dem frühen zweiten Jahrhundert wurde dann allerdings das Verfahren angewandt, das von Plinius als Statthalter in Pontus und Bithynien gegen die Christen durchgeführt und von Trajan in einem Reskript bestätigt wurde: Nach den Christen soll nicht gefahndet werden; werden sie aber angezeigt und bekennen sich nach dreimaliger *interrogatio* als Christen, sollen sie hingerichtet werden[2]. Dies war die prekäre rechtliche Lage, in der sich die Christen bis zur Mitte des 3. Jh.s befanden und auf deren Grundlage es immer wieder in einzelnen Städten zu Verfahren gegen die Christen kam. In der Mitte des 3. Jh.s verschärfte sich die Lage durch das allgemeine Opferedikt des Decius, das, ob es nun direkt gegen die Christen gerichtet war oder nicht, jedenfalls zahlreiche Martyrien zur Folge hatte[3]. In

---

[1] Molthagen, Staat 25–27 meinte, ein *mandatum* Neros sei die Grundlage für die Maßnahmen gegen die Christen bis zum Briefwechsel zwischen Plinius und Trajan gewesen. Das ominöse *institutum Neronianum* (Tert. nat. 1,7,9) wird man nicht als Rechtsgrundlage bemühen können. Vittinghoff, Christianus *passim* meint, das *nomen Christianum* sei seit Nero strafbar gewesen.
[2] Plin. ep. 10, 96 f.; zum Verfahren gegen die Christen vgl. immer noch Freudenberger 94–114.
[3] Rives *passim* meint, Decius' Opferedikt sei nicht in erster Linie gegen die Christen gerichtet gewesen, sondern sollte den traditionellen Kultus wiederbeleben. Die schwerwiegenden Folgen für die Christen

den Jahren 257 und 258 erließ Valerian zwei explizit anti-christliche Edikte. Mit dem ersten wurden die christlichen Kleriker aufgefordert, ihren Glauben zu widerrufen. Verweigerten sie dies, sollten sie ins Exil geschickt werden. Das zweite Edikt vom August 258 verschärfte diese Bestimmungen. Bischöfe, Presbyter und Diakone sollten nun hingerichtet werden. Gegen christliche Angehörige des Senatoren- und Ritter-Standes wurden zweistufige Strafbestimmungen erlassen. Sie sollten „nach dem Verlust ihrer Standeswürde auch ihre Güter verlieren und, wenn sie nach dem Verlust ihres Vermögens weiter darauf beharren, Christen zu sein, auch mit dem Tode bestraft werden"[4]. Der traurige Höhepunkt ist die große Christenverfolgung, die Diokletian 303 in Gang setzte und die sich in den unterschiedlichen Reichsteilen mit unterschiedlicher Intensität über mehrere Jahre hinzog, bis sie schließlich durch das Toleranzedikt des Galerius im Jahre 311 beendet wird[5].

Wenn wir angesichts solch schwieriger Bedingungen nun im zweiten und dritten Jahrhundert zweifelsfreie Zeugnisse für christliche *ordo*-Angehörige besitzen, stellt sich die Frage, warum denn im ersten Jahrhundert die Konversion von *ordo*-Angehörigen zum Christentum unmöglich sein soll, wo sie unter den viel gefährlicheren, ja stellenweise lebensbedrohlichen Rahmenbedingungen der darauf folgenden Jahrhunderte doch sicher erwiesen ist. Auf die Konsequenzen dieses Phänomens, der Bekehrung von *ordo*-Angehörigen trotz eines hohen persönlichen Risikos, wird im abschließenden Kapitel noch einmal eingegangen. In diesem Kapitel soll gleichsam eine Bestandsaufnahme durchgeführt werden, indem zum einen ein Überblick über die Texte gegeben wird, die allgemein auf christliche *ordo*-Angehörige hinweisen, und zum zweiten eine prosopographische Übersicht dargeboten wird. Letztere wird hinsichtlich der Christen im Senatorenstand ihren Ausgangspunkt von der einschlägigen Arbeit von Werner Eck nehmen, hinsichtlich der christlichen Dekurionen stützen sich die Ausführungen auf den kürzlich von Paul McKechnie publizierten Überblick[6]. Eine Zusammenstellung der Christen im *ordo equester* in vorkonstantinischer Zeit gibt es m. W. nach bislang nicht. Es sei noch einmal darauf hingewiesen, dass es in diesem Kapitel nicht in erster Linie um eine grundlegend neue Prosopographie christlicher *ordo*-Angehöriger vor Konstantin geht, sondern es geht in erster Linie um das Argument, *dass* es trotz der prekären sozialen und rechtlichen Lage der Christen im 2., 3. und frühen 4. Jh. christliche *ordo*-Angehörige gab. Dies soll in diesem Kapitel untermauert und illustriert werden.

---

sind auch unter dieser Voraussetzung nicht von der Hand zu weisen, s. Cypr. ep. 30,3. 37,2; laps. 1–6. 25; Eus. h. e. 6,41,10–42,4.
4 Das erste Edikt Valerians erschließt sich aus Eus. h. e. 7,11,2–11, das zweite, ein Reskript, wird überliefert bei Cypr. ep. 80,1.2. Zu den Edikten ausführlich Schwarte, Valerian *passim*.
5 Die Quellen dazu gesammelt bei Guyot/Klein 178–191.
6 Eck, Senatorenstand *passim*; McKechnie *passim*.

7.1 Christen im *ordo senatorius*

Die ersten allgemeinen Hinweise auf Christen im Senatorenstand, die weithin als sichere Zeugnisse angesehen werden, enthalten die Schriften Tertullians. In dem im Jahre 197 veröffentlichten Apologeticum findet sich in 37,4 eine lange Aufzählung Tertullians, welche Bereiche die Christen mittlerweile „überschwemmt" hätten, und in dieser Reihe wird auch der *senatus* genannt, womit an dieser Stelle nur der römische Senat gemeint sein kann. Trotz der hyperbolischen Ausdrucksweise Tertullians ist die Stelle als Beleg für Christen im Senat ernst zu nehmen[7]. Einen weiteren allgemeinen Hinweis, ohne einzelne Personen mit Namen zu nennen, gibt Tertullian in seiner Schrift an Scapula, den Prokonsul der Provinz Africa des Jahres 212/13. Unter diesem Statthalter hatten die Christen in der Provinz Repressalien zu erleiden und Tertullian versuchte ihn zum Einlenken zu bewegen mit dem Verweis, dass es unter den *clarissimae feminae* und *clarissimi viri*, also den senatorischen Standesgenossen Scapulas, Anhänger des christlichen Glaubens gäbe, welche sogar dem amtierenden Kaiser Septimius Severus bekannt wären[8]. Auch wenn wir diese christlichen Angehörigen des *ordo senatorius* nicht identifizieren können, so ist diese Stelle doch auch insofern von großer Bedeutung, als sie zeigt, dass christliche Senatoren weiterhin, also auch nach ihrer Bekehrung, im Senat verblieben und, trotz aller im vorhergehenden Kapitel diskutierten möglichen Schwierigkeiten, an den Senatssitzungen teilnahmen. Hätten sie das nicht gemacht, wäre ihnen die Gunst des Kaisers, die Tertullian andeutet, sicher entzogen worden[9].

Der Plural, den Tertullian hier verwendet, sollte uns bereits dazu anhalten, neben den individuell nachweisbaren Christen im Senatorenstand bereits in der Zeit um 200 eine gewisse Dunkelziffer anzunehmen, ohne dass man freilich, wie es in den romanhaften apokryphen Apostelakten geschieht, die etwa um diese Zeit entstanden sind, gleich ganze Heerscharen von christlichen Senatoren auftreten lassen muss[10]. Dass ein Missverhältnis zwischen der Zahl der nachweisbaren christlichen Senatoren

---

[7] Tert. apol. 37,4: *Hesterni sumus, et vestra omnia implevimus, urbes insulas castella municipia conciliabula castra ipsa tribus decurias palatium senatum forum.* Zur Stelle Eck, Senatorenstand 383 und Schöllgen, Ecclesia 160–163.
[8] Tert. Scap. 4,6: *Sed et clarissimas feminas et clarissimos uiros Seuerus, sciens huius sectae esse, non modo non laesit, uerum et testimonio exornauit.* Zur Stelle Eck, Senatorenstand 383f.; Schöllgen, Ecclesia 165.
[9] Was mit dem *testimonium*, das den christlichen Senatoren nach Tert. Scap. 37,4 durch Septimius Severus ausgestellt wurde, gemeint ist, lässt sich leider nicht genau erschließen. Die These von Durst *passim*, hier handele es sich um eine Wahlempfehlung des Kaisers für christliche Senatoren, welche dann als *candidati Caesaris* in die entsprechenden Ämter gewählt worden wären, erscheint überzogen.
[10] Zu den christlichen Senatoren in den apokryphen Apostelakten Eck, Senatorenstand 396 Anm. 82; Lampe, Christen 101. Die prosopographischen Angaben in diesen Texten sind in keiner Weise von historischem Belang. Man wird es als frommes Wunschdenken auffassen müssen, wenn beispielsweise die Petrusakten gleich mehrere christliche Senatoren und Ritter im Rom der Mitte des 1. Jh.s auftreten lassen; vgl. dazu Weiß, Lokalkolorit 15.

und der wahrscheinlich sehr viel höher liegenden tatsächlichen Anzahl von Christen unter den Senatoren besteht, führt uns am deutlichsten das bereits erwähnte zweite gegen die Christen gerichtete Edikt des Kaisers Valerian vor Augen. Dieses bedroht ja neben dem christlichen Klerus ganz explizit die *senatores et equites Romani* zunächst mit dem Verlust ihrer *dignitas*, also ihrer Standeswürde, und der Konfiskation ihrer Güter und schließlich mit dem Tode, sollten sie nach dem Verlust ihrer Güter darauf beharren, Christen zu sein[11]. Dieses Edikt ergibt keinerlei Sinn, wenn die Zahl der christlichen Senatoren seinerzeit eine *quantité negligeable* darstellte. Auch dieses Dokument ist ein weiteres Zeugnis dafür, dass christliche Senatoren an Senatssitzungen teilgenommen und unter Valerian gleichsam eine kleinere Fraktion in diesem Gremium gebildet haben müssen. Es ist gleichzeitig ein Zeugnis für die Spannungen, die es zweifelsohne im Senat zwischen seinen christlichen Mitgliedern und der sicherlich großen Mehrheit paganer Senatoren gegeben haben muss, denn der Erlass Valerians ist nicht einfach ein Zeugnis kaiserlicher Selbstherrlichkeit und Autokratie, sondern es handelt sich um ein Reskript *an den Senat*, aus dessen Reihen möglicherweise ein Schreiben an den Kaiser ergangen ist, in dem einige führende Senatoren sich besorgt über die Zahl der Christen in ihren Reihen geäußert hatten. Ob die Verweigerung der christlichen Senatoren, an irgendwelchen Kulthandlungen teilzunehmen, den Hintergrund bildete, wissen wir nicht. Aber man sieht eindeutig den Konflikt, den die Präsenz von Christen im Senat hervorrief – ein Konflikt aufgrund religiöser Überzeugungen innerhalb des *ordo senatorius*, wie es ihn so bis zu diesem Zeitpunkt nicht gegeben hatte.

Die Verfolgung Valerians wurde von seinem Sohn Gallienus durch eine Reihe von Edikten beendet[12]. Wahrscheinlich ist die Zahl der christlichen Senatoren nach dem Aderlass unter Valerian wieder gestiegen, vielleicht war sie unter der Herrschaft Diokletians dann sogar höher als jemals zuvor. Diokletian jedenfalls spezifizierte in seinem Verfolgungsedikt aus dem Jahre 303 die einzelnen Kategorien der *ordo*-Angehörigen nicht weiter, sondern alle betroffenen Christen verloren sowohl *honos*, also ihr Amt, als auch ihre *dignitas*, ihre Standeswürde, und sollten der Folter unterworfen werden, unabhängig davon, aus welchem *ordo* sie kämen[13]. Unter diese pauschalen Bestimmungen fielen sicher die christlichen Angehörigen aller drei *ordines*, somit

---

11 Cypr. ep. 80,1,2: *rescripsisse Valerianum ad senatum ut episcopi et presbyteri et diacones in continenti animadvertantur, senatores vero et egregii viri et equites Romani dignitate amissa etiam bonis spolientur et si ademptis facultatibus Christiani [esse] perseveraverint, capite quoque multentur.* Zum Edikt neben Schwarte, Valerian *passim* v. a. Clarke 296–310.
12 Eus. h. e. 7,13.
13 Lact. mort. pers. 13,1: *Postridie propositum est edictum quo cavebatur, ut religionis illius homines carerent omni honore ac dignitate, tormentis subiecti essent, ex quocumque ordine aut gradu venirent.* Ähnlich Eus. h. e. 8,2,4: τοὺς μὲν τιμῆς ἐπειλημμένους ἀτίμους. Ob Diokletian vier Verfolgungsedikte erlassen hat, wie man nach der Überlieferung bei Euseb schloss, oder nur ein Edikt, wie Schwarte, Diokletian *passim* meint (dagegen siehe Löhr *passim*), ist für unsere Frage nicht von Bedeutung. Eck, Senatorenstand 387 meint, Diokletians Verfolgungsedikt hätte „die *ordines* mit ihren Rangprädikaten einzeln ausgeführt", was durchaus möglich ist.

auch die christlichen Senatoren. Das Verfolgungsedikt Diokletians ist damit ein weiteres explizites Zeugnis für christliche Magistrate ‚im Amt'.

Wenden wir uns den sicher nachweisbaren, individuellen Anhängern des christlichen Glaubens im Senatorenstand zu. Eck hatte in seiner einschlägigen Studie deren Zahl als „äußerst mager" bezeichnet. Daran hat sich nichts Grundsätzliches geändert, auch wenn, neben ergänzenden und modifizierenden Bemerkungen zu Ecks Angaben, doch einige Namen hinzugefügt werden können. Ecks Liste enthielt sieben gesicherte christliche Angehörige des *ordo senatorius*, darunter vier Frauen[14]:

1) Die namentlich nicht genannte Gattin eines Statthalters, und zwar der Provinz Syria, der allerdings gleichfalls nicht identifizierbar ist, erwähnt Hippolyt in seinem Kommentar zum Buch Daniel, den er im Jahre 204 abgefasst hat. Ein Vorsteher der Kirche in Syrien habe, so Hippolyt, viele verführt, in die Wüste zu ziehen, um dort Christus zu begegnen. Als sie in der Wüste umherirrten, hätte sie der Statthalter beinahe als Räuber festnehmen lassen, wenn nicht seine Frau, eine Christin, ihn davon abgehalten hätte[15]. Wir können die Geschichte nicht genauer datieren. Terminus ante quem ist das Jahr 204, vielleicht kam die unbekannte Gattin des syrischen Statthalters noch vor der gleich unter Nr. 2 genannten Gattin eines kappadokischen Statthalters zum christlichen Glauben.

2) Eine weitere namentlich nicht genannte Gattin eines Senators, hier des L. Claudius Hieronymianus, die Tertullian in der Schrift an Scapula (3,4), den Statthalter der Provinz Africa des Jahres 212/13, erwähnt. Hieronymianus wird von Tertullian als *praeses* der Provinz Cappadocia genannt. Der Statthalter dieser Provinz war senatorischen Ranges, seine Frau demzufolge gleichfalls. Hieronymianus[16] habe die Christen in Kappadokien verfolgt, aus Ärger darüber, dass seine Frau zum Christentum konvertiert sei. Angesichts der zweifelsohne höheren Zahl an Christen im östlichen griechischen Reichsteil, ist es sehr gut möglich, dass sich die Gattin des Statthalters während dessen Amtszeit in Kappadokien dem Christentum zugewandt hätte. Wann genau dessen Statthalterschaft anzusetzen ist, lässt sich nicht ermitteln, wahrscheinlich gegen Ende des 2. Jh.s und vor dem Jahr 212[17]. Hieronymianus, so Tertullian, habe sich später über seine Maßnahmen reumütig gezeigt und sei *paene Christianus*, fast als Christ gestorben.

3) Asturius, nach Euseb ein Angehöriger des Senatorenstandes, der bei den Kaisern in hohem Ansehen stand und wegen seiner Herkunft und seines Reichtums große Bekanntheit genoss. Wenn man Euseb folgt, dann dürfte auch Asturius nicht nur nominelles Mitglied des *ordo senatorius* gewesen sein, sondern hatte an Senatssit-

---

14 Eck, Senatorenstand 388 f.
15 Hippolyt. comm. in Daniel. 4,18,3: ὥστε μικροῦ δεῖν ὡς λῃστὰς αὐτοὺς συλληφθέντας πάντας ὑπὸ τοῦ ἡγεμόνος ἀναιρεθῆναι, εἰ μὴ ἔτυχεν ἡ τούτου γυνὴ οὖσα πιστή.
16 Sein Name wird in sämtlichen Handschriften anders tradiert. Es kann aber kein Zweifel bestehen, dass wir es hier mit derselben Person zu tun haben, die als *clarissimus vir* in Dig. 33,7,12,40 f. und als *legatus legionis VI Victricis* in CIL VII 240 bezeugt ist; s. PIR² C 888.
17 Genaueres können auch weder Thomasson, Laterculi 272 Nr. 52 noch Rémy 302 f. angeben.

zungen teilgenommen. Sonst wäre unklar, wie er mit den Kaisern bekannt werden konnte. Eusebius weiß über Asturius, dass er sich der Leiche des Soldaten Marinus angenommen habe, der trotz der ‚Friedenszeit' für die Kirche unter Gallienus in Caesarea in Palästina wegen seines christlichen Glaubens hingerichtet wurde. Er erzählt außerdem die Geschichte, Asturius habe durch Gebet das Ende eines heidnischen Opferfestes an den Jordanquellen bei Caesarea Philippi bewirkt[18]. Wann dies geschehen sein soll, wird nicht ersichtlich. Eck hat aus der Schilderung Eusebs die Herkunft des Asturius aus Syria Palaestina geschlossen[19]. Es ist immer wieder erwogen worden, ob es sich bei Asturius um M. Bassaeus Astur handelt, den Sohn eines Statthalters von Arabien, oder gar um den gleichnamigen Vater, den Statthalter selbst[20]. Diese Überlegungen hatten zur Voraussetzung, dass der Statthalter von Arabien in die Zeit des Gallienus oder später gehört. Dessen Statthalterschaft ist aber, wie E. Birley sehr plausibel erschlossen hat, wohl in die späten Jahre des Commodus oder die frühen Jahre des Septimius Severus – das sind etwa die letzten beiden Dekaden des 2. Jh.s – zu setzen, „but hardly any later than that"[21]. Bei dem christlichen Senator Asturius kann es sich demnach jedenfalls nicht um den prätorischen Statthalter der Arabia M. Bassaeus Astur handeln. Auch dessen homonymer Sohn, der vielleicht um 190 geboren wurde[22] und somit, wenn er unter Gallienus noch lebte, schon ein recht hohes Alter gehabt haben müsste, kommt eher nicht in Frage. Angesichts der Seltenheit des Cognomens Astur in senatorischen Familien könnte es sich aber um einen Enkel des Statthalters handeln. Wenn der christliche Senator Asturius zu dieser Familie gehörte, muss er nicht notwendig aus der Syria Palaestina stammen. Die Heimatstadt der Bassaei war Beneventum[23].

---

18 Eus. h. e. 7,15–17, die Charakterisierung des Asturius in 7,16: Ἀστύριος (...) ἀνὴρ τῶν ἐπὶ Ῥώμης συγκλητικῶν γενόμενος βασιλεῦσίν τε προσφιλὴς καὶ πᾶσι γνώριμος εὐγενείας τε ἕνεκα καὶ περιουσίας. Euseb stellt hier in geradezu beispielhafter Weise wichtige, soziologische Kriterien zur Identifizierung von ordo-Angehörigen zusammen: Ansehen, Herkunft aus den ‚Wohlgeborenen', Reichtum. Es fehlt die explizite Nennung eines politischen Amtes, aber das ‚Ansehen bei den Kaisern' impliziert die Übernahme von Magistraturen. Es gibt keinen Grund daran zu zweifeln, dass Asturius Senator war. Wenn Sage, Rain miracle 102 Anm. 33 meint, Eusebius übertreibe den sozialen Rang von Christen gerne, Asturius sei demnach wahrscheinlich kein Senator, dann müsste das im konkreten Fall bewiesen werden.
19 Eck, Senatorenstand 388.
20 Identifikation mit dem Statthalter oder dessen Sohn erwogen von: Sordi, Severi a Gallieno 366 Anm. 59. Identifikation mit dem Sohn möglich, aber nicht zu entscheiden: Barbieri Nrn. 1456. 1486; Eck, Senatorenstand 388 Anm. 33; Groag ad PIR^2 A 1269. B 67; PLRE I p. 120 ad Astur 2. Schon in der Spätantike scheint diese Verbindung hergestellt worden zu sein; der Sohn des Statthalters und seine beiden Töchter Rufina und Secunda wurden sogar zu Märtyrern erklärt, vgl. Delehaye, Culte 181 Anm. 9.
21 Birley *passim*; übernommen von Bowersock 161 f.
22 Vgl. Birley 21.
23 Birley 20 dazu wie Bassaeus Astur zu seinem Cognomen kam und zur Herkunft aus Beneventum.

4) Liberalis, der in einem metrischen Inschriftenpaar als *consul* und *martyr* bezeichnet wird und damit in vorkonstantinische Zeit gehört[24]. Die Inschrift selbst ist verloren, sie stammt aus dem vierten oder fünften Jahrhundert und stand wohl an der Via Salaria. Einige *consules suffecti* mit dem Cognomen Liberalis sind in vorkonstantinischer Zeit belegt, allerdings alle recht früh, der späteste vor 204[25]. Der christliche Konsul Liberalis ist wahrscheinlich mit keinem von ihnen zu identifizieren, da eine Gedenkinschrift 200 oder noch mehr Jahre später, noch dazu ohne einen Märtyrerkult, kaum einen Sinn ergäbe. Wahrscheinlich ist das Konsulat des Christen Liberalis in das späte 3. oder frühe 4. Jh. zu setzen.

5) Crispina aus Thagora in der Africa proconsularis, die zur Zeit der diokletianischen Verfolgung vom Statthalter Anullinus in einem Prozess in Thebeste als Christin zum Tode verurteilt und hingerichtet wurde[26]. Barnes wollte sie aus der Reihe der sicheren Mitglieder des *ordo senatorius* streichen, da die Passio Crispinae impliziere, die Märtyrerin sei nicht senatorischen Ranges gewesen, dies stünde erst später bei Augustin[27]. In der Tat spielt die Passio den sozialen Status der Crispina geradezu herunter. Klaus Rosen hat jedoch gezeigt, dass dies auf das Konto derjenigen Passagen der Passio zu rechnen ist, die nicht aus dem authentischen ersten Teil der Passio stammen, sondern der Feder eines späteren donatistischen Schreibers entsprungen sind[28]. Explizit nennt tatsächlich erst Augustin in einer Psalmenpredigt Crispina eine *clarissima (femina)*. Dazu sei sie vornehmer Herkunft und besäße große Reichtümer[29]. Dies hatte Eck genügt, um sie in seine Liste der sicheren Kandidaten aufzunehmen. Gerade die Summe der sozialen Charakteristika bei Augustin spricht ja für die Zugehörigkeit zum Senatorenstand. Aber man kann dem noch zwei Hinweise hinzufügen. Augustin selbst verweist in seiner Predigt auf den hohen Bekanntheitsgrad der Crispina. Wer in Africa, fragt er rhetorisch, würde sie nicht kennen? Hinzu kommt, dass Augustins Geburtsstadt Thagaste ganz in der Nähe von Thagora, dem Heimatort Crispinas lag. Dass Augustin ihr das senatorische Rangprädikat verliehen hat, wird kein Versehen gewesen sein[30].

---

24 CIL VI 41434 = ILCV 56–57 = CLE 904. Die jeweils ersten beiden Distichen der beiden Inschriften lauten: a) *Martyris hic s(an)c(t)i Liberalis membra quiescunt, / qui quondam in terris consul honore fuit. / Sed crevit titulis factus de consule martyr, / cui vivit semper morte creatus honor*; b) *Quamquam patricio clarus de germine consul / inlustres t{h}rabeas nobilitate tuas, / plus tamen ad meritum crescit, quod morte beata / martyris effuso sanguine nomen habes.*
25 Die Kandidaten bei Eck, Senatorenstand 389 Anm. 37.
26 Die Passio Crispinae bei Musurillo, Acts Nr. 24. Zur Passio Rosen *passim*.
27 Barnes, Statistics 135 m. Anm. 4.
28 Rosen *passim* bes. 107–122. Zu den Erfindungen des Donatisten gehört auch die Aussage Crispinas, sie habe seit ihrer Geburt nie den Göttern geopfert (Pass. Crispinae 2,1), was man sonst als Indiz dafür hätte nehmen können, dass sie vielleicht sogar aus einer christlichen Familie stammte oder wenigstens ein Elternteil, vielleicht die Mutter, sich zum christlichen Glauben bekannte.
29 Augustin. enarr. in ps. 120,13: *clarissima enim fuit, nobilis genere, abundans divitiis.*
30 Auch Rosen 108 ist vom Clarissimat der Crispina überzeugt.

6) Sotheris, eine der Vorfahren des Ambrosius von Mailand. Sie erlitt wohl in der diokletianischen Verfolgung das Martyrium. Ambrosius bezeichnet sie als *nobilis virgo*. Sie stamme aus einer Familie, die das Konsulat bekleidet hatte, muss also senatorischen Ranges gewesen sein[31].

7) Die namentlich nicht genannte Gattin eines *praefectus urbis Romae*. Euseb nennt sie als Christin[32]. Nach Rufin hieß sie Sofronia. Sie beging Suizid als der Kaiser Maxentius sie zu vergewaltigen drohte. Die Identifizierung ihres Ehemanns ist nicht möglich.

Dieser Liste der sicheren Kandidaten fügte Marie-Thérèse Raepsaet-Charlier vier weitere Frauen aus dem Senatorenstand hinzu, die ihrer Ansicht nach in das 3. Jh. gehören könnten[33]. Einige von ihnen behandelt auch Eck unter den Kandidaten, die seiner Ansicht nach nicht mit letzter Sicherheit in die Zeit vor 312 zu setzen sind:

8) Die anonyme Tochter des Aemilianus (PIR² A 319), des Statthalters der Hispania citerior im Jahre 259 zur Zeit der valerianischen Verfolgung. Über sie erzählt die Passio Fructuosi folgende Begebenheit: Kurz nachdem Fructuosus, Bischof von Tarraco, und die Diakone Augurius und Eulogius durch das Urteil des Aemilianus hingerichtet worden waren, erschienen die drei Märtyrer in einer visionären Himmelfahrt dem Babylas und dem Mygdonius, beide *ex familia Aemiliani praesidis*, also aus dem Haushalt des Statthalters. Dies zeigten sie sofort der Tochter des Aemilianus, *dominae suae carnali*, und wollten es auch dem Aemilianus zeigen. Doch als dieser kam, „wurde er nicht würdig befunden, diese (i. e. die Märtyrer in der Vision) zu sehen"[34]. Dass aber seine Tochter für würdig befunden wurde, die Vision zu sehen, lässt darauf schließen, dass sie als Christin betrachtet wurde[35]. Eck hielt diese Geschichte nicht für ausreichend, um die Tochter des Statthalters zur Christin zu erklären[36], aber an der Darstellungsabsicht der Passio kann kein Zweifel bestehen. Auch Prudentius deutet in seinem Peristephanon die Erzählung in gleicher Weise[37].

9) Hydria Tertulla, in einer Inschrift auf einem christlichen Sarkophag aus Arles als *clarissima femina* tituliert[38]. Die Archäologen kommen in der kunsthistorischen Einordnung des Sarkophags zu keinem klaren Ergebnis. Die Datierungsansätze

---

31 Ambros. exhortatio virginitatis 12,82 (PL 16, 360): *nobilis virgo maiorum prosapia, consulatus et praefecturas parentum sacra posthabuit fide.* Zum Martyrium der Sotheris auch Ambros. de virginibus 3,38. Wenn Salzman 337 Anm. 98 meint, es gäbe keinen Hinweis, dass Sotheris eine *clarissima* sei, und Ambrosius nenne sie nur aus rhetorischen Gründen *nobilis*, dann hat sie anscheinend den oben zitierten Satz nicht zu Ende gelesen.
32 Die Geschichte bei Eus. h. e. 8,14,16–17. Zur Gattin des Stadtpräfekten 8,14,17: (Χριστιανὴ δὲ καὶ αὕτη ἦν), τόν τε ἄνδρα τὸν αὐτῆς, καὶ ταῦτα Ῥωμαίων ὄντα ἔπαρχον.
33 Raepsaet-Charlier 162 mit Anm. 90; ihr schließt sich Barnes, Statistics 136 an.
34 Passio Fructuosi 5 (Musurillo Nr. 12).
35 So bspw. schon Harnack, Mission II 605; PIR² A 319.
36 Eck, Senatorenstand 393.
37 Prudent. peristeph. 6,121–129.
38 CIL XII 675 und p. 817 = ILCV 178: *Hydriae Tertullae | c(larissimae) f(eminae) coniugi amantissi|mae et Axiae Aelianae | filiae dulcissimae | Terentius Museus | hoc sepulchrum | posuit.*

schwanken zwischen „300 – 310" und „konstantinische Zeit"[39]. Der Name der Tochter der Hydria Tertulla, Axia Aeliana, die sie wahrscheinlich aus einer früheren Ehe hatte und die von ihrem letzten Ehemann, Terentius Museus, wohl adoptiert wurde, lässt eine familiale Verbindung mit Q. Axius Aelianus vermuten, einem ritterlichen Prokurator unter Alexander Severus (reg. 222–235). Wenn diese Verbindung richtig ist, dann könnte Hydria Tertulla sehr wohl im 3. Jh., jedenfalls noch in vorkonstantinischer Zeit gelebt haben[40]. Den Clarissimat hat sie durch ihre Heirat mit dem rangniederen Terentius Museus, wahrscheinlich ein Mann aus der *plebs*, nicht zwangsläufig verloren, wie Chastagnol gezeigt hat[41].

10) Iallia Clementina, sicher eine Christin[42]. Ihre Eltern Iallius Bassus und Catia Clementina stammten beide zweifelsfrei aus senatorischen Familien. Iallius Bassus (PIR^2 I 2) war sicher verwandt mit M. Iallius Bassus Fabius Valerianus (PIR^2 I 4) *consul suffectus* wahrscheinlich a. 159[43]. Die Mutter Catia Clementina (PIR^2 C 573) gehörte zur Familie des Sex. Catius Clemens, Konsul im Jahre 230 (PIR^2 C 564). Iallia Clementina ist sicher in vorkonstantinische Zeit zu setzen, und es ist angesichts ihrer familialen Herkunft sehr wahrscheinlich, dass auch sie dem *ordo senatorius* angehörte, wenn auch nicht sicher[44].

11) Catia Clementina (PIR^2 C 573), die eben genannte Mutter der Iallia Clementina. Für sie gilt das Gleiche wie für ihre Tochter: Es ist sehr wahrscheinlich, dass sie Mitglied des *ordo senatorius* war, wenn auch nicht sicher.

Als sichere oder sehr wahrscheinliche christliche Angehörige des *ordo senatorius* in vorkonstantinischer Zeit sind weiterhin zu nennen:

12) Iallius Bassus (PIR^2 I 2), Vater von Nr. 10 und Ehemann von Nr. 11. Für ihn gilt ebenso wie für Frau und Tochter: Sehr wahrscheinlich Angehöriger des *ordo senatorius*, wenn auch nicht sicher.

13) Luria Ianuaria (PIR^2 L 429), *clarissima femina*, verheiratet mit dem Ritter Caelius Felicissimus (PIR^2 C 130), dem sie eine Loculus-Inschrift im Coemeterium

---

[39] 300–310: Scholz 201; konstantinische Zeit: Dresken-Weiland 48 Anm. 234.
[40] Die Verbindung zu Axius Aelianus (PIR^2 A 1688) wird in Erwägung gezogen in Barbieri Nr. 2183; Eck, Senatorenstand 391 f. Anm. 56 (eventuell 3. Jh.); Heinzelmann 700 (Ende 3. Jh.); PIR^2 A 1692; PIR^2 H 236 (Datierung der Inschrift nach der Buchstabenform in das 3. Jh.); PLRE I p. 882.
[41] Eck, Senatorenstand 389 Anm. 39. 394 meint, die Töchter von Senatoren hätten durch die Heirat mit einem rangniederen Ehemann den Clarissimat verloren. Chastagnol, Clarissimat *passim*, vgl. ders., Sénat 229 f. hat jedoch gezeigt, dass diese Regelung wahrscheinlich bald nach 235 geändert wurde, die Töchter von Senatoren im Falle einer Heirat *minor dignitatis* den Rangtitel behalten durften. Nur wenn eine *clarissima femina* den Titel nicht durch Geburt, sondern durch Heirat mit einem Senator erworben hatte, ging sie des Clarissimats, wenn sie nach dem Tod ihres Ehemanns oder nach Scheidung einen rangniederen Mann ehelichte.
[42] PIR^2 I 6; ILCV 4644 adn. = ICUR IV 9406. Auf einem Sarkophag aus der Callixtus-Katakombe: *Ialliae, Ialli Ba[ss]i et Catiae Cle[me]|ntinae fil(iae), pii[ssim]|ae matri Clem[en]|tinae in pac[e] | Ael(ius) Clemens f[i]lius. | Viventio dul[ci]*.
[43] Alföldy, Konsulat 173.
[44] Eck, Senatorenstand 396 Anm. 82 hält die Zugehörigkeit zum *ordo senatorius* für „zu unsicher".

Ostrianum an der Via Nomentana setzte⁴⁵. Eck meint, es sei nicht sicher, ob dieses Coemeterium in das 3. Jh. gehöre⁴⁶. Chastagnol hat allerdings gezeigt, dass Luria Ianuaria in die Zeit etwa zwischen die Jahre 235, als die *clarissimae feminae* ihren Rangtitel bei Heirat mit einem rangniederen Mann nicht mehr verloren, und 326 zu setzen ist, weil danach der ritterliche Rangtitel *vir egregius* nicht mehr verliehen wurde⁴⁷. Damit bleibt sie, wenn auch keine ganz sichere, so doch eine sehr wahrscheinliche Kandidatin für eine christliche Angehörige des *ordo senatorius* in vorkonstantinischer Zeit.

14) Flavia Iulia Flaviana⁴⁸, die Frau des Marcus Iulius Eugenius (PLRE I p. 293 Eugenius 7), des Bischofs von Laodikeia Katakekaumene in Lykaonien. Eugenius erwähnt die Heirat mit ihr in seiner Grabinschrift⁴⁹. Die Hochzeit muss in die Zeit vor 312 gefallen sein, denn Eugenius schildert in der Inschrift zunächst seinen Militärdienst und die Hochzeit und dann seinen Austritt aus dem Heer unter dem pisidischen Statthalter Diogenes, der bis 312 amtierte und die Verfolgungen gegen die Christen unter Maximinus Daia umsetzte. Der Vater der Flaviana, Gaius Nestorianus (PLRE I p. 625), war ein Senator. Seine Tochter hat, *contra* Eck, den Clarissimat durch die Heirat nicht verloren⁵⁰. Der christliche Glaube seiner Gattin wird von Eugenius nicht explizit erwähnt, er steht aber ganz außer Frage. Im Gegensatz zu Mischehen zwischen, insbesondere hochrangigen, christlichen Frauen und paganen Männern scheint die umgekehrte Variante, Ehen zwischen christlichen Männern und paganen Frauen, viel seltener vorgekommen zu sein, sie wird jedenfalls in der Alten Kirche nicht problematisiert. Tabbernee zieht die Möglichkeit in Betracht, dass sowohl Eugenius als auch seine Frau zu den Montanisten zu rechnen sind. Man wird dies nicht ausschließen können, aber die These steht auf dünnem Eis. Sie gründet auf der Identifizierung des Eugenius mit einem gleichnamigen montanistischen Regionalbischof, der aus der kürzeren und fragmentarischen Inschrift Tabbernee Nr. 70 bekannt ist⁵¹.

---

45 ILCV 157 = CIL VI 31731 und p. 4781 = ICUR n.s. VIII 21703: *Luria Ianuaria c(larissima) f(emina) | Caelio Felicissimo v(iro) e(gregio) | coniug(i) kariss(imo)*.
46 Eck, Senatorenstand 390.
47 Chastagnol, Sénat 230. Nach Alföldy ad CIL VI p. 4781 ad 31731 gehöre die Inschrift der Luria Ianuaria aufgrund der Buchstabenform eher in das 4. als in das 3. Jh.
48 PLRE I p. 343; Eck, Senatorenstand 394 gibt ihren Namen nach der *editio princeps* von W. M. Calder, The Expositor 6, 1908, 386–408 mit Gaia etc. an. Die meisten späteren Editionen haben Φλ(αουίαν), was in der Umzeichnung bei Tabbernee 429 Abb. 78b auch deutlich zu sehen ist.
49 Tabbernee Nr. 69 = MAMA I 170 Z. 1–4: Μ. Ἰού. Εὐ[γέ]νιος Κυρίλλου Κέλερος Κουησσέως βουλ(ευτοῦ) | στρατευσ[ά]μενος ἐν τῇ κατὰ Πισιδίαν ἡγεμονικῇ τάξι | καὶ γήμα[ς] θυγατέρα Γαΐου Νεστοριανοῦ συνκλητικοῦ | Φλ. Ἰ[ο]υλ. Φ[λ]αουιανὴν (Übs.: Markus Iulius Eugenius, Sohn des Cyrillus Celer aus Kouëssos, des Ratsherrn, der Militärdienst leistete in der Einheit des Statthalters von Pisidien und die Tochter des Senators Gaius Nestorianus, Flavia Iulia Flaviana, heiratete).
50 So Eck, Senatorenstand 394. Zur Frage s. Chastagnol, Clarissimat *passim*.
51 Tabbernee 435 f.

15) Sehr wahrscheinlich ist auch der senatorische Vater der Flaviana (Nr. 14), Gaius Nestorianus, als Christ anzusehen[52].

16) Lucilla, *clarissima femina* (bei Eck nicht erwähnt). Sie scheint in den Jahren 311/312 nach dem Tod des Bischofs Mensurius von Karthago und der Ernennung des Caecilianus, mit dem sie sich schon früher überworfen hatte, als dessen Nachfolger die Wahl des donatistischen Gegenbischofs Maiorinus durch den Einsatz hoher Bestechungssummen gesichert zu haben[53].

Aus Ecks zweiter Liste von Angehörigen des Senatorenstandes, die zwar sicher Christen, aber vielleicht erst in die Zeit nach 312 zu setzen sind[54], wären dann von denjenigen, die oben noch nicht behandelt wurden, weiterhin zu nennen:

17) Cassia Faretria, *clarissma femina*, beigesetzt in der Callixtus-Katakombe[55]. Dass sie mit einem Mann nicht-senatorischen Standes verheiratet war, hebt ihr Clarissimat, wie oben bereits mehrfach behandelt, nicht auf.

18) Curtia Catiana, *clarissima puella*, bestattet in der Praetextatus-Katakombe in einem Sarkophag, der von Kunsthistorikern in das erste Viertel des 4. Jh.s datiert wird[56].

19) T. Flavius Postumius Varus, *clarissimus vir*, verstorben im Alter von 64 Jahren. Er war ganz offensichtlich ein Nachfahre des homonymen *praefectus urbi* des Jahres 271, vielleicht sogar dessen Sohn[57].

20) Sextilia Iusta, *clarissima femina*, Gattin von Nr. 19.

21) Petronia Auxentia, *clarissima femina*, bestattet in der Callixtus-Katakombe. Die Datierungsvorschläge für ihre Inschrift reichen vom 3. bis zum 5. Jh.[58].

22) Pompeia Octabia Attica Caeciliana, *clarissima puella*. Die kunsthistorische Datierung des Sarkophagrests aus dem Gebiet oberhalb der Callixtus-Katakombe schwankt zwischen dem 3. und dem 4. Jh.[59].

---

52 Das hält auch Eck, Senatorenstand 394 für wahrscheinlich.
53 Zu Lucilla PLRE I p. 517 mit den Quellen.
54 Eck, Senatorenstand 389–391.
55 PIR² II p. XXI C 526a; Barbieri Nr. 2169. Ihre Inschrift: ILCV 158: *Aelius Saturninus | Cassie Faretriae clarissimae | femine coniuge beneme|renti deposito tertu no|nas Febrarias.*
56 Deichmann et al., Repertorium 230 Nr. 557; AE 1936, 125: *Curtiae | Catianae | c(larissimae) p(uellae) in pace.*
57 Seine Inschrift: ILCV 131 = CIL VI 31985 und p. 4800 = ICUR n.s. I 4087: *T(ito) Fl(avio) Postumio Va|ro c(larissimae) m(emoriae) v(iro), qui vixit annis | LXIIII d(iebus) XXXI | deposito VIIII kal(endis) Octob(ris) | Sextilia Iusta c(larissima) f(emina) | coniugi benemeren|ti in pace.* Von Eck, Senatorenstand 389 nur in Anm. 40 erwähnt. Zu T. Flavius Postumius Varus, *praefectus urbi* PLRE I p. 946f.; PIR² P 900. Der Sarkophag jetzt von Koch, Sarkophage 356 in konstantinische Zeit gesetzt.
58 Eck, Senatorenstand 390: eventuell 3. Jh.; Disselkamp 58: 4. oder 5. Jh. Die Inschrift: ILCV 159: *Petroniae Auxentiae c(larissimae) f(eminae) | que vixit annis XXX, liberti fe[cerunt | be]nemerenti in pace.*
59 PIR² P 677 basiert auf Eck, Senatorenstand 390 mit Anm. 47. Die Inschrift: ILCV 196: *Pompeia Oc|[t]abia Attica | [Ca]eciiana c(larissima) p(uella) | [qu]e vixit men(sibus) | [- - e]t d(iebus) XV (Christogramm).*

23) Ob Pompeius Quietus, der seine Gattin in der Praetextatus-Katakombe begraben hat, mit dem gleichnamigen Konsul des Jahres 272 zu identifizieren ist, lässt sich nicht klären[60].

24) M. A. I. Severianus, *clarissimus vir*, an den eine christliche Inschrift aus Caesarea in Mauretanien erinnert. Wahrscheinlich ist er identisch mit dem Märtyrer Severianus, der zusammen mit seiner Gattin Aquila entweder unter Valerian oder unter Diokletian ums Leben kam[61].

25) Varia Octabiana, *clarissima femina*. Der Sarkophag, in dem sie ihren Mann bestattete, wird mehrheitlich in das letzte Viertel des 3. Jh.s datiert[62]. Dass ihr Mann nicht-senatorischen Standes war, hat, wie mehrfach erwähnt, auch bei ihr nicht zum Verlust des Clarissimats geführt.

Aus Ecks Liste zu streichen ist Flabia Speranda[63]. Sie war nicht unbedingt eine Christin, denn der Stein mit ihrer Grabinschrift gehört nicht zum ursprünglichen Bestand der Domitilla-Katakombe, sondern wurde dort wieder verwendet[64].

Eck nennt abschließend einige Personen, „von denen mit mehr oder weniger Wahrscheinlichkeit behauptet wurde, sie seien Christen und Mitglieder des Senatorenstandes gewesen"[65]. Einige von ihnen sind meines Erachtens unter die sicheren oder sehr wahrscheinlichen christlichen Angehörigen des *ordo senatorius* zu rechnen und an den entsprechenden Stellen behandelt worden: Sergius Paullus; die Tochter des Aemilianus, des Statthalters der Provinz Tarraconensis; Flavia Iulia Flaviana und ihr Vater C. Iulius Nestorianus. Die Kandidaten, die in das 1. Jh. gehören und wohl eher nicht als Christen anzusehen sind, wurden ebenfalls bereits ausführlicher diskutiert: Pomponia Graecina, T. Flavius Clemens und seine Gattin Domitilla. Bei allen weiteren von Eck genannten Personen – es sind sieben an der Zahl – sind Ecks Zweifel sicherlich berechtigt und deswegen müssen sie hier nicht weiter diskutiert werden.

Das Ergebnis seiner Untersuchungen zu den Christen im Senatorenstand hatte bereits Eck selbst als „mager" qualifiziert[66]. Es ist nicht zu bestreiten, dass sich nur wenige Einzelpersonen nachweisen lassen, und zweifelsohne wird es tatsächlich auch nur sehr wenige Christen unter den Mitgliedern des *ordo senatorius* in vorkonstantinischer Zeit gegeben haben. Man kann dieses Bild aber dennoch relativieren, wenn man einige allgemeine Gesichtspunkte berücksichtigt. Zunächst muss man noch einmal auf die ‚allgemeinen Hinweise' zu Christen im Senatorenstand eingehen, die

---

60 Zur Diskussion PIR^2 890.
61 Die Inschrift: ILCV 1583 = CIL VIII 9585. Die Diskussion bei Eck, Senatorenstand 390 mit Anm. 50. Die Inschrift selbst stellt eine ältere Inschrift wieder her. Das übersieht Barnes, Names 151 f. anscheinend.
62 Die Inschrift: ILCV 224 = CIL VI 31953 add p. 3814 und 4796. Zur Datierung Eck, Senatorenstand 391 mit Lit. in Anm. 53. Lippold 237 Anm. 16 setzt sie in die Zeit um 300. Dagegen Disselkamp 84: 4. oder 5. Jh.
63 Eck, Senatorenstand 389.
64 Evans Grubbs 79 Anm. 101.
65 Eck, Senatorenstand 391–395.
66 Eck, Senatorenstand 395 f., darin gefolgt von Barnes, Statistics 136.

eine zumindest nicht unbeträchtliche Dunkelziffer vermuten lassen. Wenn die Verfolgungsedikte Valerians und Diokletians ganz gezielt gegen *ordo*-Angehörige gerichtet sind, dasjenige Valerians noch dazu explizit gegen Angehörige des *ordo senatorius*, dann kann man daraus zweifelsfrei folgern, dass in der Mitte des 3. Jh.s einige Senatoren im Senat gesessen haben. Die Spekulation über genaue Zahlen erübrigt sich, aber sie muss ausreichend hoch gewesen sein, um Valerian ein Dorn im Auge gewesen zu sein. Des Weiteren muss man die Ausbreitungsgeschichte des Christentums bedenken, und zwar sowohl in zeitlicher als auch in geographischer Hinsicht[67]. Beide Faktoren korrelieren miteinander. Die Christen sind im 1. und 2. Jahrhundert selbstverständlich noch eine relativ kleine Schar und breiten sich vom griechischsprachigen Osten des römischen Reiches erst im Laufe des 2. Jh.s allmählich im lateinischsprachigen Westen des römischen Reiches aus. Nun kommen aber im 1. und 2. Jh. die meisten Senatoren aus den schon lange romanisierten Regionen im Westen des Reiches, während im Osten erst im Verlaufe des 1. Jh.s die ersten Familien in den Senat aufstiegen. Diese kommen vor allem aus Kleinasien, während beispielsweise aus Ägypten, wo bereits in der zweiten Hälfte des 2. Jh.s mit einem starken Christentum zu rechnen ist, für die gesamte Kaiserzeit kaum ein Senator nachzuweisen ist. Angesichts all dessen ist statistischen Schätzungen für die Zahl der Christen im *ordo senatorius* gänzlich der Boden entzogen, und wenn Barnes den Anteil der Christen im Senatorenstand mit 0,2 % beziffert, so ist diese Angabe völlig wertlos.

Nun soll die Zahl der christlichen Senatoren an dieser Stelle natürlich auch nicht unseriös nach oben geschrieben werden. Im Zusammenhang der vorliegenden Arbeit ist das vorrangige Anliegen dieses Kapitels, ein Gegenargument zu präsentieren gegen die vorherrschende Behauptung, im 1. Jh. könnten noch keine *ordo*-Angehörige unter den Christen zu finden sein. Wenn sich im 3. Jh. unter weitaus schwierigeren Bedingungen Angehörige des *ordo senatorius* unter den Christen nachweisen lassen, dann muss man sich fragen, warum es denn im 1. Jh. noch keine christlichen Senatoren gegeben haben soll. *Dass* es zwischen dem späten 2. und dem frühen 4. Jh. eine nicht unbeträchtliche Zahl von Christen im Senatorenstand gegeben hat, die zweifellos die Zahl der sicher nachweisbaren Einzelpersonen übersteigt, sollte mit diesem Kapitel deutlich geworden sein.

7.2 Christen im *ordo equester*

Eine Zusammenstellung der Christen aus dem Ritterstand gibt es bislang nicht. Unter den ‚allgemeinen Hinweisen' auf Christen aus dem *ordo equester* sind die schon behandelten Verfolgungsedikte Valerians und Diokletians anzuführen. Das valerianische Edikt nennt explizit *egregii viri et equites Romani* unter denen, die zunächst ihrer Standeswürde beraubt und, wenn sie sich daraufhin nicht vom christlichen Glauben

---

[67] Vgl. dazu auch Eck, Senatorenstand 396 f.

abwenden, hingerichtet werden sollen⁶⁸. Die doppelte Nennung von *egregii viri* und *equites Romani* rührt wahrscheinlich aus der Unterscheidung zwischen denjenigen, welche ritterliche Posten in der Reichsverwaltung (die keine Magistraturen im antiken Sinne waren) innehatten und den Rangtitel eines *vir egregius* führten, und denjenigen – der übergroßen Mehrheit –, die ‚nur' nominell dem *ordo equester* angehörten⁶⁹. Auch im Fall des *ordo equester* lehren uns die Verfolgungsedikte, dass mit einer nicht unbeträchtlichen Zahl von Christen in diesem Stand in vorkonstantinischer Zeit gerechnet werden muss, sicherlich mit weitaus mehr als sie im Einzelnen nachzuweisen sind. Die Zahl der wahrscheinlich oder sicher zu identifizierenden Christen im Ritterstand ist noch kleiner als die der Senatoren.

1) Vettius Epagathus. Er ist eines der Opfer der blutigen Verfolgung gegen die Christen in Lyon im Jahre 177. Er war nicht unter den ersten Inhaftierten, als jedoch der Statthalter das Gerichtsverfahren gegen die Christen „mit großer Härte" durchführt, wie der von Eusebius zitierte Berichterstatter schreibt, tritt er zu deren Verteidigung dazwischen und wird, als ihn der Statthalter fragt, ob auch er ein Christ sei, nun selbst verhaftet. Der Schreiber des Briefes, wohl ein überlebender Augenzeuge, jedenfalls ein Lyoner, nennt Vettius Epagathus ἐπίσημος⁷⁰. Daraus haben einige den ritterlichen Rang des Vettius Epagathus ableiten wollen⁷¹. Das ist möglich, jedoch wird ἐπίσημος sonst nirgends als Rangprädikat des Ritterstandes verwendet, und deswegen muss diese Möglichkeit sehr unsicher bleiben.

2) Tertullian. Immer wieder hat man die Herkunft des Kirchenvaters Tertullian aus dem *ordo equester* zu erweisen gesucht, wenngleich meist mit unzulänglichen Argumenten. Eine erfolgreiche Beweisführung ist erst Schöllgen 1984 gelungen. Er geht vom autobiographischen Charakter von Tertullians Schrift *de pallio* aus, mit der Tertullian seinen Kleidungswechsel – er hatte die Toga zugunsten des Pallium abgelegt – gegenüber den paganen Bürgern Karthagos, die ihn dafür kritisierten, verteidigt habe. Am Schluss der ‚Rede des Pallium' kommt es dann zu folgendem Redewechsel. Das Pallium weist darauf hin, dass es doch nützlich sei, weil es von einer Reihe von Personen getragen werde, die geistige Berufe ausübten: Vom Elementarlehrer und Rechenlehrer über den Grammatik- und Rhetoriklehrer bis hin zum Arzt und zum Dichter. Darauf wenden die Gegner ein: *plane post Romanos equites*, das heißt etwa: selbstverständlich, (aber erst) nach den römischen Rittern. Das ist wohl so zu verstehen, dass die Gegner zwar zustimmen, das Pallium sei ein nützliches Kleidungsstück für die genannten Berufe, aber alle diese Berufe seien in Würde und Ansehen dem der römischen Ritter nachgeordnet. Die Ritter waren neben den Senatoren nach einer Be-

---

68 Cypr. ep. 80,1,2.
69 In der Mitte des 2. Jh.s hat es etwa 100 ritterliche Prokuratorenstellen neben etwa 550 ritterlichen Offizierstellen gegeben, während sich die Gesamtzahl der Mitglieder des Ritterstandes im Verlaufe der Kaiserzeit auf über 20.000 belief. Vgl. Alföldy, Sozialgeschichte 162. 168.
70 Eus. h. e. 5,1,10.
71 Thomas 105, gefolgt von Guyot/Klein 341 Anm. 116; Wischmeyer 78. Dagegen Wierschowski *passim*, der ihn für einen Freigelassenen hält.

stimmung Hadrians verpflichtet, in der Öffentlichkeit immer die Toga zu tragen: die Ritter sollten als Standesabzeichen die Toga angusticlavia, die Toga mit dem schmalen Purpurstreifen, anlegen. Der Sinn der Einrede ist also, dass Tertullians Gegner dagegen opponieren, dass er mit seinem Kleidungswechsel das Abzeichen des Ritterstandes niederlegt – womit die Herkunft des Tertullian aus dem *ordo equester* erwiesen wäre[72].

3) Publius Marcellus. Eine Loculus-Inschrift aus der Priscilla-Katakombe nennt ihn *eques Romanus* und *beteranus* (!) *A(u)gg(ustorum) nn(ostrorum)*[73]. Marcellus gehörte somit nicht zu den hochrangigen Rittern, welche eine Karriere als Prokurator in Diensten des Kaisers durchliefen, er war aber zweifelsfrei ein Mitglied des *ordo equester* und gehört sicher in vorkonstantinische Zeit. Die gängige Formel *Auggustorum nnostrorum* signalisiert, dass er in der Zeit einer längeren Doppelherrschaft diente, wahrscheinlich unter Septimius Severus und Caracalla, nicht unter Mark Aurel und Commodus.

4) Cyprian, Bischof von Karthago, der den Märtyrertod im Jahre 258 unter Valerian erlitt. Seine hohe Herkunft ist, abgesehen davon, dass er ausgedehnte *horti* in Karthago besaß, vor allem daraus geschlossen worden, dass, wie Pontius in der vita Cypriani 14,3 berichtet, *plures egregii et clarissimi ordinis et sanguinis* zu Cyprian kamen, die ihn zur Flucht überreden und ihn verstecken wollten. Die Bekanntschaft und wohl auch Freundschaft mit führenden karthagischen Senatoren und Rittern wird dabei kaum mit seiner Stellung als Bischof, sondern mit seiner eigenen Zugehörigkeit zu einem der beiden *ordines* zu erklären sein. Für Strobel steht Cyprians „Zugehörigkeit zumindest zum Ritterstand außer Frage"[74].

5) Aemilianus, *eques Romanus*. Die Passio Mariani et Iacobi nennt ihn in Kapitel 8 unter denjenigen, die im Zuge des zweiten valerianischen Verfolgungsediktes in Cirta in Numidia inhaftiert wurden. Er wurde wahrscheinlich zusammen mit den beiden Märtyrern Marianus, einem Diakon, und Iacobus, einem Lektor, nach Lambaesis überstellt, wo ihnen der *praeses Numidiae* das Urteil sprach. Wahrscheinlich wurde er ebenso wie die beiden Märtyrer hingerichtet, auch wenn dies nicht explizit erwähnt wird.

Marta Sordi möchte außerdem Cn. Domitius Philippus, der als *praefectus vigilum* und *dux* in den Jahren 241/2 mit einem Sonderkommando in Ägypten betraut wurde und dort auch Aufgaben des *praefectus Aegypti* wahrnahm, als Christen erweisen[75]. Die stark legendarische und romantisierende Passio der Märtyrerin Eugenia, welche

---

72 Tert. pall. 6,2–3 mit der ausführlichen Diskussion bei Schöllgen, Ecclesia 176–189.
73 ILCV 277 = CIL VI 37273 = ICUR n.s. 25346: *P. Marcello beterano(!) | AA(u)gg(ostorum) nn(ostrorum) eq(ues) R(omanus)*.
74 Strobel 147 f.; Eck, Senatorenstand 386 Anm. 21 zufolge lässt „es sich nicht entscheiden, ob er dem Senatoren- oder Ritterstand angehörte". Sage, Cyprian 106 f. vermutet: „Cyprian's family may have possessed curial rank at Carthage", greift damit aber wohl zu niedrig; ebenso Schuler 188 mit weiterer Lit. in Anm. 23.
75 Sordi, Filippo *passim*.

hierzu als Quelle dienen muss, wird man jedoch nicht als gänzlich vertrauenswürdige Grundlage für die Bekehrung ihres Vaters Philippus in Ägypten nehmen wollen.

Hinsichtlich der individuell nachweisbaren Christen aus dem *ordo equester* ist das Ergebnis somit erheblich dürftiger als für die Christen aus dem Senatorenstand. Neben den oben bereits genannten Gründen für das Ergebnis hinsichtlich der Senatoren, dürfte eine Erklärung für die noch geringere Zahl an nachweisbaren christlichen Rittern lauten, dass im Gegensatz zum Senatorenstand die Frauen und Kinder eines Ritters nicht gleichfalls automatisch dem *ordo equester* angehörten. Ein weiterer Grund wird sein, dass sich trotz der absolut höheren Zahl der Mitglieder des Ritterstandes sich auch hier nur vor allem die hochrangigen Ritter im epigraphischen Niederschlag erfassen lassen. Die breite Masse der Ritter – vor allem derjenigen, die keine Laufbahn als Prokuratoren in der Reichsverwaltung einschlugen – hat auch insgesamt in der inschriftlichen Überlieferung weniger Spuren hinterlassen. Man muss aber auch unter den *equites Romani*, ähnlich wie bei den Senatoren, angesichts der allgemeinen Hinweise, die wir vor allem aus dem 3. Jh. besitzen, mit einer relativ höheren Zahl von Christen rechnen als uns die geringe Zahl der individuell fassbaren Beispiele suggeriert.

7.3 Christen unter den Dekurionen

Unter ‚Dekurionen' sollen in diesem Abschnitt nicht nur die Magistrate und Mitglieder des lokalen *ordo decurionum* einer nach römischem Recht organisierten Stadt verstanden werden, sondern auch die Bouleuten und Amtsträger in den übrigen Städten des griechischsprachigen Reichsteils. Zu den allgemeinen Hinweisen auf christliche Dekurionen ist wahrscheinlich der bekannte Christenbrief des Plinius aus der Zeit seiner Statthalterschaft in Pontos und Bithynien zu zählen. Unter den zahlreichen des Christentums Angeklagten befänden sich, so Plinius, Personen *omnis aetatis, omnis ordinis, utriusque sexius etiam*[76]. Man kann annehmen, dass *ordo* hier technisch, wenn auch in der Wendung *omnis ordinis* gleichzeitig hyperbolisch gebraucht ist. Daraus wird man schlussfolgern dürfen, dass Plinius hier christliche Dekurionen in den bithynischen Städten vor Augen stehen. Dass er Personen aus dem Ritter- oder gar Senatorenstand meint, ist angesichts dessen, dass wir im frühen 2. Jh. n.Chr. nur zwei senatorische und vier ritterliche Familien aus Pontus und Bithynien kennen, weniger wahrscheinlich[77], wenngleich man dies auch nicht gänzlich ausschließen kann. Das zweite valerianische Edikt griff nicht auf die Dekurionen aus, aber die Bestimmungen des diokletianischen Verfolgungsediktes sind auch hier aufzuführen. Unter diejenigen, die *honos* und *dignitas* verloren (s.o.), sind sicher auch die christlichen Dekurionen zu zählen.

---

76 Plin. ep. 10,96,8.
77 In diesem Sinne auch Eck, Senatorenstand 384 Anm. 10.

Paul McKechnie hat kürzlich eine prosopographische Zusammenstellung der christlichen Dekurionen in vorkonstantinischer Zeit veröffentlicht[78]. Seine Liste, die 15 Einträge für 16 Einzelpersonen zählt, soll im Folgenden zusammengefasst werden, wobei allerdings zu berücksichtigen ist, dass einer seiner Kandidaten vielleicht in das 4. Jh. gehört und zwei andere nicht mit letzter Sicherheit als christliche Dekurionen zu identifizieren sind. Ein prominenter Name kann der Liste hinzugefügt werden. McKechnies Zählung wird im Folgenden beibehalten.

1) Aurelios Alexandros, Bouleut im phrygischen Eumeneia. Die ‚eumeneische Formel', welche die Inschrift enthält, ist das Indiz seines christlichen Glaubens[79]. Der Grabaltar gehört in die Mitte oder zweite Hälfte des 3. Jh.s.

2) Aurelios Gemellos, Sohn des Menas, Bouleut, und sein Vater Aurelios Menas, Sohn des Menas, Bouleut und Mitglied der Gerousia in Eumeneia. Die Grabinschrift aus dem dritten Jahrhundert enthält eine erweiterte Form der ‚eumeneischen Formel'[80].

3) Aurelios Eutyches, Bouleut in Eumeneia. Der Grabaltar aus dem dritten Jahrhundert ist ebenfalls durch die ‚eumeneische Formel' als christlich anzusprechen[81].

4) Aurelios Zotikos, Bouleut in Eumeneia, dessen Grabaltar aus dem dritten Jahrhundert gleichfalls durch die ‚eumeneische Formel' als christlich ausgewiesen ist[82].

5) Aurelios Menophilos, ebenfalls Bouleut in Eumeneia im dritten Jahrhundert. In seiner Grabinschrift endet die ‚eumeneische Formel' mit einem christlichen Chi-Iota-Monogramm, das gleichzeitig die Datierung begründet[83].

6) Aurelios Messalas, Arzt und Bouleut aus Sebaste in Phrygien, nicht weit von Eumeneia entfernt. Der Grabaltar gehört in das dritte Jahrhundert und trägt ebenfalls die ‚eumeneische Formel'[84].

7) Grabstein eines anonymen Magistraten, gefunden in Soa (Aykırıkçi). Es handelt sich um eine der frühen „Christen für Christen"-Inschriften aus dem oberen Tembris-Tal, die in das 3. oder 4. Jh. gehört. Der Verstorbene wird in der Inschrift ἄρχων

---

[78] McKechnie 6–18. – Das Kapitel „Kurie und Konfession" bei Wischmeyer 63–90 ist leider mit zu vielen Unschärfen belastet. Beispielsweise nimmt er an, die karthagische Märtyrerin Crispina stamme aus einer „kurialen Familie". Selbst wenn dies richtig ist, wofür es keinerlei gesicherte Hinweise gibt, so ist sie selbst zweifelsfrei kein Mitglied des ordo decurionum. Daneben greift er auf einige in ihrer Aussage für christliche Dekurionen zweifelhafte Oxyrhynchus-Papyri sowie auf Passagen aus ‚unechten' Märtyrerakten zurück, die nur bei Ruinart, seither aber in keiner Zusammenstellung ‚echter' Märtyrerakten mehr zu finden sind.

[79] Johnson, Epitaphs 3.2; Ramsay, Cities Nr. 359. Gegen jüngere Einwände hat jetzt McKechnie 5–6 die ‚Eumeneische Formel' als christlich verteidigt; vgl. jüngst auch Destephen 169–171 mit weiterer Lit. in Anm. 34.

[80] Ramsay, Cities Nr. 361.

[81] Johnson, Epitaphs 3.4; Buckler et al. Nr. 204; Ramsay, Cities Nr. 364.

[82] I. Denizli-Hierapolis 155; Johnson, Epitaphs 3.3; Buckler et al. Nr. 194; Ramsay, Cities Nr. 368.

[83] Ramsay, Cities Nr. 371.

[84] Johnson, Epitaphs 3.6; Ramsay, Cities Nr. 451.

πατρίδος genannt, was sicher so zu verstehen ist, dass er ein Amt in seiner Heimatstadt bekleidet hat[85].

8) Markos Demetrianos, der den gesamten *cursus honorum* im bithynischen Klaudiopolis bis hin zum Ersten Archon durchlaufen hatte und daneben als Agonothet fungierte. Letzteres ist, wenn es sich tatsächlich um einen Agon mit dem üblichen Programm an Kultritualen gehandelt hat, für einen Christen sicher ungewöhnlich, aber wir wissen über die genauen Umstände am Ende zu wenig, um dies wirklich beurteilen zu können. Die Grabsäule wird von den letzten Herausgebern auf das Ende des dritten Jahrhunderts datiert, stammt aber vielleicht sogar aus dessen erster Hälfte. Der christliche Charakter der Inschrift ergibt sich aus der Widmung des Grabmals an die beiden Verstorbenen, Demetrianos und seine Frau Aurelia Pannychis: τοῖς ἀγνοτάτοις καὶ θεῷ πιστεύσασιν[86].

9) Herakleides, Kandidat für die Boule (und Arrianos, Kandidat für die Gymnasiarchie) auf einem Papyrusbrief aus Ägypten[87]. Der Briefschreiber Arrianos bittet den Adressaten, seinen Herrn und Bruder Paulos, um Dispensation vom Amt des Gymnasiarchen, das er anscheinend nicht übernehmen möchte, und weist den Adressaten außerdem darauf hin, dass ein anderer möglicher Kandidat für die Gymnasiarchie, Herakleides, nicht in Frage käme, weil dieser seine Nominierung für die Boule angenommen hätte. Der Schreiber Arrianos endet seinen Brief mit einem Gebet „im Herrn", ist somit als Christ anzusehen. McKechnie hält es trotz aller zugestandenen Unsicherheiten für wahrscheinlich, dass auch Herakleides Christ gewesen ist.

10) Aurelios Ioannes, ehemaliger Gymnasiarch in Karanis, auf einer Getreidequittung vom 13. November 304[88]. Der Name Ioannes spricht zweifelsohne für eine jüdische oder christliche Identität des ehemaligen Gymnasiarchen, allerdings lässt sich letztlich nicht entscheiden, ob er Jude oder Christ war. McKechnie führt ihn unter diesem Vorbehalt in seiner Liste.

11) Papylos aus Thyatira in der Provinz Asia, der zusammen mit den Märtyrern Carpus und Agathonike wahrscheinlich unter Decius hingerichtet wurde. Der namentlich nicht genannte Prokonsul, der das Verfahren leitet, stellte nach den Acta Carpi dem Papylos als erstes die Frage, ob er Ratsmitglied sei: Βουλευτὴς εἶ? Papylos antwortet ihm nicht eindeutig auf seine Frage, sondern entgegnet, er sei ein Bürger: Πολίτης εἰμί[89]. Ramsay und McKechnie meinen, diese Entgegnung sei nicht notwendig so zu verstehen, dass Papylos die Frage verneine[90]. Für ihre Sichtweise spricht, dass Papylos offenbar dazu neigt, seine Antworten zu spiritualisieren. Die übernächste Frage des Prokonsuls, ob er Kinder habe, beantwortet Papylos mit: „Ja, viele, durch

---

85 Gibson Nr. 27.
86 I. Klaudiopolis (IK 31) 44 mit Komm.; Johnson, Epitaphs 3.1.
87 Naldini Nr. 4.
88 P. Cair. Isid. 114.
89 Das Verhör des Papylos in den Acta Carpi 24–35 (Musurillo Nr. 2). Die Ereignisse der Acta Carpi werden bei Eus. h. e. 4,15,48 wohl zu Unrecht in die Zeit Mark Aurels gesetzt.
90 Ramsay, Cities II 519 f.; McKechnie 13 ad Nr. 11.

Gott", und spielt damit offensichtlich auf seine geistlichen Kinder an, diejenigen, die durch ihn zum christlichen Glauben konvertiert sind. Man könnte also, worauf Ramsay und McKechnie nicht verweisen, seine Antwort: „Ich bin ein Bürger" als Referenz auf die bekannte Stelle NT Phil 3,20 verstehen, in der vom „Bürgerrecht im Himmel", das der Christ besitze, die Rede ist. Damit negiert er in der Tat nicht seine Ratsmitgliedschaft, sondern stellt dieser die seiner Ansicht nach entscheidende und höherwertige Mitgliedschaft im Himmelreich gegenüber.

12) Romanos, ein Märtyrer aus Caesarea Maritima, der im syrischen Antiochia am 18. November 303 ums Leben kam. Eusebius gibt einen knappen Bericht über sein Martyrium in seinem Buch über die Märtyrer in Palästina, in dem er Romanos als Diakon aus dem Gebiet um Caesarea vorstellt[91]. In den griechischen Akten des Romanos jedoch wird er als Sohn eines Bouleuten bezeichnet und schließlich einem Verfahren unterworfen, dass nur für *honestiores* vorgesehen war[92]. Ob man dieser Darstellung folgen kann, ist nicht mit eindeutiger Sicherheit zu beantworten.

13) Ambrosius, ein Bouleut, wahrscheinlich in Griechenland. In einem Manuskript einer syrischen Variante der wohl in das 2. Jh. gehörenden Apologie *oratio ad Graecos* wird dieser ansonsten unbekannte Ambrosius als Verfasser genannt, dessen Schrift einen Aufruhr unter seinen Ratskollegen verursacht hätte[93].

14) Erastos, der οἰκονόμος τῆς πόλεως aus Korinth. Zu ihm s.o. Kapitel 4.1.

15) Dionysios, Mitglied des Areopag in Athen. Zu ihm s.o. Kapitel 3.3.

16) Zu McKechnies Liste hinzuzufügen ist Caecilius Natalis aus Cirta, der heidnische Dialogpartner im *Octavius* des Minucius Felix, der sich am Ende zum Christentum bekehrt. Er ist wohl zu identifizieren mit einem inschriftlich bekannten M. Caecilius Natalis, der die höchsten lokalen Magistraturen in Cirta in Nordafrika bekleidet hat: Das Triumvirat im Jahre 210 sowie unter Caracalla (reg. 211–217) das quinquennale Triumvirat, anlässlich dessen er in Cirta einen Triumphbogen errichten ließ[94]. Diese Identifizierung wurde zuerst von Hermann Dessau vorgeschlagen und ausführlich verteidigt. Mit den ergänzenden Argumenten von Sage dürfte sie kaum noch zu bestreiten sein[95]. Caecilius wird von seinem christlichen Gesprächspartner Octavius gleich zu Beginn von dessen langer Erwiderungsrede vertraulich *Natalis meus* genannt[96], er heißt also mit vollem Namen Caecilius Natalis. Caecilius nennt in seiner eigenen Eröffnungsrede Fronto, den Redner und Freund Mark Aurels, *Cirtensis nos-*

---

91 Eus. mart. Pal. 2.
92 Die Akten ediert von Delehaye, Romain dort die Paragraphen 3–7.
93 Ausführlich zu ihm Mckechnie 16f. ad Nr. 13.
94 Die Inschriften des M. Caecilius Natalis aus Cirta: 1) Statuenweihung anlässlich des Triumvirates 210 n.Chr.: CIL VIII 6996 (p. 1847); 2) vom Triumphbogen anlässlich des quinquennalen Triumvirates die Hauptinschrift CIL VIII 7094 (p. 965) = 19434 sowie vier weitgehend identisch lautende Nebeninschriften: CIL VIII 7095 = 19434 = ILS 2933; CIL VIII 7096. 7097. 7098 = 19435.
95 Dessau, Cirta *passim*; ders., Caecilius *passim*; Sage, Cyprian 46. 51–53. 63–73.
96 Min. Fel. 16,1.2

*ter*⁹⁷. Der Octavius zeigt an einigen weiteren Stellen afrikanisches Lokalkolorit, und vor allem in Nordafrika ist die Schrift auch rezipiert worden⁹⁸. Dies alles mit der Tatsache zusammen genommen, dass der einzige anderweitig bekannte Caecilius Natalis aus Cirta stammt, macht den Identifizierungsvorschlag äußerst wahrscheinlich. Die Identität der beiden Caecilii hat Konsequenzen für die Frage nach der zeitlichen Priorität des Octavius oder des Apologeticums Tertullians (veröffentlicht 197). Zahlreiche Philologen halten den Octavius für das ältere Werk und bestreiten Dessaus Identifikation mit dem (meistens nicht näher begründeten) Argument, der Caecilius des Minucius Felix könnte ebenso gut ein anderes Mitglied der Familie sein, vielleicht der Vater des Triumvirn aus Cirta⁹⁹. Nun hat aber schon Dessau ausdrücklich darauf hingewiesen, dass dies nicht sehr wahrscheinlich ist, weil in dieser Zeit gerade in den sozial höheren Schichten Namensgleichheit unter Verwandten nicht mehr üblich ist und auch der Sohn eben nicht mehr das Cognomen des Vaters übernimmt oder, falls doch, wenigstens ein weiteres, vom Namen der Mutter abgeleitetes Cognomen führt¹⁰⁰. Der Triumvir aus Cirta führte nach Ausweis der Inschriften jedoch nur den Namen M. Caecilius Natalis, also exakt den gleichen Namen wie der schließlich zum Christentum konvertierte Gesprächspartner des Octavius, dem Minucius Felix mit seiner Schrift ein literarisches Denkmal gesetzt hat.

Die Inschrift des Christen Eutonios, Amtsträger in Kotyaeion in Phrygien, gehört wohl eher in das 4. als in das 3. Jh. n.Chr. und soll daher hier nur der Vollständigkeit wegen erwähnt werden¹⁰¹.

Die Verteilung der Zeugnisse für christliche Dekurionen mit den geographischen Schwerpunkten in Kleinasien, in der Levante, Ägypten und Nordafrika deckt sich mit der Ausbreitungsgeschichte des Christentums, das zunächst in diesen Regionen Fuß fasste. Die Konzentration der Zeugnisse in Kleinasien verwundert ebensowenig. Die Inschriften für die Dekurionen verdeutlichen aber ein entscheidendes Problem unserer Überlieferung: Es gibt in vorkonstantinischer Zeit kaum oder sehr wenige als eindeutig christlich zu identifizierende inschriftliche oder zum Teil auch anepigraphe Monumente und diese besitzen darüber hinaus einen eindeutigen geographischen Schwerpunkt im Gebiet des inneren Kleinasiens¹⁰². Spezifisch christliche Formeln und ein spezifisch christliches Vokabular war nicht oder kaum vorhanden und musste sich zunächst einmal herausbilden. Solange dies nicht geschehen war, bedienten sich die Christen sicher zumeist hergebrachter Formeln und Formulare für die Texte, die sie vor

---

97 Min. Fel. 9,6,
98 Dazu Sage, Cyprian 68–73.
99 *Exemplum gratia* Schanz/Hosius/Krüger 269: „Aber er kann geradeso gut ein Verwandter sein."
100 Dessau, Cirta 473 m. Anm. 1.
101 MAMA X 313.
102 Destephen *passim* bes. 163 und 162 seine Karte mit der Verteilung der Fundorte altchristlicher Inschriften. In Ionien in Westkleinasien, wo zweifelsfrei schon in der Frühzeit große christliche Gemeinden existierten (e. g. Ephesos, Smyrna), gibt es so gut wie keine identifizierbaren paläochristlichen Inschriften.

allem auf den Grabsteinen aufschreiben ließen. Christliche Texte sind somit von ihrem äußeren Erscheinungsbild zunächst nicht von nicht-christlichen Texten zu unterscheiden. Der quantitative Umfang der sicher als christlich zu identifizierenden Texte ist also kein Maßstab. Hinzu mag gekommen sein, dass man es auch einfach bewusst unterließ, sein christliches Bekenntnis auf einem Grabstein öffentlich auszustellen, aber das hat vielleicht nur eine geringere Rolle gespielt. Entscheidender dürfte gewesen sein, dass sich eine christliche Formelsprache erst entwickeln musste. Dort wo sie sich entwickelte und wo man sein Christentum anscheinend relativ gefahrlos offen bekennen konnte, wie im phrygischen Eumeneia, besitzen wir dann auch eine fast unverhältnismäßig hoch zu nennende Zahl von christlichen Inschriften und zwar, wie zu sehen, auch für christliche Bouleuten und Magistrate.

Die Tatsache, dass eine Reihe von Christen aus Kleinasien auf ihren Grabsteinen, also gleichsam auf ihrer letzten Hinterlassenschaft des irdischen Lebens, nicht verschwiegen, dass sie in den Räten ihrer Stadt gesessen oder gar Ämter bekleidet hatten, deutet darauf hin, dass sie die Magistraturen und Ratsmitgliedschaften als Christen innehatten und sich nicht erst nach ihren Amtszeiten dem Christentum zuwandten. Dass sie sich auf den Grabinschriften dazu so offen bekennen konnten, und das heißt ja: sowohl vor ihren heidnischen Mitbürgern als auch vor ihren christlichen Glaubens-Brüdern und -Schwestern dazu bekennen konnten, gibt Anlass zu der Vermutung, dass in diesem Fall weder die nicht-christlichen Ratskollegen ihren christlichen Mitbürgern die Übernahme von Ämtern verwehrten, noch die christlichen Glaubensgeschwister unüberwindbare Hindernisse für die Bekleidung von Magistraturen wahrnahmen. Die Inschriften für christliche Bouleuten und Amtsträger vor allem in Kleinasien führen uns somit vor Augen, dass es für Christen nicht unmöglich war, lokale Ämter zu übernehmen. Ob dies aufgrund von Ausnahmeregelungen möglich war oder ob die oben diskutierten Hindernisse durch potentiell kompromittierende Amtspflichten schlicht nicht überall bestanden, darüber lässt sich nur spekulieren. Die Quellen selbst geben uns hier jedenfalls Anhaltspunkte dafür, dass die historische Wirklichkeit möglicherweise bunter und vielschichtiger war als sie in manchen modernen Rekonstruktionen erscheint.

8 Resümee und sozialhistorische Konsequenzen

Die Arbeit nahm ihren Ausgangspunkt in der Feststellung, dass ein großer Teil der Sozialhistoriker des frühen Christentums auch gegen jüngst wieder einsetzende Kritik daran festhält, das Christentum sei im ersten Jahrhundert keine Bewegung der Unterschichten gewesen. Die frühen Christen rekrutierten sich nicht oder nicht nur aus den sozial Niedrigstehenden, den Rechtlosen, Armen und Versklavten, sondern es fanden sich in den Gemeinden Personen unterschiedlichster sozialer Herkunft zusammen, bis hinauf in relativ höhere Kreise der Gesellschaft. Zwar sind die Vertreter dieses ‚new consensus' (e. g. Theißen, Meeks, Malherbe) keine homogene Gruppe und unterscheiden sich in ihren Vorstellungen über die exakte soziale Struktur und Zusammensetzung der frühchristlichen Gemeinden in den Details oft erheblich, doch teilen sie die Ansicht, die frühen Christen wären gemischter sozialer Herkunft. Jedoch hätten sich keine Personen aus der absoluten Spitze der Gesellschaft, aus der eigentlichen sozialen Elite, unter den frühen Christen befunden, so eine weitere Auffassung, die von ‚new consensus'-Vertretern geteilt wird. Die soziale Elite – darunter versteht man die Angehörigen der drei führenden römischen ordines (Senatorenstand, Ritterstand, Dekurionenstand) bzw. die Amtsträger und Ratsmitglieder in den griechisch organisierten Städten – sei in den frühen Gemeinden nicht vertreten gewesen. Diese These ruht auf folgenden hermeneutischen und sozialhistorischen Setzungen:

1) Die Zeugnisse für christliche *ordo*-Angehörige im ersten Jahrhundert, die es ja gibt, wären unzuverlässig oder uneindeutig.

2) Es hätte hohe Hindernisse für den Übertritt von *ordo*-Angehörigen zum Christentum gegeben.

3) Mit *ordo*-Angehörigen unter den Christen könne man erst etwa ab dem späten zweiten Jahrhundert rechnen.

4) Die sozial hochrangigsten Christen stammten vom ‚Rande', d. h. vom ‚unteren' Rande, der Oberschicht, in die sie, aus verschiedenen Gründen, nicht oder unzureichend integriert gewesen wären. Aufgrund daraus resultierender Statusdissonanzen hätte sich dieser Personenkreis den christlichen Gemeinden zugewendet, weil er dort die soziale Akzeptanz und Anerkennung gefunden hätte, die ihm von den sozialen Standesgenossen verweigert worden wäre.

Nicht immer werden alle diese Punkte explizit als Grundlage der Argumentation genannt oder stehen implizit im Hintergrund. Man kann die einzelnen Punkte auch nicht immer scharf trennen. Es sind jedoch unzweifelhaft die Hauptpunkte, an denen angesetzt werden musste, wenn mit dieser Arbeit die Gegenthese aufgestellt werden soll, *dass* bereits im ersten Jahrhundert einzelne Personen aus dem Kreis der *ordo*-Angehörigen zum Christentum konvertiert sind.

Die Kandidaten für christliche *ordo*-Angehörige in den neutestamentlichen Texten waren vor allem drei Personen: Sergius Paullus, in der Mitte der 40er Jahre Statthalter auf Zypern, Dionysios der Areopagite aus Athen und Erastos οἰκονόμος τῆς πόλεως in Korinth. Da von den Exegeten die historische Auswertbarkeit der Apostelgeschichte, in der Sergius Paullus und Dionysios genannt werden, durchweg skeptischer bewertet wird, während der dritte Kandidat, Erastos, in einem unangefochten authentischen Brief des Apostels Paulus erwähnt wird, steht vor allem der korinthische Stadtkämmerer im Mittelpunkt der Debatte, wohingegen die beiden Erstgenannten eher beiläufig diskutiert werden. Aufgrund dieser unterschiedlichen Wichtung der Texte wurde die Untersuchung entsprechend strukturiert. Zunächst wurden die Hinweise auf christliche *ordo*-Angehörige in der Apostelgeschichte gesondert untersucht. Es soll nun nicht behauptet werden, es wäre der endgültige Beweis gelungen, dass Sergius Paullus und Dionysios als christliche *ordo*-Angehörige zu betrachten sind. Es ging darum, mit den begrenzten Mitteln historischer Wissenschaften zu zeigen, dass es durchaus plausibel ist oder, um vielleicht einen Schritt weiter zu gehen, einiges dafür spricht, in Sergius Paullus und Dionysios die ersten historisch bezeugten *ordo*-Angehörigen unter den Christen zu sehen, und man nicht notwendig die unter den neutestamentlichen Sozialhistorikern vorherrschende Position teilen muss, die in der Beurteilung dieser beiden Kandidaten als christliche *ordo*-Angehörige zwischen Ablehnung, Skeptizismus und (übermäßiger) Vorsicht schwankt.

Die Erzählung von der Bekehrung des Sergius Paullus erscheint unter anderem deswegen plausibel, weil die Verbindung zwischen der Person des Sergius Paullus und der Erzählung der Apostelgeschichte über den weiteren Verlauf der sog. Ersten Missionsreise, die von Zypern ohne längeren Aufenthalt an der pamphylischen Küste geradewegs in das pisidische Hochland nach Antiochia, dem Herkunftsort der Familie des Sergius Paullus, und von dort weiter in eine Richtung führt, in der die Sergii Paulli über Landbesitz verfügten, zwar erschlossen werden kann, aber in der Erzählung selbst nicht herausgestrichen wird. Es ist also gleichsam historisches Wissen in der Erzählung der Apostelgeschichte versteckt, das nicht expliziert wird. Will man dies nicht für einen literarischen Kunstgriff des Autors halten – und es spricht in diesem Zusammenhang nichts dafür –, dann wird man es für wahrscheinlich erachten dürfen, dass die Erzählung ihre Wurzeln in der historischen Wirklichkeit hat. Daran schloss sich eine prosopographische Studie zur Person und zur Familie des Sergius Paullus an, die seinen hohen sozialen Rang erwiesen hat als einer der ersten Senatoren aus Kleinasien. Gerade wenn, wie oft behauptet wird, der Verfasser der Apostelgeschichte ein Faible für sozial Höherstehende hat, dann hat er hier die Möglichkeit versäumt, das am Beispiel des Sergius Paullus in gebührender Weise herauszustellen. Auch das dürfte dafür sprechen, dass die Geschichte nicht erfunden wurde. Weitere Einwände gegen die Plausibilität der Bekehrung des Sergius Paullus, wie beispielsweise, dass von seiner Taufe keine Rede sei, haben sich als nicht stichhaltig erwiesen.

Im Falle des Areopagiten Dionysios wurde zu zeigen versucht, dass der innere Zusammenhalt der Erzählung vom Aufenthalt des Paulus in Athen, in deren Mittelpunkt die Rede vor dem Areopag steht, durchaus vorhanden ist, wenn man erkennt, dass hinter der Erzählung das in Athen angewandte Verfahren zur ‚Einführung neuer Götter' steht, für deren Sanktionierung der Areopag verantwortlich zeichnet. Auch hier erschließt sich die Kohärenz zwar, wird aber in der Darstellung des Lukas nicht herausgestellt, ja nicht einmal angedeutet. Die Athen-Erzählung ist in ihren einzelnen

Etappen vor dem Hintergrund des entsprechenden ‚religionsrechtlichen' Verfahrens historisch vollkommen plausibel. Die einzelnen Einwände, die darüber hinaus gegen die Episode von der Bekehrung des Dionysios vorgetragen wurden, sind nicht durchschlagend.

Im Falle des Erastos soll gleichfalls nicht behaupten werden, dass er nun mit absoluter Sicherheit als Magistrat erwiesen worden wäre. Dem in der wissenschaftlichen Debatte gehäuft auftretenden und der Sache nach ja richtigen Hinweis, dass die οἰκονόμοι τῆς πόλεως sowohl Freie und damit Magistrate als auch Sklaven gewesen sind und man von daher nicht entscheiden könne, welchen sozialen Status Erastos hätte, ist allerdings mit dem Hinweis auf die historische Entwicklung des Amtes, das ursprünglich in hellenistischer Zeit eindeutig eine Magistratur gewesen ist, ein entscheidendes und bisher nicht beachtetes Argument entgegengehalten worden. Die Zeugnisse für freie οἰκονόμοι τῆς πόλεως reichen bis in das 3. Jh. n.Chr., während Sklaven als οἰκονόμοι τῆς πόλεως anscheinend erst im frühen 2. Jh. n.Chr. auftreten und jedenfalls kein sicheres Zeugnis für einen Sklaven in dieser Funktion zweifelsfrei vor das Ende des 1. Jh.s n.Chr. zu datieren ist. Es ist somit äußerst wahrscheinlich, dass Paulus, der den Römerbrief in der zweiten Hälfte der 50er Jahre verfasst hat, mit dem Titel des οἰκονόμος τῆς πόλεως eine Magistratur gemeint hat und Erastos demzufolge wohl Aedil der römischen *colonia* Korinth gewesen ist, auch wenn sich seine Identität mit dem inschriftlich in Korinth belegten Aedilen Erastus nicht erweisen lässt.

Wenn man nun nicht gänzlich darauf verzichten will, daraus weitere Schlussfolgerungen zu ziehen – was im umgekehrten Fall, wenn man diese drei nur als sehr unsichere Kandidaten für christliche *ordo*-Angehörige betrachtet, ja ebenso wenig getan wird –, dann kann das Ergebnis nur lauten: Einige der frühen Christen entstammten höchstwahrscheinlich der sozialen Elite und kamen aus den führenden *ordines* bis hin zum Senatorenstand. Der in 1 Kor 1,26 gegebene indirekte Hinweis auf Christen, welche zentrale Kriterien für *ordo*-Zugehörigkeit erfüllen, ist hierfür ein wichtiges ergänzendes, wenn auch nicht mehr als ein ergänzendes Argument.

Dem zweiten Einwand gegen die Existenz christlicher *ordo*-Angehöriger im ersten Jahrhundert, es hätte aufgrund möglicher kultischer Verpflichtungen der römischen Magistrate hohe Hindernisse für den Übertritt zum Christentum für diesen Personenkreis gegeben, war teilweise stattzugeben. Er ist ein zentraler Grund, warum man in der Summe nur sehr wenige individuelle *ordo*-Angehörige unter den Christen in vorkonstantinischer Zeit nachweisen kann. Es stellte sich jedoch heraus, dass diese Hürden nicht immer die behauptete Höhe gehabt haben, dass sie keinesfalls unüberwindbar waren und dass sie in einigen Städten möglicherweise gar nicht existierten. Selbst wenn die Hürden hoch waren, ist es alles andere als ausgeschlossen, dass einzelne *ordo*-Angehörige auch schon im 1. Jh. aus persönlichen Motiven den Entschluss fassten, sich dem Christentum anzuschließen. Jedenfalls ist es plausibel, dass unsere drei Kandidaten aus neutestamentlicher Zeit nach ihrer Konversion weiterhin Mitglieder ihres jeweiligen *ordo* geblieben sind. Ob sie als Christen Ämter ausgeübt haben, lässt sich nicht sagen, und der vielfach vorgetragene Einwand, es ließe sich kein Christ im Amte nachweisen, ist für das 1. Jh. nicht von der Hand zu weisen. Für das (lange) dritte Jahrhundert gibt es jedoch eine ganze Reihe von Hinweisen, dass es trotz aller Schwierigkeiten, trotz der verbreiteten Ablehnung unter den Christen, Ämter zu übernehmen, und trotz der stellenweise rigoristischen und kompromisslosen Kritik, wie sie beispielsweise von Tertullian geübt wurde, Christen gegeben haben muss, die Ämter bekleideten, ohne deswegen von der Kirche ausgeschlossen zu werden. Die Christen, die unter Valerian im Senat saßen, werden sich kaum alle von Ämtern ferngehalten haben. Vielleicht gilt dies auch schon für die christlichen Senatoren, auf die Tertullian zu Beginn des 3. Jh.s anspielt, auch wenn ihre Zahl wohl noch kleiner gewesen sein wird. Das Denkmal des Liberalis erinnert an ihn als Märtyrer *und* Consul. Auch wenn dies nicht beweist, dass er das Amt als Christ innehatte, so sah man zumindest nicht die Notwendigkeit, sein Konsulat zu verschweigen, was man vielleicht eher gemacht hätte, wenn die Amtsführung tatsächlich in so starkem Maße durch die so oft und ganz prominent von Tertullian behauptete unvermeidbare Befleckung mit paganen Riten diskreditiert gewesen wäre. Man hätte die Erinnerung an diesen Makel doch nicht noch einmal wecken wollen und das Konsulat lieber verschwiegen, wenn die Bekleidung dieses Amtes für einen Christen wirklich so hochproblematisch war. Auch die phrygischen Grabsteine für christliche Bouleuten und Archonten verschweigen deren Amtstätigkeit nicht. Hier besteht eine noch viel größere Veranlassung zu vermuten, dass die Verstorbenen die Ämter als Christen ausübten und sich nicht erst nach ihrer Amtszeit zum Christentum bekehrten. Dies mag mit Ausnahmezugeständnissen, lokalen Besonderheiten oder der allgemeinen historischen Situation zusammenhängen, nämlich dass im 3. Jh. immer weniger Personen bereit waren, die kostspieligen Liturgien zu bekleiden. Vielleicht haben wir uns aber auch zu lange von den ‚offiziöseren' literarischen Äußerungen der Kirchenväter irreleiten lassen und zu Unrecht angenommen, in diesen schattierungslosen Texten werde die ganze Wirklichkeit christlicher Existenz widergespiegelt. In den Munizipien und Kolonien römischen Rechts scheinen die dort gültigen Stadtgesetze tatsächlich vielfach den Magistraten gewisse kultische Praktiken auferlegt zu haben, die für einen Christen kaum ohne Kompromittierung des eigenen Glaubens durchführbar gewesen sind. Aber selbst dort haben kirchliche Erlasse die Komplexität des irdischen Daseins anerkannt und christliche Duumvirn nicht exkommuniziert, wie die Beschlüsse des Konzils von Elvira erkennen lassen. Die Amtspflichten eines Magistraten mögen für einen Christen gewisse oder sogar erhebliche Schwierigkeiten mit sich gebracht haben. Doch wenn man die historischen Zeugnisse in ihrer Breite (und Vielfalt) berücksichtigt und sich nicht ausschließlich auf einige Texte der Kirchenväter beschränkt, dann sieht man, dass die Bekleidung von Ämtern für Christen nicht gänzlich ausgeschlossen oder gar „verboten" war. In jedem Fall kann man nicht behaupten, weil die magistratischen Amtspflichten für einen Christen potentiell konfliktträchtig gewesen sind, wäre die Bekehrung von *ordo*-Angehörigen zum Christentum ganz grundsätzlich ausgeschlossen. Das war weder für die phrygischen Archonten noch für den römischen Consul Liberalis ein durchschlagendes Argument.

Der dritte Einwand gegen die Existenz von *ordo*-Angehörigen unter den frühen Christen, der da lautet, man könne erst ab dem (späten) zweiten, aber keineswegs schon im ersten Jahrhundert mit christlichen *ordo*-Angehörigen rechnen, erscheint ebenso wenig stichhaltig. Dass es im 2. und 3. Jh. christliche *ordo*-Angehörige gab, ist nicht zu bestreiten. Im Verlaufe des 2. und 3. Jh.s wurden die Bedingungen für die Christen allerdings erheblich prekärer, als sie auf der Grundlage des trajanischen Reskriptes jederzeit damit rechnen mussten, als Christen angezeigt und zum Tode verurteilt zu werden, und als es spätestens seit Valerian zu systematischen Verfolgungen christlicher *ordo*-Angehöriger kam. Die sozialhistorisch orientierten Exegeten des Neuen Testamentes haben bislang nicht erklären können, warum unter diesen Bedingungen die Bekehrung von *ordo*-Angehörigen zum Christentum plausibler sein soll als im ersten Jahrhundert oder in der Mitte des ersten Jahrhunderts als es keinerlei antichristliche Gesetzgebung gab und das Christentum, wenn man überhaupt irgendetwas über diese Bewegung wusste, nicht mehr als eine obskure Gruppe war, die Gallio, der Statthalter von Achaia, noch nicht einmal als eigenständige Gruppierung anerkannte (Apg 18,14 f.). Warum sollte die Konversion von *ordo*-Angehörigen zum Christentum im 2. und 3. Jh., als man befürchten musste, für diesen Schritt mit seinem Leben zu bezahlen, plausibler sein als im 1. Jh., als man sich noch weit weniger Gefahren oder Restriktionen ausgesetzt sah? Und umgekehrt: Warum sollte die Bekehrung von ordo-Angehörigen zum Christentum im 1. Jh. unmöglich sein, wo sie doch für das 2. und 3. Jh. unter weitaus schlechteren Bedingungen als zweifelsfrei erwiesen anzusehen ist? Wenn behauptet wird, unter den *ordo*-Angehörigen hätte es im ersten und frühen zweiten Jahrhundert bestenfalls Sympathisanten des Christentums gegeben, so fragt sich desgleichen, warum es dann in den Zeiten zunehmender Verfolgungen nicht beim Sympathisantentum geblieben ist. Überhaupt scheint diese Vorstellung eines ‚Sympathisantentums' eine durch und durch modernistische Vorstellung zu sein.

Damit zum letzten Einwand gegen die Zugehörigkeit von *ordo*-Angehörigen zu den frühen christlichen Gemeinden: Die sozial hochrangigsten Christen stammten von der ‚Peripherie der Oberschicht', wären vielleicht Aufsteiger gewesen, deren soziale Position von Statusdissonanzen gekennzeichnet gewesen wäre und die von ihrer sozialen Standesgruppe nicht die erwartete Anerkennung erfahren hätten. Sie hätten sich den christlichen Gemeinden zugewandt, weil dort ihre Defizite gleichsam kompensiert worden wären und ihnen dort die soziale Anerkennung entgegengebracht worden wäre, die ihnen ‚ihre' Gesellschaft verweigerte.

Gegen dieses soziologische Erklärungsmodell für die Konversion hochrangiger Christen sind zunächst einige allgemeine Bedenken zu erheben, die zum Teil schon im Laufe der Arbeit angesprochen wurden. Ganz grundsätzlich hat schon Edwin Judge 1984 den nahe liegenden Einwand des Historikers vorgebracht, der an seine Quellen gebunden ist: Dass Personen „frustriert gewesen seien, weil ihr hoher Status in ihren Heimatstädten innerhalb des römischen Klassensystems nicht honoriert worden sei, dafür wäre viel mehr beweiskräftiges Material nötig"[1]. Man muss dies allerdings noch

---

[1] Judge, Gesellschaft 766.

schärfer formulieren: Dafür wäre nicht nur „viel mehr beweiskräftiges Material nötig", sondern man wünschte sich erst einmal überhaupt irgendwelches beweiskräftige Material aus den prosopographischen Daten, die uns für die frühen Christen zur Verfügung stehen. Man wünscht sich wenigstens eine einzige Person, an der dieses Szenario in irgendeiner Weise nachvollziehbar erscheint. Für Erastos erwägen einige, er wäre solch ein Aufsteiger, ein Freigelassener, der es zum Magistraten gebracht hätte, aufgrund seiner unfreien Herkunft aber Schwierigkeiten gehabt hätte, im Kreise der Elite Fuß zu fassen, und der die Statusdissonanzen dadurch löste, dass er sich der christlichen Gemeinde von Korinth zuwandte und hier die Rolle des *patronus* einnehmen konnte. Aber Erastos, wenn er ein korinthischer Magistrat war, was in dieser Arbeit angenommen wird, kann kein Freigelassener gewesen sein, weil den Freigelassenen seit der Lex Visellia des Jahres 19 n. Chr. die Bekleidung von Magistraturen untersagt war[2]. Das heißt an keinem einzigen der frühen Christen lässt sich dieses Modell der ‚Hinwendung zum Christentum aufgrund von Statusdissonanzen' wirklich nachvollziehen. Zur These, solche hochrangigen Personen hätten sich als *patroni* der Gemeinden betätigt, ist gleichfalls anzumerken, dass es hierfür keinen positiven Beleg gibt – abgesehen davon, dass das Patronats-Modell wohl schon daran scheitert, dass die frühchristlichen Gemeinden nicht mit antiken Kultvereinen zu vergleichen sind. Schließlich gibt es keinerlei Hinweise aus den Quellen, welche Rolle die hochrangigen Personen, die sich dem Christentum zugewandt haben, denn nun genau in den Gemeinden spielten. Wenn sie eine ‚führende' Rolle spielten, so waren sie, wie an Erastos zu zeigen versucht wurde, doch nicht mehr als συνεργοί, als Mitarbeiter.

Das Modell einer Konversion oder Hinwendung zum Christentum aufgrund von Statusdissonanzen und fehlender sozialer Akzeptanz zerschellt letztlich an den *ordo*-Angehörigen. Oder, etwas zurückhaltender formuliert: Wenn es *ordo*-Angehörige unter den frühen Christen gegeben hat, trägt dieses Modell nicht, um ihre Hinwendung zu den christlichen Gemeinden zu erklären. Dies gilt insbesondere für die drei Kandidaten aus neutestamentlicher Zeit, die in dieser Arbeit diskutiert wurden. Wenn Erastos amtierender oder ehemaliger Aedil in Korinth war, dann gehörte er zum *ordo decurionum*. Man könnte höchstens annehmen, dass seine Aedilität schon einige Jahre zurücklag und er mit einer Bewerbung um das Duumvirat, welche der natürliche nächste Schritt in seiner politischen Karriere gewesen wäre, gescheitert, vielleicht mehrfach gescheitert war. Aber das wäre reine Spekulation, irgendeinen Anhaltspunkt besitzen wir für diese Vermutung nicht. Dionysios der Areopagite hatte sicher schon eine längere und erfolgreiche politische Karriere hinter sich, sonst wäre er, wie in dem entsprechenden Kapitel dargelegt wurde, nicht Mitglied des Areopag gewesen, in dem sich wohl die ehemaligen Archonten zusammenfanden. Er gehörte sicherlich zu den angesehensten Athenern seiner Zeit und litt sicherlich nicht darunter, dass er ir-

---

[2] Cod. Iust. 9,21: *Lex Visellia libertinae conditionis homines persequitur, si a quae ingenuorum sunt, circa honores et dignitates ausi fuerint attemptare vel decurionatum adripere, nisi iure aureorum anulorum impetrato a principe sustentantur. Tunc enim quoad vivunt, imaginem, non statum ingenuitatis obtinent et sine periculo ingenuorum etiam officia peragunt publica.* – Der Hinweis auch bei Weiß, Erastos 577.

gendwelche weiteren politischen Ambitionen nicht erfüllen konnte. In Athen war in der Mitte des 1. Jh.s n.Chr. kaum mehr zu erreichen als die Mitgliedschaft im Areopag. Gewiss nicht unter Statusdissonanzen gelitten hat Sergius Paullus. Zwar war er ein sozialer Aufsteiger, aber man muss bedenken von welcher Ausgangsposition er aufstieg und was er erreicht hat. Er gehörte unzweifelhaft zu einer der angesehensten Familien im pisidischen Antiochia, seiner Heimatstadt, war einer der Ersten aus Kleinasien, der den Aufstieg in den römischen Senat schaffte, das sozio-politische Herzstück des Imperiums, gelangte als *homo novus* mindestens bis zur Prätur, der dritten Stufe des senatorischen *cursus honorum*, und bekleidete danach weitere prätorische Ämter. Ob er es bis zum Konsulat gebracht hat, wissen wir nicht, aber dass die Sergii Paulli über mehrere Generationen im Senat saßen und einer seiner Nachkommen es mit Sicherheit bis zum Konsuln gebracht hat, sogar zum *consul iterum* und darüber hinaus auch noch bis zum Stadtpräfekten, zeigt, dass die senatorische Karriere des ersten Sergius Paullus alles andere als gescheitert war, sondern den Grundstein gelegt hat für die Etablierung einer neuen, sich über mehrere Generationen erstreckenden senatorischen Familie. Sergius Paullus war, auch wenn er das Konsulat nicht erreicht haben sollte, angekommen im kleinen Kreis der sozio-politischen Elite des 1. Jh.s.

Abschließend sollen nun die sozialhistorischen Konsequenzen, die sich daraus ergeben, zusammengefasst werden:

1) Entgegen der Annahme der meisten new consensus-Vertreter, dass die Spitze der Gesellschaft in den frühen christlichen Gemeinden nicht vertreten war, wird man annehmen dürfen, dass einige der ersten Christen sehr wohl der sozialen Elite angehörten.

2) Diese gehörten aber nicht zur „Peripherie der lokalen Oberschicht", wie Theißen es formuliert hat, sondern Sergius Paullus, Dionysios und Erastos kamen aus dem Zentrum der sozio-politischen Elite des ersten Jahrhunderts.

3) Damit ist Meeks' und Theißens Theorie infrage gestellt, dass die christlichen Gemeinden gerade diese präsumptiven Personen aus der „Peripherie" anzogen, die in den Gemeinden die soziale Anerkennung fänden, welche ihnen die weltliche Gesellschaft verweigerte. Diese Theorie lässt sich auf die *ordo*-Angehörigen nicht anwenden. Diese hatten, abgesehen vom Kaiserhaus, das höchste Prestige innerhalb der römischen Gesellschaft. Die *ordo*-Angehörigen litten nicht unter Statusdissonanzen innerhalb des römischen Gesellschaftsgefüges, deswegen konnte ihre Bekehrung zum Christentum auch nicht dadurch motiviert sein, dass sie mit diesem Schritt den mutmaßlichen Statusdissonanzen entkommen wollten.

4) Meeks' und Theißens Theorie basiert auf der Annahme, dass es irgendeinen sozialen Gewinn für Personen aus höheren Kreisen geben musste, irgendeine Form eines sozialen Anreizes, der sie bewegen konnte, Christen zu werden. Für die nachkonstantinische Zeit stimmt das wahrscheinlich. Für die vorkonstantinische Zeit ist meines Erachtens das Gegenteil richtig. Die *ordo*-Angehörigen wandten sich nicht dem Christentum zu, um irgendwelche sozialen Defizite zu kompensieren, unter denen sie litten. Sie konnten sich von diesem Schritt keinen sozialen Gewinn erhoffen. Ganz im

Gegenteil, eine Konversion zum Christentum hatte zumindest im 3. Jh. in einigen Fällen zur Folge, dass ihr sozialer Status erheblich vermindert wurde oder dass sie ihn möglicherweise komplett einbüßten. Die *ordo*-Angehörigen wandten sich nicht dem Christentum zu, um ihren sozialen Stand zu verbessern, sondern sie riskierten mit diesem Schritt ihr hohes soziales Ansehen. Die radikalste Möglichkeit, das Ansehen zu verlieren, bestand darin, das eigene Leben zu verlieren, eine Möglichkeit, zu der, wie man sehen konnte, sogar Konsuln bereit waren.

Warum also bekehrten sich *ordo*-Angehörige zum Christentum? Die Gründe mögen vielleicht eher etwas mit dem Inhalt der christlichen Botschaft zu tun haben, wie bei Dionysios zu zeigen versucht wurde, und mit persönlichen Beweggründen, über die uns die Quellen allerdings weitestgehend im Dunkeln lassen. Einen Anhaltspunkt, der in diese Richtung weist, haben wir vielleicht bei Sergius Paullus: Er „glaubte", wie es in der Apostelgeschichte 13,12 heißt, „erschüttert über die Lehre vom Herrn".

Literaturverzeichnis

L. Alexander, The preface to Luke's Gospel. Literary convention and social context in Luke 1.1–4 and Acts 1.1. Society for New Testament Studies, Monograph Series 78 (Cambridge 1993) (= Alexander, Preface).

L. Alexander, The Pauline itinerary and the archive of Theophanes. In: The New Testament and early Christian literature in Greco-Roman context. Studies in honor of David E. Aune, hg. J. Fotopoulos. Novum Testamentum Suppl. 122 (Leiden 2006) 151–165 (= Alexander, Itinerary).

G. Alföldy, Konsulat und Senatorenstand unter den Antoninen. Prosopographische Untersuchungen zur senatorischen Führungsschicht (Bonn 1977) (= Alföldy, Konsulat).

G. Alföldy, Die römische Gesellschaft. Ausgewählte Beiträge. Heidelberger Althistorische Beiträge und Epigraphische Studien 1 (Stutgart 1986) (= Alföldy, Gesellschaft).

G. Alföldy, Nochmals: Pontius Pilatus und das Tiberium von Caesarea Maritima. Scripta Classica Israelica 21, 2002, 133–148 (= Alföldy, Pilatus).

G. Alföldy, Römische Sozialgeschichte ^{4}(Stuttgart 2011) (= Alföldy, Sozialgeschichte).

M. Amandry, Le monnayage des duovirs corinthiens. Bulletin de Correspondance Hellénique Suppl. 15 (Athen 1988).

K. Backhaus, Spielräume der Wahrheit. Zur Konstruktivität in der hellenistisch-reichsrömischen Geschichtsschreibung. In: ders./G. Häfner, Historiographie und fiktionales Erzählen. Zur Konstruktivität in Geschichtstheorie und Exegese. Biblisch-Theologische Studien 86 (Neukirchen-Vluyn 2007) 1–29 (= Backhaus, Spielräume).

K. Backhaus, Lukas der Maler. Die Apostelgeschichte als intentionale Geschichte der christlichen Erstepoche. In: ders./G. Häfner, Historiographie und fiktionales Erzählen. Zur Konstruktivität in Geschichtstheorie und Exegese. Biblisch-Theologische Studien 86 (Neukirchen-Vluyn 2007) 30–66 (= Backhaus, Lukas).

G. Barbieri, L'albo senatorio da Settimio Severo a Carino (Rom 1952).

J. H. G. Barclay, Poverty in Pauline studies. A response to Steven Friesen. Journal for the Study of the New Testament 26, 2004, 363–366.

T. D. Barnes, An apostle on trial. Journal of Theological Studies 20, 1969, 407–419 (= Barnes, Trial).

T. D. Barnes, More missing names (A. D. 260–395). Phoenix 27, 1973, 135–155 (= Barnes, Names).

T. D. Barnes, Statistics and the conversion of the Roman aristocracy. Journal of Roman Studies 95, 1995, 135–147 (= Barnes, Statistics).

C. K. Barrett, A commentary on the epistle to the Romans (London 1962) (= Barrett, Romans).

C. K. Barrett, A critical and exegetical commentary on the Acts of the Apostles, 2 Bde. (Edinburgh 1994–1998) (= Barrett, Acts).

R. Bauckham, James (London/New York 1999).

Th. J. Bauer, Paulus und die kaiserzeitliche Epistolographie. Kontextualisierung und Analyse der Briefe an Philemon und die Galater. Wissenschaftliche Untersuchungen zum Neuen Testament 276 (Tübingen 2011).

A. D. Baum, Paulinismen in den Missionsreden des lukanischen Paulus. Zur inhaltlichen Autorität der oratio recta in der Apostelgeschichte. Ephemerides Theologicae Lovanienses 82, 2006, 405–436.

F. C. Baur, Die Christuspartei in der korinthischen Gemeinde, der Gegensatz des petrinischen und paulinischen Christenthums in der ältesten Kirche, der Apostel Petrus in Rom. Tübinger Zeitschrift für Theologie 5 H. 4, 1831, 61–206 (Nachdr. in: ders., Historisch-kritische Untersuchungen zum Neuen Testament [Stuttgart 1963] 1–146) (= Baur, Christuspartei).

F. C. Baur, Über den Ursprung des Episcopats in der christlichen Kirche. Prüfung der neuen von Hrn. Dr. Rothe hierüber aufgestellten Ansicht. Tübinger Zeitschrift für Theologie 11 H. 3, 1838, 1–185 (= Baur, Ursprung).

F. C. Baur, Paulus, der Apostel Jesu Christi (Leipzig 1866, Nachdruck Stuttgart 1945) (= Baur, Paulus).

A. H. Becker, Christian society. In: M. Peachin (Hg.), The Oxford Handbook of Social relations in the Roman world (Oxford 2011) 567–586 (= Becker, Society).

E.-M. Becker (Hg.), Neutestamentliche Wissenschaft. Autobiographische Essays aus der Evangelischen Theologie (Tübingen/Basel 2003) (= Becker, Wissenschaft).

F. Beutler, Ein oberpannonisches Militärdiplom aus Carnuntum und der Statthalter L. Sergius Paullus. Zeitschrift für Papyrologie und Epigraphik 172, 2010, 271–276.

E. Birley, M. Bassaeus Astur: a note. Zeitschrift für Papyrologie und Epigraphik 37, 1981, 19–21.

F. Blass, Acta apostolorum sive Lucae ad Theophilum liber alter. Editio philologica apparatu critico, commentario perpetuo, indice verborum illustrata (Göttingen 1895).

L. Boffo, Iscrizioni greche e latine per lo studio della Bibbia (Brescia 1994).

G. Bohak, Ancient Jewish magic. A history (Cambridge 2009).

M.-É. Boismard/A. Lamouille, Les Actes des Deux Apôtres II. Le sens des récits. Études Bibliques N. S. 13 (Paris 1990).

M. Bonfioli/S. Panciera, Della cristianità del collegium quod est in domo Sergiae Paullinae. In: S. Panciera, Epigrafi, epigrafia, epigrafisti. Scritti vari editi e inediti (1956–2005) con note complementari e indici (Rom 2006) 205–215 (urspr. Rendiconti Pontificia Accademia Roma Archeologia 44, 1971, 185–201) (= Bonfioli/Panciera, Collegium).

M. Bonfioli/S. Panciera, In domo Sergiae Paullinae – Nota aggiuntiva. In: S. Panciera, Epigrafi, epigrafia, epigrafisti. Scritti vari editi e inediti (1956–2005) con note complementari e indici (Rom 2006) 217–220 (urspr. Rendiconti Pontificia Accademia Roma Archeologia 45, 1972, 133–138) (= Bonfioli/Panciera, Nota).

L. Bormann, Philippi. Stadt und Christengemeinde zur Zeit des Paulus (Leiden u. a. 1995).

H. Botermann, Der Heidenapostel und sein Historiker. Zur historischen Kritik der Apostelgeschichte. Theologische Beiträge 24, 1993, 62–84 (= Botermann, Heidenapostel).

H. Botermann, Das Judenedikt des Kaisers Claudius. Römischer Staat und Christiani im 1. Jahrhundert. Hermes Einzelschr. 71 (Stuttgart 1996) (= Botermann, Judenedikt).

F. Bovon, Die kanonische Apostelgeschichte und die apokryphen Apostelakten. In: J. Frey/C. K. Rothschild/J. Schröter (Hgg.), Die Apostelgeschichte im Kontext antiker und frühchristlicher Historiographie. Zeitschrift für die Neutestamentliche Wissenschaft Beih. 162 (Berlin/New York 2010) 349–379.

G. W. Bowersock, Roman Arabia (Cambridge, Ma. 1983).

C. Breytenbach, Paulus und Barnabas in der Provinz Galatien. Studien zu Apostelgeschichte 13f.; 16,6; 18,23 und den Adressaten des Galaterbriefes. Arbeiten zur Geschichte des antiken Judentums und des Urchristentums 38 (Leiden u. a. 1996).

Chr. vom Brocke, Thessaloniki – Stadt des Kassander und Gemeinde des Paulus. Eine frühe christliche Gemeinde in ihrer heidnischen Umwelt. Wissenschaftliche Untersuchungen zum Neuen Testament 2, 125 (Tübingen 2001).

T. A. Brookins, The (In)frequency of the name ‚Erastus' in antiquity. A literary, papyrological, and epigraphical catalog. New Testament Studies 59, 2013, 496–516.

H. Bru, L'origine des colons romains d'Antioche de Pisidie. In: ders./F. Kirbihler/St. Lebreton (Hgg.), L'Asie mineure dans l'Antiquité. Échanges, populations et territoires. Histoire (Rennes 2009) 263–288.

F. F. Bruce, The Acts of the Apostles. The Greek text with introduction and commentary (London 1951, ³Grand Rapids 1990) (= Bruce, Acts bzw. Bruce, Acts³).

F. F. Bruce, Commentary on the Book of Acts. The English text with introduction, exposition and notes (London 1956) (= Bruce, Commentary).

F. F. Bruce, The Acts of the Apostles. Historical record or theological reconstruction. In: Aufstieg und Niedergang der römischen Welt II 25,3 (1985) 2569–2603 (= Bruce, Historical record).

W. H. Buckler/W. M. Calder/C. W. M. Cox, Asia Minor, 1924 III. Monuments from Central Phrygia. Journal of Roman Studies 16, 1926, 53–94.

H. J. Cadbury, Erastus of Corinth. Journal of Biblical Literature 50, 1931, 42–58.

D. A. Campbell, Possible inscriptional attestation to Sergius Paul[l]us (Acts 13:6–12), and the implications for Pauline chronology. Journal of Theological Studies 56, 2005, 1–29.

A. Chastagnol, La législation du clarissimat féminin de Sévère Alexandre à la fin du IVe siècle. In: Atti dell'Accademia romanistica costantiniana, V convegno internazionale (Perugia 1983) 255–262 (= Chastagnol, Clarissimat).

A. Chastagnol, Le sénat romain à l'époque impériale. Recherches sur la composition de l'Assemblée et le statut de ses membres (Paris 1992) (= Chastagnol, Sénat).

M. Christol/Th. Drew-Bear, Les Sergii Paulli et Antioche. In: Th. Drew-Bear u. a. (Hgg.), Actes du Ier congrès international sur Antioche de Pisidie (Paris 2002) 177–191.

A. D. Clarke, Another Corinthian Erastus inscription. Tyndale Bulletin 42, 1991, 146–151 (= Clarke, Erastus).

A. D. Clarke, Secular and Christian leadership in Corinth. A socio-historical and exegetical study of 1 Corinthians 1–6 (Leiden 1993, ^{2}Milton Keynes 2006) (= Clarke, Corinth).

G. W. Clarke, The Letters of St. Cyprian of Carthage. Translated and annotated 4. Letters 67–82. Ancient Christian Writers 47 (New York 1989) (= Clarke, Cyprian).

G. W. Clarke, Origins and spread of Christianity. In: Cambridge Ancient History X^2 (1996) 848–872 (= Clarke, Origins).

J. H. Claussen, Die Jesus-Deutung von Ernst Troeltsch im Kontext der liberalen Theologie. Beiträge zur historischen Theologie 99 (Tübingen 1997).

N. Clayton Croy, Hellenistic philosophies and the preaching of the resurrection (Acts 17:18, 32). Novum Testamentum 39, 1997, 21–39

H. Conzelmann, Die Apostelgeschichte. Handbuch zum Neuen Testament 7 ^{2}(Tübingen 1972) (= Conzelmann, Apostelgeschichte).

H. Conzelmann, Rez. zu W. Gasque, A history of the criticism of the Acts of the Apostles. Erasmus 28, 1976, 65–68 (= Conzelmann, History).

H. Conzelmann/A. Lindemann, Arbeitsbuch zum Neuen Testament ^{14}(Tübingen 2004).

J. G. Cook, Roman attitudes toward the Christians. From Claudius to Hadrian. Wissenschaftliche Untersuchungen zum Neuen Testament 261 (Tübingen 2010) (= Cook, Attitudes).

St. A. Cooper, Marius Victorinus' Commentary on Galatians. Introduction, translation, and notes (Oxford 2005).

M. Crawford (Hg.), Roman Statutes, 2 Bde. (London 1996).

P. Davids, The Epistle of James. A commentary on the Greek text (Exeter 1982).

F. J. De Waele, Erastus, Oikonoom van Korinthe en Vriend van St. Paulus. Mededelingen van het Nederlandsch Historisch Instituut te Rome 9, 1929, 40–48.

F. W. Deichmann/G. Bovini/H. Brandenburg, Repertorium der christlich-antiken Sarkophage 1 (Wiesbaden 1967).

A. Deissmann, Licht vom Osten (Tübingen 1908, ^{4}1923) (= Deissmann, Licht).

A. Deissmann, Das Urchristentum und die unteren Schichten. In: Verhandlungen des 19. Evangelisch-sozialen Kongresses (Dessau, 9. – 11. Juni 1908) (Göttingen 1908) 8–45 (= Deissmann, Urchristentum).

A. Deissmann, Paulus. Eine kultur- und religionsgeschichtliche Skizze (Tübingen 1911) (= Deissmann, Paulus).

A. Deissmann, Adolf Deissmann. In: E. Stange (Hg.), Die Religionswissenschaft der Gegenwart in Selbstdarstellungen (Leipzig 1925) 42–78 (wieder abgedruckt in: Gerber 559–590) (= Deissmann, Selbstdarstellung).
H. Delehaye, S. Romain Martyr d'Antioche. Analecta Bollandiana 1, 1932, 241–283 (= Delehaye, Romain).
H. Delehaye, Les origines du culte des martyrs ²(Brüssel 1933) (= Delehaye, Culte).
S. Demougin, De l'esclavage à l'anneau d'or du chevalier. In: C. Nicolet (Hg.), Des ordres à Rome (Paris 1984) 217–241 (= Demougin, Esclavage).
S. Demougin, L'ordre équestre sous les Julio-Claudiens. Collection de l'École Française de Rome 108 (Rom 1988) (= Demougin, Ordre).
H. Dessau, Über einige Inschriften aus Cirta. Hermes 15, 1880, 471–474 (= Dessau, Cirta).
H. Dessau, Minucius Felix und Caecilius Natalis. Hermes 40, 1905, 373–386 (= Dessau, Caecilius).
S. Destephen, La christianisation des l'Asie Mineure jusqu'à Constantin: le témoignage de l'épigraphie. In: H. Inglebert u. a. (Hgg.), Le problème de la christianisation du monde antique (Paris 2010) 159–194.
J. Devreker, Les Sergii Paulli. Problèmes généalogiques d'une famille supposé chrétienne. In: Aevum inter utrumque. Mélanges offerts à Gabriel Sanders. Instrumenta patristica 23 (Den Haag 1991) 109–119.
M. Dibelius, Aufsätze zur Apostelgeschichte (Göttingen 1951, ⁵1968).
G. Disselkamp, Christiani Senatus Lumina. Zum Anteil römischer Frauen der Oberschicht im 4. und 5. Jahrhundert an der Christianisierung der römischen Senatsaristokratie (Bodenheim 1997).
S. Dmitriev, City government in Hellenistic and Roman Asia Minor (Oxford/New York 2005).
S. Dockx, The first missionary voyage of Paul. In: J. Vardaman/E. M. Yamauchi (Hgg.), Chronos, Kairos, Christos. Festschrift J. Finegan (Winona Lake 1989) 209–221.
J. Dresken-Weiland, Sarkophagbestattungen des 4.–6. Jahrhunderts im Westen des römischen Reiches. Römische Quartalschrift für christliche Altertumskunde und Kirchengeschichte Suppl. 55 (Rom 2003).
J. G. Droysen, Historik. Historisch-kritische Ausgabe von P. Leyh (Stuttgart 1977).
J. D. G. Dunn, The Acts of the Apostles (Peterborough 1996).
W. Eck, Beförderungskriterien der senatorischen Laufbahn, dargestellt an der Zeit von 69 bis 138 n. Chr. In: Aufstieg und Niedergang der römischen Welt II 1 (1974) 158–228 (= Eck, Beförderungskriterien).
W. Eck, Das Eindringen des Christentums in den Senatorenstand bis zu Konstantin d. Gr. Chiron 1, 1971, 381–406 (= Eck, Senatorenstand).
W. Eck, Christen im Reichsdienst im 2. und 3. Jh.? Chiron 9, 1979, 449–464 (= Eck, Reichsdienst).
W. Eck, Die Präsenz senatorischer Familien in den Städten des Imperium Romanum bis zum späten 3. Jahrhundert. In: Studien zur antiken Sozialgeschichte. Festschrift Friedrich Vittinghoff (Köln u. a. 1980) 283–322 (= Eck, Präsenz).
W. Eck, Die Verwaltung des römischen Reiches in der hohen Kaiserzeit 1 (Basel 1995) (= Eck, Verwaltung).
W. Eck, Die Benennung von römischen Amtsträgern und politisch-militärisch-administrativen Funktionen bei Flavius Josephus – Probleme der korrekten Identifizierung. Zeitschrift für Papyrologie und Epigraphik 166, 2008, 218–226 (= Eck, Benennung).
W. Eck, Monument und Inschrift. Gesammelte Aufsätze zur senatorischen Repräsentation in der Kaiserzeit, hg. v. W. Ameling/J. Heinrichs. Beiträge zur Altertumskunde 288 (Berlin/New York 2010) (= Eck, Monument).
W. Eck, Sklaven und Freigelassene von Römern in Iudaea und den angrenzenden Povinzen. Novum Testamentum 55, 2013, 1–21 (= Eck, Sklaven).

W. Eck, Die Fasti consulares der Regierungszeit des Antoninus Pius. Eine Bestandsaufnahme seit Géza Alföldys *Konsulat und Senatorenstand*. In: ders./B. Fehér/P. Kovács (Hgg.), Studia epigraphica in memoriam Géza Alföldy. Antiquitas 1,61 (Bonn 2013) 69–90 (= Eck, Fasti)

W. Eck, Sergius Paullus, der Liebhaber der Philosophie in Lucians Peregrinus Proteus. Rheinisches Museum für Philologie 147, 2014, 221–224 (= Eck, Sergius Paullus).

W. Eck/A. Pangerl, Neue Konsulndaten in neuen Diplomen. Zeitschrift für Papyrologie und Epigraphik 152, 2005, 229–262 (= Eck/Pangerl, Konsulndaten).

W. Eck/A. Pangerl, Eine Konstitution des Antoninus Pius für die Auxilien in Syrien aus dem Jahr 144. Zeitschrift für Papyrologie und Epigraphik 188, 2014, 255–260 (= Eck/Pangerl, Konstitution).

J. H. Elliott, From social description to social-scientific criticism. The history of a Society of Biblical Literature Section 1973–2005. Biblical Theology Bulletin 38, 2008, 26–36.

H. Engelmann, Ephesos und die Johannesakten. Zeitschrift für Papyrologie und Epigraphik 103, 1994, 297–302.

D. Engels, Roman Corinth. An alternative model for the classical city (Chicago/London 1990).

F. Engels, Zur Geschichte des Urchristentums. Die Neue Zeit 13,1 H. 1/2, 1894–95 (= Marx-Engels-Werkausgabe 22 [Berlin ^{6}1982] 449–473).

J. Evans Grubbs, Law and family in Late Antiquity. The emperor Constantine's marriage laws (Oxford 1995).

E. Famerie, La transposition de quaestor en grec. Antiquité classique 68, 1999, 211–225.

C. Ferrone, Der Prolog des Lukasevangeliums (1,1–4) und die griechische Geschichtsschreibung. Gymnasium 109, 2002, 323–329.

D. A. Fiensy, What Would You Do for a Living? In: A. J. Blasi et al. (Hrsg.), Handbook of Early Christianity. Social Science Approaches (Altamira 2002) 555–574.

F. V. Filson, The significance of the early house churches. Journal of Biblical Literature 58, 1939, 105–112.

J. A. Fitzmyer, The Acts of the Apostles. A new translation with introduction and commentary. The Anchor Bible 31 (New York 1998).

F. J. Foakes Jackson (Hg.), The beginnings of Christianity (London 1920–1931).

P. M. Fraser/E. Matthews (Hgg.), A Lexicon of Greek personal names I- (Oxford 1987-).

H. Freis, Historische Inschriften Inschriften zur römischen Kaiserzeit: von Augustus bis Konstantin ^{2} (Darmstadt 1994).

R. Freudenberger, Das Verhalten der römischen Behörden gegen die Christen im 2. Jahrhundert dargestellt am Brief des Plinius an Trajan und den Reskripten Trajans und Hadrians. Münchener Beiträge zur Papyrusforschung und antiken Rechtsgeschichte 52 ^{2}(München 1969).

J. Frey, Fragen um Lukas als ‚Historiker' und den historiographischen Charakter der Apostelgeschichte: Eine thematische Annäherung. In: ders./C. K. Rothschild/J. Schröter (Hgg.), Die Apostelgeschichte im Kontext antiker und frühchristlicher Historiographie. Zeitschrift für die Neutestamentliche Wissenschaft Beih. 162 (Berlin/New York 2010) 1–26.

S. Friesen, The wrong Erastus: ideology, archaeology and exegesis. In: ders./D. N. Schowalter/J. C. Walters (Hgg.), Corinth in context. Comparative studies on religion and society. Novum Testamentum Suppl. 134 (Leiden/Boston 2010) 231–256 (= Friesen, Erastus).

E. Gabba, Iscrizioni greche e latine per lo studio della Bibbia (Turin 1958).

J. C. Gager, Kingdom and community. The social world of early Christianity (Englewood Cliffs 1975).

P. Gallivan, The Fasti for A.D. 70–96. Classical Quarterly 31, 1981, 186–220.

R. Garland, Introducing new gods. The politics of Athenian religion (London 1992).

B. Gärtner, The Areopagus speech and natural revelation (Uppsala 1955).

W. W. Gasque, Sir William Ramsay. Archaeologist and New Testament scholar. A survey of his contribution to the study of the New Testament (Grand Rapids 1966) (= Gasque, Ramsay).

W. W. Gasque, A history of the criticism of the Acts of the Apostles (Grand Rapids 1975) (= Gasque, History).

D. J. Geagan, The Athenian constitution after Sulla. Hesperia Suppl. 12 (Princeton 1967) (= Geagan, Constitution).

D. J. Geagan, Ordo Areopagitorum Atheniensium. In: ΦΟΡΟΣ. A tribute to B. D. Meritt (New York 1974) 51–56 (= Geagan, Ordo).

H.-J. Gehrke, Mythos, Geschichte, Politik – antik und modern. Saeculum 45, 1994, 239–264.

A. Gerber, Deissmann the Philologist. Zeitschrift für die Neutestamentliche Wissenschaft Beih. 171 (Berlin/New York 2010).

E. Gibson, The „Christians for Christians" inscriptions of Phrygia (Missoula 1978).

D. M. Gill, Dionysios and Damaris. A note on Acts 17:34. Catholic Biblical Quarterly 61, 1999, 483–490 (= Gill, Dionysios).

D. W. J. Gill, Erastus the Aedile. Tyndale Bulletin 40, 1989, 293–301 (= Gill, Erastus).

D. W. J. Gill, Achaia. In: ders./C. Gempf, The Book of Acts in its Graeco-Roman setting. The Book of Acts in its first century setting 2 (Grand Rapids 1994) 433–453 (= Gill, Achaia).

D. W. J. Gill, Paul's travels through Cyprus. Tyndale Bulletin 46,2, 1995, 219–228 (= Gill, Cyprus).

M. D. Given, Paul's true rhetoric. Ambiguity, cunning, and deception in Greece and Rome (Harrisburg 2001).

J. K. Goodrich, Erastus, Quaestor of Corinth. The Administrative Rank of ὁ οἰκονόμος τῆς πόλεως (Rom 16.23) in an Achaean Colony. New Testament Studies 56, 2010, 90–115 (= Goodrich, Erastus).

J. K. Goodrich, Erastus of Corinth (Romans 16.23). Responding to recent proposals on his rank, status, and faith. New Testament Studies 57, 2011, 583–593 (= Goodrich, Responding).

J. K. Goodrich, Paul as an administrator of God in 1 Corinthians. Society for New Testament Studies, Monograph Series 152 (Cambridge u. a. 2012) (= Goodrich, Administrator).

E. Gräßer, Forschungen zur Apostelgeschichte. Wissenschaftliche Untersuchungen zum Neuen Testament 137 (Tübingen 2001).

P. Graindor, Athènes de Tibère à Trajan (Kairo 1931).

M. J. G. Gray-Fow, From proconsul to saint. Sergius Paullus to St. Paul-Serge. Classica et mediaevalia 57, 2006, 157–172.

M. Griffin, The Flavians. In: Cambridge Ancient History XI² (2000) 1–83.

B. Grimm, Untersuchungen zur sozialen Stellung der frühen Christen in der römischen Gesellschaft (Diss. München 1975).

E. Groag, s. v. Sergius (Paullus) Nr. 34. In: Paulys Realencyclopädie der classischen Altertumswissenschaft II A 2 (1923) 1715–1718.

P. Guyot/R. Klein, Das frühe Christentum bis zum Ende der Verfolgungen. Eine Dokumentation 1. Die Christen im heidnischen Staat (Darmstadt 1993).

E. Haenchen, Die Apostelgeschichte. Kritisch-exegetischer Kommentar über das Neue Testament 3 ¹⁶,⁷(Göttingen 1977).

R. Haensch, Capita provinciarum. Statthaltersitze und Provinzialverwaltung in der römischen Kaiserzeit. Kölner Forschungen 7 (Mainz 1997).

H. Halfmann, Die Senatoren aus dem östlichen Teil des Imperium Romanum bis zum Ende des 2. Jahrhunderts n. Chr. (Göttingen 1979) (= Halfmann, Senatoren).

H. Halfmann, Die Senatoren aus den kleinasiatischen Provinzen des römischen Reiches vom 1.–3. Jahrhundert (Asia, Pontus-Bithynia, Lycia, Pamphylia, Galatia, Cappadocia, Cilicia). In: Epigrafia e ordine senatorio. Tituli 5,2 (Rom 1982) 603–650 (= Halfmann, Tituli).

H. Halfmann, Italische Ursprünge bei Rittern und Senatoren aus Kleinasien. In: G. Urso (Hg.), Tra Oriente e Occidente. Indigeni, Greci e Romani in Asia minore. Atti del convegno internazionale, Cividale del Friuli, 28.–30. September 2006 (Pisa 2007) 165–187 (= Halfmann, Ursprünge).

H. Halfmann, Die ersten römischen Senatoren aus Kleinasien. In: Vom Euphrat bis zum Bosporus. Kleinasien in der Antike. Festschrift für Elmar Schwertheim zum 65. Geburtstag. Asia Minor Studien 65,1 (Bonn 2008) 297–307 (= Halfmann, Kleinasien).

L. Halkin, Les esclaves publics chez les Romains (Brüssel 1897).
Ph. A. Harland, Connections with elites in the world of the early Christians. In: A. J. Blasi et al. (Hgg.), Handbook of Early Christianity (Altamira 2002) 385–408.
A. v. Harnack, Lukas der Arzt, der Verfasser des dritten Evangeliums und der Apostelgeschichte (Leipzig 1906) (= Harnack, Lukas).
A. v. Harnack, Die Apostelgeschichte (Leipzig 1908) (= Harnack, Apostelgeschichte).
A. v. Harnack, Der proletarische Charakter des Urchristentums. Offenes Antwortschreiben an Herrn Dr. Max Maurenbrecher (1910). In: ders., Aus Wissenschaft und Leben 2 (Gießen 1911) 175–182 (= Harnack, Charakter).
A. v. Harnack, Neue Untersuchungen zur Apostelgeschichte und zur Abfassungszeit der synoptischen Evangelien (Leipzig 1911) (= Harnack, Untersuchungen).
A. v. Harnack, Die Mission und Ausbreitung des Christentums in den ersten drei Jahrhunderten ^{4} (Leipzig 1924) (= Harnack, Mission).
A. v. Harnack, Geschichte der altchristlichen Literatur, 2 Bde. ^{2}(Leipzig 1958) (= Harnack, Altchristliche Literatur).
J. R. Harrison, Introduction. In: E. A. Judge, The first Christians in the Roman world. Wissenschaftliche Untersuchungen zum Neuen Testament 229 (Tübingen 2008) 1–32.
J. Hasenclever, Christliche Proselyten der höheren Stände im 1. Jahrhundert. Jahrbücher für Protestantische Theologie 8, 1882, 34–78 und 230–271.
P. M. Head, Papyrological perspectives on Luke's predecessors (Luke 1:1). In: The New Testament in its first century setting. Essays on context and background in honour of B. W. Winter on his 65th birthday (Grand Rapids 2004) 30–45.
M. Heinzelmann, Prosopographica IV. Gallische Prosopographie 260–527. Francia 10, 1982, 545–732.
A. Heller, La cité grecque d'époque impériale – vers une société d'ordres? Annales. Histoire, Sciences Sociales 64, 2009, 341–373.
C. J. Hemer, The Book of Acts in the setting of Hellenistic history. Wissenschaftliche Untersuchungen zum Neuen Testament 49 (Tübingen 1989) (= Hemer, Acts).
C. J. Hemer, The speeches of Acts II. The Areopagus address. Tyndale Bulletin 40, 1989, 239–259 (= Hemer, Areopagus).
M. Hengel, Zur urchristlichen Geschichtsschreibung. In: ders., Studien zum Urchristentum. Kleine Schriften VI (Tübingen 2008) 1–104 (urspr. monographisch Stuttgart 1979, ^{2}1984) (= Hengel, Geschichtsschreibung).
M. Hengel, Der Jude Paulus und sein Volk. Zu einem neuen Acta-Kommentar. In: ders., Studien zum Urchristentum. Kleine Schriften VI (Tübingen 2008) 212–241 (urspr. Theologische Rundschau 66, 2001, 338–368) (= Hengel, Jude Paulus).
M. Hengel, Bischof Lightfoot und die Tübinger Schule. In: ders., Theologische, historische und biographische Skizzen. Kleine Schriften VII (Tübingen 2010) 448–479 (urspr. Theologische Beiträge 23, 1992, 5–33) (= Hengel, Lightfoot).
M. Hengel/A. M. Schwemer, Paulus zwischen Damaskus und Antiochien. Die unbekannten Jahre des Apostels. Wissenschaftliche Untersuchungen zum Neuen Testament 108 (Tübingen 1998) (= Hengel/Schwemer, Paulus).
T. Hillard/A. Nobbs/B. W. Winter, Acts and the Pauline Corpus I. Ancient literary parallels. In: B. W. Winter/A. D. Clarke (Hgg.), The Book of Acts in its Ancient literary setting. The Book of Acts in its first century setting 1 (Grand Rapids 1993) 183–213.
R. Hochschild, Sozialgeschichtliche Exegese. Entwicklung, Geschichte und Methodik einer neutestamentlichen Forschungsrichtung (Göttingen 1999).
D. G. Hogarth, Devia Cypria. Notes of an archaeological journey in Cyprus in 1888 (London 1889) (= Hogarth, Cypria).

D. G. Hogarth, Authority and archaeology sacred and profane. Essays on the relation of monuments to biblical and classical literature (London 1899) (= Hogarth, Archaeology).

D. G. Horrell, Social-scientific interpretation of the New Testament. Retrospect and prospect. In: ders. (Hg.), Social-scientific approaches to New Testament interpretation (Edinburgh 1999) 3–27 (= Horrell, Interpretation).

D. G. Horrell, Social sciences studying formative Christian phenomena. A creative movement. In: A. J. Blasi et al. (Hgg.), Handbook of Early Christianity (Altamira 2002) 3–27 (= Horrell, Sciences).

G. H. R. Horsley, οἰκονόμος. In: New Documents Illustrating Early Christianity 4 (North Ryde 1987) 160–161 (= Horsley, οἰκονόμος).

G. H. R. Horsley, The fiction of ‚Jewish Greek'. In: ders., New Documents Illustrating Early Christianity 5. Linguistic essays (North Ryde 1989) 5–40 (= Horsley, Fiction).

G. H. R. Horsley, The Inscriptions of Ephesus and the New Testament. Novum Testamentum 34, 1992, 105–168 (= Horsley, Ephesus).

G. H. R. Horsley, The Politarchs. In: D. W. J. Gill/C. Gempf (Hgg.), The Book of Acts in its Graeco-Roman setting 2 (Grand Rapids 1994) 419–431 (= Horsley, Politarchs).

U. Huttner, Kalender und religiöse Identität. Ostern in Hierapolis. Zeitschrift für Antikes Christentum 15, 2011, 272–290.

F. Jacques/J. Scheid, Rom und das Reich in der Hohen Kaiserzeit 44 v. Chr. – 260 n. Chr. I. Die Struktur des Reiches (Stuttgart/Leipzig 1998).

J. Jervell, Die Apostelgeschichte. Kritsch-exegetischer Kommentar über das Neue Testament 3 [17,1] (Göttingen 1998).

R. Jewett, Romans. A commentary (Minneapolis 2007).

G. J. Johnson, Early-Christian epitaphs from Anatolia (Atlanta 1995) (= Johnson, Epitaphs).

L. T. Johnson, The Letter of James. A new translation with introduction and commentary (New York 1995) (= Johnson, James).

A. H. M. Jones, The Later Roman empire 284–602. A social, economic and administrative survey (Oxford 1964) (= Jones, Empire).

B. W. Jones, Martial's Paullus. Latomus 41, 1982, 841–844 (= Jones, Paullus).

D. Jongkind, Corinth in the first century AD. The search of another class. Tyndale Bulletin 52, 2001, 139–148.

E. A. Judge, Art. Gesellschaft/Gesellschaft und Christentum III. Neues Testament. In: Theologische Realenzyklopädie 12 (1984) 764–769 (= Judge, Gesellschaft).

E. A. Judge, Art. Kultgemeinde (Kultverein). In: Reallexikon für Antike und Christentum 22 (2007) 393–438 (= Judge, Kultgemeinde).

E. A. Judge, The Roman base of Paul's mission. In: ders., The first Christians in the Roman world. Wissenschaftliche Untersuchungen zum Neuen Testament 229 (Tübingen 2008) 553–567 (= Judge, Base).

E. A. Judge, The early Christians as a scholastic community. In: ders., The first Christians in the Roman world. Wissenschaftliche Untersuchungen zum Neuen Testament 229 (Tübingen 2008) 526–552 (= Judge, Community).

E. A. Judge, St Paul as a radical critic of society. In: ders., Social distinctives of the Christians in the first century. Pivotal essays (Peabody/Mass. 2008) 99–115 (= Judge, Critic).

E. A. Judge, Christliche Gruppen in nichtchristlicher Gesellschaft: Die Sozialstruktur christlicher Gruppen im ersten Jahrhundert. In: ders., The first Christians in the Roman world. Wissenschaftliche Untersuchungen zum Neuen Testament 229 (Tübingen 2008) 464–525 (urspr. monographisch Wuppertal 1964) (= Judge, Gruppen).

E. A. Judge, The social identity of the first Christians: a question of method in Religious History. In: ders., Social distinctives of the Christians in the first century. Pivotal essays (Peabody/Mass. 2008) 117–135 (orig. Journal of Religious History 11, 1980, 201–217) (= Judge, Identity).

E. A. Judge, First impressions of St Paul. In: ders., The first Christians in the Roman world. Wissenschaftliche Untersuchungen zum Neuen Testament 229 (Tübingen 2008) 410–415 (= Judge, Impressions).

E. A. Judge, The social pattern of the Christian groups in the first century. In: ders., Social distinctives of the Christians in the first century. Pivotal essays (Peabody/Mass. 2008) 1–56 (orig. 1960) (= Judge, Pattern).

E. A. Judge, „Signs of the Times". The role of the portentous in classical and apostolic narrative. In: ders., The first Christians in the Roman world. Wissenschaftliche Untersuchungen zum Neuen Testament 229 (Tübingen 2008) 416–423 (= Judge, Signs).

E. A. Judge, Ethical terms in St Paul and the inscriptions of Ephesus. In: ders., The first Christians in the Roman world. Wissenschaftliche Untersuchungen zum Neuen Testament 229 (Tübingen 2008) 368–377 (= Judge, Terms).

E. A. Judge/G. S. R. Thomas, The origin of the church at Rome. A new solution? In: E. A. Judge, The first Christians in the Roman world. Wissenschaftliche Untersuchungen zum Neuen Testament 229 (Tübingen 2008) 442–455.

K. Kautsky, Der Ursprung des Christentums. Eine historische Untersuchung (Stuttgart 1908, ¹¹1921).

B. Keil, Über kleinasiatische Grabinschriften. Hermes 43, 1908, 537–557.

J. H. Kent, Corinth VIII 3. The inscriptions 1926–1950 (Princeton 1966).

P. Keresztes, The Jews, the Christians, and Emperor Domitian. Vigiliae Christianae 27, 1973, 1–28 (= Keresztes, Domitian).

P. Keresztes, The Imperial Roman Government and the Christian Church I. From Nero to the Severi. In: Aufstieg und Niedergang der römischen Welt II 23,1 (1979) 247–315 (= Keresztes, Government).

D. Kienast, Römische Kaisertabelle ³(Darmstadt 2004).

H.-J. Klauck, Magie und Heidentum in der Apostelgeschichte des Lukas. Stuttgarter Bibelstudien 167 (Stuttgart 1996).

Th. Klauser, Sind der christlichen Oberschicht seit Mark Aurel die höheren Posten im Heer und in der Verwaltung zugänglich gemacht worden? Jahrbuch für Antike und Christentum 16, 1973, 60–66.

R. Klein, Der Streit um den Victoriaaltar. Die dritte Relatio des Symmachus und die Briefe 17, 18 und 57 des Mailänder Bischofs Ambrosius (Darmstadt 1972).

R. Knopf, Über die soziale Zusammensetzung der ältesten heidenchristlichen Gemeinden. Zeitschrift für Theologie und Kirche 10, 1900, 325–347.

J. Knox, Chapters in a life of Paul (Macon 1987).

D.-A. Koch, Hellenistisches Christentum. Schriftverständnis-Ekklesiologie-Geschichte (Göttingen 2008) (= Koch, Christentum).

G. Koch, Frühchristliche Sarkophage (München 2000) (= Koch, Sarkophage).

H. Koester, The silence of the apostle. In: D. Schowalter/S. Friesen (Hgg.), Urban religion in Roman Corinth. Interdisciplinary approaches. Harvard Theological Studies 35 (Cambridge/Mass. 2005) 339–349.

H. Kreissig, Zur sozialen Zusammensetzung der frühchristlichen Gemeinden im ersten Jahrhundert u. Z. Eirene 6, 1967, 91–100.

A. Krieckhaus, Senatorische Familien und ihre patriae (1./2. Jahrhundert n. Chr.) (Hamburg 2006).

K. Lake, „Your own poets". In: F. J. Foakes Jackson/K. Lake (Hg.), The beginnings of Christianity I. The Acts of the Apostles V. Additional notes (London 1933) 246–251 (= Lake, Poets).

K. Lake, The chronology of Acts III. The proconsulship of Sergius Paulus. In: F. J. Foakes Jackson/K. Lake (Hg.), The beginnings of Christianity I. The Acts of the Apostles V. Additional notes (London 1933) 455–459 (= Lake, Proconsulship).

K. Lake/H. J. Cadbury, The beginnings of Christianity I. The Acts of the Apostles IV. English translation and commentary (London 1933).

P. J. Lalleman, The Acts of John. A two-stage initiation into Johannine Gnosticism (Leuven 1998).
P. Lampe, Die stadtrömischen Christen in den ersten beiden Jahrhunderten. Wissenschaftliche Untersuchungen zum Neuen Testament 2,18 ²(Tübingen 1989) (= Lampe, Christen).
P. Lampe, Acta 19 im Spiegel der ephesischen Inschriften. Biblische Zeitschrift 36, 1992, 59–76 (= Lampe, Inschriften).
R. Lanciani, Pagan and Christian Rome (Cambridge 1893).
P. Landvogt, Epigraphische Untersuchungen über den ΟΙΚΟΝΟΜΟΣ. Ein Beitrag zum hellenistischen Beamtenwesen (Diss. Straßburg 1908).
J. LeGall, Le Tibre. Fleuve de Rome dans l'Antiquité (Paris 1953).
B. Levick, Roman colonies in Southern Asia Minor (Oxford 1967).
J. B. Lightfoot, Discoveries illustrating the Acts of the Apostles. In: ders., Essays on the work entitled Supernatural Religion (London/New York 1889) 291–302 (urspr. 1878) (= Lightfoot, Acts).
J. B. Lightfoot, Apostolic Fathers 1,1 (London/New York 1890) (= Lightfoot, Fathers).
A. Lippold, Stadtrömischer Adel und Religion im frühen 4. Jahrhundert n. Chr. In: A. Lippold, Die Historia Augusta. Eine Sammlung römischer Kaiserbiographien aus der Zeit Konstantins (Stuttgart 1998) 234–244 (urspr.: Miscellanea Historiae Ecclesiasticae VI. Congrès de Varsovie 1978. Bibliothèque de la Revue d'Histoire Ecclésiastique 67 [Warschau 1983] 7–21).
K. D. Litwak, Israel's prophets meet Athens' philosophers. Scriptural echoes in Acts 17,22–31. Biblica 85, 2004, 199–216.
W. A. Löhr, Some observations on Karl-Heinz Schwarte's ‚Diokletian's Christengesetz'. Vigiliae Christianae 56, 2002, 75–95.
A. Loisy, Les Actes des Apôtres (Paris 1920).
B. W. Longenecker, Socio-economic profiling of the first urban Christians. In: T. D. Still/D. G. Horrell (Hgg.), After the First Urban Christians. The social-scientific study of Pauline Christianity twenty-five years later (London/New York 2009) 36–59 (= Longenecker, Profiling).
B. W. Longenecker, Remember the poor. Paul, poverty, and the Greco-Roman world (Grand Rapids/Cambridge 2010) (= Longenecker, Remember).
G. Lüdemann, Das frühe Christentum nach den Traditionen der Apostelgeschichte. Ein Kommentar (Göttingen 1987).
R. MacMullen, Roman social relations 50 B.C. to A.D. 284 (New Haven 1974).
D. Magie, De Romanorum iuris publici sacrique vocabulis sollemnibus in graecum sermonem conversis (Leipzig 1905) (= Magie, De vocabulis).
D. Magie, Roman rule in Asia Minor to the end of the third century after Christ (Princeton 1950) (= Magie, Rule).
A. Malherbe, Social aspects of early Christianity (Baton Rouge/London 1977, ²1983).
D. Marguerat, Wie historisch ist die Apostelgeschichte? Zeitschrift für Neues Testament 9 H. 18, 2006, 44–51 (= Marguerat, Historisch).
D. Marguerat, Lukas, der erste christliche Historiker. Eine Studie zur Apostelgeschichte. Abhandlungen zur Theologie des Alten und Neuen Testaments 92 (Zürich 2011) (= Marguerat, Lukas).
D. B. Martin, Slavery as salvation. The metaphor of slavery in Pauline Christianity (New Haven 1990) (= Martin, Slavery).
R. P. Martin, James. Word Biblical Commentary 48 (Waco 1988) (= Martin, James).
H. J. Mason, Greek terms for Roman institutions. A lexicon and analysis. American Studies in Papyrology 13 (Toronto 1974).
K. L. McKay, Foreign gods identified in Acts 17:18. Tyndale Bulletin 45,2, 1994, 411–412.
P. McKechnie, Christian city councillors in the Roman empire before Constantine. Interdisciplinary Journal of Research on Religion 5, 2009, Article 1, www.religjournal.com.
W. A. Meeks, The first urban Christians. The social world of the apostle Paul (New Haven 1983)

J. Meggitt, Paul, poverty and survival (Edinburgh 1998).
A. Merz, Gerd Theißens Beiträge zur Sozialgeschichte des hellenistischen Urchristentums in der neueren Diskussion. In: P. Lampe/H. Schwier (Hgg.), Neutestamentliche Grenzgänge. Symposium zur kritischen Rezeption der Arbeiten Gerd Theißens. Festschrift für Gerd Theißen zum 65. Geburtstag. Novum Testamentum et Orbis Antiquus 75 (Göttingen 2010) 96–113.
R. Metzner, Die Prominenten im Neuen Testament. Ein prosopographischer Kommentar. Novum Testamentum et Orbis Antiquus 66 (Göttingen 2008).
E. Meyer, Ursprung und Anfänge des Christentums 3. Die Apostelgeschichte und die Anfänge des Christentums [1-3](Stuttgart 1923).
L. Migeotte, La haute administration des finances publiques et sacrées dans les cités hellénistiques. Chiron 36, 2006, 379–394.
F. Millar, „Senatorial Provinces". An institutionalized ghost. In: ders., Rome, the Greek world and the East 1. The Roman Republic and the Augustan Revolution (Chapel Hill/London 2002) 314–320.
B. W. Millis, The social and ethnic origins of the colonists in early Roman Corinth. In: St. Friesen/D. N. Schowalter/J. C. Walters (Hgg.), Corinth in context. Comparative studies on religion and society. Novum Testamentum Suppl. 134 (Leiden/Boston 2010) 13–35.
St. Mitchell, Population and the land in Roman Galatia. In: Aufstieg und Niedergang der römischen Welt II 7,2 (1980) 1053–1081 (= Mitchell, Galatia).
St. Mitchell, Anatolia. Land, men and gods in Asia Minor II. The rise of the church (Oxford 1993) (= Mitchell, Anatolia).
St. Mitchell/D. French, The Greek and Latin inscriptions of Ankara (Ancyra) I. From Augustus to the end of the third century AD. Vestigia 62 (München 2012).
T. B. Mitford, Some published inscriptions from Roman Cyprus. Annual of the British School at Athens 42, 1947, 201–230 (= Mitford, Inscriptions).
T. B. Mitford, Roman Cyprus. In: Aufstieg und Niedergang der römischen Welt II 7,2 (1980) 1285–1384 (= Mitford, Cyprus).
J. Molthagen, Der römische Staat und die Christen im 2. und 3. Jahrhundert. Hypomnemata 28 [2] (Göttingen 1975) (= Molthagen, Staat).
J. Molthagen, Die ersten Konflikte der Christen in der griechisch-römischen Welt. Historia 40, 1991, 42–76 (= Molthagen, Konflikte).
Th. Mommsen, Der Prozess des Christen Apollonius unter Commodus. In: ders., Gesammelte Schriften III (Berlin 1907) 447–454 (= Mommsen, Apollonius).
Th. Mommsen, Die Rechtsverhältnisse des Apostels Paulus. In: ders., Gesammelte Schriften III (Berlin 1907) 431–446 (= Mommsen, Rechtsverhältnisse).
R. L. Mowery, Paul and Caristanius at Pisidian Antioch. Biblica 87, 2006, 223–242.
J. Munck, Paulus und die Heilsgeschichte (Kopenhagen 1954).
J. Murphy-O'Connor, Paul. A Critical Life (Oxford 1997).
H. Musurillo, The Acts of the Christian martyrs (Oxford 1972).
J. L. Myers, Handbook of the Cesnola collection of antiquities from Cyprus (New York 1914).
M. Naldini (Hg.), Il Cristianesimo in Egitto. Lettere private nei papiri dei secoli II-IV (Fiesole 1998).
C. Nicolet, L'ordre équestre à l'époque républicaine (312–43 av. J.-C.), 2 Bde. (Paris 1966–74).
A. Nobbs, Cyprus. In: D. W. J. Gill/C. Gempf, The Book of Acts in its Graeco-Roman setting. The Book of Acts in its first century setting 2 (Grand Rapids 1994) 279–289.
A. D. Nock, Conversion. The Old and the New in religion from Alexander the Great to Augustine of Hippo (London 1933) (= Nock, Conversion).
A. D. Nock, Paul and the magus. In: F. Jackson/K. Lake (Hgg.), The beginnings of Christianity I. The Acts of the Apostles V. Additional notes (London 1933) 164–188 (= Nock, Magus).
A. D. Nock, Essays on religion and the ancient world (Cambridge, Ma. 1972) (= Nock, Essays).

E. Norden, Agnostos Theos. Untersuchungen zur Formgeschichte religiöser Rede (Leipzig 1913, ²1923).

J. H. Oliver, Marcus Aurelius. Aspects of civic and cultural policy in the East. Hesperia Suppl. 13 (Princeton 1970).

F. C. Overbeck, Kurze Erklärung der Apostelgeschichte, von W. M. L. de Wette. Vierte Auflage bearbeitet und stark erweitert von Franz Overbeck (Leipzig 1870).

D. I. Pallas/S. P. Dantes, Ἐπιγραφες ἀπο την Κορινθω. Archaiologike Ephemeris 1977 (1979).

R. Pervo, Profit with delight. The literary genre of the Acts of the Apostles (Philadelphia 1987) (= Pervo, Profit).

R. Pervo, Dating Acts. Between the Evangelists and the Apologists (Santa Rosa 2006) (= Pervo, Dating).

R. Pervo, Acts. A commentary (Minneapolis 2009) (= Pervo, Acts).

R. Pesch, Die Apostelgeschichte. Evangelisch-Katholischer Kommentar zum Neuen Testament 5,1–2 ²(Zürich 1995–2003).

D. G. Peterson, The Acts of the Apostles (Grand Rapids/Cambridge 2009).

P. Pilhofer, Philippi I. Die erste christliche Gemeinde Europas. Wissenschaftliche Untersuchungen zum Neuen Testament 87 (Tübingen 1995) (= Pilhofer, Philippi).

P. Pilhofer, Was wußte Lukas über das pisidische Antiochien? In: ders., Die frühen Christen und ihre Welt. Greifswalder Aufsätze 1996–2001. Mit Beiträgen von J. Börstinghaus und E. Ebel. Wissenschaftliche Untersuchungen zum Neuen Testament 145 (Tübingen 2002) 113–122 (= Pilhofer, Antiochien).

E. Plümacher, Lukas als hellenistischer Schriftsteller. Studien zur Apostelgeschichte (Göttingen 1972) (= Plümacher, Lukas).

E. Plümacher, Identitätsverlust und Identitätsgewinn. Studien zum Verhältnis von kaiserzeitlicher Stadt und frühem Christentum. Biblisch-Theologische Studien 11 (Neukirchen-Vluyn 1987) (= Plümacher, Identitätsverlust).

E. Plümacher, Eduard Meyers „Ursprung und Anfänge des Christentums". Verhältnis zu Fachwissenschaft und Zeitgeist. In: W. M. Calder III/A. Demandt (Hgg.), Eduard Meyer. Leben und Leistung eines Universalhistorikers. Mnemosyne Suppl. 112 (Leiden u. a. 1990) 344–367 (= Plümacher, Meyer).

E. Plümacher, Τερατεία. Fiktion und Wunder in der hellenistisch-römischen Geschichtsschreibung und in der Apostelgeschichte. In: ders., Geschichte und Geschichten. Aufsätze zur Apostelgeschichte und zu den Johannesakten (Tübingen 2004) 33–83 (urspr. Zeitschrift für die Neutestamentliche Wissenschaft 89, 1998, 66–90) (= Plümacher, TEPATEIA).

E. Plümacher, Wirklichkeitserfahrung und Geschichtsschreibung bei Lukas. Erwägungen zu den Wir-Stücken der Apostelgeschichte. In: ders., Geschichte und Geschichten. Aufsätze zur Apostelgeschichte und zu den Johannesakten (Tübingen 2004) 85–108 (urspr. Zeitschrift für die Neutestamentliche Wissenschaft 68, 1977, 2–22) (= Plümacher, Wirklichkeitserfahrung).

M. Pohlenz, Paulus und die Stoa. Zeitschrift für die Neutestamentliche Wissenschaft 42, 1949, 69–104.

St. E. Porter, The Paul of Acts. Essays in literary criticism, rhetoric, and theology. Wissenschaftliche Untersuchungen zum Neuen Testament 115 (Tübingen 1999) (= Porter, Paul).

St. E. Porter, Was Paulinism a thing when Luke-Acts was written? In: D. Marguerat (Hg.), Reception of Paulinism in Acts. Réception du Paulinisme dans les Actes des Apôtres (Leuven u. a. 2009) 1–13 (= Porter, Paulinism).

M. Pucci Ben Zeev, Diaspora Judaism in turmoil 116/117 CE. Ancient sources and modern insights (Leuven 2005).

F. Quass, Die Honoratiorenschicht in den Städten des griechischen Ostens. Untersuchungen zur politischen und sozialen Entwicklung in hellenistischer und römischer Zeit (Stuttgart 1993).

R. B. Rackham, The Acts of the Apostles. A plea for an early date. Journal of Theological Studies 1, 1899/1900, 76–87 (= Rackham, Plea).

R. B. Rackham, The Acts of the Apostles. An exposition (London 1901) (= Rackham, Commentary).

M.-Th. Raepsaet-Charlier, Les femmes sénatoriales du IIIe siècle. Étude préliminaire. In: W. Eck (Hg.), Prosopographie und Sozialgeschichte. Studien zur Methodik und Erkenntnismöglichkeit der kaiserzeitlichen Prosopographie. Kolloquium Köln 1991 (Köln u. a. 1993) 147–163.

I. Ramelli, Cristiani e vita politica. Il cripto-cristianesimo nelle classi dirigenti romane nel II secolo. Aevum 77, 2003, 35–51.

W. M. Ramsay, The cities and bishoprics of Phrygia: being an essay of the local history of Phrygia from the earliest time to the Turkish conquest. Band 1,1–2 (Oxford 1895–97) (= Ramsay, Cities).

W. M. Ramsay, St. Paul the traveller and Roman citizen (London 1897) (= Ramsay, Traveller).

W. M. Ramsay, The bearing of recent discovery on the trustworthiness of the New Testament (London 1915) (= Ramsay, Discovery).

W. M. Ramsay, Studies in the Province of Galatia X. The Romans in Galatia. Journal of Roman Studies 16, 1926, 201–215 (= Ramsay, Galatia).

B. Reicke, The Epistles of James, Peter, and Jude (New York 1964).

M. Reiser, Von Caesarea nach Malta. Literarischer Charakter und historische Glaubwürdigkeit von Act 27. In: F. W. Horn (Hg.), Das Ende des Paulus. Historische, theologische und literaturgeschichtliche Aspekte. Zeitschrift für die Neutestamentliche Wissenschaft Beih. 106 (Berlin/New York 2001) 49–74 (= Reiser, Caesarea).

M. Reiser, Apostelgeschichte 27 – Bericht oder Roman? In: J. Thiessen (Hg.), Die Apostelgeschichte in ihrem historischen Kontext. Drei Fallstudien (Münster/Zürich 2013) 131–150 (= Reiser, Bericht).

B. Rémy, Les fastes sénatoriaux des provinces romaines d'Anatolie au Haut-Empire (31 av. J.-C. – 284 ap. J.-C.). Pont-Bithynie, Galatie, Cappadoce, Lycie-Pamphylie et Cilicie (Paris 1988).

J. Rendel Harris, The Cretans always liars. The Expositor 7,2, 1906, 305–317 (= Rendel Harris, Cretans).

J. Rendel Harris, A further note on the Cretans. The Expositor 7,3, 1907, 332–337 (= Rendel Harris, Note).

U. Riemer, Flavius Clemens – vom römischen Konsul zum christlichen Märtyrer. In: Ch. Batsch/U. Egelhaaf-Geiser/R. Stepper (Hgg.) Zwischen Krise und Alltag. Antike Religionen im Mittelmeerraum. Potsdamer Altertumswissenschaftliche Beiträge 1 (Stuttgart 1999) 243–253.

R. Riesner, Paul's early period. Chronology, mission strategy, theology (Grand Rapids 1998) (verbesserte Übs. von: Die Frühzeit des Apostels Paulus. Studien zur Chronologie, Missionsstrategie und Theologie. Wissenschaftliche Untersuchungen zum Neuen Testament 71 [Tübingen 1994]) (= Riesner, Period).

R. Riesner, Die historische Zuverlässigkeit der Apostelgeschichte. Zeitschrift für Neues Testament 9/18, 2006, 38–43 (= Riesner, Zuverlässigkeit).

R. Rilinger, Humiliores – Honestiores. Zu einer sozialen Dichotomie im Strafrecht der römischen Kaiserzeit (München 1988).

R. Rilinger, *Ordo* und *dignitas* als soziale Kategorien der römischen Republik. In: ders., *Ordo* und *dignitas*. Beiträge zur römischen Verfassungs- und Sozialgeschichte, hg. v. T. Schmitt/A. Winterling (Stuttgart 2007) 105–122 [urspr. 1991].

J. Rius-Camps/J. Heimerdinger, The variant readings of the western text of the Acts of the Apostles (XVIII). Filología Neotestamentaria 19, 2006, 99–112.

J. B. Rives, The decree of Decius and the religion of empire. Journal of Roman Studies 99, 1999, 135–154.

L. Robert, Études Anatoliennes (Paris 1937, Nachdr. Amsterdam 1970).

L. Robert, Hellenica I-XIII (Limoges 1940–1965).

R. L. Rohrbaugh, Methodological considerations in the debate over the social class status of early Christians. Journal of the American Academy of Religion 52, 1984, 519–546.
J. Roloff, Die Apostelgeschichte. Das Neue Testament Deutsch 5,17 (Göttingen 1981).
A. G. Roos, De titulo quodam Latino Corinthi nuper reperto. Mnemosyne 58, 1930, 160–165.
K. Rosen, Passio Sanctae Crispinae. Jahrbuch für Antike und Christentum 40, 1997, 106–125.
V. Rudich, Political dissidence under Nero. The price of dissimulation (New York 1993).
L. Rydbeck, Fachprosa, vermeintliche Volkssprache und Neues Testament (Uppsala 1967).
S. Safrai/M. Stern, The Jewish people in the first century. Historical geography, political history, social, cultural and religious life and institutions I. Compendium rerum Iudaicarum ad Novum Testamentum 1 (Assen 1974).
M. M. Sage, Cyprian (Cambridge, Ma. 1975) (= Sage, Cyprian).
M. M. Sage, Eusebius and the rain miracle. Some observations. Historia 36, 1987, 96–113 (= Sage, Rain miracle).
R. Saller, Status and patronage. In: Cambridge Ancient History XI^2 (2000) 817–854.
B. Salway, What's in a name? A survey of Roman onomastic practice from c. 700 B. C. to A. D. 700. Journal of Roman Studies 84, 1994, 124–145.
M. R. Salzman, The making of a Christian aristocracy. Social and religious change in the Western Roman empire (Cambridge, Ma./London 2002).
Chr. Samitz, Die Einführung der Dekaproten und der Eikosaproten in den Städten Kleinasiens und Griechenlands. Chiron 43, 2013, 1–61.
D. Sänger, Die δυνατοί in 1 Kor 1,26. Zeitschrift für die Neutestamentliche Wissenschaft 76, 1985, 285–291 (wieder abgedr. in: ders., Von der Bestimmtheit des Anfangs. Studien zu Jesus, Paulus und zum frühchristlichen Schriftverständnis [Neukirchen-Vluyn 2007] 91–98).
M. Schanz, Geschichte der römischen Literatur bis zum Gesetzgebungswerk des Kaisers Justinian 3. Die Zeit von Hadrian 117 bis auf Constantin 324. 3. neubearb. Aufl. von C. Hosius/G. Krüger. Handbuch der Altertumswissenschaft 8,3 (München 1969).
J. Scheid, Les Frères Arvales. Recrutement et origine sociale sous les empereurs julio-claudiens (Paris 1975).
A. Schenk von Stauffenberg, Die römische Kaisergeschichte bei Malalas (Stuttgart 1931).
D. Schinkel, Kanzler oder Schriftführer? Apg 19,23–40 und das Amt des γραμματεύς in griechisch-römischen Vereinigungen. In: D. C. Bienert/J. Jeska/T. Witulski (Hgg.), Paulus und die antike Welt. Beiträge zur zeit- und religionsgeschichtlichen Erforschung des paulinischen Christentums (Göttingen 2008) 136–149.
Th. Schleich, Missionsgeschichte und Sozialstruktur des vorkonstantinischen Christentums. Die These von der Unterschichtreligion. Geschichte in Wissenschaft und Unterricht 33, 1982, 269–296.
E. J. Schnabel, Urchristliche Mission (Wuppertal 2002).
G. Schneider, Die Apostelgeschichte. Herders Theologischer Kommentar zum Neuen Testament 5,1–2 (Freiburg u. a. 1980–1982).
D. M. Scholer, Introduction. In: E. A. Judge, Social distinctives of the Christians in the first century. Pivotal essays (Peabody/Mass. 2008) XIII-XX.
G. Schöllgen, Ecclesia sordida? Zur Frage der sozialen Schichtung frühchristlicher Gemeinden am Beispiel Karthagos zur Zeit Tertullians. Jahrbuch für Antike und Christentum Erg.-Bd. 12 (Münster 1984) (= Schöllgen, Ecclesia).
B. Scholz, Mädchen mit gegürtetem pallium in Rom und den Provinzen. In: G. Brands (Hg.), Rom und die Provinzen. Gedenkschrift H. Gabelmann. Bonner Jahrbücher Beih. 53 (Mainz 2001) 197–208.
B. Schöpf, Das Tötungsrecht bei den frühchristlichen Schriftstellern (Regensburg 1958).
L. Schottroff, „Nicht viele Mächtige". Annäherungen an eine Soziologie des Urchristentums. Bibel und Kirche 40, 1985, 2–8 (Nachdruck in: dies., Befreiungserfahrungen. Studien zur

Sozialgeschichte des Neuen Testamentes [München 1990] 247–256; engl.: „Not many powerful". Approaches to a sociology of early Christianity. In: D. G. Horrell [Hg.], Social-scientific approaches to New Testament interpretation [Edinburgh 1999] 275–287}.
W. Schrage, Kreuzestheologie und Ethik im Neuen Testament. Gesammelte Studien. Forschungen zur Religion und Literatur des Alten und Neuen Testaments 205 (Göttingen 2004).
K. Schreiner, Zur biblischen Legitimation des Adels. Auslegungsgeschichte zu 1. Kor. 1,26–29. Zeitschrift für Kirchengeschichte 85, 1975, 317–357.
J. Schröter, Actaforschung seit 1982. I. Theologische Rundschau 72, 2007, 179–230; II. ebd. 293–345; III. ebd. 383–419; IV. Theologische Rundschau 73, 2008, 1–59; V. ebd. 150–169; VI. ebd. 282–333 (= Schröter, Actaforschung).
J. Schröter, Überlegungen zum Verhältnis von Historiographie und Hermeneutik in der neutestamentlichen Wissenschaft. In: ders., Von Jesus zum Neuen Testament. Studien zur urchristlichen Theologiegeschichte und zur Entstehung des neutestamentlichen Kanons. Wissenschaftliche Untersuchungen zum Neuen Testament 204 (Tübingen 2008) 23–35 (= Schröter, Historiographie).
J. Schröter, Konstruktion von Geschichte und die Anfänge des Christentums. Reflexionen zur christlichen Geschichtsdeutung aus neutestamentlicher Perspektive. In: ders., Von Jesus zum Neuen Testament. Studien zur urchristlichen Theologiegeschichte und zur Entstehung des neutestamentlichen Kanons. Wissenschaftliche Untersuchungen zum Neuen Testament 204 (Tübingen 2008) 37–54 (= Schröter, Konstruktion).
J. Schröter, Zur Stellung der Apostelgeschichte im Kontext der antiken Historiographie. In: J. Frey/C. K. Rothschild/J. Schröter (Hgg.), Die Apostelgeschichte im Kontext antiker und frühchristlicher Historiographie. Zeitschrift für die Neutestamentliche Wissenschaft Beih. 162 (Berlin/New York 2010) 27–47 (= Schröter, Kontext).
E. Schürer, The history of the Jewish people in the age of Jesus Christ (175 B.C.-A.D. 135) I. A new English version revised and edited by G. Vermes/F. Millar (Edinburgh 1973).
Chr. Schuler, Cyprian: Der christliche Blick auf die Zeitgeschichte. In: M. Zimmermann (Hg.), Geschichtsschreibung und politischer Wandel im 3. Jh. n.Chr. Historia Einzelschr. 127 (Stuttgart 1999) 183–202.
C. Schulte, Die Grammateis von Ephesos. Schreiberamt und Sozialstruktur in einer Provinzhauptstadt des römischen Kaiserreiches. Heidelberger Althistorische Beiträge und Epigraphische Studien 15 (Stuttgart 1994).
K. H. Schwarte, Die Christengesetze Valerians. In: W. Eck (Hg.), Religion und Gesellschaft in der römischen Kaiserzeit. Kolloquium F. Vittinghoff. Kölner historische Abhandlungen 35 (Köln 1989) 103–163 (= Schwarte, Valerian).
K. H. Schwarte, Diokletians Christengesetz. In: E fontibus haurire. Festschr. H. Chantraine 65. Geb. (Paderborn u. a. 1994) 203–240 (= Schwarte, Diokletian).
R. Schwindt, Das Weltbild des Epheserbriefes. Eine religionsgeschichtlich-exegetische Studie. Wissenschaftliche Untersuchungen zum Neuen Testament 148 (Tübingen 2002).
R. Scroggs, The Sociological Interpretation of the New Testament: The Present State of Research. New Testament Studies 26, 1980, 164–179.
T. L. Shear, Excavations in the Theatre District and Tombs of Corinth in 1929. American Journal of Archaeology 33, 1929, 515–546.
A. N. Sherwin-White, Roman society and Roman law in the New Testament (Oxford 1963) (= Sherwin-White, Society).
S. N. Sherwin-White, Ancient Cos (Göttingen 1978) (= Sherwin-White, Cos).
E. M. Smallwood, The Jews under Roman rule from Pompey to Diocletian. A study in political relations ²(Leiden 1981).
H. Solin, Die griechischen Personennamen in Rom. CIL Auctarium, series nova 2,1–3 ²(Berlin 2003).

M. Sordi, I rapporti fra il Cristianesimo e l'impero dai Severi a Gallieno. In: Aufstieg und Niedergang der römischen Welt II 23,1 (1979) 340–371 (wieder abgedr. in: dies., Impero romano e Cristianesimo. Scritti scelti. Studia Ephemeridis Augustinianum 99 [Rom 2006] 403–442) (= Sordi, Severi a Gallieno).

M. Sordi, L'ambiente storico culturale greco-romano della missione cristiana nel primo secolo. In: dies., Impero romano e Cristianesimo. Scritti scelti. Studia Ephemeridis Augustinianum 99 (Rom 2006) 113–126 (urspr.: Ricerche storico-bibliche 10, 1998, 217–229) (= Sordi, Ambiente).

M. Sordi, Un martire romano della persecuzione di Valeriano: il prefetto Cn. Domizio Filippo. In: dies., Impero romano e Cristianesimo. Scritti scelti. Studia Ephemeridis Augustinianum 99 (Rom 2006) 471–479 (urspr.: Rivista di Storia della Chiesa in Italia 33, 1979, 4–11) (= Sordi, Filippo).

M. Sordi, I Flavi e il Cristianesimo. In: dies., Impero romano e Cristianesimo. Scritti scelti. Studia Ephemeridis Augustinianum 99 (Rom 2006) 191–205 (urspr.: Atti del congresso internazionale di studi vespasianei, Rieti 1979 [Rieti 1981] 137–152) (= Sordi, Flavi).

M. Sordi, La persecuzione di Domiziano. In: dies., Impero romano e Cristianesimo. Scritti scelti. Studia Ephemeridis Augustinianum 99 (Rom 2006) 207–234 (urspr.: Rivista di Storia della Chiesa in Italia 14, 1960, 1–26) (= Sordi, Persecuzione).

M. Sordi, Sergia Paulina e il suo *collegium*. In: dies., Impero romano e Cristianesimo. Scritti scelti. Studia Ephemeridis Augustinianum 99 (Rom 2006) 141–146 (urspr. Rendiconti dell'Istituto Lombardo, Scienze e Lettere 113, 1979, 14–20) (= Sordi, Sergia Paulina).

M. Sordi, Paolo e le città d'Asia. In: G. Urso (Hg.), Tra Oriente e Occidente. Indigeni, Greci e Romani in Asia minore. Atti del convegno internazionale, Cividale del Friuli, 28–30 settembre 2006. I convegni della Fondazione Niccolò Canussio 6 (Pisa 2007) 141–150 (= Sordi, Paolo).

M. Sordi/M. L. Cavigiolo, Un'antica „chiesa domestica" di Roma? Rivista di Storia della Chiesa in Italia 25, 1971, 369–374.

A. J. S. Spawforth, Roman Corinth. The formation of a colonial elite. In: A. D. Rizakis (Hg.), Roman onomastics in the Greek East. Proceedings of the International Colloquium on Roman Onomastics, Athens 7.–9. Sept. 1993. Meletemata 21 (Athen 1996) 167–182.

J. Speigl, Der römische Staat und die Christen. Staat und Kirche von Domitian bis Commodus (Amsterdam 1970).

E. W. Stegemann, Paulus und Sokrates. In: ders., Paulus und die Welt (Zürich 2005) 93–112.

E. W. Stegemann/W. Stegemann, Urchristliche Sozialgeschichte. Die Anfänge im Judentum und die Christusgemeinden in der mediterranen Welt ²(Stuttgart u. a. 1997).

A. Stein, Der römische Ritterstand (München 1927).

R. Stillwell, Corinth II. The theatre (Princeton 1952).

N. B. Stonehouse, Paul before the Areopagus and other New Testament Studies (London 1957).

R. Strelan, Strange Acts. Studies in the cultural world of the Acts of the Apostles. Zeitschrift für die Neutestamentliche Wissenschaft Beih. 126 (Berlin/New York 2004).

K. Strobel, Das Imperium Romanum im ‚3. Jahrhundert'. Modell einer historischen Krise? Historia Einzelschr. 75 (Stuttgart 1993).

R. Syme, Roman Papers III (Oxford 1984) (= Syme, Roman Papers III).

R. Syme, Roman Papers V (Oxford 1988) (= Syme, Roman Papers V).

W. Tabbernee, Montanist inscriptions and testimonia. Epigraphic sources illustrating the history of Montanism (Macon 1997).

Ch. Talbert, What is meant by the Historicity of Acts? In: ders., Reading Luke-Acts in its mediterranean milieu. Novum Testamentum Suppl. 107 (Leiden/Boston 2003) 197–217.

J. Taylor, Les Actes des Deux Apôtres V. Commentaire historique (Act. 9,1–18,22). Études Bibliques N.S. 23 (Paris 1994) (= Taylor, Actes).

J. Taylor, St Paul and the Roman empire. Acts of the Apostles 13–14. In: Aufstieg und Niedergang der römischen Welt II 26,2 (1995) 1189–1231 (= Taylor, Paul).

G. Theißen, Lokalkolorit und Zeitgeschichte in den Evangelien. Ein Beitrag zur Geschichte der synoptischen Tradition. Novum Testamentum et Orbis Antiquus 6 ²(Freiburg 1992) (= Theißen, Lokalkolorit).

G. Theißen, Studien zur Soziologie des Urchristentums. Wissenschaftliche Untersuchungen zum Neuen Testament 19 ³(Tübingen 1989) (= Theißen, Studien).

G. Theißen, The social structure of Pauline communities: Some critical remarks on J.J. Meggitt, Paul, Poverty and Survival. Journal for the Study of the New Testament 84, 2001, 65–84 (= Theißen, Structure).

G. Theißen, The social setting of Pauline communities. In: St. Westerholm (Hg.), The Blackwell companion to Paul (Malden, MA u. a. 2011) 248–267 (= Theißen, Communities).

G. Theißen, Von Jesus zur urchristlichen Zeichenwelt. „Neutestamentliche Grenzgänge" im Dialog. Novum Testamentum et Orbis Antiquus 78 (Göttingen 2011) (= Theißen, Dialog).

A. C. Thiselton, The First Epistle to the Corinthians. A commentary on the Greek text (Grand Rapids 2000).

G. Thomas, La condition sociale de l'église de Lyon en 177. In: J. Rougé/R. Turcan (Hgg.), Les martyrs de Lyon 177 (Paris 1978).

B. E. Thomasson, Laterculi praesidum 1–3 (Göteborg 1972–1990) (= Thomasson, Laterculi).

B. E. Thomasson, Laterculi praesidum 1 ex parte retractatum [www.isvroma.it/public/Publications/laterculi.pdf] (Göteborg 2009) (= Thomasson, Laterculi addenda).

C.-J. Thornton, Der Zeuge des Zeugen. Lukas als Historiker der Paulusreisen. Wissenschaftliche Untersuchungen zum Neuen Testament 56 (Tübingen 1991).

D. J. Tidball, On Wooing a Crocodile: An historical survey of the relationship between Sociology and New Testament Studies. Vox Evangelica 15, 1985, 95–110.

G. R. Treloar, Lightfoot the Historian. The nature and role of history in the life and thought of J. B. Lightfoot (1828–1889) as churchman and scholar. Wissenschaftliche Untersuchungen zum Neuen Testament 2,103 (Tübingen 1998).

E. Troeltsch, Soziallehren der christlichen Kirchen und Gruppen. Gesammelte Schriften 1 (Tübingen 1912).

J. Ulrich, Euseb, HistEccl III 14–20 und die Frage nach der Christenverfolgung unter Domitian. Zeitschrift für die Neutestamentliche Wissenschaft 87, 1996, 269–289.

H. van de Weerd, Een Nieuw Opschrift van Korinthe. Revue Belge de Philologie et d'Histoire 10, 1931, 87–95.

P. W. van der Horst, The altar of the ‚Unknown God' in Athens (Acts 17:23) and the cult of the ‚Unknown Gods' in the Hellenistic and Roman periods. In: Aufstieg und Niedergang der römischen Welt II 18,2 (1989) 1426–1456 (= van der Horst, Altar).

P. W. van der Horst, The Jews of Ancient Cyprus. In: ders., Jews and Christians in their Graeco-Roman context: Selected essays on early Judaism, Samaritanism, Hellenism, and Christianity. Wissenschaftliche Untersuchungen zum Neuen Testament 196 (Tübingen 2006) 28–36 (= van der Horst, Cyprus).

P. W. van der Horst, Inscriptiones Judaicae Orientis. A review article. In: ders., Jews and Christians in their Graeco-Roman context: Selected essays on early Judaism, Samaritanism, Hellenism, and Christianity. Wissenschaftliche Untersuchungen zum Neuen Testament 196 (Tübingen 2006) 71–86 (= van der Horst, Inscriptiones).

B. van Elderen, Some archaeological observations on Paul's first missionary journey. In: Apostolic history and the gospel. Biblical and historical essays presented to F. F. Bruce on his 60th birthday, hg. v. W. W. Gasque/R. P. Martin (Exeter 1970) 151–161.

O. van Nijf, The civic world of professional associations in the Roman East (Amsterdam 1997).

Ph. Vielhauer, Zum ‚Paulinismus' der Apostelgeschichte. In: ders., Aufsätze zum Neuen Testament (München 1965) 235–252 (urspr. in: Evangelische Theologie 10, 1950/51, 1–15).

F. Vittinghoff, „Christianus sum". Das „Verbrechen" von Außenseitern der römischen Gesellschaft. Historia 33, 1984, 331–357 (= Vittinghoff, Christianus).

F. Vittinghoff, Gesellschaft. In: ders. (Hg), Handbuch der europäischen Wirtschafts- und Sozialgeschichte 1. Europäische Wirtschafts- und Sozialgeschichte in der römischen Kaiserzeit (Stuttgart 1990) 161–369 (= Vittinghoff, Gesellschaft).

U. Vogel-Weidemann, Die Statthalter von Africa und Asia in den Jahren 14–68 n.Chr. Eine Untersuchung zum Verhältnis Princeps und Senat (Bonn 1982).

A. Weiß, Sklave der Stadt. Untersuchungen zur öffentlichen Sklaverei in den Städten des Römischen Reiches. Historia Einzelschr. 173 (Stuttgart 2004) (= Weiß, Sklave).

A. Weiß, Sergius Paullus, Statthalter von Zypern. Zeitschrift für Papyrologie und Epigraphik 169, 2009, 188–192 (= Weiß, Sergius Paullus).

A. Weiß, Der Aufruhr der Silberschmiede (Apg 19,23–40) und das Edikt des Paullus Fabius Persicus (I. Ephesos 17–19). Biblische Zeitschrift 53, 2009, 69–81 (= Weiß, Silberschmiede).

A. Weiß, Keine Quästoren in Korinth. Zu Goodrichs (und Theißens) über das Amt des Erastos (Röm 16,23). New Testament Studies 56, 2010, 576–581 (= Weiß, Erastos).

A. Weiß, Lokalkolorit in der Apostelgeschichte des Lukas und in den apokryphen Apostelgeschichten. Realitätseffekt oder Authentizitätsmarker? – Ein Vergleich. In: J. Thiessen (Hg.), Die Apostelgeschichte in ihrem historischen Kontext. Drei Fallstudien (Münster/Zürich 2013) 9–28 (= Weiß, Lokalkolorit).

A. Weiß, Deissmann und die Unterschichtenthese. In: C. Breytenbach/Ch. Markschies (Hgg.), Adolf Deissmann – ein (zu Unrecht) fast vergessener Theologe und Philologe (im Druck) (= Weiß, Deissmann).

J. Weiß, Der erste Korintherbrief. Kritisch-exegetischer Kommentar über das Neue Testament 5, 9. Aufl. (Göttingen 1910) (= Weiß, 1 Kor).

L. L. Welborn, Paul, the fool of Christ. A study of 1 Corinthians 1–4 in comic-philosophic tradition (London/New York 2005) (= Welborn, Fool).

L. L. Welborn, An end to enmity. Paul and the „wrongdoer" of Second Corinthians. Zeitschrift für die Neutestamentliche Wissenschaft Beih. 185 (Berlin/Boston 2011) (= Welborn, Enmity).

A. B. West, Corinth 8,2. Latin inscription 1896–1926 (Princeton 1931).

L. Wierschowski, Der Lyoner Märtyrer Vettius Epagathus. Zum Status und zur Herkunft der ersten gallischen Christen. Historia 47, 1998, 426–453.

A. Wikenhauser, Die Apostelgeschichte und ihr Geschichtswert. Neutestamentliche Abhandlungen 8,3–5 (Münster 1921).

B. W. Winter, Seek the welfare of the city. Christians as benefactors and citizens (Grand Rapids 1994) (= Winter, Welfare).

B. W. Winter, On introducing gods to Athens. An alternative reading of Acts 17:18–20. Tyndale Bulletin 47,1, 1996, 71–90 (= Winter, Introducing gods).

B. W. Winter, Philo and Paul among the Sophists. Alexandrian and Corinthian responses to a Julio-Claudian movement ^{2}(Grand Rapids/Cambridge 2002) (= Winter, Sophists).

A. Winterling, ‚Staat', ‚Gesellschaft' und politische Integration in der römischen Kaiserzeit. Klio 83, 2001, 93–112.

W. Wischmeyer, Von Golgatha zum Ponte Molle. Studien zur Sozialgeschichte der Kirche im dritten Jahrhundert (Göttingen 1992).

St. Witetschek, Ephesische Enthüllungen 1. Frühe Christen in einer antiken Großstadt zugleich ein Beitrag zur Frage nach den Kontexten der Johannesapokalypse (Leuven 2008) (= Witetschek, Enthüllungen).

St. Witetschek, Artemis and Asiarchs. Some remarks on Ephesian local colour in Acts 19. Biblica 90, 2009, 334–355 (= Witetschek, Asiarchs).

B. Witherington III, Conflict and community in Corinth. A socio-rhetorical commentary on 1 and 2 Corinthians (Grand Rapids 1995) (= Witherington, Corinth).

B. Witherington III, The Acts of the Apostles. A socio-rhetorical commentary (Grand Rapids 1998) (= Witherington, Acts).

B. Witherington III, Paul's Letter to the Romans. A socio-rhetorical commentary (Grand Rapids 2004) (= Witherington, Romans).

B. Witherington III, Letters and homilies for Jewish Christians. A socio-rhetorical commentary on Hebrews, James and Jude (Downers Grove 2007) (= Witherington, James).

V. Wittkowsky, „Pagane" Zitate im Neuen Testament. Novum Testamentum 51, 2009, 107–126.

K. Wojciech, Die Stadtpräfektur im Prinzipat. Antiquitas 1,57 (Bonn 2010).

W. H. Wuellner, The sociological implications of 1 Corinthians 1.26–28 reconsidered. In: Studia Evangelica 6. Texte und Untersuchungen zur Geschichte der altchristlichen Literatur 112 (Berlin 1973) 666–672 (= Wuellner, Implications).

W. H. Wuellner, Ursprung und Verwendung der σοφός-, δυνατός-, εὐγενής-Formel in 1 Kor 1,26. In: Donum Gentilicium. New Testament Studies in Honour of David Daube, hg. E. Bammel (Oxford 1978) 165–184 (= Wuellner, Ursprung).

B. Wycherly, St Paul at Athens. Journal of Theological Studies 19, 1968, 619–620.

Th. Zahn, Zur Lebensgeschichte des Apostels Paulus. Neue Kirchliche Zeitschrift 15, 1904, 23–41, 189–200 (= Zahn, Lebensgeschichte).

Th. Zahn, Die Apostelgeschichte des Lucas (Leipzig 1919–1921) (= Zahn, Apostelgeschichte).

Stellenregister

Acta Carpi 24–35: 205[89]

Acta Pauli et Theclae 16–17: 55[131]

AE
1928, 99: 72[221]
1936, 125: 198[56]
1964, 158c: 73[225]
1971, 440: 118[49]
1972, 567: 118[49]
2000, 1345: 118[49]
2001, 628a: 69[197]
2002, 1456: 69[197]; 1457: 68[192]; 1458: 68[196]
2005, 1552: 58[151]; 1718: 68[190]

Ael. Aristid.
Panath. 43: 99[341]; 252: 99[341]

Aesch. Eum. 647–648: 87[294]

Alt. Hierapolis 35: 135

Ambros.
ep. 17,9: 174[17]
exhort. virg. 12,82: 195[31]

Aristot.
anal. post. II 99b–100b: 94[326]
eth. Eud. 1249a 10: 149[115]
rhet. 1389a 1: 149[114]
Pol. 1296b 18: 149[116]

AT
Dan 1: 171[8]; 7: 163
Gen 41,41–57: 171[8]
Hes 28: 148
Jer 9,22 LXX: 148[109]
Jes 9,5: 148

Augustin.
conf. 8,2: 186[42]. 186[45]. 186[46]
enarr. in ps. 120,13: 194[29]

Buckler et al. Nr. 194: 204[82]; Nr. 204: 204[81]

Can. Elvira 2–4: 183[38]; 56: 183[37]. 184

Cass. Dio 55,10,14: 161[24]; 59,22,7: 161[24]; 67,14,1–2: 158. 160; 67,14,3: 166; 68,32: 54[125]

Chariton 1,116: 84[279]

Chronicon Paschale 69,13 f. Dindorf: 162[28]; 468,7 Dindorf: 162[28]

Cic.
Att. 1,14,5: 99[341]
nat. deor. 2,29,74: 99[341]

CID IV 135: 151[123]

CIG 2512: 136; 2717: 126; 3151: 125; 3161: 124; 3777: 133; 3793: 135; 3865d: 151[123]; 6837: 137. 138

CIL
VI 253: 67. 67[186]. 68. 68[191]. 71. 173; 8942: 164. 165; 31545: 62. 63. 64; 31731: 197[45]; 31943: 168[43]; 31953: 199[61]; 31985: 198[57]; 37273: 202[73]; 41434: 194[24]
VII 240: 192[16]
VIII 6996: 206[94]; 7094: 206[94]; 7095: 202[94]; 7096: 206[94]; 7097: 206[94]; 7098: 206[94]; 9585: 199[62]; 19434: 206[94]; 19435: 206[94]
IX 338: 27[19]. 177[20]
XI 4382: 131. 135
XII 675: 195[38]
XIII 1668: 64[177]
XIV 174: 69[197]; 409: 146[101]

CIIP 1277: 44[73]

CIRB 432: 153[133]

CLE 904: 194[24]

Clem. Alex. *strom.*	1,14,59,2: 86[286]		**Gibson**	Nr. 27: 205[85]
Cod. Iust.	9,21: 120[57]. 214[2]		**Hieron.** *chron.*	a. 354: 186[45]

Corinth VIII 2 s. West

Hippolyt. *comm. in Dan.* 4,18,3: 192[15]

Corinth VIII 3 s. Kent

I. Caesarea Maritima 43: 44[73]

Cypr.
ep. 30,3: 189[3]; 37,2: 189[3]; 80,1.2: 189[4]. 191[11]. 201[68]

I. Denizli-Hierapolis 155: 204[82]

laps. 1–6: 189[3]; 25: 189[3]

I. Ephesos 27D,374: 151[123]; 708: 151[123]; 1540: 151[123]; 3863a: 123[67];

Demosth. 4,10: 84[279]; 60,4–8: 93[318]

I. Iasos 258: 103[361]; 260: 103[361]

Dig. 27,1,15,6: 180[26]; 33,7,12,40: 192[16]; 50,2,3,3: 172[10]

I. Kalchedon 101: 135. 138

Diod. 34/35,9: 78[254]

I. Kaunos 4: 151[123]

Diog. Laert. 1,110–112: 86[289]; 1,111f: 86[287]

I. Klaudiopolis 44: 205[86]

Epist. ad Diogn. 10,5: 182[35]

I. Leukopetra 78: 132. 134

Epict. *diss.* 3,1,34: 140[78]

I. Perinthos-Herakleia 29: 103[361]; 116: 137. 138

Epimenides frg. 1 Diels: 85[285]

I. Priene 218: 102[356]

Eus.
chron. 192: 162[26]
chron. II 164: 54[125]

I. Prusias ad Hypium 6: 151[123]

h. e. 3,4,10: 100[437]; 3,18,4: 157. 161[23]. 164; 4,15,48: 205[89]; 4,23,3: 100[347]; 4,26,3: 71[213]; 5,1,10: 201[70]; 6,41,10–42,4: 189[3]; 7,11,2–11: 189[4]; 7,13: 191[12]; 7,15–17: 193[18]; 8,1,2: 172[11]; 8,2,4: 191[13]; 8,8,1: 172[13]; 8,14,16–17: 195[32]

I. Sestos 14: 103[361]

I. Smyrna 761: 124. 128; 771: 124. 128; 772: 125. 128

I. Stratonikeia 1103: 126. 128

I. Thespiae 365: 105[367]

IAph2007 5.204i: 125. 126. 128; 10.10: 126[70]; 10.26: 126[70]; 15.364: 123[67]. 126[70]

mart. Pal. 2: 206[91]

Galen
II 218 Kühn: 71[215]
XIV 611 Kühn: 71[215]

ICUR 9406: 196[42]; 21703: 197[45]; 25346: 202[73]

GGA
159, 1897, 400 f. Nr. 45: 131. 134

IG		**JHS**	19, 1899, 124 Nr. 136: 137. 138
I^3	14: 179^{24}		
II^2	1039: 151^{123}; 1043: 151^{123}; 1492: 85^{282}; 1990: 99^{342}. 100^{344}; 2103: 84^{277}; 2339: 85^{282}; 3270: 84^{277}; 3817: 85^{282}	**JÖAI**	16, 1913, Beibl. 72 Nr. 3: 131; 59, 1989, Beibl. 151f. Nr. 5: 151^{122}
V	1,40: 129. 134; 1,99: 130; 1,147: 130. 134; 1,153: 130. 134; 1,468: 150^{121}; 1,513: 151^{123}; 1,530: 151^{123}; 1,589: 151^{123}; 1,1179: 151^{123}; 1,1328: 151^{123}	**Johnson, Epitaphs**	3.1: 205^{86}; 3.2: 204^{79}; 3.3: 204^{82}; 3.4: 204^{81}; 3.6: 204^{84}
		Kent	Nr. 119: 117^{45}; Nr. 125: 118^{49}; Nr. 151: 120^{54}; Nr. 154: 120^{54}; Nr. 155: 120^{54}; Nr. 156: 120^{54}; Nr. 164: 120^{54}; Nr. 168: 117. 118^{46}; Nr. 170: 118. 118^{47}; Nr. 177: 120^{54}; Nr. 198: 120^{54}; Nr. 232: 108^{6}. 114
IX	8: 103^{361}		
X	2,1,126: 104^{362}; 2,1,150: 132. 134		
XII	5, 292: 103^{358}; 6, 711: 73^{226}		
IGRR			
III	300: 69^{197}; 930: 57^{144}; 935: 59^{152}	**La Carie II**	58: 151^{123}; 66: 151^{123}; 67: 102^{356}
IV	813: 114^{37}. 135. 138; 882: 103^{361}; 1435: 114^{37}; 1630: 114^{37}	**Lact.** *mort. pers.*	13,1: 191^{13}
ILCV	56–57: 194^{24}; 104: 168^{43}; 131: 198^{57}; 157: 197^{45}; 158: 198^{55}; 159: 198^{58}; 178: 195^{38}; 196: 198^{59}; 224: 199^{62}; 277: 202^{73}; 1583: 199^{61}; 4644: 196^{42}	**Lex Irn.**	19: 140. 178; 26: 179; 77: 178
		Lex Salp.	26: 179
		Lex Urs.	69: 175; 71: 176; 128: 175f.
ILS	212: 64^{177}; 2933: 206^{94}	**Lucian.**	
Ios.		*gymn.*	19: 93^{316}
ant.	13,284: 53^{121}; 13,287: 53^{121}; 20,142: 55^{138}	*Peregr.*	14: 72^{216}
		1 Makk	15: 53^{122}
c. Ap.	1,1: 105	**Malalas**	2,11: 162; 8,1: 162; 10,48: 162. 163^{32}
IOSPE	II 5: 153^{133}		
Iscr. Cos	EF 6: 133. 134; EF 803: 136. 138	**MAMA**	
		I	170: 197^{49}
		V	p. 182,45: 131
Iustin.		VII	p. XXVf: 137; 319: 72^{221}; 321: 72^{219}; 330: 72^{222}; 331: 72^{222}; 360: 77^{249}; 361: 77^{249}; 486: 72^{220}
apol. II	2: 24^{6}		
dial. c. Tryph.	2,3–6: 24^{6}		
Iuv. *sat.*	6,542–547: 56^{139}; 6,553–559: 56^{140}	X	313: 207^{101}

Stellenregister — 239

Mart.	8,33: 70[199]; 10,10: 70[199]		86. 95; 17,29: 90; 17,30: 94. 94[322]. 95; 17,31: 87; 17,33: 84; 17,34: 2. 27. 44. 80. 85. 96. 100; 18,8: 96; 18,12: 54; 18,12–15: 180; 18,12–17: 79. 143[90]; 18,14: 213; 19,22: 144. 144[94]. 177; 19: 45. 47; 19,35: 44; 20,5–12: 154; 23,26: 105; 24,3: 105; 26,25: 105; 27: 45
Min. Fel.	2: 206[96]; 8,6: 181[32]; 9,6: 207[97]; 16,1: 206[96]; 31,6: 181[33]		
Mitchell/French, Ancyra	Nr. 59: 72[217]; Nrn. 72–73: 103[360]; Nrn. 74–76: 103[360]; Nrn. 78–79: 103[359]		
		Gal	1–2: 50; 2: 30; 4,2: 121[59]
Naldini	Nr. 4: 205[87]	*Jak*	1,1: 154; 2,2: 106. 152. 152[126]. 153. 153[136]. 154
NT		*Kol*	2,7: 95
Apg.	1,1: 104; 2,9–11: 6; 4,36: 53; 8,26–29: 11[19]; 10: 11[19]; 11,19: 53; 11,20: 53; 13: 20. 45. 45[77]. 59. 60. 61. 62. 65. 66. 69. 75[234]; 13–14: 45. 51; 13–15: 77; 13–28: 42; 13,1: 5; 13,4: 54[127]; 13,4–5: 53; 13,4–12: 51. 78; 13,4–14: 52. 53. 75; 13,4–21,18: 74[229]; 13,5: 53. 54; 13,6: 55[134]. 73; 13,6–12: 2. 11[19]. 27; 13,7: 54; 13,8: 55[134]. 56[138]. 75[234]. 76; 13,11: 50. 73; 13,12: 75. 75[235]. 75[236]. 76. 216; 13,43: 154; 13,48: 154; 13,50: 104. 154; 14,11: 44; 14,25: 73; 14,50: 74; 15: 39; 16: 45; 16,12: 44; 16,15: 96; 16,20: 39; 16,27: 39; 16,31–33: 24; 16,33: 96; 17: 45. 48; 17,1–8: 96; 17,1–9: 101; 17,4: 101. 102; 17,5–9: 104; 17,6: 44; 17,9–15: 96; 17,12: 104; 17,16: 83. 91; 17,16–34: 2. 45. 80. 81. 82. 83. 95. 100; 17,17: 83; 17,17–22: 88; 17,18: 83. 87. 88; 17,18–34: 27; 17,19: 84. 84[277]. 88. 94[322]; 17,20: 94[322]; 17,21: 84; 17,22: 84. 88. 92; 17,22–31: 50. 80; 17,23: 86. 89. 94. 94[322]; 17,24: 89; 17,25: 89; 17,26: 93; 17,27: 90. 93. 93[319]. 93[321]; 17,28: 85. 86. 90; 17,28a:	*1 Kor*	1,26: 3. 28. 106. 144. 147. 148. 150. 211; 1,26–29: 17; 1,26–31: 12. 24; 1,26b: 148. 149. 150. 151. 152. 152[126]; 4,1: 121[59]; 12,13: 144; 16,15: 101[349]
		Lk	1,3: 104. 105; 2,2: 54
		Mk	10,25: 185
		Phil	3,20: 206; 4,22: 141[81]
		Röm	1–3: 92; 1,18–32: 93[321]. 95; 1,21: 90; 3,23: 185[40]; 10,20: 93[321]; 13: 175; 14: 173; 15,24: 142[84]; 16: 106. 108. 145. 146; 16,1: 143; 16,3–16: 80; 16,10: 145; 16,11: 141[81]. 145. 146; 16,21: 145. 146; 16,23: 2. 28. 106. 114. 115. 120. 121. 139. 144. 176. 177; 16,23b: 145. 146
		1 & 2 Tim:	17
		2 Tim	4,20: 144
		Tit:	17; 1,12: 85. 85[285]. 95
		Orig. c. Cels.	3,44: 24[7]; 8,24: 172; 8,75: 172. 181[31]
		Oros.	7,12,8: 54[125]
		P. Cair. Isid.	114: 205[88]
		P. Oxy.	36, 2785: 74[230]
		P. Ryl.	625: 74[230]
		Pallas/Dantes	Nr. 19: 113[31]

Passio Crispinae	2,1: 194[28]	**SEG**	
		XI	482: 129
Passio Fructuosi	5: 195[34]	*XXIV*	496: 131. 134
		XXVI	1044: 127. 128
Passio Mariani		*XXVII*	42: 129. 130. 134
et Iacobi	8: 202	*XXIX*	301: 113[31]
		XX	302: 59[152]
Paton/Hicks	308: 136. 138; 310: 133	*XXX*	1605: 60[155]
		XXXVIII	710: 137. 138
Paus.	1,1,4: 86[290]	*XXXIX*	1316: 134
		XLV	418: 127. 128
Philo		*XLVII*	1662: 138
leg. ad Gai.	282: 53[120]	*LII*	1368: 69[197]
leg. alleg.	3,167: 180[28]	*LVII*	776: 133; 796: 136
Plat.		**Sen.** *ep.*	108,22: 157
ep.	7,341b–d: 94[326]		
Parm.	141e–142a: 94[326]	**SIG³**	1231: 133
Symp.	211a: 94[326]		
Tim.	28c: 94[326]	**Sophocl.** *Oid. K.*	260: 93[314]
Plin. *ep.*	7,3: 162[27]; 10,96: 6. 188; 10,96,2: 159[19]; 10,96,8: 203[76]; 10,96,8–9: 156[7]	**Strabon**	11,5,3: 78[255]
		Suet.	
		Aug.	35,3: 171. 171[6]; 40,5: 171
Plin. *nat. hist.*	18,68: 70[198]; 30,11: 56[137]; 33,29: 153[134]	*Cal.*	15,1: 161[24]
		Claud.	25,4: 143[91]
		Domit.	10,2: 166[42]. 166[43]; 15,1: 159. 160
Plut.			
mor.	58e: 149[117]	*Nero*	16: 156[6]
quaest. conv.	8,4,1–4: 118[47]; 9,5,1–2: 118[47]	*Tib.*	14,4: 56[140]; 53: 161[24]; 54,2: 161[24]; 62,3: 56[140]
Pontius *vita*		**Syncell.**	419,26–29: 162[29]
Cypriani	14,3: 202		
		Tabbernee	Nr. 69: 197[49]
Poseidon.	F 142 Theiler: 78[254]		
		Tac.	
PSI		*ann.*	1,53,1: 161[24]; 1,74,1: 44[73]; 2,85: 156; 11,15: 157[11]; 12,59: 156; 13,32,3–5: 155[3]; 14,63,1: 161[24]; 15,44,3: 44[73]. 156[5]
3, 208:	74[230]		
9, 1040:	74[230]		
Prudent. *peristeph.*	6,121–129: 195[37]		
		hist.	1,11,1: 156; 1,22: 56[140]; 2,4,3: 157[9]; 4,81,1: 156; 4,83,2: 157[9]; 5,8,2: 157[9]
Ramsay, Cities	Nr. 359: 204[79]; Nr. 361: 204[80]; Nr. 364: 204[81]; Nr. 368: 204[82]; Nr. 371: 204[83]; Nr. 451: 204[84]		
		TAM	
		II	146: 103[357]; 572: 151[123]; 1151: 137. 138; 1163: 123[67]
RECAM	II 355: 72[221]		

IV 1,276: 133. 134
V 1,743: 125. 128; 2,981: 151[123]; 3,1463: 134. 138; 3,1855: 103[361]

Ergbd. 3 (1970) 91: 136. 138

Tatian. or. 11,1: 182[34]

Tert.
apol. 37,4: 190. 190[7]; 46,13: 182
idol. 17: 171. 173. 175. 184; 17,3: 179[22]

nat. 1,79: 188[1]
pall. 6,2–3: 202[72]
Scap. 4,6: 174[15]. 190[8]; 37,4: 190[9]

Thuk. 1,2: 93[318]; 3,38,5: 84[279]

Trad. apost. 16: 182[36]

West Nr. 104a: 117[44]

Xen. mem. 1,1,1: 84[274]; 1,1,10: 84[275]

Ortsnamen-, Personen- und Sachregister

Acilius Glabrio 11; 166 f.
Aemilianus (Ritter) 202
Aemilianus (Statthalter) 195; 199
Agathonike (Märtyrerin) 205
Album von Canusium 27; 177
Alexandria Troas 154
Altar des ἄγνωστος θεός 86; 94
Ambrosius (Bouleut) 206
Ambrosius von Mailand 195
Ankyra 103
Antiochia am Orontes 53
Antiochia Pisidiae 51; 66; 68; 73 f.; 79; 103; 154
– Herkunft der Kolonisten 66
– tribus Sergia 66
Antonius Sospes 118
Anullinus 194
Aphrodisias 125 f.
Apokryphe Apostelakten 47; 54 f.; 190
Apostelgeschichte
– A. und britische Altertumswissenschaft 29; 36
– Chronologie der A. 57; 59–61
– Datierung 19; 31; 35; 37; 38; 42
– Historizität 2 f.; 29–50; 80 f.; 83; 210 f.
– Lokalkolorit in der A. 43–48; 53–56; 83–85
– lukanische Redaktion 32; 51; 74; 85; 88; 102
– als sozialhistorische Quelle 16; 19; 34–36; 79
Areopag, s.a. Dionysios 44; 174 f.
– Areopagite 85
– als ordo decurionum 2; 98 f.
– Rat 2; 80; 84; 86–90
– Rede des Paulus vor dem A. 2; 48; 50; 80; 85–96
– Zuständigkeit für die Einführung neuer Götter 88–90
Aristoboulos 145
Arkades 127
Arvalakten 64
Asturius 192 f.
Athen 2; 44; 45; 80–101; 174
Aulus Plautius 155
Aurelia Pannychis 205
Aurelios Alexandros 204
Aurelios Eutyches 204

Aurelios Gemellos 204
Aurelios Ioannes 205
Aurelios Menophilos 204
Aurelios Messalas 204
Aurelios Zotikos 204
Axia Aeliana 196
Q. Axius Aelianus 196

Barnabas 51; 53; 66; 73 f.
M. Bassaeus Astur 193
Baur, Ferdinand Christian 30 f.; 35; 49; 50
Beneventum 193
Beroia 80; 96; 104; 132
Bruttius (Chronograph) 162–165

Caecilianus (Bischof) 198
Caecilius Natalis 206 f.
Caesarea (Mauretanien) 199
Caesarea Maritima 206
Caesarea Philippi 193
Caligula 60 f.
Callixtus-Katakombe 198
Calpurnia Paulla 69
Carpus (Märtyrer) 205
Cassia Faretria 198
Cassius Dio 158
Catia Clementina 196
Sex. Catius Clemens 196
Christentum
– Ausbreitung allgemein 5 f.; 178; 200; 207
– „Christen für Christen"-Inschrift 204
– Gemeinden und Vereinswesen 146 f.
– in der kaiserlichen Familie 160
– Krypto-Christentum 70 f.; 77; 157
– soziale Zusammensetzung 1; 8 f.; 15 f.; 17; 19; 154; 169; 185; 209
– als städtisches Phänomen 6; 12
– als superstitio 156 f.
– Sympathisantentum 19; 36; 147; 169; 213
– als Unterschichtenreligion 1; 7–11; 12; 14
– Vorwurf des Atheismus 158
– Weigerung, Ämter zu übernehmen 172; 181
Chytri, Inschrift aus 58–62
Cirta 202; 206 f.
Claudia Aquillia 103
Claudius (Kaiser) 57; 59–61; 63 f.; 157
L. Claudius Hieronymianus 192

Claudius Lysias 105
Coemeterium Ostrianum 196 f.
Crispina 194
Curtia Catiana 198
Cyprian 202

Decius, Opferedikt des 188; 205
Deissmann, Gustav Adolph 6–11; 12; 14; 16; 20; 23
Dekaprotoi 57 f.
Demetrianos, s. Markos
Derbe 51
Dibelius, Martin 31–33
Diokletian, Christenedikt des 191 f.; 195; 199–201; 203
Domitian 155; 157; 159; 160; 164 f.; 166
Domitilla-Katakombe 199
Cn. Domitius Philippus 202 f.
Dionysios der Areopagite 2 f.; 12; 27; 80–101; 152; 168; 174 f.; 206; 209–211; 214–216
Dionysios von Korinth 100
Dorylaion 131

Elymas Bar-Jesus 55 f.; 78
Empfehlungsschreiben 73 f.
Engels, Friedrich 13
Epaphroditos, kaiserlicher Freigelassener 105
Ephebenkatalog 99 f.
Ephesos 44; 45; 150
Epimenides von Kreta 86
Erastos 2 f.; 12; 28; 106–122; 139–146; 152; 175–177; 179 f.; 206; 209–211; 214 f.
– Datierung der Erastus-Inschrift 109 f.
– Häufigkeit des Namens 111–114
– Identität mit Erastus in Inschrift 108–115; 120; 139
– Identität der drei NT Erasti 144; 177
Eugenia (Märtyrerin) 202
Eumeneia 204; 208
Eumeneische Formel 204
Eutonios 207

Felix, Statthalter von Iudaea 56; 105
Flavia Domitilla 11; 155; 160–165; 199
Flavia Iulia Flaviana 197 f.; 199
Flavia Speranda 199
Flavius Clemens 11; 155; 157–166; 199
T. Flavius Postumius Varus 198
Frauen, christliche im Senatorenstand 190; 192; 194–199

Freigelassene 13; 21; 25; 26; 72; 73; 120; 123; 133; 141; 142; 144; 145; 153; 214
Fronto 206
Fructuosus (Bischof) 195

Galen 71
Gallienus 191; 193
Gallio 54; 79; 213

Haenchen, Ernst 33; 35
Harnack, Adolf von 12; 20; 32; 38 f.
Hausgemeinden 70; 77
Hemer, Colin 37 f.; 43 f.; 47; 48 f.
Herakleides 205
Hierapolis 135
Hydria Tertulla 195 f.

Iacobus (Märtyrer) 202
Iallia Clementina 196
Iallius Bassus 196
Ikonion 51
Iulia Gordus 125
Iulius Africanus 164
M. Iulius Eugenius 197
C. Iulius Nestorianus 197 f.; 199

Johannesakten 47
Juden/Judentum 158; 165
– Ämterbekleidung durch J. 171 f.; 180
– in Antiochia Pisidiae 154
– in Athen 83
– Proselyten 158
– auf Zypern 53 f.

Kalchedon 135 f.
Karanis 205
Karl-May-Regel 46
Karthago 176; 201
Kautsky, Karl 12 f.
Klaudiopolis 205
Korinth 2; 16; 106–120; 139–146; 151 f.; 176 f.; 214
– Abfassungsort des Römerbriefes 106
– Ämterstruktur 107; 116–120
– soziale Herkunft der Kolonisten 142 f.
Kos 133 f.; 136
Kotyaeion 207
Kyme 134

Lambaesis 202

Laodikeia Katakekaumene 197
Lex Visellia 120; 214
Laertes (Stadt) 136
Liberalis 194; 212
Lightfoot, J. B. 37f.
Lokalkolorit s. Apostelgeschichte
Lucilla 198
Lukian 71
Luria Ianuaria 196f.
Lyon 201
Lystra 43; 51

Maiorinus 198
Manaën 5
Marcellus, s. Publius
Marianus (Märtyrer) 202
Markos Demetrianos 205
Maximinus Daia 197
Meeks, Wayne 12; 17; 20; 21; 215
Meggitt, Justin 18
Meyer, Eduard 39f.

Narkissos 141[81]; 145
Nero 156; 188
new consensus 1; 10f.; 17f.; 209; 215
Nikomedia 133

Oberschicht
 – Bildung innerhalb der O. 23; 28; 97; 151
 – Definition 1; 7; 9f.; 11f.; 17f.; 23–28; 148
 – Gründe für Hinwendung zum Christentum 22; 97; 186; 211; 216
 – Standesdenken 185f.
Olympos (Stadt) 137
Orestes 87

Pandateria 160f.
Paphos 51; 54f.; 74
Papylos (Märtyrer) 205f.
Patras 127f.
Paulus, s.a. Areopag
 – in Antiochia Pisidiae 154
 – in Athen 88–101
 – Briefe als sozialhistorische Quelle 16; 35
 – Ende des P. 37; 39
 – P.' Haltung zum Verzehr von Opferfleisch 173
 – P. und Obrigkeit 175
 – Paulus-Bild der Apostelgeschichte vs. Briefe 30f.; 35; 38; 41; 42; 50
 – Reiserouten 54; 73f.

 – sozialer Status des P. 9; 23
 – P. und sozialer Status 141; 144; 176; 185
 – Spanien-Mission 142f.
 – Sprachgebrauch des P. 107; 115; 121; 139f.; 145f.; 147f.; 149f.; 151
 – in Thessalonike 102
 – als Wundertäter 76; 78
 – auf Zypern 51; 53; 54
Paullus Fabius Persicus 62–64
Perge 73
Perinthos 137
Petronia Auxentia 198
Philadelphia 134f.
Philippi 24; 44; 45; 47
 – ‚praetores' in Ph. 47f.
Phoebe 145
Cn. Pinarius Cornelius Severus 70
Politarchen s. Thessalonike
Pompeia Octabia Attica Caeciliana 198
Pompeius Quietus 19
Pomponia Graecina 155–157; 199
Pontia 161–163
Pontius Pilatus 44
Praetextatus-Katakombe 198f.
Publius Marcellus 201

Quartus 145
Quirinius 54

Ramsay, William M. 36f.
Ritterstand 153f.; 200–203
Rom 62f.; 79; 173; 185
Romanos (Märtyrer) 206
Rufinus 195
Rusticus 151

Salamis 53–55; 73
Samos 72
Sebaste (Phrygien) 204
Seleukia 53
Sergia Paula 69[197]
Sergia Paulla, angebliche 61; 69
Sergia Paullina 68; 70; 77
Sergius Paulinianus 72
Sergius Paullus 2f.; 11; 12; 27; 51–80; 152; 168; 170f.; 173; 199; 209f.; 215f.
 – Familie 61; 66–75
 – Freigelassene der S.P. 72f.
 – Identität des Statthalters von Zypern 57–66
 – Ländereien der S.P. 70; 72–74; 79

– Lucius Sergius Paullus   62–66; 67
– Lucius Sergius Paullus cos. II   67f.; 70f.
– Quintus Sergius Paullus(?)   59–61
– Schwiegermutter eines S. P.   68f.
M. A. I. Severianus   199
Sextilia Iusta   198
Silas   80
Sinanlı   72; 77
Smyrna   124f.
Sofronia   195
Sokrates   84
Soloi, Inschrift aus   57f.
Sophisten   23; 151
Sotheris   195
Sparta   129f.; 150
Stadtrecht   175f.; 177f.; 212
Statusinkonsistenz   17; 21; 25; 26; 209; 213–215
Stegemann, E. W. u. W.   19; 21; 25; 28; 35f.; 96; 106; 168–170; 177f.
Stobi   131f.
Strabon   78
Strafwunder   78
Stratonikeia   126f.
Syria   154

Tacitus   44; 151
Tarraco   195
Tarraconensis   142; 197; 199

Tarsus   121
Taufe   77; 96; 168
Tembris-Tal   204
Terentius Museus   196
Tertullian   200f.
Thagaste   194
Thagora   194
Thebeste   194
Theißen, Gerd   12; 16f.; 21; 22; 24; 34f.; 115f.; 120; 146f.; 215
Theophilos   35; 104f.
Thessalonike   44; 96; 101–104; 132f.; 137
– Politarchen   44; 101
Thyatira   205
Tiberius (Kaiser)   60f.
Tiberkuratoren   62–65; 78
Timotheus   80
Troeltsch, Ernst   14

Valerianische Christenedikte   180; 189; 191; 199–201; 203
Varia Octabiana   199
Vespasian   164f.
Vettius Epagathus   201
Victoria-Altar   178
Victorinus   186f.

Zypern   2; 51; 53–66; 73; 79

www.ingramcontent.com/pod-product-compliance
Lightning Source LLC
Chambersburg PA
CBHW081920180426
43200CB00032B/2867